墨菲定律

阳知行 编著

中国商业出版社

图书在版编目（CIP）数据

墨菲定律／阳知行编著. —北京：中国商业出版社，2017.6

ISBN 978-7-5044-9913-4

Ⅰ.①墨… Ⅱ.①阳… Ⅲ.①成功心理—研究 Ⅳ.①B848.4

中国版本图书馆CIP数据核字（2017）第137200号

责任编辑：武文胜

中国商业出版社出版发行
010-63180647　www.c-cbook.com
（100053　北京广安门内报国寺1号）
新华书店经销
三河市华润印刷有限公司印刷

★　★　★　★　★

710×1000毫米　1/16　19印张　340千字
2018年2月第1版　2019年8月第8次印刷
定价：48.00元

★　★　★　★　★

（如有印刷质量问题可更换）

前言

当今是信息化高度发达的时代，机遇与挑战随时摆在我们面前、竞争与压力让我们无暇顾及自己的内心、成功与失败随时随刻都在上演着欢笑与泪水。在这个关系着个人命运与前程的社会大舞台中，许多人都在忙于应付或疲于奔波，非但没有把自己想做的事情做好，反而把自己折腾得满身疲惫。究其原因，主要在于我们不懂自己的心理、对方的心理、组织的心理和社会的心理。

人类每向前迈进一步，无论是个人心理还是社会心理等，都在潜移默化中随之变化。然而，作为个体而言，很多人却不知道心理对个人的影响有多么的重要。当然，作为一门学问，心理学日益被重视起来，心理学家为我们总结出了许多心理定律、心理效应及心理法则。这些定律、效应、法则、理论，是建立在科学的基础上，对人的社会活动具有积极的作用。正确掌握这些定律、效应、法则、理论，可以帮助我们提高工作效率，积攒更多的人脉，提高生活的品质。因此，要想让自己过得更好，让自己的梦想在残酷的现实中疯狂绽放，必须要用这些心理学定律、效应、法则、理论来指导我们。

谈及这些心理学定律、效应、法则、理论，用"神奇"进行赞誉，没有一点过分之处。例如"木桶理论"，很多人认为发挥自己的长处和优势，就能够实现自己的梦想，就可以过上自己想要的生活。这一认知没有错误并值得赞扬，问题是每一个人都有所长有所不长，也就是说，没有十全十美的人，有长处必然有短处，有优点必然有缺点。如果一味地加强自己的优势和长处，却不顾及自己的劣势和缺点，这样的话，很难抵达成功的彼岸。"木桶理论"讲的是，一只沿口不齐的木桶，盛水的多少，不在于木桶上最长的那块木板，而在于最短的那块木板。要想提高水桶的整体容量，不是去加长最长的那块木板，而是要下功夫依次补齐最短的木板。所以，"木桶理论"提醒我们：要认识到自己的短板，及时克服掉，变劣势为优势，才能趋于完美。"罗密欧与朱丽叶效应"提醒我们：当爱情遇上阻力，就会产生"不和谐"、"不稳定"的状态。于是，情侣为了改变这种难受的状态，就会拼命反抗、克服困难来使爱情恢复到"和谐"和"稳定"的状态。奥卡姆剃刀定律告诉我们：在处理事情时，一定要把握事情的主流、目标，解决根本问题，顺其自然，不把事情复杂化，这样就可以把事情处理好。"名片效应"提醒我们：在人际交往过程中，就像是给出一张名片一样，把自己介绍给对方。凡此种种，无不给我们的工作、生活、学习，带来诸多的帮助和有益的指导。

  本书分十个部分，从不同的方面，介绍定律、效应、法则、理论的神奇之处。例如"强化内心：做坚不可摧的自己"一章中，就是讲如何利用定律、效应、法则、理论等来强化我们的内心，因为人生就是一场单程的旅行，当环境不能改变时，当命运不能逃避时，当生活需要勇气时，当我们为自己选择好方向时，我们需要一颗强大的内心。"励志成功：让梦想在人生的舞台上绽放"一章中，告诉我们在实现梦想的过程中，如何走得更稳，更容易取得成功。"职场启示：有些规则你必须明白"一章中，告诉我们身在职场，每一步都不好走，都需要智慧地付出。

  有理由相信，读者阅读此书后，人生从此不再迷茫、意志变得更加坚定、梦想就在眼前绽放。因为他（读者）从书中获得力量，这种力量从自我认识、自我管理、自我突破开始，继而辐射到生活的方方面面，自然也就提高了生存的品质和生命的质量。这样的人，不需要他人的鞭策与监督，成功便会主动找上门。

目录

001　第一章
自我认识：剖析人性中的优点与缺点

苏东坡效应：若想驾驭人生，先认清自己／002

暗示效应：当心被催眠成"不行"的人／004

木桶理论：找出自己的短板，变劣势为优势／006

隧道视野效应：站得高看得远，瞄得准走得稳／008

定型化效应：不做刻板、偏见的人／011

锚定效应：不让额外信息影响个人生活／012

布里丹毛驴效应：不要让自己变成一头"蠢驴"／014

从众心理：随大流难以坚持己见／016

道德许可效应：提高自控力，才不会纵容自己／019

破窗效应：千万不要捅破第一个窗户／021

去他的效应：面对诱惑，一定要守住底线／022

权威效应：不被权威所左右／025

029　第二章
强化内心：做坚不可摧的自己

杜根定律：自信比什么都重要 / 030
特里法则：正视错误，内心才能更强大 / 033
绝境定律：让潜能爆发出来 / 035
冰激凌哲学：在逆境中绽放崭新的自己 / 037
跨栏定律：把挑战困境看成一种享受 / 039
韦奇定律：培养意志力，让内心更加强悍 / 041
鲇鱼效应：在危机中激发自己的斗志 / 044
海格力斯效应：宽容是一种发自内心的力量 / 046
酸葡萄效应：拥有乐观，人生才会快意 / 049
思维定势效应：摆脱传统思维，彻底解放内心 / 052
曼狄诺定律：再苦再累也要面带微笑 / 054
坚定定律：激发自我的驱动力 / 056

059　第三章
励志成功：让梦想在人生的舞台上绽放

手表效应：给自己一个明确的目标 / 060
马太效应：一次成功决定一生的命运 / 063
蘑菇定律：忍受平庸，才能拥抱成功 / 064
不值得定律：不值得做的事情不要做 / 066
墨菲定律：在错误中成长，直到走向成功 / 068
临界点效应：成功就是再坚持那么一点点 / 070
罗伯特定理：放弃什么都可以，但不能放弃梦想 / 072
蜕皮效应：不断超越自己 / 075
跳蚤效应：不要为自己的人生设限 / 077
普瑞马克定律：行事果断绝不拖延 / 079
蝴蝶效应：最有效的防御是未雨绸缪 / 081
青蛙法则：经历的挫折越多，距离成功就越近 / 084

087　第四章
生存博弈：把控心理才能赢得主动

路西法效应：失控的角色扮演 / 088
皮格马利翁效应：要想使唤人就得学这个 / 089
群体效应：唤醒心中的怪兽 / 091
肥皂水效应：这样批评不会得罪人 / 094
登门槛效应：你是受害者，也是同谋 / 095
录音带效应：因为看不见，所以残忍 / 097
贝勃定律：在优厚条件下，让对方接受剩余部分 / 099
鸟笼效应：用给予对方的方式让对方就范 / 101
启动效应：周围的信息能控制你的行动 / 102

105　第五章
和谐人际：优质人脉是经营出来的

首因效应：第一印象很重要 / 106
晕轮效应：克服人际交往中的认知障碍 / 108
冷热水效应：把握对方心目中的那杆秤 / 110
情绪定律：用好心情感染身边人 / 112
囚徒困境：不做愚蠢的人 / 114
名片效应：把对方变成"自己人" / 115
邻里效应：有事没事多走动 / 117
阿伦森效应：有点小缺点比完美更可爱 / 119
刺猬法则：人与人之间保持适当的距离 / 122
投射效应：任何时候都不要以己度人 / 124
互惠原理：使其回报人情 / 127
反射法则：你想要人怎样对你，就怎样对人 / 130
瀑布心理效应：说话要有分寸 / 131
人际相似效应：教你如何跟别人套近乎 / 133
近因效应：前功一朝化烟云 / 135

亲和效应：广结人缘的最佳途径 / 137

141　第六章
管控情绪：让自己时刻保持最佳状态

猫踢效应：时刻控制好自己的情绪 / 142
道森定律：焦虑程度影响活动效率 / 144
空虚效应：努力的人，内心永远不会空虚 / 146
心理摆效应：做情绪的主人 / 148
齐加尼克效应：让行动有条不紊的智慧 / 151
野马效应：不被愤怒牵着鼻子走 / 153
延迟满足效应：惊奇过度，人容易冲动和失控 / 156
漏斗效应：嫉妒是心灵的杂草，一定要根除 / 159
恐惧效应：认识根本，从此不再害怕 / 161

165　第七章
职场启示：有些规则你必须明白

布利斯定律：计划使工作高效推进 / 166
结伴效应：让你不自觉提高工作效率的原因 / 167
热炉效应：上司的面子，员工伤不起 / 169
雷斯托夫效应：角落里变成"焦点" / 172
猎鹿效应：合作才能双赢 / 174
天花板现象：为什么女高层总是那么少 / 176
费斯诺定理：少一些夸夸其谈，多一些踏实行动 / 178
250 定律：每一位顾客身后站着 250 名新顾客 / 179
犬獒效应：不要逃避竞争 / 181
帕金森定律：时间是奢侈品，每一秒钟都要珍惜 / 182
竞争优势效应：发现和利用自身优势 / 185

187 第八章
企业管理：商道中最实用的秘密

艾奇布恩定理：企业并非做得越大越好 / 188
普希尔定律：正确决策，速度是关键 / 191
奥卡姆剃刀定律：顺其自然，不把事情复杂化 / 193
麦克莱兰定律：权力分享，创造价值 / 196
蓝斯登定律：给员工创造快乐的工作环境 / 199
洛伯定理：善于利用每一位员工的优点 / 202
彼得定律：给予优秀员工晋升的机会 / 205
蓝伯格定理：在压力中提高自己，才能不断发展壮大 / 208
吉宁定理：真正的错误是怕犯错误 / 211
路径思维定律：避免路径依赖产生的负面影响 / 214
巴菲特定律：创新才能获得更多的机遇 / 217
卡贝定律：该放弃的一定要放弃 / 221
哈默定律：世上没有坏买卖 / 224
酒与污水定律：对待"害群之马"绝不手软 / 226
特雷默定律：企业中没有无用的人才 / 230

235 第九章
生活智慧：用心品味生命中的每一天

狄德罗效应：高级睡袍绑架了谁 / 236
瓦伦达效应：为什么不祥的预感很容易成真 / 238
顺序效应：顺序不同，感受不同 / 239
黑暗效应：为什么酒吧里的灯光都很昏暗 / 241
安慰剂效应：安慰不只是安慰 / 242
维特效应：揭秘自杀岛的传说 / 244
责任分散效应：对着一群人求救，得不到救援 / 246
凡勃伦效应：每个人都无法逃脱名牌情结 / 248
鸵鸟效应：一味逃避真能带来安全吗 / 250

角色效应：正确进行角色定位 / 251
蔡氏效应：实现目标的好帮手 / 253
卢维斯定理：谦虚的人更受欢迎 / 255
塔西罗效应：诚信乃立身之本 / 257
适者生存法则：善变，才能应万变 / 261

267 第十章
幸福法则：以爱的名义把这层面纱揭开

博萨德法则：距离越远，爱情越浅 / 268
罗密欧与朱丽叶效应：爱情有一张伪面具 / 269
毛毛虫效应：让你的梦中情人变成你的毛毛虫 / 271
示弱效应：爱情里没有对错输赢 / 273
"皮肤饥饿"现象：别让爱人太"饥渴" / 274
马斯洛理论：夫妻双方也需彼此尊重 / 276
互补定律：找爱人，就要找个"互补"的 / 278
彼得·潘综合征：丈夫为什么长不大 / 281
磨合效应：通过磨合才能更加协调契合 / 283
榜样效应：孝顺父母等于给自己存了份"养老保险" / 284
禁果效应：打破神秘感，合理引导才有效 / 286
超限效应：批评一次就好，唠唠叨叨只会过犹不及 / 287
幸福递减定律：财富越多，幸福越少吗 / 290

第一章
自我认识：剖析人性中的优点与缺点

　　我们经常会说："人贵有自知之明。"但事实上，真正能做到自知的人却寥寥无几。这是由于盲目和未知的存在，导致人们虽然每天都与自己相处，但是其实并不是十分了解自己，这便需要我们审视自己、剖析自己、分析自己，继而提升自己，做最好的自己。

| 墨 | 菲 | 定 | 律 |
Murphy's law

苏东坡效应：若想驾驭人生，先认清自己

"不识庐山真面目，只缘身在此山中"，这出自北宋诗人苏东坡笔下的两句诗，既包含了对人生的探讨，也是对自我认识的一个美丽注释。古往今来，人们最难认清的是自己，就像身居山中，难以看到山的真实面目。这种难以认清自我的现象在心理学上被称为"苏东坡效应"。

"自我认识"是指以自我作为认识对象，是个体对自己的认识，它属于社会认识的一部分。自我既是认识的主体，也是认识的客体。其认识的主要对象包括自己的个性心理及相应的行为表现。自我认识是在交往过程中随着他人的认识而形成和发展的。对自我认识和对他人认识二者紧密联系、相辅相成，对他人认识越深刻、全面，对自我认识就会越随之而发展。

自我认识对自身行为有重要调节作用。正确的自我认识会使一个人在群体中的行为得体；相反，一个缺乏自知之明的人常常会在人际交往中遭到各种不应有的挫折。

有一位呆衙役，没有什么才干，加上上了年纪，记性不好，常常丢三落四，虽说办事还算认真，但仍然经常把上级吩咐的事情搞得一团糟。

一次，需要押送一个重罪和尚，将他刺配边疆，因为实在腾不出人手来，县衙老爷只得差这位呆衙役前去押送。临行时老爷对他吩咐道："这和尚是犯了重罪的要犯，刺配边疆，永不返回原籍，只是你一定要押送到目的地，并且一路小心，不得让他在路上跑了。若是跑了和尚，你不但衙役做不成，说不定还得去蹲监牢哦。""请大老爷放心！"呆衙役拍着自己的胸脯说道："我自有锦囊妙计看牢他！"

呆衙役的锦囊妙计是什么呢？原来他把一路随身带的东西和人都编成顺口溜，一上路后，他嘴里就嘟嘟囔囔念个不停，心里想这样一来所有的东西就都会记住，不会丢失了。

路上，和尚听他嘴里不停地念什么，开始以为呆衙役皈依佛门，口诵佛经，后来仔细一听，才知道呆衙役念的是："雨伞、包裹、和尚、我"。和尚暗自好

第一章 自我认识：
剖析人性中的优点与缺点

笑道："真是个呆子！"心里面就盘算着逃跑计划。

走了一天路，天黑下来时，他们到路边的一家旅店求宿。和尚摸出了几两银子说："我请客。"于是让店家去弄了些酒来。当几大碗酒肉上桌时，那呆衙役早已垂涎三尺了。他口里说道："惭愧，惭愧！"但手里的筷子已把肉送到了嘴边。就这样大吃大喝直到夜阑人静的午夜。只见那倒霉的呆衙役已被和尚灌了个烂醉如泥，呼呼大睡。

那和尚见时机来了，从呆衙役身上偷来钥匙，解开枷锁，并取出快刀，把呆衙役的头发剃得精光，又将枷锁套在呆衙役脖子上，然后跳窗逃跑了。

第二天日上三竿，呆衙役才清醒过来，迷迷糊糊中还记得自己身边的东西，于是两手不停摸索，左手抓着了雨伞，右手挽住了包裹，睁开眼四下张望，发现和尚不见了。"哎呀！这可如何是好？"想着想着，他额上冷汗也出来了，腿也软了，头也耷拉下来了。突然，他两眼盯住了自己脖子上套着的枷锁，"咦，这不是和尚的东西吗？"他心里一亮，伸手又摸了摸枷锁上自己那光溜溜的头，顿时喜上眉梢，"谢天谢地，和尚还在。"

他高兴地在屋子里转了好几个圈。忽然又停了下来，好像又遇上了什么解不开的事，两眉紧蹙自言自语地说道："奇怪，奇怪，和尚倒还在这里，可我又到哪里去了呢？"

这个呆衙役愚蠢到连自己和别人都分不清了。当然，这是个夸张的寓言故事，生活中除了精神不正常的人，不太可能有糊涂到如此地步的衙役。但要提防自己犯以五十步笑百步的错误，以保证自己在任何时候都有清醒的头脑。

我是谁，我从哪里来，又要到哪里去，这些问题从古希腊开始，就有人问自己了，谁都没能得出令人满意的答案，但人类从来没有停止过对自我的追问。

认识自己，心理学上叫自我知觉。心理学研究表明，认为自己是怎样的一个人，比自己实际是怎样的一个人更为重要。自我认识正确，就能在心理上控制自己，使自己的行为恰到好处；否则，就像盲人骑瞎马，不清楚自己的思想、行为到底该往哪个方向发展，必然处处碰钉子、犯错误。

真正做到正确认识自己，是一件很难的事情。在日常生活中，人不可能时刻反省自己，也不可能总把自己放在局外来观察自己。正因为是这样的原因，人需要借助外界信息来认识自己。但是，基于外界的复杂多变，人在认识自我的过程中很容易受到外界信息的暗示和干扰，往往不能客观地、真实地认识自己。通常情况下，不是抬高了自己就是过低估计了自己。正所谓："旁观者清，当局者迷。"因此，不仅中国有"人贵有自知之明"的名言，古希腊著名哲学家苏格拉底也说过类似的名言："认识你自己。"在日常生活中，我们可以通过以下几种途径来实现对自我的正确认识。

1. 学会面对自己，经常自我审视

要敢于面对自己，经常对自己在生活和工作中的表现进行评价与总结，进步之处要继续保持，不足之处要及时改善，了解自己在群体中所处位置的变化等等。这些都是自我审视、自我提高的常用方式。

2. 善于收集信息，培养敏锐的判断力

从周围世界获取有关自我的信息，可以有效避免由主观意识所带来的偏差。例如，收集身边的人对自己的态度、评价来了解自我，认识自我。此外，还可以根据自己的实际情况，寻找各方面相当的人与之比较，发现自己的优势与缺陷。通过这些方式，可以培养自我判断的能力，帮助我们客观地认识自己。生活中，有些人会故意诱发和猎取自己期望的评价，而不在乎这些评价的真实性，这种做法不利于正确地认识自己，是非常不可取的。

3. 在成功和失败中认识自己

从成功和失败的事件中，我们可以获得宝贵的经验和教训，为了解自己的个性与能力提供准确的信息。越是在成功的高峰和失败的低谷，越能反映一个人的真实性格。因此，想要正确地认识自己，就要在成功与失败中不断地去了解和发现。

4. 寻求专业机构的帮助

如今，许多相关的机构会提供性格、能力、职业倾向等方面的测试，他们会对测试的结果进行详细分析，可以为个人正确地认识自我提供有效的帮助。

暗示效应：当心被催眠成"不行"的人

"暗示效应"是指在没有对抗的条件下，用含蓄、抽象的方式，诱导他人的心理，对其行为产生影响。被诱导的人，按照一定的方法或行动，接受某种观点或意见，使其思想、行为与暗示者期望的目标相符合。

有位心理学家为了证明暗示效应对人所产生的影响，他在课堂给学生做了一个有趣的演示。这位心理学家先让助手在每位学生面前摆一个空杯子，接着用水壶把白开水倒入每位学生面前的空杯子中。助手逐一完成后，心理学家对学生说："同学们，你们面前杯子里装的是白开水，请你们喝下去。"

第一章 自我认识：
剖析人性中的优点与缺点

同学们喝下去后，心理学家又让助手拿出一个水壶，再把水壶中的水倒入同学们面前的空杯子中，说："同学们，刚才倒入你们面前杯子中的水，是来自法国 3000 米高山上的矿泉水，请你们品尝一下，水是不是有一股甘甜味儿。"

同学们喝下这杯水，有的点头说是有股甘甜味。

最后，这位心理学家对学生说："这两杯水都是白开水，并且是来自于同一个锅煮开的水。"这就是暗示效应带给人们的奇妙错觉。

暗示效应的产生是因为人的潜意识里有对事物的看法，当人们进行语言、行为上的暗示时，人们就会将潜意识的看法和他人的暗示联系起来，并形成反应。在上面那个实验里，水壶和矿泉水就是符合人们日常认知的一种图像暗示。于是，当心理学家用语言进行暗示的时候，人们就会根据这个先入为主的印象形成错觉。

同样的道理，如果你身边充满了苛刻、尖酸的人，他们习惯用负面的词语来评价你，每天都对你说"怎么这么简单的事情，你都办不好"，"你是笨蛋吗？怎么脑袋这么蠢"，"你怎么这么差劲呢"……过了一段时间后，你会发现自己渐渐被他人催眠成一个"不行"的人。

为什么会有这样的情况出现呢？心理学家对此进行了深入的研究，结果发现意志力越差，越不自信的人，越会受到他人暗示的影响。换句话说，当一个人非常自信，意志力非常坚定，那么即使别人对他进行消极的、负面的暗示，他仍会笑着开玩笑回击。

如果自己不幸被别人暗示成一个"不行"的人，那该怎么办呢？方法很简单，依靠暗示效应，你就可以把自己暗示成一个"行"的人。

在第二次世界大战期间，美国由于兵力不足，临时决定组织关押在监狱里的犯人到前线作战。为此，美国政府还派遣了心理专家对犯人进行战前的心理辅导，希望这些犯人能以最佳的状态奔赴前线。

心理专家对监狱里的犯人做了为期三个月的心理辅导。在训练期间，心理专家要求犯人每天给自己最亲的人写一封信。但是，这封信的内容是由心理专家统一拟定的。主要内容是犯人在监狱里的良好表现、改过自新的欲望、如何进步、有着怎样的奋战欲望，等等。心理专家要求每个犯人都要认真抄写，并亲自邮寄这封信。

三个月后，这批犯人被送到前线支援美军。这时，心理专家又要求他们每天晚上为最亲的人写信。信的内容也是由心理专家指定的，主要是讲述他们在战场上如何英姿飒爽，如何服从纪律，如何英勇杀敌……

结果，不久后，这批犯人在战场上的表现丝毫不逊色于正规军人。他们在战斗中的表现都正如他们在信中写的那样：服从指挥、勇敢奋战。

不断地对自己进行积极的心理暗示，人们就会向积极的方向走。

每个人都会有这样的经历：早晨醒来的那一刻，如果对自己暗示说"我很困，我还需要再睡一会儿"，那么就会感觉非常疲惫并且不想起床。相反，尽管非常困，却对自己暗示说"我还年轻，睡五小时就够了，我会精力充沛的"，那么往往可以打起精神起床，而这一天也会是精力充沛的。这就是因为自我暗示而产生的截然不同的效果。

木桶理论：找出自己的短板，变劣势为优势

一只沿口不齐的木桶，盛水的多少，不在于木桶上最长的那块木板，而在于最短的那块木板。要想提高水桶的整体容量，不是去加长最长的那块木板，而是要下功夫依次补齐最短的木板。这就是"木桶理论"，也叫"木桶定律"。我们每个人都有自己的优点，同时也有自己的短板，当认识到自己的短板时，要及时克服掉，变劣势为优势，才能趋于完美。

莫里哀和伏尔泰都曾从事过律师这一职业，但二人均发现自己不适合做律师，于是便及时进入其他行业，后来莫里哀成为伟大的文学家，伏尔泰成为杰出的资产阶级启蒙家。

作家斯贝克的人生刚开始时，并没有意识到自己在文学创作上有天赋，为了寻找适合自己发展的职业，曾经改行好几次。斯贝克身高近两米，基于身高的条件，最初时打篮球，是当地篮球队的一名队员。由于球技一般，加之年龄渐渐增长，他发现自己不适合继续打篮球了，便改行当画家。他的绘画技巧并没有过人之处，在他给报刊绘一些插画的过程中，偶尔写一些短文，没想到这些短文受到编辑的赏识，自此他发现自己有写作方面的才能，继而走上了文学创作的这条道路。

达尔文不喜欢数学、医学，一旦触摸到植物，便能引发出他的极大兴趣，最终写出《物种起源》，成为进化论的奠基人。如果达尔文不从事植物研究，继续活在数学或医学领域里，就不会有伟大的成就。对于达尔文而言，数学、医学就是他的劣势，而植物学才是他的优势，能让他在植物王国，最大限度地将自己的智慧发挥出来。

第一章 自我认识：
剖析人性中的优点与缺点

美国科普作家阿西莫夫有一天突然发现："我不能成为一流的科学家，但我可以成为一流的科普作家。"于是，他把科研工作放下，将全部精力投入到科普创作上，终于成为当代世界最著名的科普作家。伦琴学的是工程科学，在老师的影响下，做了一些物理实验，逐渐感觉到自己干这一行最适合，后来终于成了一个有成就的物理学家。德国作曲家亨德尔在尚未学会说话时就开始学习演奏乐器，十岁时就创作了六首乐曲。亨德尔的父亲是宫廷理发师，他希望儿子成为律师，看到儿子如此爱好音乐，十分担忧，并采取了严厉的措施，禁止儿子演奏乐器，甚至因为小学有音乐课而不让儿子上小学。可亨德尔根本就不理会父亲的苦心，白天不行，他就在夜深人静时起来练琴，为了不被人发觉，只好不出声地练。终于，他成了与巴赫齐名的音乐巨匠。

可见，每个人都有自己的优势，也有不足之处，这是非常正常的事情。很多人总希望能够改变自己的劣势，为了能弥补自己的短处，花费了大量的时间、精力和金钱，结果并不能让自己满意。更有甚者，在弥补自身缺点的过程中，自己本来已经有的那些优势也都变得荡然无存了。

一位心理学家曾经说过，判断一个人成功与否，主要是看他是否能够将自己的优势发挥到极致。一般来说，当一个人将自己的优势发挥至极点时，就会自动地忽略自己的劣势，从而达到取长补短的目的。

从一个初出茅庐的年轻小伙子成长为一名成熟稳健、广受欢迎的记者，彼得·詹宁斯在一个个岗位锻炼，经历了一个拉长自己的短板、摆脱自己的短板的过程。

年轻的彼得·詹宁斯成为美国ABC晚间新闻主播的时候，大学都没有毕业，但他认识到自身的不足，把事业作为自己的教育课堂。当他做了三年主播，觉得自己因采访能力不足而不能做一名出色的记者时，他毅然辞去人人艳羡的主播职位，决定到新闻第一线去磨炼，干起记者的工作。他在美国报道了许多不同方面的新闻，并且成为美国电视网第一个常驻中东的特派员，后来他搬到伦敦，成为欧洲地区的特派员。

经过这些历练后，他重新回到ABC主播的位置。此时，他已由一个初出茅庐的年轻小伙子成长为一名成熟稳健、广受欢迎的记者。

彼得·詹宁斯看到了自己的"短板"，就通过努力去弥补它，从而使自己变得更有竞争力。我们生活在一个瞬息万变的时代，只有不断学习新的知识才能适应企业的发展，才能高效落实责任，才不会被淘汰出局。然而，许多人并不这么认为，他们觉得自己起点低，已经晚了，学了也跟不上；还有人认为自己拥有了一定学历和知识，不再需要学习……这些都是不正确的想法。

隧道视野效应：站得高看得远，瞄得准走得稳

何谓"隧道视野效应"？就是说如果一个人身处隧道，那么他看到的就只是前后非常狭窄的通道，唯有走出隧道，才能看到更宽阔的天地。

从隧道视野效应中，我们可以得到这样的启示：站得高才能看得远，瞄得准才能走得稳。为什么这样说呢？想想看，当你站在山顶时，是不是视野更为开阔，看到的风景也更多。相反，如果你站在山脚，你能看到的只不过是你周围的事物而已。

同理，在走路时，如果你的眼睛看得很仔细，那么你走起路来也会更稳一些；如果你走路总是倾向于仰着头，那么总有一天，你会被脚底下的石头绊倒。

喜欢研究历史问题的人，一定会有这样的疑问：历史上的农民起义为什么大多不能取得成功，总是轰轰烈烈一阵子就被镇压下去？其实，这个问题并不难理解。就拿李自成来说吧，他带领农民军浩浩荡荡杀进京城，逼得崇祯皇帝上吊自杀，从而推翻了明王朝的统治，建立起了新的政权——大顺政权。可是不到一个月，这个政权就被清兵给推翻了。

这顷刻间倒塌的原因何在？就在于李自成的视野不够开阔，在他取得初步胜利后，便失去了继续战斗的动力，转而过起了骄奢淫逸的生活。他以为自己从此就可以高枕无忧了，却忽略了关外虎视眈眈的清兵。事实上，这些清兵才是李自成最大的敌人。

还有我们周围的一些农民企业家。刚开始创业时，他们也曾生机勃勃，可有了点成就以后便停顿下来，再也找不到前进的路子；还有些人根本就不再找前进之路，以为大功告成了，便开始千方百计享受、挥霍，直至企业渐渐衰落，被淘汰出局。

造成这种状况的原因可能有很多，但目光短浅、视野不开阔是制约其发展的关键因素。小农思想在他们的脑子里已经根深蒂固，认为能够"三十亩地一头牛，老婆孩子热炕头"，吃饱喝足就心满意足，就是人生中最高的享受了。

想想看，在生活和事业的征途上，是否经常"走在隧道里"或"坐在井里"，像隧道里的人和井里的青蛙一样，看到的只是自己头顶上的一片天空？是否因为视野不够开阔而看不到机遇呢？

第一章 自我认识：
剖析人性中的优点与缺点

其实，成功并非遥不可及，只有我们视野开阔，方能看得高远。具体该怎么做，概括地说，主要有两点：

1. 放弃眼前的利益，才能收获更大的利益

一位年轻人非常羡慕富翁所过的生活，就向他请教成功之道。富翁知道年轻人的来意后，没有在他面前高谈阔论，而是拿出三块大小不等的西瓜，放在年轻人面前，说："如果每块西瓜都象征着等量的利益，你会选哪一块呢？"

年轻人毫不犹豫地回答道："我当然要选择最大的那一块。"

富翁微微一笑，说："好吧！"说完，拿起年轻人选的那一块，递了过去，让年轻人吃，而自己却吃最小的一块。

很快，富翁就把最小的一块吃完了，接着便拿起剩余的一块。年轻人看着手中没有吃完的西瓜，显得无计可施。

二人分别吃完西瓜后，富翁语重心长地对年轻人说："要想取得成功，目光放远一些，要懂得放弃，只有放弃眼前的小利益，才能得到长远的利益，这就是我的成功之道，也是我想告诉你的话。"

富翁的成功之道就这么简单，放弃眼前的利益，收获长远的利益。如果他也像年轻人一样，拿起大西瓜就啃，那他就不会站在年轻人的面前大谈成功之道了，说不定他也像年轻人一样一贫如洗呢。

美国第九任总统威廉·亨利·哈里森的故事也给了我们很好的借鉴。

哈里森小时候有一段时间曾被大家认为是一个傻瓜，为什么呢？邻居们做过一个实验，拿一个五分的硬币和一个十分的硬币，让他从两者之间选一个。他每次都选那个五分的，大家以此为乐。

其实，哈里森一点都不傻，反而聪明得很。试想一下，如果他一开始就拿了十分的，还有人会再拿钱让他挑选吗？他是放弃了眼前的小利益来保留长远的利益。

暂时的放弃，是为了以后的获得。这个道理很简单，但是很多人仍然不明白。生活中就有这么一些人，凡事都要斤斤计较一番。给人送礼物，有的人经常不平衡：为什么我送了你500元的东西，你却只还回来300元的；公司加班，这些人也要嘀咕：为什么就要我加班，而你不加？

这些人的目光实在是太短浅，对方还回来的礼物没有你送出去的多，或许是因为他现在手头紧，只能拿出这么一些。你对他的好，他是铭记于心的，等他日后生活宽裕了，定会找机会回报你，送你价值更为贵重的礼物。

还有加班也是如此，表面上看似你在吃亏，但实际上获利的依然是你。你主动留下来加班，你的老板是看在眼里的，虽然他当时不会说什么，但是他定会感动于你无私奉献的精神。没有哪一个老板不喜欢积极主动的员工，如果有一天有什么好事，老板第一个想到的一定是你。

2. 把眼光放到十年以后

很多朋友常常对自己的现状自鸣得意，说："目前所拥有的生活状态，我已经非常满足了。工作稳定顺利，父母身体健康，丈夫体贴，孩子孝顺。对于我来说，再也没有什么可担心的了。"

你赞成这种人的生活态度吗？如果你的回答是肯定的，那么不妨问问自己以下这些问题：

你父母现在的身体还算健康，但你能保证十年后他们还这样硬朗吗？

你的小孩才念幼儿园，所以没有积蓄也没问题，但要是哪一天金融危机来了，你该怎么办？

你觉得你现在的职位已经可以了，所以你不想再为自己充电，但十年后呢，不思进取的你有可能还在原地踏步，或者被有能力的人取代，甚至面临下岗的危险。

当然，这些问题也许有点夸张，但是世事难料，谁又能保证未来会怎么样。我们不是神仙，没有预测未来的通天本领，但我们可以把眼光放得长远一些。如果你把眼光放在十年后，你的未来肯定美好无比；如果你依然着眼于现在，那么你将一事无成。

第二次世界大战结束后，战胜国成立了一个处理世界事务的组织——联合国。

既然是一个世界性的组织，就必须有个固定的工作场所，也就是总部。当然了，既然是总部，所在地肯定要选在繁华的都市中。

这对于刚刚成立的联合国来说，实在是一个不小的困难，因为没有足够的资金，各国首脑为了此事，不停地商量来商量去，以求找到解决问题的办法。就在这时，听到这个消息的洛克菲勒家族宣布，愿意掏出870万美元在纽约买下一块地皮，并且无条件地捐赠给联合国。

人们不禁惊讶了，花这么多的钱买土地免费赠送给联合国，这不是傻子才会做的事吗？洛克菲勒家族的人简直是头脑发晕了。

可是这些人并不知道，洛克菲勒家族在买下这块土地的同时，也买下了与这块土地毗连的全部土地。等到联合国总部大楼建起来后，四周的地价绝对会飙升。那么，洛克菲勒家族赚到的不知道是多少个870万美元。

第一章　自我认识：
剖析人性中的优点与缺点

洛克菲勒家族为什么能够赚得盆满钵溢？就在于他们有前瞻性的眼光，而不是局限在现在所取得的成就上。比别人多走几步，将问题看得更远，接近成功的概率不就更大了吗？

事物是处于不断变化中的，谁也不愿意成为"刻舟求剑"中那个愚昧的楚江人。所以，把眼界放远些，不孤立静止地处理事物，这样我们就能更好地顺应未来，少走弯路。

定型化效应：不做刻板、偏见的人

定型化效应也叫"刻板印象"，是指个人受社会影响而对某些人或事持稳定不变的偏见看法。例如，我们认为老年人喜欢墨守成规，年轻人显得热情奔放，性格内向的人会做出一些偏激的事情等。在一项关于偏见的研究中，科研人员向美国白人学龄儿童展示愤怒和高兴的表情图片，并让他们涂上自己喜欢的颜色，结果，大部分儿童将愤怒表情涂成黑色，高兴的表情涂成白色，这表明这些儿童潜意识里是有种族偏见的。

类似的偏见还有很多，例如犹太人和美国人的形象，在中东沙特阿拉伯和伊朗的电视节目中常常被丑化，这种现象已经持续了很多年，即使到今天也无法改变。虽然这些国家迄今为止已经不再发生冲突，但是人们无形之中形成的认知偏见却仍然影响着他们的判断。

很多心理学家认为人所以有定型化效应，是因为个体无法控制自己的信念和看法。为了证实这一判断，他们进行了多项实验，其中一项是美国华盛顿大学的格林沃尔德教授完成的。

格林沃尔德教授发明了一个可以测量人们对某个群体潜在态度的电脑测验，在测验中，被试者需要快速将看到的单词或图片按要求分类。其中单词分为两种类型，一种代表积极向上，一种代表消极悲观。而图片也有两种类型，分别是男人和女人的脸。测验以两种方式进行，先进行的是内隐测验。测验开始后，屏幕中心逐个出现不同类型的词语或图片，屏幕上方的左右两边会出现与之对应的类别标签。测试者需要分辨词语或图片类型，然后按键盘上的"E"或"I"键确认。例如屏幕上出现了男人脸孔的图片，标签为左边是女人，右边是男人，检测者就应该按"I"键，因为"I"代表了右边一类。

如果测试者按键正确，下一个图片或单词就会自动出现；如果按键错误，电脑就会出现一个"×"符号。内隐测试分为七个阶段,每个阶段都会发生些改变。特别是到了第三和第四阶段,屏幕中的单词和图片随机出现,左右上方分别有两个标签,例如左上方是男人、坏的,右上方是女人、好的。第六和第七阶段与第三和第四阶段内容一样,就是左右两边标签调了下位置,例如左上方是男人、好的,右上方是女人、坏的。

如果一个人对男人的印象有偏见,当"男人"和"坏的"两个标签同时出现时,这个人的反应会变快,直接就按下正确的按键。如果标签将"男人"和"好的"归类在一起,测试者会因为这个标签与个人内心看法不符,而导致反应速度变慢。在按键的过程中,大多数需做到迅速反应,这种反应属于无意识的,所以他们对某一类人的偏见是隐性的。

内隐测验结束后,测试者参加问卷调查。他们需要填写一些个人资料和问题。结果显示测试者填写的调查问卷都是积极向上的,与内隐测验结果完全相反。也就是说,很多人表面上没有表现出对一类人的偏见,这是因为偏见不受他们意识的控制。但是这些偏见部分存在于他们的无意识中,对他们产生了一定影响。

个人通常对人造成偏见,却无法意识自己内心深处的想法,所以无意识的想法难控制,而无意识形成的态度更难控制。如果个人想控制自己无意识的偏见,就需要有坚定的意志力。认知偏见通常以个人思维和认识为导向,要想控制偏见,先要改变思维和认知。例如你对一类人的印象有偏见,可以跟他们相处一段时间,等你发现他们的生活方式和行为处事与你印象中的不一样,你就会对他们有所改观。

锚定效应:不让额外信息影响个人生活

一个人的大脑在进行信息补充的时候,会受一些信息、态度或是数据的影响,从而对个人的评估结果产生很大影响。就像我们购买商品,如果商品的评估价格与标签价格相符,我们对该商品的购买概率就会增加;如果相差太远,可能不会去购买,可见大脑补充的信息受某些因素的控制。

心理学家阿莫斯·特沃斯基与丹尼尔·卡尼曼做了一项脑补实验。实验人员示意被试者看一个幸运大转盘,转盘边缘依次刻有数字 1 到 100。为了达到实验效果,实验人员对转盘进行了特殊处理,每次旋转之后,使指针都指向 10 或是

第一章 自我认识：
剖析人性中的优点与缺点

65。不过被试者不知道转盘被动过手脚。

转盘停止后，实验人员问被试者一个问题："非洲国家在联合国中占有的比例是多少？"实验人员示意被试者可与自己转到的数据做比较，并记录他们评估的数值。结果显示，转到 10 的被试者，评估的数值平均为 25%，转到 65 的被试者评估数值平均为 45%。

实验证明，人在进行信息补充时，内容会受听到或看到的一些事情的影响，从而影响评估结果。这是一种认知偏见，被称为锚定效应。锚定效应使人在对某件事情做出评估的时候，无法自控地就会将更多注意力放到最初获得的信息上，所以为了避免自己胡思乱想，我们就要找到适合的方式去控制思维。

小美是位"人见人爱，花见花开"的优质女生，她有一个闺蜜团，均由青春靓丽的女孩组成，聚在一起时小美总会做一些让闺蜜大跌眼镜的事情。次数多了，闺蜜们见怪不怪，称她有"个性"。这话一点不假，她的确是一位有个性的女生，例如闺蜜们聚餐时，大家都喜欢点一些清淡的食物，她则不然，非额外点一盘爆辣的菜。其实，小美并非喜欢吃辣，所以点辣的，按她自己的话来说，是为了挑战自己的胃口。等那盘爆辣的菜上来之后，闺蜜们避而远之。小美装出很豪爽的样子，夹起菜塞入口中，当筷子还没来得及放下时，小美便喷了一地，满口喷火般辣得毫不顾忌淑女风度，哇哇大叫起来，吓得闺蜜们不知所措。而小美本人则冲进洗手间，拼命用水漱口，当再次返回姐妹们中间时，隐约可见"梨花一枝春带雨"的痕迹。尽管这是一场惨痛的教训，小美还是对那盘爆辣的菜情有独钟，虽然不敢大快朵颐，总是用筷子蘸里面的汤汁，让舌尖去享受被辣的感觉。

小美就是这样一个有个性的人。有一天闺蜜团里的一位姐妹粉嫩的脸蛋有所变化，后来在其他姐妹们的轮番拷问下，她如实招供，做了微整形。小美听后，对她大加"斥责"，并反复强调原汁原味最本真。再过几天，姐妹中又有人的脸蛋发生变化，小美照例对其"嘲弄"一番。就这样，闺蜜团中的姐妹们陆陆续续都对面部进行微调，小美照旧对此表示不屑。

然而，半个月后，让姐妹们又大跌眼镜的是，小美竟然也微整形了。当姐妹们一致攻击她决不微整形时，她却大方地说："既然姐妹们都对自己的'面部'进行了改变，如果我再不行动，就无法与姐妹们融入一起啦！"

小美起初抵制微整形，后来闺蜜团的姐妹们都做了，她的底线被自己突破了，接受了微整形。小美的行为就是被外部信息控制了自己的思维，最后接受微整形，继而失去了自己的个性。生活中，我们要想保持自我，只要稍加注意，就可以轻松控制补充信息对决策和判断的影响。

1. 认清大脑补充不完整信息的过程

这个过程分为两种情况：一种是人们有意识进行的，一种是无意识进行的。对于有意识的信息补充，只要不放松警惕，还是可以控制的。但是对于无意识脑补，因为在信息补充的时候，你没有意识，所以控制起来也不容易。

2. 避免产生认知偏见

避免认知偏见最好的办法就是控制思维，不要让你的思维受第一印象或第一信息的支配。例如你要买一处房产，思维千万不要被售楼人员的话语所迷惑。如果他们说房子如何结实，结构如何合理，环境如何优雅，你的思维立即被他人牵引，头脑一热就买了房子，那绝对不是明智之举。一定要根据多方面因素仔细判断，然后再做决定。

人的大脑为何会对不完整信息进行补充，主要因为个人掌握的信息不够全面，所以还需通过其他信息做出判断或评估。如果你能尽可能多地将信息了解全面，将一切合理掌控，你的大脑就不需要额外补充信息，也就无从影响个人生活了。

布里丹毛驴效应：不要让自己变成一头"蠢驴"

一个名叫布里丹的人养了一头小毛驴，他每天都要向农户买一堆草料喂它。有一天，农户额外赠送了一堆草料，布里丹将两堆草料都放在毛驴旁边。这下子可给小毛驴出了个大难题，两堆草料大小相等、质量一样、与它的距离也等同，究竟该吃哪堆呢？虽然毛驴可以自由选择，但是它始终在两堆草料中间徘徊，左看看，右瞧瞧，根本拿不定主意。事情的结果让人大跌眼镜，最终，可怜的小毛驴竟然眼巴巴地看着两堆草料饿死了。

根据这一现象，布里丹总结出有名的心理定律——"布里丹毛驴效应"，主要是指在两个相反而又完全平衡的推理之下，随意行动是不可能的。人们往往在决策过程中犹豫不决、迟疑不定。正因为左右都不肯放弃，所以无法做出有效的决策。

我们每个人在生活中都有可能变成布里丹的小毛驴，每当遇到人生的十字路口都会反复权衡，再三斟酌，在举棋不定的思考中让机会偷偷溜走。人生充满了选择，我们必须在选择中做出一个决定，机会稍纵即逝，想要拥有紫霞仙子的

第一章　自我认识：
剖析人性中的优点与缺点

"月光宝盒"让时间从头来过是不可能的事情。因此，决断在某种程度上就是各种考验的交集。

1. 做出正确的选择

蒲松龄的《聊斋志异》中有这样一则故事：

两个牧童在山林里发现一个狼窝，狼窝中有两只嗷嗷待哺的小狼崽。两个牧童一人抱起一只小狼崽爬上了高高的大树，他们打算利用小狼崽来捕获老狼。

一个牧童在树上掐住小狼的耳朵，小狼开始嚎叫，老狼随即奔来，在树下疯狂地乱抓。

另一个牧童在旁边的树上扯小狼的尾巴，这只小狼崽也连声嚎叫，老狼又来到这棵树下，企图救回孩子。

老狼在两棵树下不断地奔波，它不知道先救哪只小狼崽好。最终，老狼累得气绝身亡。

老狼之所以累死，是因为它不想放弃任何一个孩子。倘若它能守住一棵树，就可以救回其中一只小狼崽。也许我们会嘲笑老狼愚蠢，但是由于布里丹毛驴效应的作用，人往往比这只狼和小毛驴还要愚蠢。古人云："用兵之害，犹豫最大；三军之灾，生于狐疑。"正是这个意思。

生活这出戏剧永远没有结局，在矛盾迭起的过程中我们必须学会选择。这些选择没有明确的是非观，也不可能猜中结局。在悬而未果的答案中，我们的选择意味着放弃。很多时候，选择的关键在于当初的果断与最终的坚持，而不在于选择的过程。如果你不想成为布里丹的那头小毛驴，最好不要局限于选择的本身。

2. 一旦决定就动手去做

美国思科公司总裁约翰·伯斯在谈到新经济的规律时说，现代竞争已"不是大鱼吃小鱼，而是快鱼吃慢鱼"。现实正是如此，现代社会并不一定是你做得最好就会成功，机遇稍纵即逝，速度已经成为成功的关键因素之一，再好的决策也经不起拖延。成败已经不能仅仅以"大鱼"、"小鱼"论，而要看"快"与"慢"了，因此也就形成了"快鱼吃慢鱼"的结果。

1983年的一天，王光英看报时无意中看到了一条只有几十字的短讯，大意是说南美洲的智利有一批二手汽车要出售，关于汽车的型号、数量、价格、产地和使用程度，短讯中一概未提。

凭着商人的敏感，王光英预感到这个短讯中蕴藏着巨大的商业价值，但是当务之急是如何弄清这一消息的全部情况。于是，王光英立即与这家报社取得了联系。得到证实后，王光英又马上找来几个公司精英，让他们对这一消息进行高度关注，并进行顺藤摸瓜式的挖掘整理，以便进一步完整准确地把握这条信息。

几天之后，王光英得到了这一消息的最新报告：南美洲的智利有一家铜矿，矿主数月前订购了一批包括美国道尔奇、德国奔驰等著名品牌在内的各类型大吨位载重车、翻斗车等工程车辆，共计1500辆，但是前不久铜矿倒闭，矿主不得不折价拍卖这些新车偿还债务。同时他还获悉，这一消息已经被中国香港、智利等国家和地区的相关企业得知。

1500辆折价新车，这可是一笔大买卖。王光英没有丝毫迟疑，他立即派出了一个由专家与工作人员组成的派遣组飞赴智利。临行前，王光英还赋予了他们绝对的临时处置权。

经过认真验货，派遣组认为这批车辆各项指标都很令人满意，于是立即进入了实际谈判阶段。一番紧张地斗智斗勇之后，派遣组最终与矿主达成了以原价三八折的价格成交。仅此一项，就为王光英带来了7000万美元的巨额利润。

能够从一条"二手信息"中挖掘到7000万美元的利润，这中间固然与王光英的商业头脑有关，但是面对信息时的快速决断和迅速反应，尤其是给相关人员拍板权的这一举动，才是成就这笔大生意的关键所在。所以，在追求财富的过程中，高度灵敏的商业嗅觉固然重要，但当机立断、果断行事的魄力却更加重要，不可或缺。

有的人经常埋怨环境不好没法发挥自己的能力，有的人坚持要等到条件完全成熟再动手，有的人想等到自己有了一种积极的感受再去付诸行动，这样的做法其实是本末倒置。我们在做一件事之前确实要做好准备，确实要创造良好的环境，但比这一切更重要的是做一件事的决心和行动，而不是空想。积极行动会导致积极思维，而积极思维会产生积极的心态，心态是紧跟行动的，你的内心怎样想，你就会采取怎样的行动，也就会产生怎样的结果。

从众心理：随大流难以坚持己见

人们很容易被他人的言行影响。听到他人的观点，看到他人的行动，人们会不自觉地放弃自己的想法，跟随众人的行为。还有些人因为没有主意或想法，所以就按照别人的言行行事，这说明个人思想一旦受众人影响，自我控制的能力就会下降。

第一章　自我认识：
剖析人性中的优点与缺点

心理学家针对美国某大学心理系的学生做了一个实验，目的在于考察他们的言行是跟随众人行为，还是坚持己见。心理系的老师首先向大家介绍了一个人，说他是德国著名的化学家，今天来到这里是想向大家介绍一种他新发明的化学物质。这位化学专家拿出一个小瓶子，向大家介绍说，这是一种无色的化合物，打开盖后，会在整个教室散发出一种恶臭的味道。他请大家闻一闻，闻到的就请举手。这时他开始掐表计算时间。15秒钟的时候，前边几排大部分同学举手示意他们闻到了臭味；到了一分钟的时候，课堂上75%的学生都举起了手。后来他们才知道，原来这位化学家只是一位德语老师，而瓶子里的化学物质只是普通的蒸馏水，什么气味都没有。

学生们之所以都相信这个化学物质有恶臭的味道，只是因为受两方面影响：第一就是权威专家的诱惑。当他们知道站在台上的人是化学界权威人士，就相信他说的任何话都是真实可信的。第二点就是从众心理，一个人本来没有闻到任何气味，但是看到前边几排同学举手，可能会疑惑自己的鼻子是不是失灵，他们更愿意追随大多数人的意见，于是不管闻到还是没有闻到，都选择相信别人。

在生活中，这种从众心理屡见不鲜。例如日本发生地震，核电站泄漏的时候，人们听说核能污染了海水，以后晒出来的盐对人体有危害，所以在一些城市出现了"抢盐狂潮"。其他地方的人听说有些城市开始抢盐，也失去了理智，他们大街小巷到处找盐，接着越来越多的人加入"抢盐"的队伍。还有人想在外边吃饭，看到一条街上的一家饭店门前排了很多人，就想这家店的饭菜做得一定是最好的，于是不惜花费一两个小时排在后边等。再一会儿，还有人经过，本来他们定好到哪儿吃饭，一看这个饭店人最多，就放弃了当初的选择，也跟在后边排队，这个队伍越来越长，受诱惑的人也越来越多。等人们进去吃完，可能会发现，这个排队人数最多的饭店的食物味道只是一般而已，还不如自己当初选择的小店好吃。这都是从众心理为人带来的影响。

在众人的影响下，人性的弱点就会显现，随大流、没有主见、失去理智、做出错误判断。因为他们觉得大多数人的选择是正确的，所以要与大众保持一致，不能显得太另类。大多数人会接受别人的观点或行为，而不去思考自己行事的真实目的。他们在大众行为和想法的诱惑之下，很难控制住自己。

社会心理学家所罗门·阿希做了一系列有关从众心理的实验。实验室中有七个人一排的座位，真被试者坐在第六个座位处，周围六个被试者都是实验助手，也就是"托儿"。实验开始了，被试者要求按座位顺序依次回答问题。实验人员先让被试者看两张纸，一张纸上是一条标准线段，另一张纸上有三条长短各异的

墨菲定律
Murphy's law

线段。而被试者需要回答的问题就是，看三条线中的哪一条与第一张纸上的标准线段一样长。如果要是真被试者单独一人，相信他能做出正确的选择，因为这种题目对于一个正常智商的人来说简直太简单。但是不幸的是，他被放在第六位来回答这个问题，这就容易对他造成困扰。

如果前边五个人都选择正确答案，真被试者也会选择正确答案。如果第一个人选的是个错误答案，被试者会嘲笑他的愚蠢。第二个人也选择错误答案，被试者会认为这是巧合。如果第三个、第四个人也选择错误答案，被试者开始怀疑自己的眼睛。轮到第五个人时，他也选择了错误答案，被试者的自控力底线彻底崩溃了。不管被试者最初的选择是什么，此时此刻，他显然已经无法相信自己，只好选择别人都选的错误答案。

实验结果表明，一个人单独回答问题时，正确率可达99%；当别人选择错误时，有75%的人都会选择错误答案。也就是说，群体人数越多，个人越难坚持己见。

从众心理是一种比较普遍的社会心理现象，当人们受到来自群体行为或意见的压力，就会放弃自己的想法去追随大多数人，也就是我们经常说的"随大流"。别人都这么做，我也这么做；别人都这么说，我也这么说，就像自己不能控制自己一样。

美国学者詹姆斯·瑟伯曾经描述了这样一件好笑的事情。一天，一人突然在大街上向东奔跑，接着一个卖报的孩子也跑起来。再接着又见一个绅士匆匆忙忙地跑，可能有要紧事要办。这三个人一跑，十几分钟之后，就在这条街上，几乎所有人都跑了起来，而且神色慌张，大喊大叫着救命。这时街上跑的人越来越多，就像逃避生命灾难一样。从人们的叫喊声中得知，他们以为河水决堤，觉得跑向东边是最安全的。其实，第一个人奔跑只是赶时间去办事，当奔跑的人越来越多的时候，人们就受到了从众心理的影响，把一个简单的奔跑，变成一件大事，这确实很搞笑。

有时候，我们会嘲笑别人"随大流"，但事情真要落到自己头上，我们也不见得能克制住自己。从众心理很神奇，无论你有多么强大的自我控制能力，遇到它也会不起作用。当你受到团体的诱惑，就失去了理智和方向，就会盲目跟风。我们需要时刻保持清醒的头脑，客观地去分析当前的形势。当你感觉自己的意见和大家不一致时，先不要急着怀疑自己，静下心来思考一番。当你考虑清楚了，再决定做什么样的行动。

第一章 自我认识：剖析人性中的优点与缺点

道德许可效应：提高自控力，才不会纵容自己

人的思想都存在正反两个方面，在好的行为准则之下，个人总会做出一些坏事，例如一个慈善家用募捐来的善款买豪华轿车；一个知法守法的警察残酷地对待罪犯；一个有家庭观念的已婚政治家与其他女性有染。这些人都觉得自己有高尚的品质，对某事有自己明确的道德标准，但是他们在做与这项道德标准相关的行为和判断时，更倾向于做违背道德标准的行为，这就是"道德许可效应"。

普林斯顿大学的心理学家贝努瓦·莫林和戴尔·米勒在普林斯顿大学本科生中做了一个调查。他们让学生对两个命题进行判断，第一是大多数女人真的不聪明；第二是大多数女人相比出来工作来说，更适合在家看孩子。当女生看到这两个命题时会非常生气，她们明显感觉到性别歧视；而男生看过后，也会对这些有歧视色彩的命题进行反驳。接着调查人员换了另外两个命题，把之前的"大多数"改为"有些"，就变为：第一，有些女人真的不聪明；第二，有些女人更适合在家看孩子。这样一来，虽然还略带性别歧视，但因为只是说一些人是这样，所以学生们的态度中立一些。

做完判断，调查人员模拟一个职位招聘场景，让学生们从几个做高层的候选人中选出最合适的人。候选人有男性也有女性，对于接受调查的学生们来说，答案应该是明确的，他们应该不会歧视女人。但是据他们所知，这些工作一直由男性主导，所以在选择上也偏向于男性。结果表明，那些强烈反对性别歧视的学生更愿意选择男性来担任职位，这明显与他们的言论不符。

为什么会出现这样的结果？不仅我们震惊，心理学家也很震惊。按理来说，一个人表达了一种态度，他的行动应该与这种态度相互一致，这就是表里如一。但是，调查结果却和他们当初表达的观点背道而驰。强烈反驳性别歧视的学生，感觉自己是高尚的，他们觉得自己获得了道德许可证书，因此对自己的行为丝毫不加限制，做出了有性别歧视的选择。

其实，这些学生真的没有歧视的想法，只是他们感觉自己之前的表现太好了，于是就受这种感觉操纵，失去了自我控制能力。

这些人的自控力低下，不是意志力缺乏或者血糖含量低造成的，而是因为他们没有意识到自己的不受控。因为他们觉得自己正因为能够自控，所以才做出这

样的判断，之后放纵自己的一系列行为，他们也都认为那是自我控制的结果。但实际上，他们把自己当作高尚品质的人，觉得自己那么棒，应该得到补偿，于是就向诱惑屈服，以至于忘了自己最初的想法。

我们想知道"道德许可"的逻辑是怎样的，但是它真的没有什么逻辑可言。通常人们做了对自己美德满意的事情，都会放纵自己做出冲动的事，就像一个人起早贪黑为工作奉献，他就觉得用公款消费是应该的。因为一直相信自己仁慈善良，所以做出些不好的事情也情有可原。这是人的本能，很难找出一个符合这种思维方式的逻辑。

将某种行为冠以道德的名义，只会让我们有矛盾心理。我们的前进的动力是获得想要的东西，而不是受道德的激励。如果为了必须完成某件事情，就该增强自控力，我们就会排斥这种强加的负担。就像一个人总告诫自己要健身减肥、戒烟戒酒，就会认为自己的想法是高尚的。但是因为这些东西是你从道德的角度强加给自己的，所以你很难控制自己去实现目标。

布琳达还有半年多时间就要和男友走入婚姻殿堂。她想让自己变得更苗条一些，所以为自己制订了减肥计划。她决定每周到健身房三次，她能把每种运动消耗的卡路里计算清楚，例如爬台阶，她知道每分钟消耗多少，跑步每分钟消耗多少。这样一来，到结婚的时候就能减到合理体重。但是因为她总是计算消耗掉的卡路里，所以不自觉地就会想到自己能吃多少卡路里的食物。坚持健身成为她的道德许可证，因此她更加放纵自己的不良行为，例如她在跑步机上多待了几分钟，就会在预先计划好卡路里的食物中再添加一些东西，例如巧克力或黄油曲奇。几个月下来，她的体重不但没有减轻，反而还增加了不少。

布琳达走入了道德许可布下的陷阱。她的目标是减重，于是把健身当作完成目标的必要方式。她觉得只要锻炼了身体，就可以多吃东西，相当于把实现目标的行动和目标本身错误地联系在一起。当她做了和目标相符的行动，就觉得自己的积极行为是值得表扬的，但是她没有把健康合理的饮食看作减重的另一个方式，于是放纵自己吃喝，反而忘了自己的真正目标。

我们最应该做的事情是将道德问题和普通问题明确区分，这样才能避免走入道德许可的陷阱。我们都认为道德问题是对个人自控能力的挑战，于是用抽烟喝酒、暴饮暴食，来验证自己是高尚还是卑劣，但是这些事情不能成为道德问题，所以也不能用高尚、卑劣来形容。只不过，只要我们一把自己的行为道德化，自控能力自然就下降了。

第一章 自我认识：
剖析人性中的优点与缺点

破窗效应：千万不要捅破第一个窗户

生活中有一个有趣的现象：当某栋建筑物的门窗被打破，主人因为忙碌等原因没有及时对门窗进行修复，那么最后这栋建筑物的门窗几乎都会被打破。心理学家将这种现象称为破窗效应。

破窗效应的形成是由于环境因素对人的心理具有深刻的影响。当被打破的门窗没有得到及时修复，就会对路过人形成一种心理暗示。例如，这是可以被打破的门窗；打破这个门窗的话不会被惩罚；这个建筑物没有人住，可以打破它的门窗。这种心理暗示一旦形成，就会使人不自觉地想要去打破其他完好的门窗。

同样的道理，某段公路的绿化带如果是完好无缺的，就会形成一个心理暗示：这里不能通过。当有一个好事者将绿化带的矮小灌木踩倒，形成一个可以过马路的捷径，那么之后就会有很多人从这条新路上经过。这恰好印证了那句话——"世上本没有路，走的人多了，也就成了路。"

我们知道，当捅破了第一个窗户得不到修复，那么还会捅破很多个窗户。生活中，当开启了某件事情的"第一次"，就很难避免"第二次"、"第三次"的发生。举个例子，当我们每天都坚持准时上班，那么就会一直坚持下去，觉得迟到是不好的。当有了第一次迟到的经历，那么下次快要迟到时就会觉得事情没那么严重，脚步也就不再急匆匆，结果就真的迟到了。在人的心理上其实很不喜欢去突破"第一次"，但是当突破了"第一次"，就会变得无所谓了。

当然，当你捅破了第一个窗户，犯下了第一次错误，如果得不到及时的修复和改正，那么人们对你的印象就会越来越差，犹如千疮百孔的门窗。此后，即使你做了一件正确的事情，也不会得到别人的认可。这就好比在破了许多窗户的建筑物上刷油漆，依然改变不了人们对这个建筑物的印象。

在很多电视剧对白里，犯罪的人会继续走在犯罪的路上，并说了一句意味深长的话："我也是身不由己。"

很多时候，当人们的错误累积到一定程度后，就会产生破罐子破摔的心理。当第一个窗户被捅破的时候，人们会想要将这扇窗户修好。可是当破了第二个、第三个窗户的时候，人们就会觉得无所谓了，反正再破一个也是这样。最后，当所有的窗户都被打破了再去修复，人们就会觉得厌烦和艰难。所以，当人们的错误或者犯罪累积到一定程度的时候，就会产生"身不由己"的感觉。这就好比

| 墨 | 菲 | 定 | 律 |
Murphy's law

一直对学习表现不出积极情绪的人，等到这样的惯性保持了好几年再想要打破，就会发现非常难以改变。

那么，当破窗效应到达了极致，人们要如何突破这个效应呢？

20世纪80年代的纽约曾经是世界上犯罪率最高的城市，在这个城市里，每一分半钟里就会有一个犯罪事件发生。不少来到这座城市的商人、游客都遭受了无妄之灾，从此纽约变得让人闻风丧胆。

当时，美国的心理专家认为纽约是陷入破窗效应的一个典型城市。人们在大街上公然抢劫，在地铁车厢里写淫秽的语句，在街道上到处乱丢垃圾。心理专家认为，当越来越多的人犯罪，越来越多的人在车厢里写淫秽的句子，在地上丢垃圾，人们就会认为多自己一个也不多，并在环境的暗示下走上犯罪或者是破坏的道路。所以慢慢地，纽约成了一个地地道道的脏、乱、差城市。

不久，美国政府意识到纽约的混乱是国家的隐患，如果不整治，就会影响到美国的整体形象。为此，美国政府多方求援，其中包括请心理专家，最后狠下心，大力整治当地的治安。

为了表明整顿决心，美国政府花钱清洁了全部地铁车厢，并派专人抓捕在车厢里涂鸦的人，然后将其铐在月台上以儆效尤。同样的整治力度也扩展到街道的抢劫事件、丢垃圾行为等各个方面。经过长达三年的整治，纽约脱胎换骨，以崭新的面貌再次成为世界著名的经济贸易中心。

这就是心理学家支的招——当人们无法阻止破窗效应的时候，干脆改变整个破窗效应的环境。美国政府通过整顿犯罪的环境，让"破窗效应"产生的环境消失，从而打破了恶性循环。

去他的效应：面对诱惑，一定要守住底线

心理学家彼得·赫尔曼曾经带领自己的研究小组做了一个关于"去他的效应"的实验，目的在于了解人在屈服于诱惑的时候，能不能因为罪恶感而控制自我。

被试者到达实验室时，已经好几个小时没有进食，正如研究人员说的，他们已经到达"饥饿状态"。这些被试者被分成三组，分别对待。实验人员给一组被试者一小杯奶昔，让他们先缓解一下饥饿感；接着给另一组两大杯奶昔，让他们一次就吃到饱；而最后一组被试者则没有分到一点奶昔，他们仍然处于饥饿

第一章　自我认识：
剖析人性中的优点与缺点

状态。

接下来，实验人员把这些被试者安排到一间装有各种零食的房间内，里边放着几碗烤薄饼和曲奇，外加一张评价表。实验人员想看看不同饥饿程度的人面对零食的各种反应。被试者想吃多少就可以从碗中取多少出来，吃光碗里的还可以再向实验人员索取。被试者以为自己吃得多，评分会更高，其实分数对于实验人员来说并不是最重要的，重要的是被试者吃的食物的量对他们带来的影响，以及节食的人和不节食的人在美食面前有何差异。

在不节食的一组被试者中，刚刚喝了两大杯奶昔的人只是吃了一点点薄饼，然后就填了评价表；喝了一小杯奶昔的人，吃薄饼的数量稍微多些；一直处饥饿状态，一点奶昔没喝的人，一下子就吃掉了很多薄饼和曲奇。这一组人的做法，应该算是正常的反应。

对于节食组的被试者来说，情况就出现偏差。喝了两大杯奶昔的人本来应该是肚子最饱、最吃不下东西的，但是他们的行为令实验人员惊讶，他们吃的东西居然比好几个小时没有进餐的被试者吃的东西更多。实验人员不敢相信，为了进一步证实结论的正确性，他们反复用实验进行论证，结果与第一次实验是相同的。

节食者在心中已经为自己设置好每日的进食量，当他们有一天一旦进食超过了这个限量，就会控制不住自己而食用更多的东西。实验人员把这个行为称为"去他的效应"。就像实验中提到的，节食的人因为在实验中一下就喝了两大杯奶昔，这明显超过了他们给自己限制的食量。他们知道今天的节食计划落空，所以就会想："去他的吧，反正计划泡汤，今天先把肚子填饱再说，节食的任务交给明天处理吧。"他们的脑海中只有把握今天这一个概念，而不去想今天的放纵会让自己增加多少热量，增长多少斤肉。反正已经罪恶了一次，就放纵到底吧。他们这样做似乎已经失去了理智。

人们受到"去他的效应"影响，意志力就会失效。为了满足自己一番，就多吃一口，但是多吃之后又会悔恨，接着就更加放纵自己。总之，对于想节食的人来说，这是难以逾越的鸿沟，面对挑战，意志力居然难以抑制冲动。

一家大型商场发生了一起盗窃案，八只名贵的金表被盗走，损失金额达到16万美元。就在案子尚未侦破的时候，纵横商场数十年的雷克夫人恰好来到此地批发货物，当时雷克夫人随身携带了四万美元。到达酒店后，有人在谈论这桩案子，并将盗贼说得神乎其神。据传言，如果能和盗贼私下达成交易，5000美元就可以买到一只金表，八只金表仅需要四万美元，转手后就可以净赚12万美元。雷克夫人一听，不禁想："难道真有这样的好事吗？"

尽管道听途说终归是不靠谱的事情，雷克夫人却对金表的事情动了心，一天时间内有关金表的话题多次在她耳边响起。当天夜晚，正当她准备入睡，床头的电话铃声响起，雷克夫人顺手拿起电话，听筒内传来一个神秘的声音："雷克夫人，我知道你是做大买卖的，手里不缺钱。"

"你是谁，你想干什么，难道就不怕我打报警电话吗？"雷克夫人显得有些惊慌。

对方没有直接回答她的问题，而是说："请不用担心，我不会对你造成任何伤害。可能你也听说商场金表被盗的事情了吧。这几块金表在本地不好脱手，若你感兴趣的话，我们可以做一笔交易。"

对方说到这里，雷克夫人完全明白是怎么回事儿了，不过她在听筒的另一端没有出声。对方见她没有回答，又说："你完全没有必要担心金表的真假，如果你实在不放心的话，我们可以找一家珠宝店进行鉴定，你觉得怎么样呢？"

雷克夫人又惊又喜，这笔生意可获取的利润要比其他一般生意丰厚许多，于是便答应对方见面详谈。最后雷克夫人以四万美元买下了传说中被盗的八只金表中的三只。

买完金表后的第二天，雷克夫人拿起金表仔细观察，感觉金表有些地方不对劲，于是便把金表带到相熟的珠宝店鉴定。鉴定的结果差点让雷克夫人疯掉，这些金表都是假货，三只金表的价值加起来也只值几千美元而已。直到这帮骗子落网后，雷克夫人才知道从她一进酒店存钱的时候起，骗子就已经盯上了她，而她听到的有关金表的话题也是骗子们故意说给雷克夫人听的。骗子的计划是，就算雷克夫人第一天没有上当，接下来他们还会有许多花招准备诱骗她，直到雷克夫人上钩为止。

雷克夫人没能抵挡住诱惑，成为"去他的"效应的牺牲品。所以，一定要随时提醒自己，欲望很可能让你失去一切，欲望会直接点燃起你心中贪婪的火焰，最终会把你烧得体无完肤。

那么，如何打破"去他的"效应呢？显然不是强迫自己不被眼前的东西诱惑，而是用"自我谅解"的方式。也就是说个人遇到挫折，持自我同情态度的人比持自我批评态度的人更愿意承担责任，也更愿意接受别人的反馈和建议。

当你原谅了自己的放弃行为，而不是悔恨，你会发现这个信息传入大脑后，你居然能约束自己的内心。就好比喝了两杯奶昔的节食者告诉自己反正减肥计划失败，多吃点薄饼也没什么关系。当你原谅了自己的行为，你会发现现在吃薄饼的数量，比带着罪恶感去吃时反而大大减少。你为这个行为感到惊奇，但人就是这样，放纵自己的时候不要过度苛刻自己，你就会发现你的自控力也是很强的。

权威效应：不被权威所左右

"人微言轻，人贵言重"，这句话包含了一个非常普遍的心理学效应，那就是"权威效应"。权威效应是指，如果一个人地位高，名声大，他说的话就更容易受到人们的重视，人们更愿意相信其正确性。

"权威效应"之所以存在，是由人们的"安全心理"造成的，人们觉得权威人士在他所在的专业领域里比普通人懂得多，研究更深入，所以愿意相信他们。但是，这个心理惯性有时候会成为思考和做事的阻碍，限制我们的思维。

虽然说，崇拜权威的心理优势可以帮助我们更好地学习成功者的智慧和经验，扩大自己的视野。但如果过于崇拜权威，而从不去怀疑他们，总是按照他们提出的"真理"做事，那样只会阻塞我们的思维通道，影响自身创造力的发展，久而久之，这种盲目崇拜权威的心理会将我们塑造成一个僵化的、盲目的、平庸的"傀儡"，试问一个傀儡又怎么会取得傲人的成就呢？

爱因斯坦曾经说过："从少年时代起，我就对所有的权威说法持有怀疑态度，对社会上的任何信息都抱有怀疑态度，这种态度一直陪伴着我，直到现在。"有些时候，真理并不完全存在于世俗的老旧观念里，也不存在于这些"权威说法"中。我们要敢于打破世俗的框架，学会向权威质疑、向权威挑战。

其实对于每个人来说，想要在某一个方面取得进步和成绩，都必须经过这样一个循序渐进的过程，即发现问题，提出问题，思考问题，解决问题。一个人想要提高自己、达到自己的人生目标，就必须丰富自己的创造性思维。如果我们对于现有的一切都感到理所当然，那么就只能原地踏步，永远都无法拥有独特的思想。所以要发现问题，提出问题，进而思考问题和解决问题。

世界上有很多伟大的科学家，他们就非常善于发现问题、提出问题、思考问题和解决问题。在任何人的眼中，他们的成就都是伟大的，他们的魅力也都是独一无二的。意大利著名的物理学家伽利略就是一个非常典型的例子。

在伽利略之前，人们对于自由落地的物体的认识是基于亚里士多德的理论。亚里士多德认为，不同质量的物体下落的速度也不同。物体的下落速度和其质量成正比，质量越大的物体，下落的速度越快。

墨菲定律
Murphy's law

这个理论成为人们心目中的权威理论，即使一个简单的实验就能够证明，人们也完全没有想到要去验证一下，这种盲目的认识一直持续了一千七百多年。

伽利略看到这个理论的时候，认为这和自己的生活经验不一致，他大胆地对亚里士多德的学说提出了质疑。但是，很多人都在批评他，认为他不该质疑伟大的亚里士多德。伽利略难以一一说服那些反对者，他决定用实验告诉大家结果。

一天，比萨斜塔下，不断有人聚集过来，大家都等待着见证伽利略的实验，事实上，多数人都在等着看伽利略的笑话。物体自由下落的速度与物体的质量无关，这怎么可能呢？伟大的亚里士多德已经对这个现象下过结论了，为什么这个年轻人就是不相信呢？人们议论纷纷，一些亚里士多德的拥护者满脸怒容，认为伽利略亵渎了权威。不过结论马上就要出来了，再等几分钟，究竟谁是正确的就有了定论。

在比萨斜塔内部，伽利略正在做最后的准备，他把一磅重的铁球和十磅重的铁球一起拿在手里，吩咐助手为他清理出一片空地，然后缓缓向塔顶走去。作为当事人，伽利略反而更加平静，他对自己的理论很有信心，类似的实验他已经做了无数次了。

突然，斜塔下面人群一片骚动，原来是伽利略出现在了塔顶。只见伽利略微笑着看了一下下方的人群，他并不言语，但是举手投足信心满满。向助手示意之后，伽利略将两个质量相差十倍的铁球同时放开。结果不言而喻，伽利略在短短几秒钟打消了人们的怀疑，也击碎了人们心中的权威论断。

如果伽利略也和其他人一样，认为古代的大贤者的说法是毋庸置疑的，而不去发现这其中的问题，不去思考这其中的问题，他能够取得如此大的成就吗？他能对后世产生如此大的影响吗？当然不能！

可以说，科学上的很多重大发明和发现，都需要对当时已有的那些说法提出自己的疑问。只有这样，这些科学家、发明家们才能够激励自己进行探索。如果说，他们总是墨守成规，不去思考那些看起来不合理的事情其中有哪些问题，那他们的知识又怎么能够丰富起来？理所当然地，也就没有了这些新思想、新事物的产生，整个世界也就无法再前进了。

有人说，盲目服从要比主动犯规更加有害。这句话说得十分正确。一个人如果只会盲目地循规蹈矩，那他就永远都无法摆脱别人的阴影，也永远都无法拥有创造性思维。现实生活中，人们总是对所谓的"专家建议"、"专家判断"、"专家方法"等一系列的"权威"性指导深信不疑。甚至有些人会将这些专家语录作为真理而全盘接收。其实，即便是某个领域的专家，他们对事情的判断也难免会出现偏差。盲目地崇拜权威有时只会引导我们走向错误，这对自身的发展和创造力的发挥都是非常不利的。

想要开发自己的个性思维和创造性思维，想要与众不同，就不能鹦鹉学舌，不能一味地盲从所谓的"权威"。我们要有独立思考的能力和积极进取的精神，学会用自己的眼光去发现问题。并且要敢于质疑权威、挑战权威，大胆地提出自己的见解和主张。然后凭借着自信心和自强的心理，想尽一切办法，克服困难，突破阻碍，直到取得成功。

第二章
强化内心：做坚不可摧的自己

人生是一场单程的旅行，奔跑于风雨中。只要有风景的剧情就会有心伤，没有谁能躲得过剧情里的际遇起伏。当环境不能改变时，当命运不能逃避时，当生活需要勇气时，当我们为自己选择好方向时，首先要做的就是建立自己强大的内心。

| 墨 | 菲 | 定 | 律 |

Murphy's law

杜根定律：自信比什么都重要

美国职业橄榄球联会前主席 D. 杜根曾经提出："强者不一定是胜利者，但胜利迟早都属于有信心的人。"这句话后来被人称为"杜根定律"。这句话的核心讲的就是信心可以决定一个人的人生成败。在现实生活中，我们经常会听到这样的话："我行吗？我可以吗？"说这些话的人往往是缺乏自信的人，从心理学的角度分析，这就属于一种自我暗示，是在提醒一个人不行，无法胜任。往往这种缺乏自信的人在事业上都不会成功，因为他们畏惧困难，害怕失败。反而那种经常说"我一定可以"、"我一定行"的人会比较容易成功，因为他们无所畏惧，对自己充满信心，毫不怀疑自己的能力。

苏雨小时候就特别敏感，特别怕羞，她很胖，尤其是脸上看起来更明显。苏雨的母亲特别死板，她觉得一个女孩一定要传统一点，像那些老人过去一直以来的作风一样，穿着打扮绝不能是五颜六色的。她总是告诉苏雨："宽大衣服容易穿，紧身的衣服容易坏。"并且她总是按照这个原则来帮苏雨挑选衣服。因此，苏雨从来没有和别的同龄人一起玩过，甚至不去上体育课。她特别害羞，总感觉自己和别人"不同"，就这样她的生活完全封闭起来，很不招人喜欢。

长大之后，苏雨在母亲的包办下嫁给一个比她大好几岁的男人，可是她并没有改变。她丈夫一家人都很好，对生活也充满了自信。苏雨也尽最大的努力想去迎合家人，可是她并没有做到。为了使苏雨能开朗地做每一件事情，家里人都尽量地在不经意间纠正她自卑的心理，可是这样做使苏雨变得更紧张，把自己关闭在黑暗与孤独之中。她躲开了所有的亲人与朋友。苏雨知道自己是一个失败者，所以每次和家人共同出现在公众场合的时候，她都假装很开心，结果常常做得太过分。就是这样的生活苏雨一直过了几年，但人的心理承受总有一个极限，当苏雨的承受极限到了，她想到了自杀。

但是一件事改变了苏雨的命运，让她从死亡的边缘走了回来。一次她在家里听到了婆婆对孩子说的话："不管做人，还是做事，我们总要保持我就是我的原则，或者保持本色。"

第二章　强化内心：
做坚不可摧的自己

"我就是我，保持本色！"在那一刹那间，苏雨发现自己之所以那么苦恼，就是因为她一直在试着让自己适合于一个并不适合自己的模式。

这次偶然的事件使苏雨改变了。后来苏雨回忆说："从那以后，我开始改变我自己，经过几天的思考，我知道了我不快乐的原因，于是，我开始保持我内心的本色。我试着研究我自己的个性，自己的优点，尽量用适合我的方式去穿衣服。我主动地去交朋友，常常与邻居到公园里去游玩，慢慢地我的勇气一点点地增加了，我也从中得到了许多快乐，这所有的快乐，是我从来没有想到的。在教育我自己的孩子时，我也总是把我从痛苦的经验中所获得的教训教给他们，不管做人，还是做事，我们总要保持我就是我的原则，或者保持本色。"

对自己失去信心的人，即是否定自己价值的人，他们终将失败，即使不会失败，也是碌碌无为地度过一生。相反那些对自己持肯定态度的人，做事一般都会有良好的结果。因为，他们对自己有信心，相信自己是最好的，他们总是坚忍不拔地向着更美好的生活前进。对于失去信心的人来说，他们在心里只深信自己是二流的，永远不能走上成功的舞台，不时地会对自己产生厌恶感，对自己不太尊重，看不起自己。这些原因，导致了他们总是回避生活的挑战，面对需要得到帮助的人，总是不能向前再走一步去帮助他们，始终在想自己的帮助对别人可能根本就派不上用场。其实我们应该相信一句话："天生我材必有用。"没有谁是无用的，就看你如何对待自己。

有世界第一"CEO"美称的前通用电气公司董事长杰克·韦尔奇就是一个靠着自信成功的商业领袖。从1981年加入通用电气起，在短短20年时间里，杰克·韦尔奇使通用电气的市值达到了450017亿美元，增长三十多倍，排名从世界第十位提升到第二位。

杰克·韦尔奇出生于一个典型的美国中产阶级家庭里，他是父母结婚16年之后的爱情结晶，他是家里的独子。由于父亲在波士顿与缅因铁路公司上班，每天早出晚归，所以照顾和培养杰克的重任就落在母亲的肩上。

杰克的母亲在孩子的教育上和其他独生子女的母亲不太一样，她对杰克的教育更注重于培养孩子的自信心，她的关心主要体现在提升杰克的能力与意志上。母亲经常对杰克说："哦，亲爱的，你真棒，你太厉害了……"尽管杰克很多时候做得并不是很好，母亲还是会说："亲爱的杰克，没有想到第一次你就做得这么成功，再来一次肯定更棒……"每到这个时候杰克就对自己充满了信心。已经成年的杰克还是有些口吃，但是母亲却对他说："亲爱的，这并不是什么缺陷，只是你的思维比说话的速度快些而已！"结果，杰克也并不认为口吃是自己的毛

墨菲定律
Murphy's law

病,而事实上,所有注意到这一点的人都对杰克产生了一些敬意。美国全国广播公司新闻部总裁迈克尔很敬佩他,甚至开玩笑说:"他真有力量和效率,我真恨不得自己也有口吃。"

杰克一直都很尊敬甚至崇拜自己的母亲,他从母亲那里学到了自信,也知道只有自信的人才能主宰自己的命运。他曾经这样说自己的母亲:"我的母亲很有权威性,她总让我感觉自己什么事情都能干,是我母亲训练了我,让我学会了独立。每当我的行为稍有越轨时,她就会严厉地批评我,不过一般都是从正面且有建设性的角度来对我进行教育,这样还能够促使我振作起来。她从不说任何多余的话,总那么坚决、积极和豪迈。我一直对她心服口服。"

杰克认为,一个人所经历的一切都会成为建立自信心的基石。杰克的中学毕业成绩可以确保他进入当时美国最好的大学,可是由于种种原因他最后进入了麻州大学。起初,他并不高兴,甚至还感到有些沮丧,可是进入大学以后,他的想法就改变了,后来他就很庆幸自己上的是麻州大学。因为杰克当时如果选择麻省理工学院的话,那里面人才济济,比杰克能力强的人比比皆是,他就会被能力强的同学压住锋芒,也许永远不会受到重视。但是,在这所较小的州立大学里,他获得了更多的自信。杰克是麻州大学最出色的学生,可见他当初没去麻省理工学院是正确的。杰克·韦尔奇曾对自己的大学生活这样描述过:"我坚信我在这里所经历的一切都会成为日后成功的基石。"

后来,杰克·韦尔奇表示:"通用电气公司的一个核心价值观就是自信,一切管理都是围绕'自信'展开的。"

当一个人犯错误很沮丧的时候,经常会有人说:"金无足赤,人无完人。"是的,一个人不应该为自己的弱点和不足而感到自卑和绝望,也不要被吓得止步不前。其实,往往一个人勇敢地往前迈出自己坚定的脚步,那么很可能就会成功,因为成功都是属于那些拥有自信的人。

假如一个人被任命为这个工作的负责人,不管之前有没有做过,只要有信心,什么事情都是顺其自然的,员工工作内容和时间的安排,能力的考核,只要这个人做得合理,就会得到其他员工善意的回应,久而久之就会得到所有人的认可。那么,这个人自然就成了其他员工心里的核心人物了。就是这样,工作中简单的事例,往往只要有信心迈出第一步,那么就成功了一半了。所以,在做一件事时,不要总是过分夸大困难,觉得自己能力不足,还没有开始做就被困难压得抬不起头,那怎么还能迎着困难前进呢?自信是一个人取得成功的基本保障,也是一个人在社会上生存的必备条件。

第二章　强化内心：
做坚不可摧的自己

特里法则：正视错误，内心才能更强大

美国田纳西银行前总经理特里指出："承认错误是一个人最大的力量源泉，因为正视错误的人将得到错误以外的东西。"这一管理名言被称为"特里法则"。任何人都不应该利用各种借口来推卸自己的过错，这样就不会忘却自己应该承担的责任。要想从错误中得到额外的东西，那么首先你必须抛弃找借口的理由。

山姆是一个从美国回中国香港的年轻建筑师，他不仅非常有才华，而且具有责任心，所以无论是在香港还是在内地，他的工作进展得都比较顺利。有一次，公司在内地进行一个房地产项目，于是就派遣山姆前往内地担任主任建筑师。项目开始不久，他就发现了自己的团队在设计上犯了一些错误，怎么办呢？山姆当机立断，马上召集包括开发商在内的所有相关人员开会来研究解决办法。在会上，山姆首先承认了错误，并提出了修改方案。团队中绝大多数是内地的工程师，他们一边听一边用惊讶的眼光注视着山姆，有人则表示那是些小错误，没必要进行修改，以免耽误了进度。对此山姆表示不同意，他说道："如果现在不及时纠正这些小错误，等以后房子盖起来问题就严重了，到时候，这种无可挽回的损失谁也承担不起啊！"接着，山姆又诚恳地向开发商致歉："对不起，是我们的工作没做好，不过会好好修改的，请大家放心。"会后，开发商找到山姆，说："没想到你会这样主动承担责任，你的修改方案我们也很满意。"事后，山姆感到开发商对公司和自己不但没有产生怀疑，反而更加尊重和信任了。经过这件事，他更加坚定了要勇于承担错误的人生信念。

承认错误只是走出了第一步，还要认真反省，重新计划，提出切实可行的修改方案和措施，这才是真正意义上的承担错误。很多时候，错误虽小，也很容易纠正，但是如果你不及时去改正，那么这个错误就会像滚雪球一样越滚越大，最后想改也改不了，甚至还会造成无法弥补的损失。

在一个冬天的下午，刮着大风，过往的行人都裹紧了大衣，生怕衣服被风卷走了。这时，只见一个摇着轮椅的残疾人在拼命地追赶飘散在风中的几张报纸。他用尽全身的力气想抓住它们，然而风实在太大了，经过一番努力后还是没能抓到几张。

有几个过往的行人过来帮忙，最终大家费了九牛二虎之力才帮他把报纸都捡了回来，此时有一位行人好奇地问他为什么追赶这些报纸？

| 墨 | 菲 | 定 | 律 |

Murphy's law

这位残疾人坐在轮椅上说:"今天中午,老板让我将几捆报纸送给客户,同事帮我放到轮椅上后,我也没有看,就直接摇着轮椅给客户送过去。到了客户那里后,我才发现少了一捆,于是赶紧回来找。却看到那捆报纸掉在了路旁的树底下,被风吹得到处乱飞,没有办法,只能一张张地捡。"

"可就凭你自身状况很难解决问题,你为什么不向老板说明情况呢?"有人问道。

残疾人沉默了片刻后说道:"为什么我不自己解决问题呢?毕竟错误是我自己犯下的,我必须要这么做。"

每个人都不是完人,总有自己的缺点,也难免会犯一些错误,正所谓"人非圣贤,孰能无过"。很多人都会在犯错误的时候,想隐瞒自己的错误,害怕承认之后会很没面子。其实,承认错误并不是什么丢脸的事情,从某种意义上来讲,还会得到别人的尊重。因为自己主动认错总比别人提出批评后再认错更容易得到别人的谅解。更何况一次错误并不会毁掉你在大家心目中的形象。对于那些总是不愿承担责任、不愿改正错误的人,在需要帮助的时候,大家会敬而远之。

美国女飞人马里昂·琼斯在事隔七年后的2007年,承认自己在备战2000年悉尼奥运会期间服用过违禁药物,可以说她这真实的坦白将体坛丑闻掀起的风波推向了高潮。因为她将服用兴奋剂的事实整整隐瞒了七年。但是,当她站在电视镜头前、站在联邦法庭上时,尽管面带痛苦,终究还是主动承认自己服用了药物。31岁的琼斯同时承认,当美国联邦官员2003年调查她是否服用禁药时,她撒了谎。琼斯写道:"我想就这一切道歉。"

虽然琼斯成为第一个因服用兴奋剂而走进监狱的运动员,当她在遭到全世界体育工作者唾骂的同时,她却卸下了压在自己心头上的那种沉重的苦闷。勇于承认错误尽管给琼斯带来了高额的罚金和牢狱之苦,但是在承认错误后,她得到了更多。她的内心得到了解脱,她不会再为七年来的日夜躲避而失眠、内疚。她的道歉,不仅解放了自己,也解放了揪着事情不放的媒体和她的崇拜者。她的心情已经不需要再受压抑,她的心已经彻底解放,她得到了新生。

许多特约评论员也纷纷表示很同情她,虽然也有人很憎恨她,但是更多的人还是欣赏她。

琼斯靠的是什么?她就是靠着敢于承认自己错误的勇气。当我们犯错时不要总害怕承认之后需要付出的代价,担心被别人瞧不起。歌德曾经说过:"最大的幸福在于我们的缺点得到纠正和我们的错误得到补救。"当我们犯下错误时,要勇敢去面对,吸取教训,才可以及时补救错误所带来的损失,才能以崭新的面貌去迎接自己的新生。

实际上,一个人勇于面对自己的错误,包括自身的缺陷,不但可以清除思想中的罪恶感,还可以在心理上获得某种程度的满足感。每个人在生活的路上总会犯下这样或那样的错误,有时候它们会残忍地摧毁人的自信心和意志力,严重时还会葬送掉原本光明的前程。因此,按照特里法则,如何面对过错是很重要的。首先,要敢于面对、敢于承认,要知道,一个人敢于面对并坦承错误,是正确认识自己的重要表现,只有不自信的、分不清自己缺点与优势的人才会害怕承担后果;其次,还要始终保持一种乐观积极的心态,相信这只是开始,不是结束。强大的、积极的精神状态使人们在面临暴风骤雨时勇往直前。

绝境定律:让潜能爆发出来

人在绝境或没有退路的时候,心里最容易产生爆发力,展示出非凡的潜能。如果想在最恶劣、最不利的情况下取胜,最好把所有可能退却的道路切断,有意识地把自己逼入绝境,只有这样才能保持必胜的决心,用强烈的刺激唤起那敢于超越一切的潜能。美国杰出的心理学家詹姆斯的研究表明:一个没有受逼迫和激励的人仅能发挥出潜能的20%~30%,而当他受到逼迫和激励时,其潜能可以发挥80%~90%。后来,人们把这一发现称为"绝境定律"。

曾经有一位牧羊人,他发现自己养的羊都非常孱弱,甚至有的母羊生下的小羊羔连站立都成问题。他曾经试过各种办法来试图解决这个问题,什么增加牧草的质量、增加营养,为羊打防疫针等,但这种状况仍然没有起色。同样是牧羊人,他隔壁的农夫既没有他那样好的牧草,也没有像他那样大的牧场,但农夫的羊却比他养的羊壮硕得多。牧羊人感到非常诧异,决定向农夫请教一下饲养方法。

到了第二天早上,牧羊人去拜访了这位农夫,并说明了来意。这位农夫非常乐意为牧羊人解惑,所以邀请他一起去放牧,牧羊人开心地答应了。到了山上,牧羊人发现农夫只是将羊群赶到山坡上就坐在石头上抽起烟来,牧羊人非常惊讶,于是他问道:"你就这样放牧吗?如果羊群走丢了怎么办?如果狼来了怎么办?"农夫憨厚地笑了笑说:"羊群有头羊,自己会找到家,如果狼来了就跑呗。"牧羊人豁然开朗,在拜谢过农夫之后回到了家中。

为什么牧羊人的羊要比农夫的羊孱弱那么多呢?因为牧羊人给羊提供的环境

| 墨 | 菲 | 定 | 律 |
Murphy's law

实在是太好了,羊不必再为自己的生命担忧,所以它们的精神就开始放松。久而久之,由于缺乏紧张感,羊的体质自然会开始变弱。而农夫则不同,他虽然没有良好的环境,没有优质的草料,但他让羊保持了逃跑的天性,由于羊在野外放牧既要吃草又要随时注意自己的周围,所以它们的精神时刻都是保持紧张状态的,一旦有什么风吹草动,它们就会立刻逃走,所以自然解决了羊身体屏弱的问题。其实农夫运用的方法非常简单,无非就是通过外部的刺激来让羊保持精神的高度集中,继而释放出羊自己的潜能而已。

对于人而言,道理是一样的。人们常常抱怨这个社会,抱怨这个世界,说这个社会埋没人才,或是说一些什么"千里马常有而伯乐不常有"之类的话。其实仔细想一想,这个社会是公平的,一般自己的才能遭到埋没,多半是因为人们自身的原因。懒惰、安于现状、不思进取等等这类自我埋没的现象在当今社会屡见不鲜。如果能经常利用外界的刺激来激发自己的潜能,那我们在做事时就会多一分干劲儿和毅力,事情自然也会被更顺利地完成。比如北京、上海、广东等一线城市,工作中竞争激烈,生活上消费压力大。然而,即便如此,还是有源源不断的人涌到这个城市,他们并没有被这种压力打垮,而是在更大程度上发挥了自己的潜能,在压力下证明自己,实现自己的价值。

压力和危机之下,我们的胆识也会随之成长起来。最后,刺激、潜能、干劲、毅力、信心等将会形成一个良性循环,便于我们发挥自身的才能。

1960年的美国总统大选,约翰·肯尼迪和里查·尼克森是竞争对手,在他们准备进行一场全国的电视辩论前,很多政治分析家都不看好肯尼迪,因为他太年轻了,没有什么名气,说话的时候波士顿口音很重。这些缺陷都非常致命,所以,大家认为最后的胜利应该是属于尼克森。

电视辩论赛开始了,人们看到肯尼迪在电视上,说话虽然有点口音,但是铿锵有力,富有激情,他的脸上自始至终一直洋溢着自信的光彩。再看看他旁边的尼克森,他看上去一脸风霜,显得十分紧张,极不自在。据说正是由于这次辩论而改变了许多人的看法,肯尼迪向美国大众成功地展示了自己。

电视辩论是总统展示自身才华以及应变能力的机会,候选人能否充分利用这个机会展示自己,是其能否击败对手的关键。肯尼迪由于出色的表现,在竞争中毫不胆怯,比对手激情更足,气势更强,把压力甩给了对手,从而最终赢得了胜利。

我们都明白,两个人争夺一件东西或是争论一个问题的时候,总是会不遗余力地展现自己的优势,试图超过对方,这种心理就是提升自我的动力。

第二章　强化内心：
做坚不可摧的自己

要相信自己，你不是没有竞争力，而是你自己刻意地掩盖了自己的好胜心和斗志。唤醒潜藏在你身体里的竞争精神，然后果断地跟随它大步前进。不要说自己天生就不具备竞争精神，有时候后天的努力和勤奋可以改变任何事情。有好胜心并不是坏事，适当的求胜欲望是达到一切目标的动力。一个人，一个企业，都是只有在竞争的环境中敢于竞争，适应竞争，才能在竞争中脱颖而出。

冰激凌哲学：在逆境中绽放崭新的自己

夏天是冰激凌的畅销期，那么，我们是否就从夏天来临的时候开始卖冰激凌呢！心理学家告诉我们这样的做法是错误的，正确的做法是，卖冰激凌必须从冬天开始。

虽然对于冰激凌来说，冬季是淡季，是冰激凌销售商的逆境，但是，这样的逆境却会迫使我们降低成本、改善服务、磨炼技能。如果能在冬天的逆境中生存下来，那么到了夏天这样的旺季，我们必能大有所为。

心理学家们将"要想成功地卖冰激凌，就要经历冬季这样的逆境的磨炼"这一法则称为"冰激凌哲学"。心理学家们指出，在追求的道路上，只要摆正心态，逆境就不是阻碍，它可以磨炼我们的心性、能力，激发我们的心理潜能，推动着我们去获取更大的成功。

"二战"期间，有位刚结婚不久的新娘随丈夫驻防加州，驻地就在沙漠的边缘。这里的条件恶劣得远远超出了她的想象，她和丈夫临时居住的小木屋，坐落在距离印第安村落非常近的一块空地上。由于昼夜温差大，白天太阳炙烤着大地，小木屋完全暴露在阳光下，里面酷热难耐，气温高达摄氏40度以上；到了晚上，气温骤降，屋内像个冰窖窖，加之周围没有遮挡物，大风卷着尘沙，顺着缝隙，灌入屋内，让整个屋子布满尘土。气候之恶劣，条件之艰苦，这位新娘还能够忍受。可是丈夫天天要到外面站岗放哨，把她一个人留在家里，寂寞、无聊像毒蛇猛兽般时刻撕咬着她的心灵。

有一天，丈夫很晚才回来，告诉她一个不愿听到的消息。丈夫所在的部队，接到上级命令，要去外地参加两周的演习。听到这个消息，她委屈的泪水"哗"地一下流了出来。

她想阻拦丈夫不要离开自己，丈夫更是不忍心把她一个人留在这个近乎蛮荒之地的地方。可是，服从命令是军人的天职，他不能因为自己的妻子而擅自违反

墨菲定律
Murphy's law

纪律。第二天，妻子眼含热泪，将丈夫送走。返回屋内，她一个人显得更加寂寞，于是便想到了自己的母亲，希望能从母亲那里寻求温暖与慰藉。

她拿起笔，饱蘸痛苦与辛酸给母亲写信，希望母亲早点出现在她面前，以最快的速度接她回家。信寄出后，她天天站在小木屋后面的高岗上，盼望母亲的身影出现。让她没有想到的是，母亲没有来，部队里的相关人员送来了母亲寄给她的信。

她接到信后，第一时间拆开看，让她感到十分意外的是，母亲并没有对她的处境表示同情，仅仅写了一句话："监狱里住着两名囚徒，他们站在窗前向外眺望，其中一人看到窗前的泥巴，另一个人抬头眺望天空，看到天上的星星。"

当时，她无法理解母亲这句话的含义，经过一夜的思考，她终于明白母亲的用意了。在这句话中，母亲告诉她，身处逆境的时候，要勇敢面对现实，在现实中寻找自我，做那位看星星的人。

想到这里，她翻身起床，洗漱以后，重新拿起母亲写给她的信，说："妈妈，谢谢你的鼓励，在逆境中我一定会振作起来，我一定会成为那个寻找天上星星的人。"

从那以后，她完全像变了一个人似的，不再抱怨和痛苦，她走出自己狭小的空间，主动与当地的印第安人交朋友，向他们学习语言、编制和制作陶艺等。作为回报，她将厨艺传授给印第安朋友。就这样，日子一天一天在她的忙碌中过去了，通过当地的印第安人，她了解到印第安的历史、文化、风俗。接着，她喜欢上了沙漠，在她眼里，沙漠不再是一个荒凉的不毛之地，而是到处充满神奇与美丽的地方。

"二战"结束后，这位曾经被沙漠折磨得近乎疯狂的女人，成为一名沙漠专家，为治理沙漠提出了自己的见解与观点，不仅如此，她还写了一本关于沙漠与沙漠居民的畅销书。

这个故事告诉我们，当人身处逆境之中，想要突破生活的樊篱就必须调整自己的心态，以积极乐观的人生态度去迎接人生的各种挑战，将一切烦恼都抛诸脑后。一个拥有良好心态的女人，就等于成功了一半。当无法改变外界环境时，必须做出自我调整，从自己的内心进行改变，继而适应当时的环境。就像故事中那两个被关在监牢中的人，一个向窗外望去看到的泥巴，另一个看到的却是满天繁星；看到窗外泥巴的人是悲观者，对人生充满了绝望，眺望天上繁星的人是乐观者，看到的是生活的希望。

身处逆境，一定不能丧失希望，即使处在最艰苦的环境中也不能悲观，否则就是让自己在失败的深渊里越陷越深。面对逆境，不妨对自己说：我相信自己，一定能改变这一切。大凡成功者，均能在逆境中依然保持乐观的心态，而失败者总是逃避现实，自暴自弃。那么，当我们身处逆境时，该如何调整自己，让自己处于最佳状态呢？

1. 认真对待，笑看人生

人的一生遇到挫折，身处逆境是在所难免的。如果你一直保持悲观失望的态度，整日唉声叹气，怨天尤人，那你将永远走不出逆境的牢笼，只有振作精神，才是最好的出路。

2. 倾吐心声，寻求安慰

遭受打击时，我们的内心是脆弱不堪的。心里的创伤如果不及时抚平，就会影响身体健康，让人意志消沉，堕入深渊。当遇到挫折时，不妨向家人朋友及时倾诉，将心中的烦闷倾吐而出，得到亲人的安慰。

3. 调整心态，积极面对

遇到挫折后，及时调整心态，打起十万分的精神来面对，来斗争。勇敢地承担自己应尽的责任来抵御痛苦的袭击，然后尽快地投入到工作和学习中。

4. 努力工作，展望未来

面对困苦，你是选择就此放弃，还是重新调整积极面对？一个人遇到挫折、打击后能否正确面对，能否真的承担起生活的责任，可以从对工作的态度中看出来。努力工作可以让人忘记痛苦，从中寻找到解决问题的方法，同时激发进取精神，更好地为未来铺路。

跨栏定律：把挑战困境看成一种享受

"跨栏定律"是由一位名叫阿费烈德的外科医生提出的，它是指一个人在跨栏的时候，横挡在自己面前的栏杆越高，一个人也会跳得越高。也可以这样说：一个人能够取得多大的成就，关键看这个人所遇到的困难的程度，困难越大，成就越高。

在现实生活中，每个人都会遇到各种各样的困难和挫折。也许两个人的能力相差并不多，但是两人的人生目标不一样，所遇到的困难的大小也不尽相同，目标小的困难就小，就很容易解决；但是目标大的困难就大，克服起来就更加困难，但是一旦克服了，所取得的成就就会比前者大。就像色盲的人往往会成为知

墨菲定律
Murphy's law

名的画家、盲人的听力会比常人更好……

郑板桥曾经写过一首这样的诗："咬定青山不放松，立根原在破岩中。千磨万击还坚劲，任尔东西南北风。"天道酬勤，坚持不懈，最终才能获得成功。假如你想干出一番事业，当困难出现在面前时，恒心特别重要，因为只有持之以恒才能成就它，要用坚持不懈、不轻言放弃的精神、持之以恒的耐性、矢志不渝的意志，来锻炼自己的恒心。

希拉斯·菲尔德先生在有生之年攒了一大笔钱，然而，退休后的一天，"铺设一条连接欧洲和美国的电缆"这个想法突然闪过脑际，紧接着他又想到电缆必须横穿大西洋。于是就开始为实现这项事业而做准备，并且全身心地投入其中。要建造一条长1600千米、连接欧美两大洲的电报线路并非易事。该线路需从纽约跨入波涛汹涌的大西洋一直延伸到纽芬兰。纽芬兰650千米长的电报线路需要穿过森林，这些森林地区人烟稀少，所以，要完成这项工作需要先建立同样长度的公路，再建电报线路。此外，该线路还要穿越布雷顿角的岛屿，路线长达700千米，整个工程十分浩大，难度空前。

为了得到英国政府的资助，菲尔德使尽浑身解数，终于成功。议会上，许多人强烈反对他的议案，菲尔德只获得一票支持。但这并没有阻挡菲尔德前进的脚步——铺设工作开始了。电缆一头搭在英国旗舰"阿伽门农"号上——这艘旗舰停靠在塞巴斯托波尔海港；另一头放在美军护卫舰"尼亚加拉"号上，这艘豪华护卫舰是新造不久的。但是，就在铺设到中途时，电缆突然断了。

菲尔德不肯善罢甘休，更不愿意放弃，于是进行了第二次试验。当修了320千米时，电源不知何故突然中断，船上的施工人员非常着急，不知如何是好。就在菲尔德先生即将下令割断电缆的一刹那，电流却又出现了。晚上，船继续向前航行，时速达六千米，也就是说电缆的铺设也以六千米的时速进行着。这时，轮船忽然剧烈振动，并出现严重的倾斜，制动器紧急制动，无巧不成书，电缆又一次断了。

但菲尔德不是在困难面前轻易放弃的人。他毅然决然地又订购了1130千米的电缆，还出高薪聘请铺设电缆方面的专家为他设计机器，这样可以更快地完成任务。终于，两艘有历史意义的军舰抵达大西洋并顺利会合，电缆也成功接好，随后，一艘朝爱尔兰驶去，另一艘朝纽芬兰驶去。但是电缆在两船分开不到五千米时又断开了，接上后两船继续前进。两艘军舰相离14千米时电流又一次消失。第三次接上电缆后，铺设了320千米的线路，在距离"阿伽门农"号五米处又断开了，两艘船最后只好返回爱尔兰海岸休整。

第二章　强化内心：
做坚不可摧的自己

　　大家都很失望，公众舆论也开始质疑其成功的可能性，更致命的是投资者受到了一次次的打击后，也对这一项目失去了信心，不愿意再投入人力物力。只有菲尔德还在坚持，如果不是他百折不挠的精神、不是他天才雄辩的说服力，电缆可能永远修不好。菲尔德不放弃，继续为了理想而忙前跑后，甚至到了废寝忘食的地步，他绝不甘心失败。

　　这样，又开始了第三次尝试，成功之神开始被菲尔德感动了，这次总算进展顺利，电缆全线贯通，没出现任何故障，这条海底电缆还成功地传送了几条消息。事情似乎就要圆满成功了，但不知何故，电流又断了。

　　此时此刻，想要坚持下去的人只剩下菲尔德和他的一两个朋友了，其他很多人都彻底失望了。但菲尔德仍然不放弃，他到处寻找资金，准备进行第四次尝试。这次他们购买了质量更好的电缆。这次执行铺设任务的是"大东方"号，它缓缓驶向大洋，一路顺利地把电缆铺设下去，最后，在纽芬兰铺设横跨970千米的电缆线路时，意外又一次发生了，电缆又断了，沉入了海底。几次打捞都没有收获。这项工作就因此被耽搁了下来。

　　但是菲尔德还是坚持不懈，任何困难都不能阻止他。他又出资组建新的公司，接着完成他的愿望。他们潜心研究，终于制造出了一种性能更好的新型电缆。1866年7月13日，远航的风帆再一次扬起。这次非常成功，第一份横跨大西洋的电报在菲尔德的不懈努力中问世了！电报内容是："7月27日。我们晚上九点到达目的地，一切顺利。感谢上帝！这次的电缆运行完全正常。希拉斯·菲尔德。"不久以后，之前那条掉入海底的电缆被打捞上来连接到纽芬兰。

　　菲尔德漫长的战胜困难之路证明了只要持之以恒，永不气馁，总会有意外收获。人生道路，到处布满了荆棘，有着各种各样的困难，有的人遇到一点儿困难就悲观失望，受到一点儿挫折就灰心丧气，而如果与别人相比，身体上有某种缺陷，则更是绝望不已，破罐子破摔，总认为自己比别人差了一截，不可能有什么成就了，只能坐以待毙。

韦奇定律：培养意志力，让内心更加强悍

　　即使你已经有了自己的看法，但如果有十位朋友的看法和你相反，你就很难不动摇。这种现象被称为"韦奇定律"。它是由美国洛杉矶加州大学经济学家伊渥·韦奇提出的。

韦奇定律有以下观点：

一、一个人能够拥有自己的主见是一件极其重要的事情；

二、确认你的主见是正确的并且不是固执的；

三、未听之时不应有成见，既听之后不可无主见；

四、不怕众说纷纭，只怕莫衷一是。

不要让闲话动摇了你的信念，需要有顽强的意志力。意志力是一种强劲的心理力量。意志力薄弱的人，遇到一些困难挫折就想要放弃，因此做什么事情也难做好；意志力顽强的人，则会创造奇迹，获得成功。

心理学家认为，一个人要想获得事业上的成功，除了具备高智商、高情商之外，还需要有挫折商。所谓的挫折商，就是指一个人在面对挫折或者逆境的时候，内心的承受能力。调查研究表明，在智商相近的情况下，面对挫折时候的心理韧性对一个人的事业起着非常关键的作用。

确实，意志力是一个人心理强度的体现，是一种锲而不舍、永不言败的精神。意志力是人生成功或失败的关键，孟子曾说："天将降大任于斯人也，必先苦其心志，劳其筋骨，饿其体肤，空乏其身，行拂乱其所为，所以动心忍性，增曾益其所不能……"可见，想要战胜困难，顽强的意志力是必不可少的。

一些人在经历过失败后，会怀疑自己的能力，自暴自弃，或者是怨天尤人，抱怨社会对自己不公平。其实，这些人之所以自暴自弃，不是能力的问题，也不是命运不公，而是他们内心不够强大，他们被困难吓倒了，失去了奋斗下去的勇气。这样的人有一个共同点，那就是他们认为挫折约等于失败。成功者则从不言败，他们会被打败，却绝不会被打倒。遇到挫折之后，他们不仅不会放弃，反而会以更大的耐心和毅力面对困境，最终摆脱困境。

我国伟大的领导人，改革开放的总设计师邓小平就曾经历三起三落，但他凭借惊人的意志力，在起起伏伏中坚持到拨云见日的一天。邓小平曾被下放到江西某县的一个农具厂。从一个位高权重的国家要员，到一个无官无职的普通工人，地位的改变不可谓不大。但是，这样的地位落差并没有让邓小平消沉。

每天，邓小平都会照例沿着一条小路步行去上班。到了厂里，他和工人们一样，换上工作服，和工人们一起下车间。邓小平在工作的时候，从来不会仗着自己的资历对任何人颐指气使，他完全不摆名人的架子，完全融入到了工人们中间。

邓小平既处得庙堂之高，又处得江湖之远，逆境中以身作则的崇高风范，不愧为一代伟人。这种困难中不抛弃、不放弃，坚持到底的意志力，是他强大内心

第二章　强化内心：
做坚不可摧的自己

的体现。意志力就像是武侠小说中的气功一样，是一种表面看不到，但实际上却存在的能量。意志力所产生的这种"能量"可以让我们创造出不可想象的奇迹。

如果一个人在面对困难与挫折时，没有强大的意志力支撑，那么他就会因为缺乏勇气而产生畏惧的心理，但往往人们的心中越是畏惧，困难就越发显得无法逾越。如果一个人总是这样退缩，那么久而久之，他也只能成为一个平庸的人。反之，如果一个人的意志力非常强大，那么困难和挫折对他来说，就是成功的催化剂，困难越是多，这样的人成长得就越快。他们越挫越勇，以苦难作为自己的动力，走向自己人生的顶峰。

在现实生活中，有很多人在面对困难和挫折时，仍不轻言放弃，而是凭借着自己坚强的性格知难而进、越挫越勇。正是因为他们这样刚强的性格和顽强的意志力，才让他们成了令人敬佩的人。

特蕾莎修女是"人间天使"、"贫民窟的圣母"，终身为穷苦人服务，因此获得1979年诺贝尔和平奖。不少人也具有仁爱之心，也投身于慈善事业，论功绩，论成效，却无法望其项背，原因就在于意志力相差甚远。她创建垂危之家，为病弱无依者提供住宿。她看护麻风病人和艾滋病人，募钱医治他们的绝症。她安慰挣扎在死亡线上的流浪汉，倾听他们最后的诉说。这些事情都是与死神打交道，做一天容易，做一辈子可不容易；为一个贫民窟服务容易，为许多国家的贫民窟服务可不容易；将一滴甘露滴入苦海容易，将源源不绝的甘露滴入苦海可不容易。特蕾莎修女不怕穷，不怕苦，不怕累，不怕脏，甚至不怕死，面对小巷里撒腿狂奔的疯牛和大街上气焰凶悍的歹徒，她毫无惧色。特蕾莎修女孜孜不倦地"做小事"，日复一日，年复一年，将爱心的雪球越滚越大，大到举世瞩目的程度。特蕾莎修女的体质并不强健，但万死不辞的信念和百折不挠的意志力，助她渡过了所有难关，这样的奇迹很难复制，但足以启示人们：总是拿智商、情商、机会、机遇、才华、才能说事，只是一种借口而已，意志力薄弱才是许多人的"痼疾"。在任何情况下，一个人意志力的强弱都决定着他生命力的强弱。

贝多芬曾说："韩德尔是有史以来最伟大的作曲家。我极愿跪在他的墓前。"韩德尔的代表作是清唱剧《弥赛亚》，这位"伟大得像宇宙一般包罗万象的天才"（钢琴家李斯特的赞语），一生遭逢过许多磨难：债台高筑，身体偏瘫，创作低谷，眼睛失明……他倚仗顽强的意志力，取得了令人仰视的成就。偏瘫了，他努力康复；跌入低谷了，他奋力振作；眼睛失明了，他的内心依然是光亮的。

在生活中，命运不会真正打败一个人，有的人之所以完全失败，只是因为意志力不足。一个拥有顽强意志力的人，即使遭遇困境，也会坚忍不拔，与挫折斗争,最终获得成功。

反观那些意志力薄弱的人,他们见到困难就首先想到退缩,受一点打击就会抱怨、自卑。试问这样的人又如何跨越障碍,取得成功?所以说,为了实现自己的理想,必须要同外部的挫折和内心的障碍进行斗争。

亚里士多德曾经说过:"有两样东西比聪明的脑袋更加重要,一是人的心灵;二是人的意志。"是啊!只有拥有顽强的意志力,才能够不惧万难,才能在人生的旅途中实现自己的价值。

在追逐梦想的过程中,如果意志力不够坚定,那就无法在自己的人生旅途中实现自己的理想,更不可能去攀登人生的至高点。所以说,训练个人的意志力,提升个人的意志力是至关重要的。要锻炼自己的意志,让自己拥有强韧的内心,在人生最艰难的时刻咬牙坚持,把困难当作是垫脚石,一直坚强有力地走下去。

鲇鱼效应:在危机中激发自己的斗志

鲇鱼是一种体长、口旁生有两对须、生性好动的鱼类。从前,挪威人在海上捕得沙丁鱼后,希望鱼在运输过程中能活着抵达港口,因为活鱼的价格是死鱼的好几倍。然而,只有一艘渔船能成功地带活鱼回港。人们纷纷探访这位船长,想知道其中的奥秘,可他守口如瓶。直到老船长死后,人们打开他船上的鱼槽,发现和别人的鱼槽没有什么两样,只不过里面多了一条鲇鱼而已。他们琢磨以后终于明白:当鲇鱼装入鱼槽后,由于环境陌生,就会四处游动,而沙丁鱼发现这一异己分子后,也会紧张起来,加速游动,如此一来,沙丁鱼便能活着回到港口。挪威的管理学家和心理学家们将这一现象称为"鲇鱼效应"。

都说"生于忧患,死于安乐","鲇鱼效应"所揭示的似乎就是这个道理。正是你的对手将你一次次逼上绝路,而你也在一次次跌倒后再爬起来,之后你并没有失去什么,因为你收获的是对方不可能拥有的宝贵经验。日本著名企业家松下幸之助曾经说过:"长久不懈的危机意识是企业立于不败之地的基础。"对于个人而言,长期存在的竞争压力是一个人永不停步的动力。我们通常在极其激烈的竞争中深感自身的"困境",但如果没有这些看似艰难的"困境",你可能永远都不知道自己的能力到底有多大。人的潜能是无限的,关键要看是不是能够爆发出来。

故事一:有一个叫邦妮的女孩,上大学时很喜欢垒球运动,于是她报名参加

第二章 强化内心：
做坚不可摧的自己

了学校的垒球队并与许多同学一起接受严格的垒球训练。一天，教练让同学们排成一排，练习击球。大家都击得很好，唯独邦妮除外，她总是无法击中目标。其他同学开始议论："邦妮根本就不是打垒球的料。"邦妮懊恼极了，于是向教练请求离开球队。不过教练没有接受她的请求，只是对她说："这不是你个人的问题，而是手套有问题。"第二天，教练送给了邦妮一副手套，并鼓励她说："这副手套曾帮助我打赢过不少比赛，戴上这副神奇的手套，你一定会成为最优秀的队员。"教练的话果然应验了，经过一学期的训练，邦妮成为队里最优秀的队员。

故事二：俄国著名戏剧家斯坦尼斯拉夫斯基在排练一场话剧时，女主角因伤不能参加演出。由于时间紧迫，他只好让他的姐姐扮演这一角色。他的姐姐也是一名话剧演员，但从未演过主角，由于缺乏信心又十分紧张，他的姐姐在排演时表现得很糟糕。斯坦尼斯拉夫斯基非常不高兴，但他却笑着对姐姐说："不要紧张，其实你可以表现得更好。这次你可是全戏的关键人物，我相信我的眼光，同时也相信你的能力。"这时全场响起了掌声，大家都为他的姐姐加油打气。他的姐姐很感动，坚定地对大家说："我一定会做得很出色！"在接下来的表演中，他的姐姐一扫先前的拘谨、自卑、羞涩，表现得非常自信、真实。后来，这部话剧大获成功，斯坦尼斯拉夫斯基幽默地对姐姐说："话剧舞台上又多了一位大艺术家。"

邦妮的成功，看似取决于那副手套的神奇力量，但很明显手套自身不会有任何魔力。真正起作用的是邦妮在接过教练的手套的那一瞬间，挑战了自我能力的设限，让她认为自己可以借助手套做得更好。其实邦妮就是在扩大了自己原本设定的能力范围后，重拾信心，并通过艰苦的努力，最后成为一名优秀的队员。同样的道理，斯坦尼斯拉夫斯基的姐姐演出成功，全是因为受到弟弟的鼓励而挑战了自我设限，使得积聚在她身上的表演潜能迸发了出来。

"鲇鱼效应"折射出的理念，不管是对企业单位还是员工个人，都有非常深刻的警醒作用，竞争和激励其实一样重要。

据说，在澳大利亚的大草原上有一个广阔的牧场，牧场上狼群猖獗，常常轻而易举地吃掉牧民们的羊。大家很担忧，怕长此以往会把他们的羊吃光。于是，大家联合起来向政府求助。政府接到求援，派出军队将狼群消灭殆尽。没有了狼群的威胁，羊的数量很快增长了，牧民们也很快乐。

但是不久之后，人们很快发现羊的繁衍能力越来越低，并且出生的小羊体质很差，羊毛的质量也远远不如从前。牧民这时才明白，原来没有了狼群这个天敌，羊的繁衍能力和生存竞争能力也就逐步退化了。后来，大家又前去请求政府将狼群引进牧场,当狼群再次出现在牧场上,羊的数量虽然减少了,但生存和繁衍能力却增强了,羊毛的质量也得到了提高。

同样地,人类也是一样,如果长期在没有竞争的环境中生存,就会渐渐变得只会享受安逸,长此以往不思进取只能越来越碌碌无为。

在自然界中,"鲇鱼效应"十分常见。科学家曾观察过大自然中的鹿群,他们发现,如果一个鹿群的活动区域内没有狼等天敌,它们缺少危机感,不再奔跑,身体素质就会下降,种群繁衍就会大受影响。

很多人都把对手视为心腹大患,是自己的眼中钉、肉中刺,恨不得马上能除之而后快。其实,只要反过来仔细一想,便会发现,拥有一个强劲的对手,反倒是一种福分、一种造化。因为对手给你带来的压力,让你时刻有种危机感,会激发你更加旺盛的斗志。

人是一种神秘的动物,如果你想发现打开自己生命之门的密码,挖掘更大的潜能,你首先必须懂得怎么用"鲇鱼效应"的心理暗示激发自己。

越是残酷的竞争,越是危险的境地,越能激发起人生理和心理的巨大潜能,每个人都有本能的求生欲望,这种欲望能让人爆发出前所未有的能力。这就是我国古代兵法上说的"置之死地而后生,投之亡地而后存"。然而,很多人面对危机和威胁,为什么没有产生"鲇鱼效应"的积极作用呢?最根本的原因,就是他们仍然抱有"墨守成规、追求安逸"的态度,不会放眼周围,放眼未来,只看到眼前的利益,没有破釜沉舟、背水一战的勇气。

放下那些你拥有但并不属于你的东西,追求那些你期待但还没有获得的东西吧。激发潜能需要我们首先放下心中沉重的包袱,"置之死地而后生"不是上天的安排,不是侥幸,是你卸下包袱后爆发的无穷潜能,具有无坚不摧的力量。

海格力斯效应:宽容是一种发自内心的力量

"海格力斯效应"来源于古希腊神话。

在古希腊神话中,海格力斯是一位顶天立地的大英雄。一天,他独自在蜿蜒崎岖的山道上行走,走着走着,发现道路中央有一个像袋子形状的东西挡住了去路。海格力斯停下脚步,心想:"这是什么东西呀,竟然敢挡我的路。"于是,抬起脚对着障碍物狠狠地踩了下去。他原本以为,自己一脚下去,就可以把那东西踩破,让他没有想到的是,袋子似的东西非但没有被踩破,反而随着他抬起脚

第二章 强化内心：
做坚不可摧的自己

的一瞬间膨胀起来。看到这种情况，海格力斯恼羞成怒，顺手抓起一根木棍子，双手抓着木棍的一端，高高举过头顶，然后使出浑身的力气，向袋子似的东西砸了过去。海格力斯心想，这次总会把它砸破了吧。

出乎海格力斯预料的是，袋子形状的障碍物膨胀得比先前更大了，完完全全把路堵死了。正当海格力斯对着堵在前面的袋子形状的障碍物一筹莫展之际，从背后传来一道声音，说："大英雄，这东西叫'仇恨袋'。如果你不侵犯它，它就不会膨胀；如果你侵犯了它，它就挡在你的面前，与你敌对到底。"

海格力斯扭脸一看，原来是一位须发皆白的老者。海格力斯马上虚心地向老者请教道："老人家，我该如何做呢？"

老者捋着胡须，说："最好的办法就是忘记它，你忘记它了，自己也就不生气了，它自己就会慢慢变小了。"

海格力斯按照老者的说法，忘记了仇恨袋。仇恨袋果然慢慢变小了。

"海格力斯效应"告诉我们，仇恨正如海格力斯所遇到的这个袋子，开始很小，如果你忽略它，矛盾就会化解，它会自然消失；如果你与它过不去，加恨于它，它会加倍地报复。

生活中，对待"海格力斯效应"最好的办法，就是用宽容的心化解矛盾，只有这样才能与他人和睦相处。心理学认为，人一旦拥有宽容之心，生活中就少了许多不必要的烦恼，还会产生强大的正能量。

中国有句古语：冤冤相报何时了，得饶人处且饶人。这句话说的就是一种宽容，体现了一种博大的胸怀。生活中，经常会遇到这样一类人：他们不懂得宽容待人，于是总是斤斤计较，甚至睚眦必报，这类人通常会让人敬而远之，身边没有几个朋友。而那些豁达宽容的人，则懂得"得饶人处且饶人"，他们知道这样才能构建一个相对宽松的环境，身边才会拥有众多的朋友。

蔺相如为赵国保住了"和氏璧"，又在渑池大会上为赵国免去了耻辱，深得赵王的赏识。从渑池回到赵国之后，赵惠文王便封蔺相如为上卿，地位在赵国大将军廉颇之上，这引起了廉颇的不满。

他愤愤不平地说道："我是赵国的将军，为赵国奋战沙场，出生入死，立下了汗马功劳。而蔺相如只不过是靠着能说会道，占了口齿的便宜罢了。但是，现在他的地位竟然超过了我。特别是处在这样一个出身卑贱的人之下，使我感到无比的羞辱，我如果遇见了蔺相如，一定要好好地羞辱他一番，出一出这口恶气。"

蔺相如知道这件事之后，深知如果与廉颇闹翻了，将对赵国的政局稳定产生十分不良的后果，所以常常告诫自己的家人和门客不要去招惹廉颇。自己也尽量避免与廉颇见面。每到上朝的时候，蔺相如便推说身体不适，以避免与廉颇在座次尊卑上发生争执，使两人的矛盾激化。

可躲避毕竟不是长久之计，躲过初一却躲不过十五。没过多久，蔺相如带着家人外出，刚刚上路不远，便远远看见廉颇的车队迎头而来，旗帜飘扬，战马扬尘，好不威风。蔺相如见状，连忙下令手下人，调转车队向回走，以避免与廉颇发生冲突。

可是手下人不干了，几天来的躲躲藏藏早已使他们感到不理解和窝火。他们不明白，身为上卿的主人怎么这么怕还不如自己地位高的一个将军。依靠这么一个主人今后也不会有什么出息，反而惹人笑话。

他们不约而同地拥到蔺相如的座车旁，七嘴八舌地嚷嚷开了："我们之所以离开亲人来侍奉您，跟随在您的左右，是因为我们都仰慕您的高风亮节，希望能在您的手下有所作为。可如今，您的所作所为使我们大为不理解。请原谅我们的直言不讳。现在您与廉颇大人的官位尊卑相同，甚至在位次上还在其上。可廉大人数次口出恶言，污辱诽谤您，可您却一味地躲避他，害怕与他见面，好像确实有什么见不得人的事似的。您胆小得也太过分了，连我们这些平庸的人都感到不可忍受，何况是身为将相的尊贵之人呢。看来我们这些人确实不配再继续侍奉您了。我们这些人没出息，不能坦然自若地忍受这样的奇耻大辱，请允许我们离您而去吧。"

蔺相如似乎对门客们的辞行并不感到意外，只是坚决地挽留大家。看实在没有办法，只有将自己的真实意图告诉大家，才有可能得到大家的理解。

蔺相如就问他们："你们看，廉将军和秦王相比，谁更威严？"

家臣们回答："当然是秦王更威严。"

蔺相如说："像秦王那样的威严，我也敢在朝堂上大声呵斥他，难道我还会害怕廉将军？我只是考虑到，强大的秦国之所以不敢侵犯赵国，主要是因为有我们两人在。如果我们两个闹矛盾，就好像是两虎相争，必然两伤。我处处避免与廉将军冲突，并不是怕他，而是从国家大局着想，把私人恩怨放在后面。"

廉颇听说了这些话，就袒露上身，背上荆条，到蔺相如家里请罪。一见到蔺相如，他就惭愧万分地说："我这个浅薄小人！不了解将军胸怀的宽阔啊！"两人终于和好，结成了至死不渝的朋友。

这个故事中，如果蔺相如没有宽容待人的品德，与廉颇计较的话，他们两人则早已发生冲突，不仅成不了朋友，还会使强大的秦国看到他们内部产生矛盾，乘虚而入，来攻打赵国。蔺相如的宽容待人让廉颇感到无地自容，认识到了自己的错误，并主动上门负荆请罪。

生活中，难免会与别人发生摩擦。当别人不小心踩到你，你不妨摆摆手，说声没关系；当别人无意弄坏了你的东西，向你道歉时，你可以宽容地付之一笑……人生如此短暂匆忙，何必把每天的时间都浪费在这些无谓的摩擦之中呢？学会宽容吧！做人如果能够宽容一点，生活会变得更加美好！那么，我们怎么能够做到宽容呢？

1. 不要要求别人都和我们自己一样

每一个人都是相对独立的个体，性格、爱好、要求均有所不同，我们不能让任何人都和我们一样。智慧和美德也是多种多样的，我们不能采用我们喜欢的形式去要求对方，要有容忍对方志趣和观点的良好心态。每一个人都有自己的生活方式，不要试图去改变他人，这种改变不但不能实现，甚至还会损害与对方的关系。

2. 不要吹毛求疵

世界上没有十全十美的人，也包括我们自己。然而现实生活中，我们常常以十全十美的方式去要求别人，当别人一旦不能达到我们所认为的完美之时，就会因此而生气或恼怒，这种做法最终会导致我们与他人之间的情感关系出现裂痕，甚至反目成仇。所以，凡事不要吹毛求疵，更不要用苛刻的方式要求对方。

3. 不要怨恨

怨恨不仅会影响我们与他人的友情，还会严重地挫败自己，怨恨使你被苦恼所束缚，会扰乱你的思维，使你头脑混乱，效率低下。其实怨恨别人是一种不公平的事，我们常常会错误地以为自己的过错要比别人轻微得多。这大概是由于我们了解自己所犯下错误的原因，于是就更容易原谅自己。那么当别人错待了你的时候，你试着去站在他的角度想想问题，也许就会谅解对方了！

酸葡萄效应：拥有乐观，人生才会快意

"酸葡萄效应"是因为自己真正的需求无法得到满足产生挫折感时，为了解除内心不安，编造一些"理由"自我安慰，以消除紧张，减轻压力，使自己从不满、不安等消极心理状态中解脱出来，保护自己免受伤害。

一只又渴又累的狐狸，在寻找食物的过程中，来到一个葡萄架下，对上面的葡萄垂涎三尺。它很想吃到这些葡萄，可是自己却无法采摘得到。就在失望之

墨菲定律
Murphy's law

际,狐狸突然笑了,说:"现在的葡萄还没有熟,是酸溜溜的。"于是,便高高兴兴地离开了。事实上,狐狸的肚子一直在"咕咕咕……"地叫个不停,但是一句自我安慰的话,让它摆脱了当时的沮丧,变得快乐起来。

可见,这只狐狸是一只乐观的狐狸。即便没有吃到葡萄,依然很开心,这就是典型的"酸葡萄效应"。现实生活中,当我们的某种诉求没有得到想要的结果时,灰心丧气不起任何作用,应当学一学狐狸,让自己变得乐观起来。如果你一旦用乐观的心态去看待问题,就会出现不一样的结果。

古时候,一位书生进京赶考,考前在一家客栈住的时候,连续三晚,做了三个不同的梦:第一个梦是自己在墙上写字;第二个梦是自己穿着蓑衣还打着一把伞;第三个梦是跟一个美女睡觉,却背靠着背。不知梦意如何,书生感到很不心安,于是上街找算命先生解梦。听算命先生一讲完,书生立刻像泄了气的皮球一样。算命先生这样说:"你这次考试没戏了,你看:墙上写字,不是碰壁?穿蓑衣还打伞,不是多此一举?跟美女睡觉却背靠着背,这不就是没戏?!"书生失落地回了客栈,还没开考就收拾行李,准备打道回府。掌柜拦住了他,一问缘由,书生懊恼地说了一遍。掌柜说:"好梦啊!墙上写字,说明你高中!穿蓑衣还打伞,说明你这次是有备而来!跟美女睡觉却背靠着背,这不正是你翻身的时候到了吗?!"

书生闻言,信心大增,考试时如鱼得水,一举中了进士!

这位书生正是在人生最关键的时刻,及时调整了心态,乐观去应考,才走上了成功之路;如果当时他处在消极心态,其人生之路,肯定是另一种结局。

人的行为是由心态所掌控的,拥有什么样的心态,就有相应的结果。人的心态完全由自己来调控,从这个意义上讲,不同的人生,也就是由自己的心态所决定的。曾看过这样一个故事,让人深受启发:

雨后,一只蜘蛛艰难地向墙上已经支离破碎的网爬去,由于墙壁湿润,它爬到一定的高度,就会掉下来,它一次次地向上爬,一次次地又掉下来……第一个人看到了,他叹了一口气,自言自语:"我的一生不正如这只蜘蛛吗?生活忙忙碌碌而无所得。"于是,他日渐消沉。

第二个人看到了,他说:"这只蜘蛛真愚蠢,为什么不从旁边干燥的地方绕一下爬上去?我以后可不能像它那样愚蠢。"于是,他变得聪明起来。

第三个人看到了,他立即被蜘蛛屡败屡战的精神感动了。于是,他变得坚强起来。

世间万事万物,可用两种心态去看待:一个是正的、积极的,另一个是负

第二章 强化内心：做坚不可摧的自己

的、消极的。这就像钱币的正反两面一样。该怎么看？这一正一反，就是心态。它完全取决于你的想法。乐观的心态可使人欢快进取，有朝气，有精神。消极的心态则使人沮丧，难过，没有主动性。

其实，积极乐观的人如同一块磁铁，他们随时都会吸引陌生人的眼光。正像心理学家赛伯·贝利所认为的那样，积极主动是一个人受欢迎的关键所在。"心理学家称之为情绪感染，"他说，"那些讨人喜欢的人很擅长表达情绪，特别是积极的情绪。"然而，这世上却有很多人都认为自己注定不走运。这里，告诫大家不要总是不停地抱怨，那些怨气不断的人，只会让人避之唯恐不及。相反，我们应该用幽默来回应苦恼，让彼此的友情加深。

程苑就是一个生活态度积极乐观的人，就因为她的这种性格，大家送了她一个外号"开心大姐"。周围的朋友谁有什么不顺心的事儿都会第一时间想起她。她的口头禅就是："哥们儿，没啥大不了的，这些总会过去。"

一次，朋友小莫失恋了，便找程苑哭诉。程苑见她的两只眼睛已经哭肿了，便安慰她说："哥们儿，不就是失恋了吗？没啥大不了的。世上男人多得是，咱不用在一棵树上吊死，还有好的在后面等你呢，你总得给人家一个机会吧。再说是他不爱你了，他失去了一个爱他的人，这是他的损失。而你心中还有爱，你并没有失去什么。哥们儿，信我的，这一切总会熬过去的！"

小莫听了这一番话，心中的结解开了不少。接下来的日子，她经常找程苑出去散心，一起聊天。半年后，小莫终于走出阴影，开始了新的恋情。

只要和程苑在一起，大家通常会欢声笑语，用程苑自己的话说，"大家在一起图个啥，人活着不就图个乐呵吗？"因此，她的朋友圈越来越大，有越来越多的人被她吸引到了身边。

程苑确实是一位"开心大姐"，能与她为友，也算是幸运。但不能总是指望别人为我们带来正面的影响，我们也要学会用正面的、积极的心态去影响和吸引他人。

怎样才能让自己变成一块积极乐观的"磁石"呢？最主要的是，你要产生正面的"接纳预期"，即相信别人一定会喜欢我们，这样才会更自然地释放我们的正面能量去影响他人。记住，大家千万不要产生负面心理，即我们在交往前，就预期别人会拒绝我们，这样我们就会不自觉地表现出冷淡和防备，其结果往往是我们真的被拒绝了。而这时，悲观者可能就会自言自语："我就知道他们不喜欢我。"其实这只是我们给自己设定的结果。

当突破了这一心理防线后，接下来要做的就是修炼自己的心态，和人交往时尽量保持主动、积极、乐观的态度。要知道这些情绪是开放式的，他们会释放出强大的幸福快乐感，从而让对方与你相处时，心情愉悦，产生长期交往的冲动而不能自拔。

法国作家罗曼·罗兰曾说："一个人如能让自己经常维持像孩子一般纯洁的心灵，用乐观的心情做事，用善良的心肠待人，光明坦白，他的人生一定比别人快乐得多。"的确，积极的心态不仅让我们的人生充满光明和温暖，还让我们在做事的过程中变得得心应手。

思维定势效应：摆脱传统思维，彻底解放内心

所谓思维定势效应是指，人们因为局限于既有的信息或认识的现象。思维定势有积极的一面，但是也会束缚我们的思维，使我们只用常规方法去解决问题，而不求用其他"捷径"突破，因而也会给解决问题带来一些消极影响。

在现实生活中，很多人会机械地按照程式思考，形成定势思维。定势思维对人们的影响非常大。一旦人们形成了这种思维模式，就会习惯性地顺着固有的思维路线去思考问题。这样长此以往下去，人们就会失去多角度思考问题的能力，进而陷入一个愚顽、平庸的境地中去。

在人生的旅途中，如果一个人总是按照这种既定的模式和轨迹去思考问题，而不去尝试走新的道路，久而久之，他就会对生活感到厌倦、感到乏味，失去锐气和进取心。需要注意的是，如果一个人的思维进入了一定的惯性模式中，是很难被改变过来的。

很久以前，在一个小镇上住着一个犹太人，这个人开了一间杂货店，专门给当地人提供日常用品。由于是外来者，小镇上那些调皮的孩子常常去骚扰他。他们每天三五成群会在杂货店外，对着里面的犹太人大喊："犹太佬、犹太佬。"

起初，这位犹太人并不在意，孩子们喊多了喊久了，听着总觉得别扭。为了不让孩子们干扰他的正常工作，每当他们在外面喊时，犹太人就放下手中活计，从店里冲出来，吓唬这些孩子们。孩子们见他出来，便一哄而散，等他进屋后，孩子们又从四面八方聚拢过来，继续在他门前大喊大叫。

孩子顽皮不懂事，总不能对他们打骂吧。如何把他们赶走呢？犹太人苦思冥想了好几天，终于想出了一个好办法。

这天，孩子们又来到杂货店门前叫嚷。等他们喊累后，犹太人面带微笑从屋

第二章 强化内心：做坚不可摧的自己

内出来，孩子们见他出来，正打算四散逃跑时，犹太人却说："孩子们，你们不要怕，我没有伤害你们的意思，从今天起，谁在我门前叫'犹太佬'，我就给谁五枚硬币。"说着，从口袋里拿出硬币，给在场的每个孩子五枚。

喊"犹太佬"还能得到钱，孩子们甭提多高兴了。第二天，他们又来了，在杂货店门前又蹦又跳，嘴里不停地喊着"犹太佬、犹太佬"。

犹太人没有食言，从店内走出来，分别给每个孩子三枚硬币，并说："我的收入只能勉强维持生活，五枚硬币太多，今天每人给三枚。"

得到三枚硬币对孩子们来说，同样是件非常高兴的事情，他们高高兴兴地离开了。第三天，他们再去喊时，却得到了一枚硬币。孩子们有些不解，问道："今天怎么就1枚硬币？"

犹太人依旧满脸微笑，解释道："今天只能给你们这么多。"

孩子们不乐意了，说："前天五枚，昨天三枚，今天一枚，这也太不公平了吧。"

犹太人装出很无奈的样子，说："只能给这么多，要不要就随你们啦。"

"一枚硬币，简直太少了。你以为我们会为一个小钱，喊你'犹太佬'吗？"孩子们赌气说道。

犹太人显得很无辜的样子，说："那以后你们就别喊了。"

从此以后，再也没有孩子到他门前喊"犹太佬"了。

在人生的旅途上，每个人都会遇到这样或那样的困难和挫折。在面对这些困难和挫折时，不同的人表现的方式有所不同，有的人强冲硬闯，最后把自己弄得伤痕累累；有的人望而却步，放弃了自己的初心；有的人则沉着冷静，摆脱定势思维的束缚，便轻松把问题解决了，最后到达成功的彼岸。故事中的犹太人就是如此，如果他一味地去驱赶和吓唬孩子们，那些孩子不但不会停止叫喊，反而会变本加厉，做出一些令他更加头疼的事情。但是，他是一个富有智慧的人，他没有那样去做，他摆脱定势思维的束缚，采取顺应孩子们的方式，让孩子们进入自己设计好的圈套，最终成功使孩子们放弃先前的行为。

所以，当处在逆境时，要想改善眼前的状况，就必须摆脱定势思维的束缚，让思维保持开放。只有这样，才能更好更快地吸收外界的知识和信息，突破阻碍，获得成功。也只有这样，才能发挥出自己的真正才能，不断提升自己。

我们不妨去看一看哥伦布，当所有人都好奇鸡蛋如何能够立在桌子上时，哥伦布在众目睽睽之下磕破鸡蛋的底部，将鸡蛋竖了起来。这就是打破思维的束缚，这就是开放性思维。在那一刻，宴会上的所有贵族都傻眼了，只有哥伦布成了整个宴会的焦点和谈论的话题。而事实也证明，哥伦布敢于打破思维束缚的举动是正确的，在所有海员都觉得大西洋无法跨越的时候，哥伦布成功地穿越了大西洋，到达帕里亚海湾，发现了美洲大陆。

世界上有很多事情都非常简单，如果只会墨守成规，用惯性思维去做事的话，只能得到一个失败的结果。反之，如果能够摆脱这种定势思维的束缚，对固有的僵化思维方式做出一些改动和创新，就能够有所成功。

一个人想要解决问题、取得成功，最好的办法并不是拼命地循规蹈矩做事。要想摆脱平庸，给他人留下深刻的印象，靠的也不是遵守"常规"的条框。需要走出僵化的定势思维，只有这样，才能创造出属于自己的影响力。

有位心理学家曾经说过："人的思维过程，其实就是不断束缚自己的过程，当有一天人们将自己完全地束缚到圈套里的时候，人们就已经将自己的思想禁锢到一个思维定势中去了。想要摆脱这种局面，一定要解开绳索，让自己的思想重获自由才行。"的确，人们在对待事情时，总是会被自己的习惯性思维给缠住，让自己的思想钻入一个死胡同中，怎样都转不出来。但只要跳出这个固定的思维模式，立刻就会变得豁然开朗。

封闭着自己的思想，就无法吸收更多新鲜的信息和知识。要让自己的思维和头脑保持灵活，不要僵化封闭。不管做什么事情，都要打开自己的思维，并且不断调整自己的思想进行开放性思考。在面对困难时，只有摆脱狭隘思维，大胆尝试，才能摆脱困境，走向成功。

曼狄诺定律：再苦再累也要面带微笑

无论是工作中、生活中还是努力为自己拼搏中，许多痛苦和烦恼都很容易解决。当它们围绕在我们周围，换一个角度，换一种心态，就会领略另外的一番风景。因此，面对人生的烦恼与挫折，最重要的是摆正自己的心态，积极面对一切。再苦再累，也要保持微笑。曼狄诺定律就是关于微笑的一个理论。

有一位乘客身体不舒服，飞机刚刚起飞时他想让空姐给他倒一杯水。空姐听到他的要求后，礼貌地说："先生，为了您的安全，请稍等片刻，等飞机进入平稳状态后，我会第一时间把水送到您面前，您看可以吗？"乘客很大度，点了点头，对空姐表示可以延迟吃药的时间。

15分钟后，飞机进入了平稳的飞行状态。突然，乘客服务铃急促地响了起

第二章 强化内心：
做坚不可摧的自己

来,那位空姐听到铃声,马上意识到自己的服务出现了疏漏,"糟了,由于刚才太忙,我忘了给那位吃药的乘客倒水。"空姐丢下手中的其他工作,连忙来到客舱,把水送到那位乘客跟前,面带微笑,说:"先生,由于我的疏忽,延迟了您的吃药时间,实在是对不起,我感到非常抱歉。"

那位乘客没有接过水,而是抬起手腕,指着手表说道:"你自己看看吧,过了这么久,你怎么一点不把乘客的要求放在心上,难道就不怕我投诉你吗?"空姐手里端着水,心里感到很委屈。但是,无论她怎么解释,那位挑剔的乘客都不肯原谅她的疏忽。

在接下来的飞行途中,空姐为了弥补自己的过失,每次去客舱为乘客服务时,都会特意走到那位乘客面前,面带微笑地询问他是否需要水或者别的什么帮助。可是,那位乘客并没有理会她,依旧摆出一副心情不悦的样子。

很快就要飞临到目的地了,那位生气的乘客要求空姐把留言本拿来。很明显,他要投诉这位服务不到位的空姐。此刻,空姐虽然满腹委屈,但依旧不失职业道德——仍然微笑着把留言本拿到他面前,说:"先生,这是留言本。请允许我再次向您表示真诚的歉意,无论您提出什么意见,我都将欣然接受您的批评!"听到空姐的话,那位乘客的表情一紧,张了一下口,却什么也没有说。他接过空姐手中的留言本,在上面写了起来。

等到飞机安全降落,所有的乘客陆续离开后,空姐打开留言本想看一下乘客写下的意见,却惊奇地发现,那位乘客在本子上写下的并不是投诉内容,而是一封热情洋溢的表扬信。

是什么使得这位挑剔的乘客最终放弃了投诉呢?在信中,空姐读到这样一句话:"在整个过程中,你表现出的真诚的歉意,特别是你的12次微笑,深深地打动了我,使我最终决定将投诉信写成表扬信!你的服务质量很高。下次如果有机会,我还将乘坐你们的航班!"

真诚的微笑能够弥补人们犯下的错误,能够冰释生活中的误会和怨恨。只要对他人绽开自己真诚的笑容,他人也会回馈同样的热诚和关爱。

空姐能感化恼怒的乘客,使他的态度发生根本性的转变,主要因素就是空姐脸上的微笑。可见,微笑的意义十分重大,能驱赶人心头的阴霾,能化解他人内心的不愉快。我们为梦想、生活所苦所累,为何不能给自己或他人一个微笑呢?相信很多朋友也想微笑着面对生活,但苦恼的是找不到培养微笑的方法。其实很简单,微笑源于积极阳光的心态,有了一份好心情,微笑自然就从心中流露出来。下列的做法希望能给大家一些启迪。

| 墨 | 菲 | 定 | 律 |
Murphy's law

1. 每天要给自己一个希望

快乐是一生,痛苦亦是一生,倒不如每天给自己一个希望,每天给自己一种快乐的心情,坦然豁达地面对生活中的困难与挫折。每天给自己一个希望,就是每天给自己一个目标、给自己一点信心,给自己激发生命激情的催化剂,给自己的人生一个美好的支撑点。每天给自己一个希望,试着不为明天而烦恼,不为昨天而叹息;试着用希望迎接朝霞,用笑声送走余晖,用快乐涂满每个夜晚。那么,每一天都将会生活得更充实。每一天也将会过得更潇洒。只要不忘每天给自己一个希望。大家就一定能够拥有丰富多彩的人生,也一定能铸就精彩的自我。

2. 把失败看成一种错位的美丽

在航行中没有不经历风暴洗礼的船,在生活中同样不可能总一帆风顺,难免会有伤痛和挫折。任何通向成功的道路都布满了荆棘,充满了数不清的辛酸与煎熬、艰难与困苦。但是只要把失败当作进步的台阶,以积极的心态去面对,大家就不会被困难打倒。何况,失败也是一种美丽。

3. 学会爱惜自己

人生总会有失败、挫折、痛苦和折磨。这个时候不要封锁自己的心灵,使自己的心灵布满阴云。当不幸降临到自己身上的时候,要学会爱自己,要对自己说:"这一切都会过去的,我要珍惜生活中的每一寸光阴。"

有了上面三点的帮助,每一个懂得珍惜自己的人就不会抱怨磨难太多,生活太曲折,梦想太难实现。给自己一份好心情,笑一笑,带着梦想起航的你,就会发现头顶的天空格外湛蓝,身边的海鸥分外矫健,你梦想的航船正乘风破浪,一路高歌猛进。

坚定定律:激发自我的驱动力

坚定定律是指对某件事情抱着百分之一万的相信,它最后就会变成事实。这种心理超越了自信,是一种确信的心态。这是一种坚强的信念,在我们面对失败与挫折的时候,信念就犹如心理的平衡器,它能帮助我们保持内心的平静,并能防止我们因坎坷与挫折而偏离了正确的轨道,进入误区、盲区。

我们想要变得更好,想要取得成功,就必须要坚定信念,战胜自己。世界上有很多发明家和科学家,他们之所以能够取得成功,并不是他们多么优秀,而是他们有着一股坚定不移的信念。比如爱迪生,他的发明道路充满坎坷和曲折,他

第二章 强化内心：做坚不可摧的自己

没有因此而放弃，而是靠着一股信念一直坚持着，最终他成为举世无双的发明之王。再比如瓦特，他也是靠着坚定的信念才最终完善了自己的蒸汽理论，让世界进入了一个全新的蒸汽时代。还有马克思，他为了解放全人类，为了无产阶级的未来，一直靠着一股信念坚定不移地努力着，最后留下了伟大的足迹。这些伟人的例子无一不告诉我们，成功之路是充满坎坷的，我们必须要有必胜的决心和坚定的信念才能成为一个强者，才能最终取得胜利。

1791年9月22日，法拉第出生于萨里郡纽因顿。他的父亲是位铁匠，赚取的钱都不足以维持生计，更不用说给法拉第缴纳高昂的学费了。为此，只念了两年小学，法拉第就辍学了。

虽然小小年纪就辍学了，但是法拉第却有一个不凡的理想，那就是成为一名科学家。对于一个毫无家庭背景、学历极低的人来说，这个过程是非常艰难的。

1800年，法拉第的父亲离开了人世，年仅九岁的法拉第不畏辛苦，在一家文具店当起了童工。1804年，法拉第又去一家书店当学徒。当时，法拉第的工作限于送报、装订图书。不过，13岁的法拉第并没有忘记自己的目标。工作之余，法拉第翻阅科普著作，做物理学、化学实验，听自然科学演讲，因此积累了大量的相关知识。

1813年，英国皇家学院成立了选拔委员会，对外宣称要为戴维教授选派助手。同时，选拔委员会的主要负责人贴出告示，要有资质的人踊跃报名。获知消息后，法拉第欣喜万分，第一时间就前往选拔委员会报上了名。

就在选拔考试的前一天，法拉第获得了一份通知，内容是：作为一名图书装订工，你没有资格参加选拔考试。看到这份通知之后，法拉第非常难过，但是他并没有放弃，只要有一点点可能，他都要试一试。当天，法拉第赶往选拔委员会，据理力争，希望再次获得考试的机会。出乎意料的是，委员们讽刺道："皇家学院是一个装订工想来就能来的地方吗？除非戴维教授点头，不然你就不要痴心妄想了。"

法拉第暗自琢磨：明天选拔考试就要开始了，倘若我今天见不到戴维教授，得不到他的同意，那么我只能继续做装订工了。

为了争取到考试的权利，法拉第当即决定前去拜访戴维教授。法拉第到达戴维家院落前时，激动而又紧张。看着紧闭的大门，法拉第稍有迟疑。不过，一想到担任戴维的助手，这次是个绝好的机会，法拉第就心动了，他于是轻轻敲着大门。几分钟后，大门开了，一位和蔼可亲的老人出现在法拉第面前。这个老人虽头发花白，但面色红润，精气十足，他便是戴维教授。在教授的邀请下，法拉第

| 墨 | 菲 | 定 | 律 |

Murphy's law

进到里屋。法拉第向戴维教授说明了来意,并表示自己非常热爱物理学,如果这次没有机会,他还会继续学习,直到戴维教授同意。看着眼前这位执着上进的年轻人,戴维教授备感欣慰,他随即递给法拉第一张纸条,内容是:请批准法拉第,让他参加选拔考试。临别时,戴维教授对法拉第说:"年轻人,我看好你,希望你好好发挥。"

后来,经过多次筛选,法拉第当上了戴维教授的助手,走进了英国皇家学院,这是他人生的转折点。在以后的岁月里,法拉第结识了许多科研人士,做了许多实验,眼界愈来愈开阔,经验越来越丰富,为他后来的成功打下了基础。

当生活困顿的时候,法拉第仍旧努力进取,不断提高自己;面对委员们的冷嘲热讽,法拉第没有退缩,主动地寻求机会;在教授面前,法拉第毫不犹豫,表明自己的决心。他表现出了极大的耐心和毅力,只有拥有强大内心的人,才能从一个穷小子成为一个伟大的物理学家。给他力量的,正是他永不磨灭的信念。

我们所说的信念是一种信心,也是一种决心。换句话说,信念是一种心灵的力量。失败者和成功者的区别往往也只是信念的力量有所差异而已。不妨想一下,一个人如果在决定做一件事时总是首先想到退缩,那么他又怎么会成功?在做事的过程中,遇到一点困难就萌生退意,这样的人又怎么能不失败?

一个信念不坚定的人,总是想到退缩,所以他无法发挥自己的真实实力,他也就永远都无法超越自我。反之,如果一个人无论做什么事情都抱着必胜的决心,有着坚定不移的信念,那么他内心的力量就会如火焰一般熊熊地燃烧起来,他就会有用不尽的精力。他会像一柄利剑一样,在通往成功的路上披荆斩棘,无坚不摧。

第三章
励志成功：让梦想在人生的舞台上绽放

在前进的道路上，每走一步，都会遇到种种困难，把困难踩在脚下的人，是真正的英雄。我们无论是在学业上，还是在事业上，都是要这样做。尽管每个人的天赋有差别，然而后天的努力和坚持也非常重要，因为持之以恒的力量是无穷无尽的。持之以恒的人，最终能抵达成功的彼岸。

| 墨 | 菲 | 定 | 律 |

Murphy's law

手表效应：给自己一个明确的目标

有这样一则寓言故事：

森林里有这样一群猴子，它们日出而作，日落而息，日子过得无忧无虑。一名游客在路过森林的时候不小心遗落了自己的手表，猴子"猛可"捡到了这块手表。聪明的"猛可"经过研究很快就弄懂了手表的用处，由于它掌握着确切的时间，因此猴子们的作息时间都听它指挥，很快"猛可"成了这个猴群的猴王。"猛可"觉得手表是吉祥之物，能给自己带来好运，因此它想要得到更多的手表，于是它每天在森林里找寻，很快"猛可"又找到了两块手表。但是这些手表却给它带来了大麻烦，因为几只表的时间各不相同，它不知道要相信哪只表的时间。而当猴子们来问时间的时候，它总是答不上来，很快"猛可"被赶下台了，新猴王霸占了"猛可"的那些手表，可是它也遇到了和"猛可"一样的麻烦，那就是到底哪块表的时间才是准确时间呢？

这就是英国心理学家 P. 萨盖提出的"手表效应"。手表效应的原始含义是这样的：当只有一块手表的时候，人们能够确定时间；当拥有两块或两块以上表的时候，各个手表显示的时间不同，人们反倒没办法确定时间。更多手表不仅不能让人们知道准确的时间，反而会引起时间混乱。手表效应的深层含义是指任何人都不能同时拥有两种不同的价值观，一旦发生这种情况，人们的行为就会陷入混乱。

在现实生活中，如果你同时拥有两块或两块以上的手表，你要做的不是左顾右盼，而是尽快从中找到一块较准确的手表，以它指示的时间来确定自己的行程。同理，如果你同时被几个不同的价值准则拉扯着，你要做的就是果断选出最符合社会道德和自身信仰的那个价值准则，并以这个准则为标准来规范自己的行为。尼采说过："哥们儿，假如你非常幸运，你只要一个道德标准就够了，不要贪多，这样你才能更容易地通过桥。"所以，不贪多是"手表效应"给我们的重要启示。

第三章 励志成功：
让梦想在人生的舞台上绽放

1. 设置一个目标，建立一个标准

在现实生活中，经常会遇到"鱼与熊掌不可兼得"的情况。比如一个朋友约你去爬山，另外一个朋友约你去打球，而你两个活动都想参加，时间又错不开；再比如应聘时，两家很有发展前景的、待遇相差不多的公司都向你伸出了橄榄枝，这时你该如何选择？此时，必须在"鱼"和"熊掌"面前，选择其一，选择一个最适合自己的目标。明确的目标，会为你指引一条踏上成功的非凡之路。大家可以按照下面的方法为自己制定一个明确的目标。

首先了解自己为什么要设定这一目标。

你在为自己设定目标之前，首先找出设定这一目标的理由。当你十分清楚地知道实现目标的好处时，便会马上设定时限来规范自己。

其次，你应设定实现各阶段目标的时限。

人为的时限限制会对行动起到激励的作用。如果你没有设定完成阶段目标的时间，并以此时限来约束自己，那么你将很难确定自己实现目标的时间。因此，当明确知道目标之后，要设下明确的实现时限。

同时，要尽可能细致地列出实现目标所需的条件。

当你对实现目标所需的条件并不了解时，去执行这一计划会令你不知如何着手。因此，你只有在明确知道目标所需的条件之后，才能够做到心中有数，逐一执行。

再者，你应将目标的远景作为你执行的动力。

目标的远景能使你看到奋斗的希望，从而增强你的自信心。当这种自信积累到一定程度，自然会激发你的无限潜能，让你创造出超凡的成就。

2. 选择你所爱，爱你所选择

雷·克罗克是麦当劳品牌的创始人之一，如今他已经成为全球闻名的企业家了。据了解，最开始从麦当劳兄弟那里得到特许经营权的一共有两个人：克罗克和一个荷兰人。克罗克与荷兰人的经营方法并不相同，克罗克只开麦当劳快餐连锁店，那个荷兰人则不仅开麦当劳快餐连锁店，而且还开了养牛场、牛肉加工厂，当年人们都觉得荷兰人更聪明一些，因为他把所有的钱都自己赚了。过了一些年，克罗克的麦当劳快餐店开遍了全球，而那个"聪明"的荷兰人早就破产了。

克罗克之所以成功是因为他选择了自己最擅长的快餐店经营，这样一来他就可以更专注，从而将全部的精力、时间、智慧等都用在这一件事情上，最终将麦当劳发展为全球快餐业数一数二的知名品牌。而荷兰人由于贪多，又开快餐店，又开养牛场、加工厂，他的精力过于分散，难以专注在某一件事上，最后由于力

不从心而走向失败。我国古人所说的"多则心散，心散则志衰，志衰则思不达也"，就是这个道理。

简言之，每个人都要记住这样一点：无论做什么事情，都不能贪多。倘若每个人都可以"选择你所爱，爱你所选择"，那么不管成功与否，都能够享受生活的乐趣。

3. 标准并不是越多越好

手表定律告诉我们：只有一块手表时，你可以确定是几点，拥有两块或两块以上的手表时，你就无法确定是几点。同样，如果用一个标准去衡量一个人或者一件事，可以很快得出结论，无论这个结论是好还是坏；但是如果用不同的标准去衡量同样的一个人或者一件事，你会马上发现，得出的结论截然不同。

有一位年轻的画家，他从小就开始画画，功底很扎实，但是他总是不信任自己，总是认为自己比不上别人，这个弱点严重影响了他的发展。

一天，他的老师想到了一个好办法。他让这位年轻的画家用心画了一幅画，并把这幅画摆在了城里最负盛名、观赏人数最多的画廊里。并在旁边附上了一张纸条："请指出这幅画中的缺点。"

三天过去了，老师让画家去画廊把这幅画拿回来。画家回来的时候，一脸沮丧的表情。原来观众的批评实在是太多了，几乎画作上的每个细微之处都有人指出了毛病，他觉得自己简直一无是处，他强烈怀疑自己根本不适合再画画了，再画下去也是浪费时间。

老师笑了笑，没有批评他也没有鼓励他，只是让他再画一幅相同的画，依然挂到画廊去，不过这次纸条上写的是："请指出这幅画中的优点。"

三天后，老师依然让年轻的画家去画廊把画拿回来。画家回来的时候十分兴奋，几乎是手舞足蹈。他边走边喊："老师，这实在太奇怪了！"原来观众的赞赏多得出乎意料，几乎画作上的每个细微之处都有人欣赏，人们还有理有据地写上了欣赏的原因。

画家疑惑地问老师："这两幅画并没有什么差别，但为什么人们的评价却有如此的天壤之别呢？"

老师只是笑了笑，说："那是因为他们的角度不同啊！"

这个世界上存在着太多的标准，对于同一件事情，每个人的立场不同，观点也就不同，所以，几乎每件事情都能用很多标准来衡量，都有很多参考意见供你选择。在生活中，我们必然要经常参考他人的意见和标准，但并不是标准越多越好，标准多了，反而会让自己无所适从。正如有人曾说过："如果一个人始终只

第三章 励志成功：
让梦想在人生的舞台上绽放

依照一个标准做事，那这个人会显得愚蠢；如果一个人总是同时依照很多标准做事，那这个人一定会非常痛苦；如果一个人可以从众多标准中选择自己想要的，那这个人一定是个伟人了。"

所以，参考他人的意见时，也要讲求方法和原则，要学会对他人的意见进行理智地分析，别人的建议并不总是对的，你要有自己的判断力。有的时候，如果你已经知道自己真正需要的了，就没有必要再去寻求他人的意见，因为在这个时候，任何人的建议都只会影响你的自我判断和决心。在很多时候，并不是标准越多越好，对你来说，你往往只需要一块手表。

马太效应：一次成功决定一生的命运

1968年，美国著名科学史研究者罗伯特·莫顿提出了"马太效应"。"马太效应"是指，任何个体、群体或地区，一旦在某一个方面（如金钱、名誉、地位等）获得成功和进步，就会产生一种积累优势，就会有更多的机会取得更大的成功和进步。

在现实生活中也随处可见马太效应：一个朋友多的人会借助朋友的交往得到更多的朋友；一个有声望的人会借助自己的声望获得更多的声望；一个钱财多的人会借助现有的钱财投资得到更多的钱财。但是，一个朋友少或者没有朋友的人则会朋友越来越少，甚至一直孤独下去；一个平凡的人就会一直默默无闻下去；一个钱财少或者没有钱的人只会越来越穷，最后甚至一贫如洗。

亚蕾从小就天生丽质，又勤奋努力，在学校的学习非常优秀，在高考的战场上，她打了一个漂亮仗，以全省第一的成绩考上了国内重点的艺术学院。

大学期间，由于是高考状元，加上外形十分秀丽，学校的老师和领导都很器重她，班主任老师还鼓励她参加了全国的舞蹈和钢琴比赛，亚蕾不负众望，都获得了不错的名次。学院领导还推荐她拍了许多平面广告，希望她可以有更好的发展。

大学毕业之后，别的同学是出去找工作，而亚蕾呢，因为早就是学校的名人了，所以在毕业之前就已经有艺术团和经纪公司找到她，希望她可以到他们单位上班。

经过深思熟虑之后，亚蕾选择了一个知名度很高的艺术团，里面有许多现在国内知名的艺术家。亚蕾希望到那里可以受到这些艺术家的熏陶，自己可以进步

墨菲定律
Murphy's law

快一点。

半年之后，团里要排练一个节目，由于是一个年轻人的舞蹈，而亚蕾又是名校的高才生，所以自然是领导们的首要人选，亚蕾也没有令领导失望。这个舞蹈获得了当年国内一个比赛的最大奖，亚蕾也获得了最佳舞蹈演员奖。

此次比赛之后，亚蕾的名字就被全国热爱舞蹈的观众所熟知。各种各样的晚会邀请应接不暇，但是亚蕾并没有因此沾沾自喜，而是更加谦虚。在团里总是练功时间最长的，也因此她深得领导和同事的喜欢。

在团里工作了六年时间，亚蕾获得了无数的荣誉和赞扬，成了团里的顶梁柱。可是，由于年纪加上身体原因，亚蕾在56岁的时候退居幕后了。

转到幕后之后亚蕾并没有失去对舞蹈的热爱和对工作的热情，一天，亚蕾看到团里的年轻人，她就想到了自己，突然想把自己的经历写成书。得知亚蕾要出书，各大媒体都争相采访她，各大出版社也一直跟她联系，希望可以出版发行她写的书。通过媒体的传播，这个消息也传遍全国，喜欢亚蕾的人都写信给她，希望亚蕾的书可以尽快出版，都想一睹为快。

亚蕾自己也没有想到会有这么多人关心自己，她就下定决心一定好好写书。写完之后，她还请大学时期的校长和现在团里的团长为自己的书写了序言。

书正式发行之后，很快就被抢购一空，为此还加印了十万册。写书的收入，亚蕾一半都捐给了希望工程。

现在，亚蕾虽然离开了自己心爱的舞台，但是她是成功的。因为她得到了所有人的支持和尊重，她现在是团里的副团长，希望工程的爱心大使，自己母校的名誉校长。

这就是说，当一个人已经取得一定成绩之后，就会更容易取得更多更大的成绩。现在的社会，物竞天择，适者生存。要时刻积累自己的优势，只有这样才会有更多的机会，也只有这样才能变成强者，进而不断取得成功和进步。所以，在工作中，一个人不想被"打败"的话，你就要成为工作中的强者，只有这样，你才能在工作中胜出，并在社会上立足，从而也就可以得到更多更好的发展机会。

蘑菇定律：忍受平庸，才能拥抱成功

蘑菇定律最早是由20世纪70年代国外一批年轻的电脑程序员总结出来的，

第三章 励志成功：
让梦想在人生的舞台上绽放

原意是指长在阴暗角落里的蘑菇因为得不到阳光又没有肥料，经常是自生自灭的。只有它长到足够高壮的时候，才会引起人们的关注。可往往这个时候，这些蘑菇已经可以自己接受阳光和雨露了。后来延伸到初入社会的人常常会不受重视，被放在不起眼的阴暗角落里，做些打杂跑腿的工作。甚至还要像蘑菇培育一样被浇上大粪，接受各种无端的批评、指责，还要代人受过，得不到必要的指导和提携，处于自生自灭的过程中。

或许大多数年轻人都不想经历所谓的"蘑菇时期"，但是这其实并不是什么坏事，就像一把宝剑，在成为宝剑之前，它肯定也只是一个普通的铁块，只有将铁块放入熔炉里烧红，再用铁锤猛烈地反复击打，然后浇上冷水，冷却之后再放入熔炉，烧得红通通，再击打，再放入冷水，如此反反复复，就成为了一把宝剑！人生也是如此，成功之前，必定要忍受生活的平庸，经历苦难的打击，只有这样才能突出重围，拥抱卓越。

李璐自幼学习成绩就很好，一直是全家人的骄傲，但是李璐并没有因此而沾沾自喜，她一直都是个勤奋、努力的孩子。她长大后考上了著名的政法大学法学院，全家人都觉得她前途无量，当时李璐自己也是这么想的。

大学毕业之后，政法大学法学院的声望并没有给李璐带来任何好处，虽然自己的学习成绩十分优异，但由于当时她没有任何的工作经验，所以并没有找到自己特别中意的工作。

终于，李璐找到了一份工作，在一家房地产公司做客服。找这份工作的时候，李璐心里其实并不满意，觉得自己在这里上班是委屈自己了。但是转念一想：现在工作这么难找，既然已经面试成功了，那就好好把它做好吧，说不定自己的才能马上就被领导发现了，到时候就好了。抱着这样的心理，李璐进了这家公司。

李璐每天的工作就是打字、复印、收发文件、整理文件、接听客户电话这些杂活儿。半年下来，李璐觉得自己做得比任何人都多，但是没有任何人感觉得到。甚至她还听到其他员工说自己没用，整天闲着白拿工资，而且主管对自己也是不冷不热的。李璐沮丧极了，就跟朋友抱怨说自己怎样怎样，说公司有眼不识泰山，还说父母也不愿意自己干这样的工作等等。朋友听到之后，就说："你看，很多名人不都是从打杂开始的？你放心，你这么有才华，只要你多做点工作，少抱怨一点，就一定能被领导发现的！"

听了朋友这么说，李璐好像又有了希望，在以后的工作中，她开始忘记自己是名牌大学的毕业生，在工作上没有任何怨言，十分努力，甚至在工作不忙的时

| 墨 | 菲 | 定 | 律 |

Murphy's law

候她还主动向其他同事学习……渐渐地，李璐也觉得工作没有那么枯燥了。

一天，主管突然找到她："李璐，看你简历说你学的是法律，是吧？而且总经理看你平时工作表现一直不错，刚好咱们公司现在要写一个文稿，需要用到很多法律方面的专业术语，你可以帮忙写一下吗？"李璐欣喜若狂："真的吗？我可以的！"果然，李璐发挥自己的专长，文稿写得非常不错，公司高层很满意。

也正是因为这次撰写文稿的机会，改变了李璐的命运。公司在杭州的分公司主管看到了李璐的文稿，不但对她的文字功底很满意，而且对李璐的法律知识十分佩服。所以，通过总公司，李璐被调到杭州，专门处理房产纠纷。由于李璐的加入，杭州分公司的业绩迅速攀升，在总公司排名第一。

是金子总会发光的，李璐的才能在公司发挥得淋漓尽致，终于，五年之后，李璐顺利地成为分公司的总经理！

每个人都要经历自己的"蘑菇时期"，不管在这个时期遭受了什么，对生活、对工作，都要认认真真，全力以赴！虽然不容易，但是也要充满激情，受点委屈又有何妨？吃点苦又能怎样？要相信自己早晚会成功，只有抱着这种信念，才会在不好的环境里任劳任怨、踏实认真。也只有这样，一个人才能从"蘑菇堆"里脱颖而出，让他人对自己刮目相看。

现实生活中，每个人都希望自己的生活红红火火，一帆风顺；自己在工作中春风得意，步步高升；在事业上飞黄腾达，战无不胜。但是，这只是希望，想要它变成现实，就要做好准备，只有忍辱负重、坚忍不拔，才有可能取得最后的成功。

不值得定律：不值得做的事情不要做

不值得定律非常简单直白，从字面上就可以理解它的意思，也就是说不值得做的事情就不要去做。做了不值得做的事情，常会有许多不利的影响：

第一，会让你误以为自己在完成某些事情，其实却像将没有人听过或读过的论文列在履历表上一样，只是白费力气，沾沾自喜罢了。

第二，会消耗你的时间和精力，而你做这些事情所用的资源都可以拿来用在其他有用的事情上。

第三，不值得做的事情如果你做了，完成还好，假如没有达到预期的效果，可能会招致领导的不满意，还会说你不自量力。

第三章 励志成功：
让梦想在人生的舞台上绽放

第四，不值得做的事情如果你做了，可能会让你伤心，因为你废寝忘食地做完了，却没有人领情。

第五，不值得做的事情如果你做了，你会感觉很尴尬，特别是别人的事情你抢着去做了，那完全就是费力不讨好。

虽然不值得定律很简单，但其重要性却常常被人们疏忽。难道不是吗？想想日常生活中会不会这样：事情做了半天，才发现其实根本就没有必要去做；晚上睡觉的时候，才发现当天做的许多事对你来说，毫无意义可言。

因此，我们要想有所成就，就要清晰定位自己的人生，设立适合自己的目标。只有去做自己认为值得做的事情，去做适合自己个性与气质的事情，才有可能做好，才能够从中获得成就感。

在2006年公布的世界500强中，微软公司排名130位。1981年底，微软公司控制了PC的操作系统，成为当时IT行业的佼佼者。在这个时候，比尔·盖茨毅然决然想要进军应用软件领域，他认定微软公司不但能开发软件，还能零售营销。他的这种想法很好，但是没有人去实现他这一思路，很多人都认为他的这种想法是空想，白费脑细胞，根本不可能实现。

微软公司在软件开发方面不乏人才，然而，在市场营销方面人才却少之又少。没有销售方面的人才，不要说占领市场，就连门都进不了。发掘人才是很多缺乏人才的企业最常用的做法，比尔·盖茨也不例外，经过仔细搜索，他看上了肥皂大王尼多格拉公司的营销副总裁罗兰德·汉森。公司的高层管理人员对汉森很不放心，汉森虽然对营销很在行，但是他在软件方面完全是个门外汉。

比尔·盖茨看中的是汉森在营销方面的丰富知识和高超的技能，他坚信让汉森从肥皂转型到软件上来，总比让一个对营销完全不了解的人现学营销来得更快。费尽心思将汉森挖到微软之后，比尔·盖茨让他坐上营销副总裁的位置，并让他全权负责公司的营销工作。

汉森到微软公司任职的第一天，就给软件专家们上了一堂生动的营销课，他要求微软公司统一商标，在营销学上叫作统一品牌形象。在汉森的指导下，微软公司意识到统一商标的重要性。随后公司决定，以后公司所有产品均以"微软"为商标。于是，微软公司生产出的所有产品，都打着"微软"的品牌。

汉森任职后不久，"微软"被美国、欧洲，甚至全世界的人们所熟知，门外汉罗兰德·汉森，利用自己的知识和技能成功地为微软打开了通向世界的市场，用铁的事实证明了比尔·盖茨准确用人，成就了一番了不起的事业。

正确的人生定位，让我们觉得每天所做的事情都是值得的，都是自己想要去做的,只有心里觉得值得,才会用心去做,才有可能做好。

我们只有找到适合自己的位置,才能够实现自己的人生价值;价值一步步得以实现的时候,我们的潜能才能逐步激发出来。如何为自己做明确的人生定位?怎样选择自己认为值得做的事情呢?

一般而言,一个自己认为值得的、适合自己的工作往往要满足三个条件。

1. 工作本身要符合自己的个性

我们并不能够断言说哪一种工作类型一定是好的,因为人和人的性格本身就有差异,所以最好的办法就是寻找一个同自己性格相符合的工作,这样人们才能够全心全意地做好这份工作。

2. 自己"能够"做这份工作

想满足这个条件,我们就需要对自己的能力有一个认识,既不能太过高估自己,也不能太过低估自己。过于高估自己的话,我们在做事的时候就会觉得力不从心,难以将工作做好,慢慢地我们就会讨厌自己所做的事情。一旦有了厌倦的心理,工作就难以进行了。如果过于低估自己,我们做事的时候难以完全发挥自己的实力,那么我们当然会觉得自己被大材小用,手头的工作是自己不值得做的。

3. 自己能够做"好"这份工作

相信很多人都有这个感觉,某件事情他能够做,但是想要做好却非常困难。如果将一件事情做得非常含糊,我们内心就难以生出满足感,时间久了,也会产生厌烦心理。所以我们说,要选择自己能够做"好"的工作,这样才会让我们越做越有激情,越做越想做。

很多人都说人生如棋。其实,人生与棋局除了这一点相似之处之外,还有很大的区别。因为人是有感情的,棋子则没有。棋子放在哪里,就在哪里起作用。人则不一样,一个人如果站在不适合自己的地方,内心就会产生严重的厌倦感和无力感,很多时候不仅起不到作用,还会有负面的影响。

所以,我们一定要做正确的人生定位,把自己放在最适合自己的位置上,放在自己想要存在的地方。很多事情都是这样,只有你想做,你才有可能做好。

墨菲定律:在错误中成长,直到走向成功

1949年,一位名叫爱德华·墨菲的工程师参加了美国空军进行的Mx981实

第三章 励志成功：让梦想在人生的舞台上绽放

验，这个实验的目的是研究"飞行员对急剧的速度变化的承受能力"。实验准备工作中有这样一项：将监控器装在志愿者的身上，以便研究人员能够获得志愿者们对加速度承受能力的数据。

实验开始之前，工程师们认真检查了所有的环节，确定无误之后实验开始了，然而不知何故研究人员竟然收不到任何监控数据，这让所有的工程师感到困惑。最后墨菲发现他的一位同事"非常认真"地把监控器内的电池装反了！墨菲幽默地说："如果有两种或以上的途径去做一件事情，只要有一种方法是错误的，那么一定会有一个人这么去做。"这句话后来演变成了心理学上著名的"墨菲定律"。

什么是墨菲定律呢？墨菲定律的主要内容是这样的：如果一件事有出问题的可能，无论这种可能性多小，它一定会发生。墨菲定律如今是西方世界广为流传的俚语，人们根据墨菲定律为基础演变出了很多变体，比如"如果一件事可能会出错，那么这件事一定会出错"、"东西非常好，但是没有用"、"不要想要教会猪唱歌，这样不仅徒劳，还可能让猪不快乐"，等等。

墨菲定律阐述的并不是错误概率问题，它侧重的是偶然性中的必然性。在现实生活中，墨菲定律具有非常广泛的应用意义。比如，我们可能晚上睡觉忘了锁门，无论你是多么谨慎的人，只要这种可能存在，这种事情就会发生；女士们漂亮的高跟鞋可能会折断，只要这种可能存在，你就一定会碰上这么一次；你在挤地铁的时候可能会被挤掉鞋子，只要这种可能存在，你就也会遇到这种倒霉事儿……类似的情况非常多见。总而言之，一件事只要有可能发生，那么它就一定会发生。

墨菲定律提醒我们，无论做任何事情，都不要存在侥幸心理，古语"不怕一万，就怕万一"，说的就是这个道理。一旦存在侥幸心理，思想上就会产生麻痹，很容易产生失误，最终导致失败。所以，要想取得成功，千万不可以有侥幸心理，更不能回避错误，应该正视错误，从错误中汲取经验，让错误成为通向成功的垫脚石。关于失败是成功的垫脚石，丹麦物理学家雅各布·博尔就是最好的证明。

有一次，由于一时疏忽，摆放在屋内作为装饰的花瓶被雅各布·博尔碰了一下，花瓶从桌子上掉落下来，应声摔碎。看着自己心爱的花瓶摔成大大小小的碎片，他没有像一般人那样懊悔不已。他把这些碎片一一捡起，按照碎片的大小进行分类，然后称出重量。结果他发现，这些碎片中，10~100克的最少，1~10克的稍多，0.1克和0.1克以下的最多。与此同时，他还发现，这些碎片的重量也有一定的倍数关系,较大碎片的重量是次大碎片重量的 16 倍,次大碎片的重量是小块碎片重量的 16 倍,小块碎片的重量是更小碎片重量的 16 倍……

雅各布·博尔的这一发现被称为"碎花瓶理论"。后来,人们根据这一理论,进行文物修护,取得了非常好的效果。如果雅各布·博尔把花瓶碎片扔掉,可能就不会有"碎花瓶理论",然而雅各布·博尔是个有心人,爱钻研,从错误中学习,得出了这一伟大理论。

事实上,许多的成功都是从失败中总结出来的经验,然后做出正确的选择。例如,超级油轮卡迪兹号在法国西北部的布列塔尼沿岸爆炸后,成千上万吨的油污染了整个海面及沿岸,于是石油公司才对石油运输的许多安全设施重加考虑。还有,在三里岛核反应堆发生意外后,许多核反应过程和安全设施都改变了。

可见,错误具有冲击性,可以引导人想出更多细节上的事情,只有多犯错,人们才会多进步。假如你工作的例行性极高,你犯的错误就可能很少。但是如果你从未做过此事,或正在做新的尝试,那么发生错误在所难免。发明家不仅不会被成千的错误击倒,而且会从中得到新创意。在创意萌芽阶段,错误是创造性思考必要的副产品。正如耶垂斯基所言:"假如你想打中,先要有打不中的准备。"

现实生活中,每当出现错误时,我们通常的反应都是:"真是的,又错了,真是倒霉啊!"这就是因为我们以为自己可以逃避"倒霉"、"失败"等,总是心存侥幸。殊不知,错误的潜在价值对创造性思考具有很大的作用。

人类社会的发明史上,就有许多利用错误假设和失败观念来产生新创意的人。哥伦布以为他发现了一条到印度的捷径,结果却发现了新大陆;开普勒发现了行星间引力的概念,却是偶然间由错误的理由得到的;爱迪生也是知道了上万种不能做灯丝的材料后,才找到了钨丝……

所以,想迎接成功,先放下侥幸心理,加强你的"冒险"力量。遇到失败,从中汲取经验,尝试寻找新的思路、新的方法。

临界点效应:成功就是再坚持那么一点点

我们都知道,水的温度低于 0℃后,水就成了冰;同时我们还知道,当水在温度超过了 100℃之后,水就会变成水蒸气。在物理变化过程中往往存在着这样的临界点,物质在突破临界点后,它的状态和性质会发生变化;在化学变化的过程中,开始时难以看到变化的痕迹,但是一旦当温度、湿度等外部环境超过了物

第三章　励志成功：
让梦想在人生的舞台上绽放

质本身的一定标准，达到临界点之后，自然就会发生反应，产生出新的物质。

由此可见，临界点是一个十分重要的标志。再坚持一分钟，达到了临界点，就可以得到完全不同的结果，这就是临界点效应。

在我们的一生中遇到这样或那样的问题和挫折是再正常不过的事情了，就在你咬紧牙关的那一刻，或许就是你做一件事情的临界点。临界点就好比是从量变到质变的那个交界处，很多的人都是在"量"的积累过程中放弃了，更让人感到惋惜的是有些人甚至就在那最后的一步放弃了。只有一直坚持下去的人，才会跨过"临界点"，最终达到质的飞跃。

19世纪美国西部发现了一个大金矿，那些想一夜暴富的人们便蜂拥而至。有个年轻人买了一处矿脉，他辛辛苦苦地挖掘了一年，竟然连金子的影子都没有看到。他很失望，心想：唉，我真是倒霉，花了这么多的钱竟然买了一块没有矿藏的土地。经过再三犹豫，最终他还是放弃了继续挖掘，垂头丧气地卖掉了这片土地，两手空空地返回故乡。

买下这片土地的人请专家勘察了地质状况，结果专家的回答让新矿主惊喜万分：现在只要稍稍再挖一下，金矿就会出现！他按照专家的指点继续挖掘后，没过多久果然看到了金矿，于是，新矿主就这样轻而易举地得到了巨大的财富。

不少人在做了99%的事情后，就放弃了本可以让他们成功的1%。不要让这种"只差一点"发生在你身上。失败往往不是由于你不够努力，而是由于你不够坚持，当你放弃了坚持的时候，成功自然也放弃了你。正所谓"九九进一，成在其一"。这"一"的增进包含着成功的大智慧。无论是做什么事情，在你走完了99步，剩下的最后一步往往是黎明前的黑暗，这也是考验你信念的关键一步，只要你咬紧了牙关，再多努力一点点，再多坚持一点点，再多一点点思考和试验，也就能够成功了。

有一位熨衣工人和他的妻子两个人艰难地生活着。这个工人的梦想是成为作家，所以即便是在非常困窘的环境下，这位工人每天还是要利用休息的时间不停地写作，把他的余钱全部用来付邮费，寄原稿给出版商和经纪人。但是，不幸的是他的作品全给退回来了，理由是它们非常公式化。

但是他还是一直坚持写作，不断地把自己认为好的作品寄给出版商。一天，他把一部认为很有希望的作品寄给出版商皮尔·汤姆森。几个星期后，他收到汤姆森的一封热诚亲切的回信，说原稿的瑕疵太多。不过汤姆森的确相信他有成为作家的希望，并鼓励他再试试看。

在此后的18个月里，这位熨衣工人先后给编辑寄去了两份原稿，但编辑毫不客气地都给退回来了。他开始试写第四部小说，但是由于经济拮据，他开始放弃希望。

在一天夜里，他很气恼地把原稿扔进垃圾桶，所幸被妻子看到后捡了回来，妻子鼓励他成功已经离他不远了，不要半途而废。

受到妻子的鼓舞，他重新燃起希望，又开始每天写作。又一部稿子出炉了，他又把这部小说寄给汤姆森，经过这么多年的挫折，他对此并没有抱什么期望，心想肯定又是被退回。但这回，汤姆森的出版公司预付了2500美元给他，这次他真的如妻子说的那样，他成功了！于是经典恐怖小说《嘉莉》诞生了，这本小说后来销售量达500万册，并改编成电影，成为1976年最卖座的电影之一。这个熨衣工人就是后来的著名作家史蒂芬·金。

没有谁会总是一帆风顺的，当遇到挫折、困难时，是很容易失去勇气的，这时候就需要你以永不言败的精神坚持下去，即使现在什么都没有得到，也不要有放弃的念头。由于一时的失败就放弃梦想，就半途而废，只能让你与成功失之交臂。在跨越"临界点"的那一刻，你之前所有的心血都可能会获得回报。

罗伯特定理：放弃什么都可以，但不能放弃梦想

在人生的舞台上，不可能任何事情都办得一帆风顺。当遇到失败，一切都变得暗淡无光的时候，当出现的问题看起来没有办法解决的时候，你该怎么办呢？难道选择退缩，任困难把你压倒吗？这个时候，你要记住，每一次逆境都含有等量利益的种子，只要梦想还在、信念还在，总会有奇迹发生。正如美国史学家卡维特·罗伯特所说："没有人因倒下或沮丧而失败，只有他们一直倒下或消极才会失败。"后来人们把这句话称为"罗伯特定理"。

罗丝自幼就有个梦想，那就是上大学，因为家里穷，没有能力供她读书，随着年龄的增长，她的梦想一点点在现实中搁浅。长大后，她结婚了，接着是家务、孩子、挣钱……尽管她没有忘记自己的梦想，但现实生活再次告诉她，梦想只能向后拖延。岁月无情，光阴如梭，半个多世纪过去了，79岁那一年，她终于实现了自己的梦想，进了美国加州的一所大学，成为一名校园里的大学生。

她的到来不啻新闻的头版头条，同学们议论纷纷，表示无法理解；同时又给学校吹来了一股清新的风，为什么这个"年轻"的老太太还要到学校上课？大家抱着相同的问题，期待罗丝的回答。罗丝通过一段精彩的演讲告诉大家她的追

第三章 励志成功：
让梦想在人生的舞台上绽放

求。她的演讲是这样的：

我之所以走进大学的校门，和你们并肩走在校园内的林荫小道，和你们坐在同一间教室内听老师上课，主要原因是我有三个小秘密，它们永远可以让我保持年轻、快乐的心态。

第一，别故意提醒自己老了。生活中的每一天都是新的，微笑着面对生活，用善于发现的眼光感受生活中的点滴幽默。

第二，必须拥有一个梦想。一个人一旦失去了梦想，生活也就失去了色彩，即便活着，与死了没有什么区别。在我们周围，有很多这样的人，他们已经"死了"，自己却浑然不知，还以为自己每天过得很舒适，其实这样的人最为可悲。请同学们一定要记住，长大与成长是两个完全不同的概念，二者之间存在着很大的差距。你现在19岁，如果什么都不做，整天在床上躺一年，你的年龄照样会改变，会变成20岁，除了年龄增长外，你什么也没有得到。因为长大不需要任何天赋与能力，是生命赋予每一个人的力量，只要是一个正常的人，任何外界因素都无法遏制。所以，要想真正地成长，就要求我们走出自我，在各种变化中寻找机遇，让自己多经历一些历练。

第三，不要留下遗憾。随着年龄的增长，通常情况下，老年人不会为做过的事情而遗憾，遗憾的是还没有做过的事情。因此，尽量去做自己想做的事情，这样就不会留下遗憾。

这是一个多么了不起的老太太呀，她通过自身的经历告诉我们：我们永远都可以成就自己的理想。是的，有梦想，虽死犹生；没有梦想，虽生犹死。这是一个亘古不变的真理。对于任何一个人来说，拥有梦想就等于拥有了一座灯塔，那是引路的明灯，那是很多人要为之奋斗一生的目标。

刚刚经历了一场婚变的格雷娜，独自带着三个年幼的女儿生活。生活对于她来说并不轻松，她必须付房子和汽车的贷款。有一天晚上，格雷娜参加了一场座谈会，听到一位先生演讲"想象力乘以 V（ViVIdness，逼真）等于 R（Reality，事实）"的原则。这位先生指出，把心智当成图像进行想象而不要用言语进行思考，当我们在心中清晰地刻画想要的东西时，这些东西就有极大可能在现实生活中得以实现。

这个概念给格雷娜指明了生活的方向，让她觉得全身充满了力量，明白了不能再这样生活下去，必须对现状做出改变，活出一个全新的自己。有了这种想法以后，她把"心里所求的"都转化成图像，即把自己所有的祷告清单转化成图像，接着在旧报纸杂志中寻找这些图像，然后把它们装在一本昂贵的相册里。

墨菲定律
Murphy's law

格雷娜的图画包括：

（1）一位英俊的男士；

（2）一个穿婚纱的女子和一个穿燕尾服的男子；

（3）花束；

（4）漂亮的钻石、珠宝；

（5）一个岛屿，位于蓝得发亮的加勒比海上；

（6）甜蜜的家庭；

（7）崭新的家具；

（8）一个刚晋升为某大公司副总裁的女子。

做完这一切以后，格雷娜干劲十足，似乎每一天都充满了阳光。不知不觉间，八个星期过去了。一天，格雷娜开车正行驶在加州的一条公路上，脑海中全是早上十点半的那笔生意。突然间有一辆很体面的红色凯迪拉克从旁边经过。格雷娜注视着这辆车，这辆车实在是太漂亮了。就在这时，开这辆车的人也正好看着格雷娜，对她微笑，经常面带微笑的格雷娜对他回报了一个微笑。接下来的路，这辆车的主人吉米就开始追她。

这一切来得太快，格雷娜似在梦中！开始交往后，格雷娜就发现吉米有一个嗜好就是喜欢搜集钻石，而且是喜欢收集大颗的！他一直希望有一天自己喜欢的人可以为他试戴，现在格雷娜当然是最好的人选。

在他们快结婚的前三个月，有一天吉米对格雷娜说："我已经找到了度蜜月的好地点，这个地方就是加勒比海上的圣约翰岛。"格雷娜笑着回答："真是出乎我的意料！"

他们的婚礼在加州的拉古那海滩举行，婚纱及燕尾服都变成了现实。就在完成梦幻相簿的八个月之后，格雷娜成为公司人力资源部的副总裁。

在结婚快一周年纪念日的时候，他们搬进了豪华的新居，格雷娜用自己想象中的典雅家具来装饰自己的新居。而这时的吉米也刚好成为东岸一家知名的家具制造商在西岸的零售代理人。

这一切听起来像神话故事，但都是真的。格雷娜已完成了数本"梦幻图画簿"。

格雷娜的故事让我们明白一个道理：梦想与现实并不矛盾。现实的无奈并不是你放弃梦想的理由。人生的旅途中，我们要携带的东西很多，有些东西一不留神就忘了，走着走着就丢了。可是有一件东西，每个人都要把它好好守护，那就是梦想。

第三章 励志成功：
让梦想在人生的舞台上绽放

梦想让我们变得强大，不被生活所奴役，不为任何人止步，给她一块画布，她就能描绘自己的蓝图，给她一对翅膀，她就能穿越荒野、穿越海洋。在梦想照耀下，每一个平凡的人都有自己的不平凡，在拥挤的人群里散发出自己的光芒。

蜕皮效应：不断超越自己

在每个人的成长过程当中，出于自我保护的需要，都会为自己划定一定的安全区。同时，也正是这个安全区束缚了我们成长，阻碍了我们前进，因此，想要超越自己目前的成就，就一定要突破自我局限。只有勇于接受挑战，不断超越自己，我们才能不断地成功。心理学上，将通过不断超越自己取得成功的法则称为"蜕皮效应"。

日常生活中，你是否会满足地说："我现在生活已经不错，一份不错的工作，生活也很好，这样就足够了。"如果你是这样想的话，那么你的人生，也就只能是这样了，甚至在你以后的日子里会变得更糟糕。一个人，即使目前的工作有多么的好，但是自己不追求进步，那么总有一天他会被自己的工作抛弃。

当爱迪生发明了灯泡后，他就开始努力研究如何能够让灯丝的寿命长、成本低、坚硬。在他做这一实验时，工作的难度大大出乎意料，他的实验室里，1600种材料都被他制作成形状不一、大小不同的形状，用来做灯丝，然而，效果并不理想，不是寿命很短，就是成本太高，要么就是太脆弱，工人难以把它装进灯泡。一筹莫展的他，更是忍受着自身的煎熬和精神的崩溃。

全世界的人都在等待他的成功，希望能够迎来光明的夜晚。半年后人们失去了耐心，将其批判。在当时的纽约，一家报社说："爱迪生的失败现在已经完全证实，这个感情冲动的家伙从去年秋天就开始电灯研究，他以为这是一个完全新颖的问题，他自信已经获得别人没有想到的用电发光的办法。可是，纽约的著名电学家们都相信，爱迪生的路走错了。"当时这引起了轰动，几乎所有的人都在批评爱迪生。但这些批判和否认并没有让他为之所动，他仍然继续着自己的实验。

可是，风暴并没有就此过去。英国皇家邮政部的电机师普里斯在他的公开演讲上质疑爱迪生，他认为把电流分到千家万户，还用电表来计量，是一种幻想。当时的人们还在用煤气灯照明，那时的煤气公司更是竭力地说服人们：爱迪生是个吹牛不上税的大骗子。就连多数的正统的科学家大都认为爱迪生是在想入非

墨 菲 定 律
Murphy's law

非。然而他并不为之动容,他将自己的全部精力都投入在自己的实验上,废寝忘食、日渐消瘦的他仍然不放弃自己的想法,他一直坚信自己一定能成功。

已经过去九个月了,一些资本家开始夸下海口,说:"不管爱迪生有多少电灯,只要有一只寿命超过20分钟,我情愿付100美元,有多少买多少。"还有人说:"这样的灯,即使弄出来,我们也一定点不起。"种种刺耳的话,都无法动摇他的内心,他坚持研究。

终于,这项研究在他坚持了一年之后,终于造出了成本不高,又坚硬,能够持续照明45小时的电灯。经过了自己的坚持和努力,爱迪生成为世人心目中伟大的发明家,也促使人类的生活进入了电气时代,他也完成了对自己的超越。

当一个人对自己或是对自己现有的工作不满的时候,只要把自己想象成理想中的自己,并假定自己和工作都和你理想中的一样,再积极采取行动,那么只要耐心地进行自我改造,就能发挥原本精神中的最大力量,使自己的生活完全按理想中的样子改变,从而取得成功。人本身的才华是没有极限的,唯一的限制是来自你自身,只有超越了自己,才能够不断进步,最终超越别人。

有的时候,我们常常会抱怨昨天,为昨天的失落耿耿于怀;又常常向往明天,斗志昂扬。却未感觉到,就在自己的抱怨声中和自己的幻想里,就在这耿耿于怀中,斗志昂扬中,自己已经失去了最宝贵的今天,昨天是已逝的今天,明天是未来的今天,只有今天,才是最真实,最值得你珍惜拥有的。

阿甘生于"二战"结束后的不久,生长在美国南方的一个闭塞的小镇。他先天弱智,智商只有75,然而,他很幸运,他有个性格坚强的母亲,她没有抛弃阿甘,反倒希望自己的儿子和其他正常人一样地生活。于是她常常鼓励阿甘"傻人有傻福",让他自强不息。这让小小的阿甘十分的温暖,从自卑的阴影中走出来。

在上学时,阿甘总受同学的欺负,没有发泄的方法,阿甘变得越来越不爱说话,他总走在同学看不到的地方,他不想让别人指着他的脑袋大声地嘲笑他是个弱智。回到家,母亲总能看到他脸上的委屈。母亲这时就会用自己温暖的双手抚摸他的脸,告诉他:"我的阿甘很棒,今天肯定没有给老师找麻烦,也在放学后很快赶回来,是个乖孩子,虽然我儿子傻了点,但是傻人有傻福啊,我的阿甘长大,一定是个大人物。我相信!"每每听到母亲的话,阿甘就非常鼓舞,他相信,自己一定能够成为大人物。

中学里,阿甘还是会受到同学们不公平的待遇,他们会追着阿甘打骂。为了躲避别的孩子的欺侮,在他听从了朋友珍妮的话后,单纯正直、没有丝毫邪念头

第三章 励志成功：
让梦想在人生的舞台上绽放

脑的阿甘开始奔跑。他跑着躲避别人的捉弄。渐渐地，他只要被别人嘲笑，就会开始奔跑。

慢慢地，阿甘的奔跑速度越来越快。在一次跑着躲避别人的捉弄时，他不小心跑入了一所大学的橄榄球场。当时，橄榄球场正在进行着橄榄球比赛，在场的所有人都在看他尽情地奔跑，他超越了所有人。也就是他这样尽情地奔跑，学校破格录取了他，他也因此参加了学校的橄榄球队。

在橄榄球队里，没有人嘲笑他，他的奔跑诠释着他的人生。他一直尽力地奔跑，赢得了无数次的比赛，成了橄榄球巨星。他的超越，使他在一次比赛中，受到了肯尼迪总统的接见。

阿甘的命运诠释了一个道理，人生如果墨守成规、一成不变地下去，虽然会保持往日一时美好的状态，但最终只能走向失败。只有积极地面对挫折，面对失败；永远不停止前进的脚步，每时每刻都追求更强、更好，才会走向成功。

即便看不见光明、希望，但仍然孤独地、坚韧地奋斗，我们才能超越自己，成就自己。中外无数成功人士的事例证明："我们只有把握好今天，才能走出昨天的阴霾，开创美好的明天。只有在今天不断创新，超越自己，才能成功。"

跳蚤效应：不要为自己的人生设限

有这样一个实验：将跳蚤随意地抛在地上，它能在地上跳起一米多高。但是如果在一米高的地方放一块板子，当跳蚤再次跳起来就会撞到板子，并且会一再地撞到板子。经过一段时间后，再将板子拿掉，你会很惊讶地发现，跳蚤虽然还在跳，但已经不能够跳到一米以上的高度了。原因是因为它们调节了自己跳的高度，并且适应了这样的高度，不再改变。这也就是"跳蚤效应"。

一个人，如果没有目标，那么他的人生就会是浑浑噩噩的，是非常不快乐的！我们知道，跳是跳蚤的天生能力，而跳蚤之所以丧失了跳跃的能力，原因是因为跳蚤在一次次的碰壁后，自身产生了消极的思维方式，认为要是再跳高了还会碰壁，就会为了适应当下的环境而主动地降低自己跳跃的高度，渐渐地一次次的挫败慢慢地吞噬了它的信心，使它在失败面前变得麻木了。也因为如此，当它头上的挡板已不存在时，它却丧失了再次跳高跳的勇气。人也如此，如果没有自己的目标，自身的行动欲望和潜在能力就会被自身消极的态度扼杀，那么自己也就会像跳蚤一样，一生永远都跳不到一米以上的高度。

墨菲定律
Murphy's law

1952年7月4日，对很多人来说并不是什么特殊的日子，但是对于弗洛伦丝·柯德威克来说，这一天却是个终生难忘的日子。

早上天刚蒙蒙亮，加利福尼亚海岸还笼罩在一片浓雾中的时候，在海岸西部约有21英里的卡塔林纳岛上，游泳运动员柯德威克要涉水进入太平洋，向加州海岸游去。在此之前，还没有一个女性能够游过英吉利海峡的纪录，所以她是否能够成功地游过这个海峡，也显得尤为重要。

早晨的太平洋虽然安静柔美，但海水仍然是冰凉刺骨，54岁的柯德威克缓缓地跃入太平洋，由于她的惊人之举，电视上正在转播她的故事，这也吸引了无数人在电视机前关注着她。在此之前，柯德威克也曾进行过多次此类的渡海游泳，对一个游泳员来说最大的问题并不是自身身体的疲劳，而是冰凉的水温造成的四肢发麻和僵硬。时间一分一秒地过去，她身体被海水冻得发麻，再加上大雾，她几乎连护送自己的船都看不到。

15个钟头过去了，柯德威克再次被海水的温度困扰，她的身体已经被冻得完全麻木了，她知道，自己如果再这样继续坚持游下去，很有可能出现意外。于是她放弃了这一次渡海，她呼喊随行的护船，拉她上船。当时柯德威克的母亲和教练都在随行的船上，他们大声呼喊，告诉她已经快要到达海岸了，坚持一下，不要放弃。但是当柯德威克向加州海岸望去的时候，到处都是茫茫的浓雾，她什么也看不到。

几十分钟后，随行的人把她拉上了船，而拉她上船的地点，离加州海岸仅仅只有半英里！

当柯德威克从寒冷中恢复过来后，听别人告诉她只差半英里没有到达海岸的时候，她非常沮丧。她告诉记者："其实我并不是因为疲劳过度才半途而废的，虽然有一部分是因为寒冷的原因，可以说最主要的还是因为浓雾太重，我根本看不到目标地在哪里。"柯德威克的一生中从没有放弃过任何有挑战性的比赛，只有这么一次例外。

柯德威克对这一次的失败非常不甘心，她决定要再次向这个项目挑战。于是在两个月之后，她成功地游过了英吉利海峡。而且要比男性游过此海峡的最佳时间纪录还要快了将近两个小时，成为世界最成功的女性。

每个人在世界上多少是有自己的目标的，尽管那些目标许多人并不能够清醒地意识到。但是在生活中，目标就是生存的意义，没有目标，人的生命一半都是失败的。对于那些为目标而奋斗的人来说，没有了目标，也就没有了生命的价值。什么样的抉择就会有什么样的生活，什么样的目标就会导致什么结果，目标永远是你将来生活的底片。

普瑞马克定律：行事果断绝不拖延

  生活中，总能看到这样的一群人，他们做事时总习惯于拖延，总愿意在行动之前先让自己享受一下最后的安逸，还美其名曰：慢生活。这样的人，不值得欣赏，生活归生活，做事归做事，这是两码事。做事习惯拖延，没有紧迫感，到既定的日期不能圆满完成任务，只能仓促了事，最终导致失败。

  针对拖延的问题，"普瑞马克定律"可以帮我们克服掉。戴维·普瑞马克通过长期对动物的观察，发现一个有趣的规律，当动物做自己喜欢的事情时，往往表现得比较积极；当面对不喜欢做的事情时，总会表现出懒散的行为，故意去拖延时间。从动物的行为中，提出了普瑞马克定律：做事要果断。一味地拖延，只能白白地浪费时间，对实现人生的价值没有任何意义。

  20世纪80年代末，埃克森公司的一艘巨型油轮触礁，原油大量泄漏，给生态环境造成了巨大破坏。但埃克森公司却迟迟没有做出外界期待的反应，以致引发一场"反埃克森运动"，甚至惊动了当时的美国总统。最后，埃克森公司总损失达几亿美元，形象严重受损。

  由此可见，无论是公司还是个人，没有在关键时刻及时做出决定或行动，而让事情拖延下去，都会给自身带来严重的损失。那些经常说"唉，这件事情很烦人，还有其他的事等着做。先做其他的事情吧"的人，总是奢望随着时间的流逝，难题会自动消失或有另外的人解决它，其实这不过是自欺欺人——不论他们用多少方法来逃避责任，该做的事还是得做。而且拖延是一种相当累人的折磨，随着完成期限的迫近，压力与日俱增，这会让人觉得更加疲惫不堪。

  当然，很多拖延者也清楚，把事情做在"生死边缘"的感觉并不好，但每次当他们在最后期限内把事情赶完时，就仿若死里逃生，那种快感、那种被压迫出的所谓高效率，就会让他们尝试着下次再冒险"走钢丝"——他们的心理就时常处于这种纠结的状态之中。

  那么，该如何改变这种不良的心理呢？最好的方法就是养成果断行动的习惯。

  英国生物学家赫胥黎说："人生伟业的建立，不在于能知，乃在于能行。"没有行动，一切目标、计划都将落空，成功也就无从谈起。《道德经》中也说：

墨菲定律
Murphy's law

"合抱之木,生于毫末;九层之台,起于累土;千里之行,始于足下。"卡耐基也曾说过:"一百个梦想不如一个行动!"

可见,行动是获得成功的保证。

古时有两个和尚住在四川,其中一个贫穷,一个富裕。有一天,穷和尚对富和尚说:"我想到南海去朝圣,您看怎么样?"富和尚说:"你凭借什么去呢?"穷和尚说:"我一个水瓶、一个饭钵足够了。"富和尚说:"我多年前就想租条船顺流而下,现在都还没做到呢,你凭什么去?!"第二年,穷和尚从南海归来,把去过南海的事告诉富和尚,富和尚深感惭愧。

现实是此岸,理想是彼岸,中间隔着湍急的河流,行动则是架在河上的桥梁。行动才会产生结果,行动是成功的保证。任何伟大的目标、伟大的计划,最终必然落实到行动上。

有一位名叫西尔维亚的美国女孩,她的父亲是波士顿有名的整形外科医生,母亲在一家声誉很高的大学担任教授。她的家庭对她有很大的帮助和支持,她完全有机会实现自己的理想。她从中学时代起,就梦寐以求地想当电视节目的主持人。她觉得自己具有这方面的才干,因为每当她和别人相处时,即使是陌生人也都愿意亲近她并和她长谈。她知道怎样从人家嘴里"掏出心里话"。她的朋友们称她是"亲密的随身精神医生"。她自己常说:"只要有人愿意给我一次机会,我相信一定能成功。"

但是,她为达到这个理想而做了些什么呢?她没有做任何事!她等待奇迹的出现,希望一下子就当上电视节目的主持人。

西尔维亚满腔热忱地期待着,结果什么奇迹也没有出现。

谁也不会请一个毫无经验的人去担任电视节目主持人。而且节目的主管也没有兴趣跑到外面去搜寻天才,都是别人去找他们。

另一个名叫辛迪的女孩也有着同西尔维亚完全相同的理想,不同的是,辛迪通过自己的果断行动,达成了这一愿望——成了著名的电视节目主持人。辛迪知道"天下没有免费的午餐",一切成功都要靠自己的努力去争取。她不像西尔维亚那样坐等机会出现。她白天去做工,晚上在大学的舞台艺术系上夜校。毕业之后,她开始谋职,几乎跑遍了洛杉矶每一个稍具名气的广播电台和电视台。但是,每个地方的经理对她的答复都差不多:"不是已经有几年经验的人,我们不会雇用的。"

但是,她不愿意退缩,也没有等待机会,而是继续寻找机会。她一连几个月仔细阅读广播电视方面的杂志,最后终于看到一则招聘广告:有一家很小的电视台招聘一名预报天气的女孩子。

辛迪抓住这个工作机会,立即前往应聘,并成功地得到了那份工作。

辛迪在那里工作了两年,后来在洛杉矶的电视台找到了一个工作。又过了五年,她终于得到提升,成为她梦想已久的节目主持人。

为什么西尔维亚失败了,而辛迪却能如愿以偿呢?

西尔维亚那种失败者的思路和辛迪的成功者的观点正好背道而驰。分歧点就是:西尔维亚一直停留在幻想上,坐等机会,期望时来运转,然而,时光却流逝了;而辛迪则是采取行动,她先是用专业知识充实了自己,而后又在小电视台得到了锻炼,积累了比较多的经验,直至最终实现了理想。

"今天能做的事情,不要拖到明天",这样你才不愧对你的人生。回过头来,再看看那些成功的人,他们一旦遇到问题就马上动手去解决,他们不去拖延,因为他们知道拖延只会使问题越来越难解决,只有集中力量,果断行动起来,才能找到解决问题的办法。

蝴蝶效应:最有效的防御是未雨绸缪

1979年12月29日,美国麻省理工学院气象学家洛伦兹在华盛顿的美国科学促进会的一次讲演中提出:亚马孙河流域热带雨林中的一只蝴蝶,偶尔扇动几下翅膀,两周后,很可能在美国德克萨斯州引起一阵龙卷风。这就是蝴蝶效应。

中国古语"失之毫厘,谬以千里"、"千里之堤,毁于蚁穴"同样形象地说明了蝴蝶效应。

你是不是觉得有点不可思议?一颗小小的铁钉,竟能致使一个国家灭亡;一只小小的蚂蚁,也能毁坏一个长堤。但是不管你信不信,确实能够造成这样的效果。还记得1998年的那场亚洲金融危机吗,至今想起来心有余悸;还有2003年波及全球的SARS,至今仍记忆犹新。

生活中也不乏类似的现象。我们可能有过这样的经验:你昨天晚上睡觉前忘了设闹钟,今天早上就没有按时起床,然后你迟到了,而按照公司纪律你有可能被处分甚至开除;你错过了十分钟一班的公车,因此延误了飞机,于是不得不改乘下一班,不幸的是,改乘的这一班飞机走到半路上,四部引擎全部失灵,开始做自由落体运动……

世界上的事情就是这么复杂,从蝴蝶效应中可以看出:事物之间不仅具有一

| 墨 | 菲 | 定 | 律 |

Murphy's law

定的关联性,而且还具有种种发展演变的连锁效应。

因此,我们绝不可低估蝴蝶效应所造成的危害,否则当你觉察时,伤害已经造成,悔之晚矣。

一位在大西洋沿岸拥有一大片土地的农场主想要雇用一个帮手,可是,很多人都不愿意在大西洋沿岸的农场干活。理由是,害怕喜怒无常的大西洋风暴会无情地摧毁房屋和庄稼。因此,这个农场主的招聘启事贴出去很长时间了,却没有人前来应征。最后,一个身材矮小、体格瘦弱的犹太中年人来到农场主面前。

农场主上一眼、下一眼、左一眼、右一眼,足足打量他有三分钟,看得瘦小的犹太人有些浑身不自在,但他还是尽量保持镇定,不在农场主面前露怯。

打量完后,农场主背过身去,犹太人心想,这份工作可能泡汤了。正当他准备向农场主辞别时,农场主说话了。

"干农活,你是个好帮手吗?"农场主用不放心的口吻问道。

"犹太民族是一个勤劳而又能吃苦的民族,为了生存下去,再苦再累,我们都会干,并且会把工作干好,我自然也不例外。但是,基于这里的特殊情况,请允许我在起风的时候安心睡觉。"

尽管农场主看不上他,对他的回答有些迷惑不解,但苦于长期缺少帮手,自己遭受了巨大的损失,还是决定留下这位瘦小的应聘者。

正如瘦小的犹太人说的那样,他干起活来特别卖力,从来不让农场主催促他。天刚刚亮,他便开始起来干活,一直忙到天黑才肯收工。农场主看他如此勤劳,心里自然非常满意,认为自己选对了人。

然而,这种满足感还没持续多久,"厄运"就降临了。一天夜晚,海面上突然狂风大作,巨大的海浪排山倒海般拍打着海岸,发出巨大的声响。睡梦中的农场主被窗外的响声惊醒了,他翻身下床,抓起灯笼,跑到旁边雇工住的屋里,推着那个瘦小的犹太男人,大声叫喊道:"赶快起来!风暴来了!快把东西绑好!"然而,瘦小的犹太男人根本没有理会焦急中的农场主,只是在床上翻了一下身,不慌不忙地说:"我不必起来,先生,我曾经告诉过你,起风时,我可以安心睡觉。"

听到这番话,农场主简直是怒不可遏,真想当即把他解雇了。可是,当务之急还是先抢救东西要紧,于是他赶紧跑出去想办法应付这场暴风雨。然而,令他感到惊奇的是,所有的干草垛早已盖好了防水油布,牛拴在牲口棚里,鸡关在鸡笼里,门都已闩好,百叶窗也关紧了……一切都安排得非常妥当,风暴根本刮不走任何东西。农场主此刻才明白瘦小的犹太男人那句话的真正含义。于是,当风暴再次来临的时候，他也可以安心地睡觉了。

要想避免悲剧的发生，最有效的防御，就是未雨绸缪。也就是说，做事要先有准备，在事态还没有发展到不可收拾时，就采取应对措施，从而把错误消灭于萌芽阶段，不让它发展。所以，防患于未然是绝对必需的。怎么做到未雨绸缪？怎样才能避免蝴蝶效应呢？

1. 不要有侥幸心理

万事都是有关联的，任何重大事件发生前都会有前奏、有预兆。很多时候，人们常常会因为懒惰，想省事，而故意忽略一些小问题。殊不知，这正是大问题发生的前兆。

一个老电工，上电线杆修理电路的时候，刚爬上去就感觉不对劲。但他觉得已经爬上来了，就不想再下去了。他还在心里自我安慰，自己干了一辈子电工，从来都没出过事，这次也应当没事。结果，电线杆因年久破损而断裂，老电工也因此摔断了腿。

任何错误的产生都是有预警的，但人们因为心存侥幸，以"也许……""不会如此吧"来搪塞自己，结果反而害了自己。如下雨前定会乌云密布，偶尔还伴有打雷和闪电，但人们往往会想：也许光打雷不下雨呢。于是，出门依旧不带雨伞，结果大雨倾盆，自己也被淋成了落汤鸡。

生活中还有很多这样的情景：

有的人酒后驾车，结果出了车祸。车子被撞得一塌糊涂，好在人无大碍。回来后，这人便信誓旦旦：从此不再酒后驾车。可是不久他又将这事忘了，朋友问他："不怕再出事？"他笑笑说："不会这么巧吧？只要多加注意，不违章，不超速，应该不会出问题。"结果，这人在一次酒后驾车时又出了车祸，不过这次，他可没那么走运，因为伤势太重而一命呜呼了。

有的人考试作弊被抓，下一次考试前，同学都劝他赶紧看书，他心想：这次应该不会那么倒霉了吧。所以，临考前他还是没有看书。结果他因作弊再次被抓。

许多骗子、盗贼、贪官，明明都深知自己所做事情的后果，但为什么还要继续下去？不是他们不怕，只是因为他们心存侥幸，他们认为这样的事情不会偏偏落在自己头上，于是，一次一次，一点一点，一步一步，越陷越深。

其实，很多应该避免的事情，很多不该发生的灾难，恰恰就是由于我们的"心存侥幸"。既然都心存侥幸了，还有什么资格逃离不幸呢？

2. 做事前要考虑到最坏的结果

很多人做事的时候，都很犹豫，总是前思后想地考虑：我该不该这样做呢？我是该前进，还是该停止？

事实上，判断自己究竟应当怎样做，有一个最简单的标准：如果你能接受最坏的结果，你就去做；如果不能，请停止。

也就是说，做事之前，我们必须考虑到最坏的结果。例如，对于婚姻问题的取舍，如果你能接受对方的最大缺点，那你就和他在一起；如果不能，就舍弃这段关系。

再比如，看到朋友都买车了，你也蠢蠢欲动，想向朋友靠齐，但实际上你的经济状况并不是那么理想。这时候，你可以想想，如果你能接受以后月月还贷款，那么你就去买；如果你觉得你不想为生活所累，那你就放弃最初的打算。

而有的人做事喜欢率性而为，想怎么做就怎么做，总是不考虑后果。这种行为往往适得其反，害了自己也间接伤害了别人。比方说现在的许多年轻人喜欢熬夜，大晚上了还在大喊大叫，吵得隔壁和楼下的住户不得安宁，结果大家晚上都休息不好，影响了第二天的学习和工作。

在创业之路上，这一点尤为重要。近几年，自我创业很是流行，身边的人也纷纷辞职下海，想要在大海中淘金。于是，这帮人开始忙活起来。一段时间后，身边的后悔声、抱怨声一直不断："千不该万不该呀，我怎么没考虑后果就盲目地做出了决定，现在铁饭碗也没了，以后的日子该怎么过啊"、"没想到创业这么艰难，风险太大了，看来我这种人并不适合创业"、"看吧，这就是跟风的下场"。

很多人在事后经常会发出这样的感慨："如果当初……那现在就不会……"这就是不考虑后果的结果。要知道，人生没有如果，如果只不过是人们为那些曾经的憾事所杜撰出来的安慰剂罢了。所以，在做事之前不要意气用事，先充分考虑一下后果，以这个为标尺，你就知道什么该做，什么不该做了。

青蛙法则：经历的挫折越多，距离成功就越近

奥城良治曾经连续 16 年成为日本汽车销售冠军，青蛙法则是根据他的童年和长大以后从事销售工作的经历总结出来的。

一天，童年时期的奥城良治正在田埂间玩，突然他发现一只青蛙正蹲在那儿

第三章 励志成功：让梦想在人生的舞台上绽放

休息。顽皮的奥城良治就向青蛙撒了一泡尿，可是，他发现青蛙不但没有躲闪，还一直瞪着眼睛看着他。奥城良治感到很奇怪，但是当时的他也并不明白是什么原因，就不理青蛙了。

长大以后，奥城良治从事汽车销售工作，在工作过程中他经常会遭遇到客户的拒绝。大家都知道，被拒绝的感觉很不好。就在他要放弃的时候，他想起了童年时的那只青蛙，并且突然明白了青蛙为什么不闭眼睛。"我为什么不能像青蛙那样对待挫折呢？"奥城良治此时终于想道：销售员面对客户的拒绝时，也要像青蛙面对撒在脸上的尿一样，逆来顺受，耐心面对。于是，奥城良治有了勇气，他每天坚持拜访100个潜在客户，遇到拒绝也不气馁，终于连续16年成为日本汽车销售冠军。

对待挫折，著名的数学家华罗庚曾经说过："在科学的道路上没有平坦的大道可走，只有一条条弯曲的小径。只有不畏攀登的人，才有可能登上科学的顶峰。"强者在挫折面前会愈挫愈勇，而弱者面对挫折会止步不前。我们要正视挫折，正确对待挫折，只有这样才能让挫折成为走向成功的阶梯。

美国著名的科学家爱迪生，为了找出可以做电灯灯丝的材料，试验了一千六百多种矿物和六千多种植物，最后才使电灯发出耀眼的光华。爱迪生一生的发明，有记载的就有1328种，这是多么惊人的成就啊！南朝的祖冲之，在当时极其简陋的条件下，靠一片片小竹片进行大量复杂的计算，一遍又一遍，历经无数次失败，终于在世界上第一个把圆周率精确到小数点后第七位。

在工作与生活中，挫折与困难时常会突然来袭，如果你意志薄弱，怨天尤人，那就只能是个失败者。若是主动迎上去，战胜挫折，说不定就能够改变现状，顺利地走出低谷。

1943年，约翰逊创办了美国的《黑人文摘》，最初这一杂志并不被人看好。约翰逊为了扩大杂志的发行量，积极地准备做一些宣传。他决定组织撰写一系列"假如我是黑人"的文章，请白人进行换位思考，将自己置身于黑人的位置上，严肃地对待这个问题。当然，这一呼吁想要得到良好的反响，还是需要有一定影响力的人加入，这时候他想到了一个人——罗斯福总统的夫人埃莉诺。于是，他给埃莉诺写了一封诚恳的信。

很快，约翰逊收到了罗斯福夫人的回信。可是，对方称自己很忙，没有时间写。首次邀请就遭到了拒绝，但这并没有让约翰逊气馁，他紧接着又给埃莉诺写了第二封信。几天以后，他又收到了同样的回复：很忙，没有时间。约翰逊没有放弃努力，此后，他每隔半个月就会给罗斯福夫人写一封信，而且言辞越来越

| 墨 | 菲 | 定 | 律 |

Murphy's law

诚恳。

不久以后，罗斯福夫人因公事来到约翰逊所在的芝加哥市，并准备在该市逗留两日。约翰逊听到这个消息后，喜出望外，他连忙给埃莉诺发了一份电报，恳请她趁在芝加哥逗留的时间里，给《黑人文摘》撰写那篇文章。罗斯福夫人收到电报后，没有再拒绝约翰逊的邀请。她觉得不管自己多忙，也不能再说"不"了。

这个消息一经传出，轰动了整个美国。《黑人文摘》的发行量骤增，从过去的一个月两万份增加到15万份。后来，约翰逊又出版了黑人系列杂志，并开始经营书籍出版、广播电台和妇女化妆品等事业，成为闻名全球的企业家。

想要成就一番事业，就必须经历各种挫折，并勇于战胜挫折。抱怨的人永远都只看到挫折的消极一面，却不曾想挫折也能够磨炼人的意志。而那些不抱怨的、始终不放弃努力的人，知道挫折的终点是成功。所以，在面对挫折的时候，我们也应该像约翰逊那样，迎接挑战，战胜挫折。

有些人可能会说："遇到挫折的时候，我其实并不想抱怨，我也希望自己能够坚强一点，可我不知道怎么做，最后就只能靠着抱怨发泄心里的苦闷了。"其实，对待挫折有很多办法。

首先，树立正确的人生目标，有了这样的目标，就会始终保持前进的动力，马不停蹄地向前冲。

其次，遇到挫折的时候，对挫折有一个正确的认识，冷静地分析产成挫折的原因，然后对症下药，找出解决问题的办法。

再次，要激发自己探索创新的热情，这是克服消极心理、战胜挫折的一种有效途径。

最后，就是自我疏导。很多人遇到挫折的时候会自责、懊悔，甚至埋怨，这种消极情绪是不利于解决问题的，不如自我排解、疏导，乐观地对待现有的问题，积极寻求解决问题的办法，这样能够增添战胜挫折的勇气。

只要保持一个良好的态度去直面挫折，有了战胜挫折的坚定信念和决心，不管多大的艰难险阻，都一定能够顺利克服，最终取得成功。

第四章
生存博弈：把控心理才能赢得主动

　　从某种意义而言，人生就是一场博弈，与自己博弈也与他人博弈。博弈的输赢直接关系着我们的生命质量和生活品质。一个人要想成就自我，就必须有上佳的洞察他人心理的能力，并能熟练地将这些能力运用到实践中，只有这样，才能成为人生舞台勇敢的战士，并最终赢得胜利。

|墨|菲|定|律|

Murphy's law

路西法效应:失控的角色扮演

1971年的一天,在斯坦福大学任教的津巴多教授准备开展一次大胆的心理学实验。他把心理学系大楼的地下室改装成监狱,并以每天15美元的酬劳请来了24名学生参与实验。这些学生已经通过测试,证明他们是"心理健康、没有疾病的正常人"。学生以随机的方式被分成了两组角色:其中九名学生担任监狱中的"囚犯",另外九名学生则以三人一组轮班担任"狱卒"的角色(没有被选为狱卒和囚犯的学生则作为他们的替补,随时准备替换退出实验的学生)。津巴多教授本人担任监狱长的角色。

为了使实验更真实地模拟现实,担任囚犯的学生都被按数字进行编号;他们每个人都穿上犯人的衣服,戴上脚镣和手铐;担任"狱卒"角色的学生则穿看管服,并戴上黑色的墨镜以增加权威感。在囚犯进牢时,他们按照监狱的正式程序,被脱光衣服,撒上除虱药粉,然后用水管冲洗。监狱方之所以会这么做,其实就是在暗示:来到这里,你的尊严、隐私将一文不值,你必须受我们的支配。

实验的一切准备是相当充分又具有"真实性"的,这也使得参与者们很快对自己的角色有一种定位并迅速地融入到自己的角色当中。

其实,对于实验的主持人津巴多来说,他并不认为这有什么大的意外,这些"狱卒"实在太业余了,他一再告诉"狱卒"们:你们拥有处置这些"犯人"的权力。渐渐地,情况发生了变化,"狱卒"们开始意识到自己是拥有某种权力的人,他们开始对"囚犯"们行使这种权力。他们对"囚犯"进行数个小时的禁闭,强迫"囚犯"用手清洗马桶,剥夺"囚犯"的睡眠时间等各种屈辱性活动。在实验进行了仅仅24个小时之后,实验人员发现,"狱卒"们已经对虐待"犯人"产生了兴趣。更可怕的是,他们开始以此为乐。

这个实验当中还发生了一个小插曲,一名编号为8612的"囚犯"心理已经崩溃,他向津巴多提出要退出实验。按照最初的规定,参与实验的人随时都可以退出。可是津巴多却认为8612的心理承受能力太差了,才开始一天怎么就能要求退出呢?于是他驳回了8612的请求。后来,一个叫克莱格·哈尼的实验负责人在经过强烈的思想斗争后，私自放走了8612，这让津巴多大为恼火。最后，替补人员填补了8612的空缺。

事实上，津巴多作为这个实验的策划人和组织者，他也开始沉迷于自己所扮演的"监狱长"的角色，从而失去了客观性和同情心，似乎一切都超出了人们的预想。

如果不是被邀请来采访津巴多的女友克里斯蒂娜看到这一切感到极度震惊，并坚决要求津巴多立即停止这个实验，津巴多还要将整个实验继续下去。实验进入第六天时，在克里斯蒂娜看来，津巴多如同换了一个人，他是如此冷漠、绝情，甚至有些丧失人性。直到实验结束，津巴多才感到恍若隔世，他意识到这些天所发生的事情是疯狂而违反人道的。他们是中了魔咒吗？否则该如何解释一个模拟的实验就这样变成一个"人间地狱"了呢？

人性，是心理学研究永恒的话题，斯坦福监狱实验作为心理学实验中的经典案例，向人们揭示了环境对个体行为的影响是多么巨大。好人真的会变成恶魔吗？这个实验证明了在一定的社会情境下，好人也会犯下暴行。这种人的性格的变化被津巴多教授称之为"路西法效应"——上帝最宠爱的天使路西法后来堕落成了第一位堕落天使，被赶出天堂。路西法曾经是侍奉于神右侧的天使，他有着巨大的、闪耀着银色光辉的一对翅膀，并且十分被上帝看重。而后来，由于他不肯跪拜圣子，不承认圣子的地位比天使高，率领天界三分之一的天使举起反旗，因失败而堕落成撒旦。

斯坦福模拟监狱实验起初是为了研究实验者的角色认知理论，而在实验过程中却发生了诸多变异。本来"善"的"狱卒"在实验中暴露了"恶"的本性，使他们在实验中与实验外成为截然不同的两种人；而"囚犯"在集体反抗被镇压后逐渐成为任由"狱卒"摆布的"玩偶"，失去了对自我角色的认识，更失去了反抗的能力；甚至连实验设计者"监狱长"津巴多教授都因过分地投入实验而不能自拔。这其中不可缺少的是监狱情境给他们带来的影响，处于监狱环境中，他们对自我角色的认知使他们很快地融入这一体系当中，并影响到个体的生存意志。

皮格马利翁效应：要想使唤人就得学这个

皮格马利翁效应源自于古希腊神话中一个美丽的传说。

| 墨 | 菲 | 定 | 律 |

Murphy's law

塞浦路斯国王皮格马利翁性情孤僻，常年一个人生活。他非常喜欢雕刻，在雕刻中度过了漫长的时光。

某天，皮格马利翁用象牙雕刻心目中女神的形象。雕刻出来的女神栩栩如生，美丽动人，连他自己也情不自禁地爱上了这个美丽的雕像。于是，皮格马利翁每天都要对着雕像倾诉爱慕之情，和雕像谈起了恋爱。时间一天一天过去，爱神阿佛洛狄忒被皮格马利翁的真情感动，赋予了雕像生命。最后，皮格马利翁就为这位活过来的雕像取名为伽拉忒亚，并娶她为妻，从此过上了幸福的生活。

此后，心理学家将通过赞美、信任、期许等积极情绪使愿望成真的现象称为皮格马利翁效应。

为了验证这个效应的真实性，美国著名心理学家罗森塔尔和雅格布森找了一所小学进行实验。他们随机抽出了300名学生进行智力测试，接着又在这300名学生中随机抽出50名学生，并在私下请校长转告这些学生，他们是测试中智力最出色的学生。

三个月后，罗森塔尔和雅格布森又来到学校为这300名学生进行智力测试。结果发现，受到暗示、肯定、鼓舞的50名学生的智力提升幅度远远大于另外250名学生。此外，这50名学生在生活上还发生了一系列变化。他们变得积极乐观，善于和人交往，甚至变得更加自信。

15年后，罗森塔尔和雅格布森又对这300名学生进行跟踪调查。结果发现，没有受到肯定暗示的250名学生里有三位担任知名企业的高级管理人员，而受到肯定暗示的50名学生里却有三位成为出色的企业家，五位成为高级管理人员。

为此，人们还私下采访了当年一位智力排名靠后却当上了知名企业家的学生。当心理学家告诉这位学生，当年他的智力测试排名其实靠后的事实，这位学生感到不可思议。他说："这怎么可能！这么多年来，我一直都觉得自己很出色。即使面试遭到拒绝，工作出错，我都相信我的智力很出色，总有一天会出人头地。甚至我走起路来都能感觉到有一阵风。"

这就是皮格马利翁效应的神奇功效。当你对一个人投入了期许和赞美，那么人们就会因为受到鼓舞而向着积极的方向发展。

"老公，麻烦你去拖地。""老公，我觉得你的力气非常大，由你来拖地肯定能把地拖得很干净。你看那里好脏，我总是没办法把污渍去除掉。"

这是两句不同的话，表达同样的目的——希望丈夫能帮忙干家务。可是，生活中，很多人会因为省"口水"选择说第一句话。我们会习惯地、简短地要求对方去做某件事。结果，我们会发现对方常常不情愿地帮我们干某件事或者直接拒绝。

有一个男人结了两次婚。某天,他的前妻和现任妻子坐到了一起聊天。前妻关切地问:"你累坏了吧,那男人可是条大懒虫。"现任妻子疑惑地说:"不会啊。"前妻不相信她的话,认为她是在为前夫做掩饰,便说:"怎么可能,我就是因为干家务这事跟他争吵不休才离婚的。对于他的懒惰,我实在忍无可忍。"但现任妻子表示男人是个勤快的男人。

前妻还是不相信,提出要秘密观察的要求,现任妻子想了想,也就答应了。于是前妻躲在房间的衣柜里秘密观察男人下班后究竟有没有干家务活。

结果,不可思议的现象发生了。男人拎着大袋小包的菜回到家里。刚进门,男人就对妻子说:"宝贝,你快来看,我买了很多特价菜。"这个时候,男人的妻子也翻开袋子,对男人说:"天哪,亲爱的,你太厉害了。怎么能买到这么便宜的食物呢!"

男人非常得意,就对妻子说:"你赶快到厨房做一顿丰盛的晚餐吧,我来拖地。我要让你瞧瞧什么叫作能照镜子的地面。"于是,男人的妻子乐呵呵地跑到厨房里准备晚餐,男人就挽起袖子开始拖地。

这时,躲在柜子里的前妻泪流满面地走出来,说:"天哪,我怎么不知道你有这么勤快的一面。"临行前,这位前妻还向男人的妻子请教了"驭夫术",并表示一定会经营好现在的婚姻。

其实,男人的妻子也没有什么出色的"驭夫术",她只是在无意中巧用了皮格马利翁效应。这位聪明的妻子通过不断地赞美和期许,让男人变得按照期许的方向去发展。男人每次从事妻子夸奖的事情,都期望能干得比妻子期许的还要好。他会想:"我要让你瞧瞧,我能买到更便宜的食物,我能拖出比昨天更干净的地。"

群体效应:唤醒心中的怪兽

历史老师罗恩·琼斯正在给学生们讲述德国在"二战"时期的故事,有不少学生都提出了自己的疑惑:纳粹的大屠杀是否意味着德国人真的是生性嗜血残暴?为了解开这个困扰大家的问题,罗恩·琼斯决定做一个大胆的尝试,让全班同学参与一个实验——模拟当时的情景,时间为五天。

实验开始了,罗恩·琼斯首先宣布,他将采取一系列与希特勒当年纳粹政权

| 墨 | 菲 | 定 | 律 |

Murphy's law

相似的高压控制：严格的课堂纪律，包括绝对地服从，尊称罗恩·琼斯为"琼斯先生"等。很快，整个课堂的气氛都发生了改变，而原本的优等生不再具有优势，反而是那些所谓的"差生"，显得更能适应环境。

接着，琼斯要求所有人都要喊统一的口号，比如"有纪律才有力量"、"合群才有力量"等，只要一声令下，就必须齐声喊出来。

此外，琼斯还让学生们建立独立的小圈子，创造用于辨识圈内人的秘密暗号或者手势，他们还要负责招募新成员，制作标语、横幅悬挂在学校里。这个小圈子很快就建立起来了，琼斯赋予了他们很大的权力，甚至包括监督其他同学的作业和听课情况等。

令人惊讶的事情发生了，琼斯发现，大家的性格都发生了变化，尤其是那些圈内的人，他们凝聚成了一股力量，对自己圈子以外的人显得非常残暴。

对于琼斯来说，之前所做的这些仅仅是铺垫，关键还在后面。他向这个圈子里的学生透露了一个"秘密信息"，说他们是一个全国性运动的一个分部，运动的目的是要找到那些愿意为政治变革而英勇战斗的学生。马上就要有一位总统候选人来参加他们的集会，他会在电视上宣布，要成立一个青年组织。学生们全都热血沸腾、信以为真了。

集会当天，超过200名学生来到了学校的大礼堂，他们兴奋地穿上了统一的白色制服衬衫，佩戴着亲手缝制的臂章，在礼堂周围还贴上了各种各样的标语。然而，罗恩·琼斯却在这些学生面前，播放了纽伦堡大审判的影片，并对他们说："每个人都会接受谴责，没有人能宣称自己置身其外。"实验到此结束。

在第一节课上，琼斯曾经向学生们提问："独裁统治的基础是什么？"当时，学生们都知道包括意识形态、控制、监视、高失业率、社会不公、通货膨胀、政治信用破产、民族主义等。但是，当学生们真正面对的时候，书本上学到的一切，似乎都被他们忘记了。

这股操纵学生行为、使他们忘记自己曾经牢记的一切做事原则的力量正是来自于群体，来自于某个集团。罗恩·琼斯的实验证明了：几乎每个人都可能成为纳粹，集体犯罪其实是一个心理问题。

伏尔泰说："人人手持心中的圣旗，满面红光走向罪恶。"合群是人类的天性，但当人们毫无原则地盲从、毫无底线地追随时，我们的个性就会被抹杀，理智就会离我们越来越远。

在心理学中，有个词语叫作群体效应，指的是个体形成群体之后，通过群体对个体约束和指导，群体中个体之间的作用就会使群体中的一群人在心理和行为

第四章 生存博弈：把控心理才能赢得主动

上发生一系列的变化。这种作用会凝聚成一股无形的能量游走在每个成员之间，让每个个体的能量在群体中都得到强化。如果是正能量变强，无论是对自己还是对社会，当然都有好处；如果群体滋生了负能量，比如说"犯罪集团"，那么就会危害到社会。

对于个人来讲，我们或许不具备改变全体的能力，但是，至少拥有选择群体的自由。所以，当你选择加入某个集体时，一定要想想，这个集体给你带来的是正能量还是负能量。

《浪潮》是根据罗恩·琼斯的心理学实验拍摄的，电影中有个学生叫蒂姆，他性格内向，不善交流，缺乏成就感。在学校里，蒂姆经常被别人欺负，因此人送外号"软脚虾"。或许是因为这个原因，蒂姆一直希望自己身边能有几个"兄弟"。

为了结交兄弟，蒂姆经常给其他男生送一些小礼物，并在他人近乎鄙夷的目光中讨好对方说："是送你的，我们是兄弟。"可事实上，没有人把他这个窝囊废当兄弟。正因如此，在"组织"成立后，蒂姆非常积极地加入。

对于蒂姆来说，组织意味着一种梦寐以求的力量。

组织给一直处于校园底层的蒂姆带来了生活上的"转机"。所以他全心全意地为组织服务，服从组织的一切安排。

组织规定要穿着统一，所以蒂姆就焚毁了家里所有名牌上衣。统一的服饰的确给蒂姆带来一种神奇的力量。当他被别人欺负时，他开始敢于反抗，用假手枪吓退了寻衅斗殴者，而且那些和他穿一样服装的组织成员也走过来保护了他。

因为组织的存在，蒂姆感觉自己不再懦弱，变得非常强大。在喷涂组织标记时，蒂姆不顾危险，爬上市政府大楼。

组织中的首领叫文格尔，蒂姆自告奋勇地要给他当保镖，弄得文格尔感到莫名其妙。蒂姆一心一意地想维护组织的利益，希望光大它的荣耀。在他看来，组织就是他梦想中的帝国，而文格尔先生就是引领他未来的领袖。

当我们了解了蒂姆的这种近乎疯狂的心理后，就很容易理解为什么最后组织要解散时，蒂姆会拔枪威胁解散组织的老师。从中不难发现，极端组织成员加入的过程，实际上也是一种彼此绑架的过程。它提倡以组织的名义消灭异类，却不允许成员主动退出。因为主动退出，对于组织而言是一种无法控制的行为。

在《浪潮》中，蒂姆更像是一个隐喻，就像是每个人心中被唤醒的怪兽一样，控制着人类的心智。事实上，组织的影响是潜移默化的，在群体中，一旦独立的自我站不住脚跟，人的行为就会变得难以控制，变得自我而疯狂。

肥皂水效应：这样批评不会得罪人

生活中，常常会陷入这样的尴尬：某个穿了新衣服的朋友走到自己面前问衣服好不好看？其实，对方明显想要得到肯定的答案。那么这个时候，我们如果觉得不好看，就会陷入两难的选择。

如果忠于自己的本意实话实说，那么对方就会不高兴了；如果违心地说些恭维的话，自己的心里又不舒服。究竟有没有办法可以解决这种尴尬，既能让人们准确地表达内心的想法又不伤害到朋友呢？

美国前总统约翰·卡尔文就用了一个睿智的方法来批评他粗心的秘书。某天，约翰·卡尔文看到秘书小姐穿了一套新衣服，非常漂亮。于是他对秘书小姐说："您穿这套衣服非常漂亮。这套衣服就是为您这种漂亮、干练的小姐所准备的。而且，我也相信你能把你的公文处理得像你一样漂亮。"

在赞美中夹杂批评，就像涂抹肥皂水后刮胡子一样，在减轻别人伤害的同时，也能有效地激励和鼓舞别人。后来，心理学家就将这种现象称之为"肥皂水效应"。

肥皂水效应的产生是源自于人们内心对赞美的渴望。当人们听到外界的赞美就会产生愉悦的情绪。这个时候，再用委婉的语言来指出对方的不足之处，那么就会变成一种激励和鼓舞。

很多时候，人们会问对方，你想先听好消息，还是先听坏消息。英国心理学者曾为此做过一项邮件调查，结果发现 70% 以上的人选择先听好消息。因为当听完好消息后，人们再听坏消息，就会发现坏消息的"坏"程度减弱了。

从某种程度上来讲，这也是一种先入为主的心理效应。当人们听到好的消息、美好的赞美后，印象会停留在积极的一面，于是再接收到不好的消息、批评就不会觉得那么难受了，因为人们的心情和印象还是停留在之前的感受里。

因此，当你的好朋友询问你衣服好不好看的时候，你不妨实话实说，但是要注意一点技巧。你可以用这样的说法："你穿这件还蛮不错的。喂，我觉得如果你穿黄色或者白色的裙子会更加好看，因为你的皮肤真的很白。"瞧，这样就解决了你的两难选择。

我们可以利用肥皂水效应来学会批评别人，也可以利用肥皂水效应来拒绝别人。每个人都有不好意思拒绝他人的时候，因为我们知道"拒绝"会在某种程度上带给别人伤害。因此，有时候宁愿为难自己，也不愿意拒绝他人。

不过，如果你懂得肥皂水效应，那么也许你能在不伤害对方的前提下拒绝对方的要求。

1856年，麦金利竞选总统的时候，共和党里一位重要的党员绞尽脑汁为麦金利撰写了一篇演讲稿。这位党员觉得自己写得非常精彩，就兴致勃勃地跑到麦金利面前，亲自把这篇演讲稿朗诵了一遍。他激动地圈出里面精彩绝伦的句子，越说越兴奋。

可是麦金利却觉得这篇稿子有些不合适，他想拒绝这位热心的党员，却又害怕会伤害他的自尊心，打击他的热情。

于是，肥皂水效应就上场了。麦金利思考了一会儿，对这位热心的党员说："我的朋友啊，这真的是一篇少有的、精彩绝伦的演讲稿。我相信在党内没有多少人能写得比您更加出色了。这样精彩的稿子，我想在许多场合里，应该是一篇非常难得的好稿子。从您的立场来说，稿子是合适的。如果从党的立场来考虑，是不是要重新修改一下呢？这样吧，您先回去，按照我刚才提的几点，再撰写一篇演讲稿送给我好吗？"

结果，那位党员真的重新写了一篇演讲稿送给麦金利，并成为麦金利在竞选活动中最得力的助选员。

同样是拒绝的话，说得好，事半功倍，说得不好，事倍功半。因为受伤的心，就很难再去弥补。很多时候，人们说了一句令他人伤心的话，结果用十句都无法弥补对方的伤心。因此，如何说出拒绝别人的话，真是一门艺术。

在上面的故事中，如果麦金利先生直接拒绝，那么热心的党员就会感到受挫，说得更严重一点，甚至会产生报复的心理。那么也许最后，他就不会成为麦金利最得力的助选员，而是"阻"选员了。

登门槛效应：你是受害者，也是同谋

美国社会心理学家弗里德曼等人曾经做过这样一个实验：他们安排两位大学生担任实验的具体实施者，让他们去登门拜访一些家庭主妇。第一次，其中一位大学生向被访者提出一个小要求，即要求她们在自己家窗户上挂一个小招牌，或者在一份请愿书上签字，目的是为了表明自己支持有关"美化环境"或"安全行驶"这一类的倡议。家庭妇女们觉得这是一些无害的小要求，都欣然同意了。

| 墨 | 菲 | 定 | 律 |

Murphy's law

两周以后，另一个大学生再一次来到这些家庭主妇家门前，请求这些主妇们在自家门前的草坪上放一块巨大的，但却与周边环境有些格格不入的广告牌，上面写着诸如"安全行驶"、"美化环境"的字样，并请求能够放上两个星期。面对这样的请求，主妇们有些犹豫，但最后还是答应了。与此同时，实验组还安排了一个参照组，也就是让第一个大学生去从来没有拜访过的家庭直接提出第二个要求，结果他被毫不客气地拒绝了。

这个实验的意义在于揭示了某种心理，即很多时候，操纵者都是被我们纵容出来的。有时候，我们被人哄骗引诱，或者为了得到别人的好感而答应了别人的小要求之后，就很难拒绝后面更大、更不客气，同时更有实质性的要求了。这种情况被心理学家形象地称为"登门槛效应"。"登门槛效应"主要讲的是，如果一个人要进你的家门，一旦他先把一只脚踏过了你家的门槛，那么你就很难拒绝让他整个人都进入你的家门。可是，如果你一开始就把他毫不留情地拒之门外，那么他也就根本进不来。

操纵者从来都是从小事开始来试探我们，比如你本来计划好要出去玩，而你身边的操纵者却流露出不高兴的神情，他希望你能留下来陪他；周末你下厨，想做一些自己喜欢吃的菜，可是操纵者又生气了……这一件件的小事，最后都因为你为了要讨好操纵者，让他赶快高兴起来而牺牲自己的快乐和渴望。

也许你会说，这些真的只是一些小事情，甚至旁人也会说："这不是再正常不过的事吗，你做点事情让你关心的人高兴不是应该的吗？"好了，这就说到了问题的关键了：其实，重点不在于你为操纵者做了什么，而是你究竟是出于何种心态在做这些事情？你是心甘情愿地为他去做，同时自己心里也十分满足呢，还是怕他的要求没有得到满足而发脾气？你是否会觉得他一次次提出新的要求，你会在内心深处感到很委屈，可又不得不去哄他高兴，因为你以前都是这样做的？你已经习惯于为了满足他的要求而牺牲自己的意愿，一旦违反，你就觉得自己反而成了坏人？如果是后面这种心态，那就说明你已经被他的情绪所左右，直到有一天你发现自己不是在为自己活着，而是被这个操纵者的喜怒哀乐所控制。而他的一颦一笑正在左右你的行为。这一切，都是因为你的一再容忍，给了操纵者得寸进尺的勇气和资本。因此，残酷的事实就是：你既是操纵者手里的牺牲品，同时又是造成这个事实的同谋，对于那些你遭受到的操纵，你应该负一部分责任。你选择忍气吞声的主要根源就在于，缺乏辨别操纵者的能力，并且希望通过他人对自己的评价来实现自我价值。

那么，你真的没有退路了吗？当然不是，即使对方已经把一只脚伸进了门槛，你仍然有办法可以对付他。首先要做的就是不要被操纵者影响，不要为照顾他的心情而改变自己的计划。比如说，你今天晚上已经约好要跟朋友出去，他知道了以后怒气冲冲地回来，要求你取消计划。请注意，操控者一般来说不会直接要求你改变计划，而是会对你说"你去玩好了，不要管我"之类的话。实际上，他却会用动作、神情和语调暗示你这时候应该留下来陪他，就像你以前无数次这样做过的那样。这时，你可以选择不要去看他，并对自己说："不要听他的，千万不要留下来，就按照我原定的计划出去玩。"

本质上，这类操纵者的内心也是脆弱的，他们希望通过控制他人得以证明自己的魅力。之前因为我们对他们的纵容，使他们以为跟人相处的时候，可以放肆地运用这种手段给自己带来最大的效益。一定要记住，如果他这次的发作再次成功地让你改变了原先的计划，他下次就会变本加厉。为了不让他陷入一种"病态的依赖"怪圈，也为了不要让你的心情总是被他影响，你该让他学会为自己的行为负责，让他学会用健康的途径跟你交流他的感情。

录音带效应：因为看不见，所以残忍

在世界近代史上，曾经有三次大规模人类大屠杀的行为分别由不同的人在接受命令后将其贯彻执行，

第一个人是纳粹负责虐杀犹太人的艾希曼，曾经有数量高达600万的犹太人在他的指挥下，被逮捕并送到集中营杀害。

第二个人是美国陆军的威廉·卡里中尉，他在越战时期，曾经率领军队在南越的索米村虐杀了一百多名手无寸铁的村民。战后，当卡里中尉接受军事法庭的审判时，他坚称："我是遵从上级命令才去杀死敌人的！"最后，在他终身监禁判决下达的第二天，尼克松总统就下令即刻释放卡里中尉，使他恢复了自由。在卡里中尉被释放以后，舆论调查结果发现，认为卡里中尉无罪的人数占79%，认为被判终身监禁判的罪行太重的人占81%，而赞成尼克松总统释放措施的人则更是高达83%。

通过这个调查结果可以发现，大多数人都认为卡里中尉只不过是奉命行事的，所以个人不需要负责任。这和先前艾希曼的情况相同，因为艾希曼同样是执行希特勒的命令。

最后则是在广岛投下原子弹的飞机驾驶员们，每年在纪念原子弹受难者的日

子里，他们都会发表同样的言论——"我们是奉命这么做的，并不是我们个人残忍冷酷的表现。"

1965年，美国人密格兰为了解开这三次屠杀的人类行为的心理之谜，做了一个服从实验，目的就是为了研究人们对权威的服从。

实验的过程十分复杂，这里只简单介绍一下实验的结果：人们会将权威人士下达的命令贯彻始终，无论这个命令会带来何种后果，同时大部分人都认为自己对此事的行为无须负责。但事实上并没有那么简单，如果控制方在会接触到被控制方的状态下，被要求给予被控制方负面影响，这时被控制方会产生一种抵抗感；但如果被控制方在看不到控制方的情况下被下达同样的命令，则不会产生太大的抵触情绪，有时甚至还会做出更残酷的行动。后来，密格兰根据实验的结果，总结出了"录音带效应"。

我们日常生活的某些所作所为，有些是出于自己判断而采取行动的，但其实还有许多行为是接受他人的命令、指示甚至暗示而行动的，这些行动往往与个人的意愿无关。即使发出命令者并不是什么具有权威的人，只要对方指示自己做的事情在当时的情境看来是理所当然的，我们就会服从。将服从指示或命令本身当成是理所当然的事情，加以正当化，然后决定自己的行动，这就是"录音带效应"。"录音带效应"就好像是我们按下录音机的开关时，录音带就会随时播放出所记录的声音一样。因此当我们听到某个命令按下开关时，就会反射性地展现所记录下来的行动。

日常生活中，我们都能体会到所谓"情绪的共鸣"，即当别人表露出某种强烈的情绪唤醒的信号时，我们也往往能够体验到同样的情绪。不仅如此，这种共鸣情绪一旦引发出来，甚至会对我们的行为产生很大的影响，这往往是利他行为、攻击行为、歧视行为等各种行为产生的原因。比如，邻居的小孩丢失，父母悲痛欲绝，痛哭声会使人产生恻隐之心，从而表现出一定的助人行为。

让我们回到这三次大规模的人类屠杀，现代战争只要一个按钮就能进行，完全看不到敌方的脸，因此会变得十分残酷。由于大规模杀伤武器的发达，使得人类战争的心理也有所改变。艾希曼、卡里中尉和原子弹投放者，他们作为"奉命行事"的执行者，与被屠杀的民众不可能存在"情绪的共鸣"，他们也体验不到战争、屠杀所带来的强烈痛苦，只有完成任务才是他们所必须做的事情。可悲的是，民众竟然也十分认同这种辩解。

"录音带效应"在现实生活中既可以解释某种心理，同时也可以加以有效利用。而这种利用，正是基于"密格兰实验"得出的结论。例如，当你在工作中搞砸了某件事情时，你除了打电话向上司道歉以外，是否还有更好的措施呢？

结论就是尽可能与上司面对面进行沟通，这样可以让上司真正了解和体会到你的愧疚感，从而产生原谅之心。相较而言，打电话或者发邮件都是十分危险的做法，难保你不会因此被调职甚至被解雇。

同样的道理，当父母责骂孩子的时候，借助外物责打孩子是最不好的方法。如果非教训孩子不可，记着不要用外物，而只能徒手打孩子。徒手打孩子就提供了彼此接触的条件，在无意识中家长就会放轻手部的力量。但如果是用外物打孩子，那就很难控制自己的力量了。

贝勃定律：在优厚条件下，让对方接受剩余部分

小敏和丽丽是一对闺中密友，两人从小一起长大，感情好得胜似姐妹。而且，她们对待金钱、对待人生的态度，都非常一致。

情人节那天，两人的男友同时给她俩送来了玫瑰花。让人意想不到的是，面对同样的玫瑰，小敏和丽丽的反应却大相径庭。面对男友递过来的玫瑰，小敏表现出的不仅仅是欣喜若狂，她的眼中，还闪烁着一种受到被呵护、被关爱的极度甜蜜。

相比之下，丽丽的反应则平静得多。面对那束娇艳欲滴的红玫瑰，丽丽浅浅一笑，就把它接了过来，眼里没有流露出感动与兴奋的神情。当被问到"情人节收到火红火红的玫瑰，觉不觉得很感动"时，丽丽回答说："其实没什么，我知道不少人收的是'蓝色妖姬'（价格更昂贵的蓝玫瑰）呢！"

为什么面对同样的玫瑰，小敏和丽丽的反应会出现如此大的反差呢？是丽丽不够爱她的男友，还是她变虚荣了，变得更看重金钱和物质？又或者是，丽丽的男友表现得不够真诚？不然，就是小敏故意夸张地表现了自己的情绪？

其实都不是。之所以会产生这两种不同的结果，主要是因为：丽丽的男友在情人节前的那两个月，每个周末都会送丽丽一束玫瑰花，而小敏的男友从来没有送过玫瑰花给她。

丽丽和小敏的反应都是非常正常的反应，它印证了一个社会心理学效应——贝勃定律。

贝勃定律说的是：当人经历过强烈的刺激后，之后施予的刺激对他来说也就

| 墨 | 菲 | 定 | 律 |
Murphy's law

变得微不足道了。

很明显，如果丽丽的男友不是一直都有送玫瑰花给对方的习惯，那么在情人节那天，丽丽的反应就会和小敏一样，喜极而泣。

在现实生活中，若仔细观察，就不难发现生活中无处不充满"贝勃定律"。比方说，在以前的很长一段时间，寄一封平信的邮票是八分钱。当邮票由八分涨到一角二分时，人们议论纷纷，对这涨上来的一角二分十分敏感。可原本几千元的电视机涨了几十元，甚至上百元，没有谁会在意。

我们还常常看到这样的现象：母亲让孩子去做一件事，孩子没有反应；很少说话的父亲一发话，孩子便乖乖照办。原因其实很简单，是"贝勃定律"在起作用。母亲平时话多，孩子的反应也就迟钝了；父亲平时话少，说的话也就有了分量。

再深入一点，每个人对于自己身边的人，即使他们给予我们的再多再好，我们都不会有太大的反应，反而视而不见或者觉得平淡如水。而陌生人的一点帮助，却能让我们感激不已。这是为什么呢？还是"贝勃定律"在作怪。对于亲人朋友，我们对他们的关爱习以为常，而且期望值很高。有时他们对我们少了一丝关爱，我们就会对其恶言相向。对于陌生人，我们没有抱着多大的期望，因此，他们的一点点帮助，我们都会感动不已。

此外，生活中的其他事也可以说明"贝勃定律"无形的作用：

一个新人刚开始工作，在单位拼命表现，兢兢业业，然后慢慢熟悉环境后就松懈下来，周围人会觉得这个人矫情，前面的表现都是假的，对这个人的人品也提出质疑；另外一个新人，开始就显得一无是处，懒散不守纪律，慢慢熟悉之后，懂得了单位的规矩，仅仅能做到按时上班，大家就立刻会夸奖他有进步，表现越来越好，觉得这个人要求上进，比前者好很多。其实，前者已经做的工作总量不知道比后者多了多少。

看来，前者有点颇受冤枉，明明是辛辛苦苦地耕耘，却因为做错一件事而把前面的功劳全部葬送。而后者只不过做了件再普通不过的好事，却受到了众人的称赞。这能怪谁，谁都怪不上，要怨只能是怨"贝勃定律"，因为是它操纵了人们的感觉。

把"贝勃定律"推而广之，我们可以这样理解：如果人们一开始就被优厚的条件所诱惑，对后来才知道的部分也能较轻易地接受。那么，我们就可以利用人们的这一心理规律来达成自己的目标。

第四章　生存博弈：
把控心理才能赢得主动

鸟笼效应：用给予对方的方式让对方就范

1907年，心理学家威廉·詹姆斯与好友物理学家卡尔森结束了在哈佛的教学生涯后，他们常常结伴从事各种各样的活动以打发时间。

有一天，他们居然打起赌来了。詹姆斯信心满满地说："我有个办法，要不了多久就一定能够让你养上一只鸟。"听完詹姆斯的话，卡尔森哈哈大笑起来，他肯定地说："我从来就没有想过要养一只鸟，所以我是绝对不会养鸟的，你输定了。"

几天之后就是卡尔森的生日了，詹姆斯送了一只精致漂亮的鸟笼给卡尔森作为生日礼物。卡尔森知道詹姆斯还在记着上次打赌的事情，因此笑着说："就算你给我一只鸟笼，我也不会养鸟。不过，这只鸟笼挺漂亮，还很别致，我可以把它当成是一件工艺品，挂在客厅里以供欣赏之用。你还是放弃吧，因为你和我打的赌必输无疑。"

此后，卡尔森真的把詹姆斯送他的鸟笼当成工艺品挂在了客厅里，不过，他却没有意识到麻烦来了。自从把鸟笼挂在家中之后，只要家里来客人，就很容易看见挂在书桌旁边的那只空空荡荡的鸟笼，而且，大多数客人都会忍不住问卡尔森："教授，你的鸟笼怎么空了啊？养的鸟飞走了吗？"为此，卡尔森只好一次次不厌其烦地向客人解释："其实，事情不是你想的那样，我从来就没有养过鸟，这只鸟笼只是一个朋友送的工艺品罢了。"但是，每当卡尔森这样回答客人的时候，客人就会表现出非常困惑的神情，而且还有些人会用不信任的，甚至是怀疑的目光看着卡尔森。渐渐地，卡尔森厌烦极了，再也不想为此事浪费唇舌向客人解释了。为了堵住客人的嘴巴，万般无奈之下，卡尔森教授不得不买了一只鸟放进了詹姆斯送给他的鸟笼中。就这样，"鸟笼效应"诞生了。

约翰的太太朱莉是一位数学老师，思维严谨，形式古板。朱莉特别爱干净，总是把家里收拾得干干净净、一尘不染。不过，朱莉缺少情趣，很少在家里摆放鲜花等物品。因此，约翰几次抗议家里缺少色彩和温暖，但是朱莉却总是我行我素。一天，约翰买回来一幅漂亮的油画，画的内容是一个花瓶，花瓶里装满五颜六色的鲜花，非常绚烂。又过了几天，约翰买回了一个和画上的花瓶很像的大花瓶摆放在画的旁边。一天、两天、三天……约翰耐心地等待着。终于，一个多星期之后，约翰欣喜地发现朱莉买回来一束漂亮的鲜花插在花瓶里。自此，鲜花成了约翰家的常客，客厅里不但弥漫着花香，而且散发出生活的活力和气息。

在第一个事例中，詹姆斯教授通过送一个空鸟笼给卡尔森教授，成功地让卡尔森教授养起了鸟。"鸟笼效应"为人们揭示了一个很有意思的规律，在偶然得到一件原本不需要的物品时，为了这个物品看上去更加完整、完美，人们会继续添加更多自己原本不需要的，但是却与这个物品非常匹配的东西。在第二个事例中，约翰正是因为深谙"鸟笼效应"的强大功效，在多次劝说无果的情况下，通过买油画先让朱莉学会欣赏装满鲜花的花瓶，然后再买一个空花瓶回家，从而成功地让朱莉主动地买了一束鲜花放在了花瓶中。这样一来，约翰不仅成功地避免了因为鲜花和太太闹不愉快，而且顺利地达到了目的，让太太主动地去买鲜花插在花瓶中，可谓一举两得。

启动效应：周围的信息能控制你的行动

在生活中，时常会出现这样有趣的现象，例如看到别人打哈欠，我们也会打哈欠；看到影片中有人喝水，我们也会无意识地端起一杯水喝；看到敌人的名字，我们就会捶胸顿足。有时我们的行为并非受意志力控制，而是受周围信息的影响，使我们的行为与这种信息保持一致，这就是启动效应。

启动效应是一种现象，是指一个人之前接收到的信息会对之后出现的行为造成影响，这种影响通常个人感受不到。启动效应是一种自动化加工过程，它不需要意志力和注意力的参与。知道启动效应的特点之后，可以得出一个结论：不是所有自我控制的过程都需要消耗意志力。

心理学家约翰·巴奇和他的同事，以纽约大学的一群学生为被试者，通过实验证明人的行为会受周围信息影响而发生改变，而他们自己却毫无意识。

实验人员让大学生被试者从包含五个单词的词组中，挑出四个组合成句子。其中一组被试者组合的句子中多半包含与老年人相关的词汇，例如健忘的、秃顶的、灰白的、满脸皱纹的，等等。当他们完成句子组合后，就被叫到位于大厅另一端的另一个实验室去参加下一个实验。在到另一个实验室的过程中，实验人员对他们的行为进行观察并记录，结果发现，用与老年人有关词汇组合句子的被试者，比用年轻人词汇组合句子的被试者走路速度要缓慢很多。

虽然这些词汇并未有一个提到老年人，但是看到那些词汇，人们就想到了年迈，继而影响了他们的行为，所以他们到另一个实验室的时候，走路速度放慢了不少。也就是说看到老年人的词汇，他们的行为也与老年人保持了一致。此外，这些被试者除了走路缓慢，从椅子上起身的动作，还有喝水的动作都比平时放慢了速度。对于被试者来说，他们并没有注意到自己行为的改变。

从上述实验可以得知，个人接收到的信息，会无意识地影响个人之后的行为，使人更愿意将自己的行为与所接收的信息保持一致。接收到老年人的信息的人，行为就倾向于老年人；接收到青年人的信息的人，行为就倾向于青年人。因此要想利用启动效应来自我控制，也需对接收到的信息进行控制。如果你接收到积极的信息，就会让你的行为向积极一方改变；如果接收到消极的信息，就会促使你的行为向消极一面发展。

在英国一所大学，每一个办公室都有一间茶水间。实验人员为证明接受信息的不同会给人的行为带来不同影响，在其中一间办公室茶水间进行了实验。多年以来，茶水间为教职人员提供茶水和咖啡，但需要他们自己付钱。每杯茶水和咖啡的价钱都被写下来贴到墙上，教职人员根据自己的选择将相应的钱放入一个"诚实盒"里。

一天，实验人员在价格表上方贴了一张图片，上边不是警告性文字，也不是什么说明，而是画了一双眼睛。在接下来的一周里，这张眼睛的图片一直存在。教职人员向"诚实盒"中投放的钱平均为70便士。第二周，价格表上的图片内容由眼睛换为鲜花，结果教职人员向"诚实盒"中投放的钱数也发生了改变，呈明显下降趋势。经统计，实验人员发现有眼睛图片的那一周，教职人员向"诚实盒"中投放的平均钱数是鲜花图片那一周的三倍。对于他们来说，周围信息的改变对他们造成的不同影响，他们本人并未发觉，所以不需要意志力的参与。

当教职员工看到有双眼睛盯着自己时，无形之中增强了对自己的约束能力。他们打完茶水或咖啡，会自动付出相应的钱数。而看到鲜花的时候，这种约束力没有那么强烈，他们自动付钱的行为也会减少。

如果想利用周围信息进行自我控制，为行为带来积极的影响，就要多接触积极的信息。例如为提升工作的积极性，应该多与勤奋的同事待在一起。和他们一起工作，你感受到的大部分信息都与勤奋、坚持、努力奋斗有关，你的行为自然就被他们所影响，不由自主就会发生变化。你还可以在自己看得见的地方多贴些有积极作用的图片，或将电脑桌面设置为有积极意义的文字。经常看到这些信息，你会不知不觉被这些信息控制，行动变得更有积极性。

第五章
和谐人际：优质人脉是经营出来的

人际关系是社会人群中因交往而构成的相互依存和相互联系的社会关系。人是社交动物，每个个体都有自己独特的思想、背景、态度、个性、行为模式和价值观，然而人际关系对于每个人的情绪、生活、工作有很大的影响，甚至对组织气氛、组织沟通、组织效率和个人与组织之间有着极大的影响。

首因效应：第一印象很重要

与人相处时，第一印象十分重要，这是因为首因效应的存在。首因效应也就是第一印象效应。具体来说，就是初次与人或事接触时，在心理上产生对某人或某事带有感情因素的定势。根据最初获得的信息所形成的印象作用最强、持续的时间也长，不易改变，甚至会左右对后来获得的新信息的解释，从而影响到以后对该人或该事的评价，同时也影响人际关系的建立。

心理学研究发现，当与一个人初次会面时，在短短的 45 秒钟内就能产生第一印象，而最初的 0.25~4 秒的时间给对方留下的印象是最深刻的，我们可不要小看这短短的四秒钟，别人对你 75% 的判断和评价都会在这短短的时间内产生。所以在别人的第一印象中，不管你给他的印象是不是真实的，你留给别人的这种印象以后都是很难改变的。

曾经有一位心理学家为了充分证实第一印象的重要性，做了这样的一个实验：他准备了 30 道题目，分别让两个学生各做一半。学生 A 做前半部分，学生 B 做后半部分，由于题目都不是很难，两人都得了满分。然后把试卷给其他同学看，让他们对这两个学生进行评价：A 和 B 比较谁更聪明。结果发现，多数被试者认为学生 A 更聪明。

这个实验表明，第一印象如果给人形成的是肯定的心理定势，会使人在后继了解中多偏向发掘对方具有美好意义的品质；若第一印象形成的是否定的心理定势，则会使人在后继了解中多偏向于揭露对象令人厌恶的部分。

达芬妮是两个女儿的妈妈，她决定向银行贷款，开一家出售天然化妆品的美容小店。这天，达芬妮上身穿一件旧 T 恤衫，下身穿一条洗得发白的牛仔裤，背着小女儿，拉着大女儿，闯进了银行经理的办公室。她绘声绘色地向银行经理介绍自己的创业构想和"美容小店"的未来远景，但银行经理拒绝了她的贷款请求。

达芬妮失望而归，向丈夫抱怨那个银行经理的铁石心肠。她说："我带上女儿都没有打动他！"而丈夫比较理智，说："银行是一个投资机构，不是救济所，

第五章　和谐人际：
优质人脉是经营出来的

在这里，T恤衫和牛仔裤是没有说服力的。"

于是，他陪达芬妮去时装店买了西装，还请一位会计师写了一份不同凡响的可行性报告，另附有预估的损益表及一大摞文件附页，连同自家的房产证，都装在一只精美的塑料卷宗夹里。然后，他们衣冠楚楚地又去了那家银行。这回他们没费口舌就得到了贷款。

这件事使达芬妮意识到形象与事业成功的关系，从此，她特别注意自己的形象与商店的形象。后来，她把"美容小店"开遍了世界各地。

英国形象设计师罗伯特·庞德说："这是一个两分钟的世界，你只有一分钟展示给人们你是谁，另一分钟让他们喜欢你。"人与人第一次交往中给人留下的印象，在对方的头脑中形成并占据着主导地位，这种效应即为首因效应。一般而言，第一印象好，双方继续交往的积极性就高，良好的关系就可能逐渐形成与发展；反之，则可能无法建立相对亲密的关系。

一次，林肯的一位朋友向他推荐一个阁员。林肯见了这个人之后，摇摇头说："他看上去实在是太丑了，我不愿意用这样的人。"

林肯的朋友非常疑惑，他说："总统阁下为什么要以貌取人呢？他的容貌是天生的，难道他应该为自己的容貌负责吗？"

林肯回答："是的，一个人过了40岁，就应该为自己的容貌负责。"

林肯的做法是有道理的，每个人都应该学会展示自己最好的一面，气质、精神、打扮等，这些因素是能够修饰容貌的，如果一个人无法做到这一点，无法给人留下好的印象，确实是他自己的责任。

当然，给别人留下良好的第一印象不能只看外表，礼仪和修养才是留下好印象的有力法宝。

一次，黄爱菊在公交车上看到一位老太太上了公交车，车上没有多余的座位，她正准备让座，坐她前面的一个女孩站了起来，礼貌地让了座。这个举动让黄爱菊对她心生好感。这时候，女孩津津有味地吃着手里拿着的玉米。眼看她的玉米快吃完了，在边上的黄爱菊思考着："直接扔出窗外？不会，这孩子看起来不像那种不懂事的人。悄悄放在座位下？这也太不好了。装进包里等下车后再扔进垃圾箱？可那个小包，也就能装个手机。"黄爱菊私下里替她想了许多解决方法，都不可行。

终于，玉米吃完了，女孩不时地四处张望，黄爱菊猜测她正在想自己所想的问题。当发现没有可丢的地方后，女孩并没有手足无措，而是很自然地打开小包，拿出了一个塑料袋，然后把那个仅剩几个玉米粒的玉米核装了进去。一边的黄爱菊不禁在心中暗暗佩服她的聪明,开始打心眼儿里喜欢这姑娘。

第二天,黄爱菊上班之后面试一批新员工。她惊奇地发现昨天看到的女孩也在其中,等到那个女孩开始面试之后,黄爱菊跟她聊了很长时间,当场表示乐意招聘她到公司入职。

黄爱菊眼中的这位女孩,是一个文明有礼的女孩。如果能够把这种文明和自觉用到工作和办事中去,有时候甚至比美貌还能吸引人,让更多的人来帮你办事。

当然了,"首因效应"并不完全可靠,有时候还可能出现很大的差错,我们在与人交际的时候不应该只通过第一印象就给人下定义。但是,对于我们自己来说,一定要注重形象,争取给别人留下更好的印象,为进一步的接触打好基础。

晕轮效应:克服人际交往中的认知障碍

俄罗斯著名文豪普希金爱上了长相漂亮的娜坦丽,在他看来,只要是漂亮的女人就会拥有出众的智慧与高尚的人格,但事实上,他判断错误。娜坦丽和普希金结婚后,除了容貌令普希金动容之外,在事业上她是无法给他帮助的。每当普希金把写好的诗读给她听时,她就捂着耳朵大声说:"我不听,我不听。"不过,她出席一些娱乐场所或参加活动的时候,不管普希金多想进行写作,她也要他陪在身边。最后普希金不但被这位漂亮女人弄得负债累累,还为她献出了生命。

在大师普希金的眼里,美丽的女人一定拥有非凡的智慧和某些高贵的品格。但是他想错了,这位与他在价值观和人生观上格格不入的女子亲手毁灭了他的一生,这就是"晕轮效应"产生的后果。这个故事在心理学界一直被广为引用。心理学家爱德华·桑代克提出,晕轮是由于悬浮在大气中的冰晶把太阳光或月光折射或反射而形成的光学现象,运用到心理学上就像人在认知和判断上通常是从局部开始,再扩散至整体。也就是说,在人际交往的过程中,某人身上的一些特征掩盖了其他方面的特征,人在最初印象的深刻作用下,往往会影响,甚至是扭曲了以后的判断,造成认知上的片面性,这是人际认知的一大障碍。

"晕轮效应"在很多方面都可以产生作用,在人际交往中,一个人可以突出自己最优秀的一面,借"晕轮效应"使自己受到欢迎;在求职面试中,可以借"晕轮效应"使自己取得面试官的信任,然后轻松过关……虽然它有一些积极作用,但对于企业管理者来说,"晕轮效应"却是应该尽量避免的。

张力被"空降"到分公司做公关经理。刚一走进办公室,他就对副经理李

第五章　和谐人际：
优质人脉是经营出来的

平很有好感。李平做事干脆利落，仪表风度翩翩，尤其是对张力十分热情。

一见到张力，他便热情地打招呼："张经理吧？你好，我是李平。"随后，李平又带着他熟悉了公司的各个部门，还重点介绍了公关部的情况。张力对他感激不尽，他认为李平是个讲义气的朋友。另一位副经理赵健也让他印象深刻，看上去脸色阴沉沉的，手里忙着自己的事情，只是抬头看了他一眼，连声招呼也没打。张力在心里说："这家伙呆板、不热情，肯定是个冷血动物。"

接下来，工作上的事情张力就以此为"尺度"进行衡量了。对于李平的事，他总是全力配合；而对于赵健，则爱搭不理。到了年底，各项评选开始了。张力能力很强，也帮公司签下了几个重要客户，按理说，年终评选的先进个人应该就是他的。可是没想到，公关部仅仅李平榜上有名，而张力却被总裁找去谈话。见总裁怀疑他利用公司资源做私事，张力十分不解。

后来，张力与总裁开诚布公地谈了一次，并请求总裁去向同事了解情况。更让他没想到的是，那个帮他说了公道话、为他挽回损失和名誉的人竟然是赵健。而且，张力还知道了一件事，那个打自己小报告的人正是自己平时最信任的李平，要不是赵健的帮助，他恐怕就要蒙受这个不白之冤了。

现在，张力真是追悔莫及，后悔自己不应该先入为主，被李平制造的假象蒙住了双眼，忽视了真正的好助手。

张力因先入为主，被李平的"晕轮"所迷惑，而他不喜欢的赵健却在关键时刻帮了他。张力追悔莫及的案例警示我们，在自己不了解情况，还没有真正了解一个人之前，企业的领导切不可太轻信事先得到的信息，也不可轻信一些人的表面文章，更不可凭一时的感觉来做出判断，失去了解真相的机会。

那么，我们怎么才能克服这种晕轮效应呢？

首先，切忌将自己的某些心理特征强加于他人，要知道你的喜好厌恶并不代表别人就是这样的。

其次，对待第一印象要冷静、客观。这就要求我们正确地对待"第一印象"，处理好"首因效应"，避免被先入为主的观念影响。

再次，千万不能以貌取人。外貌仅仅是辅助你认识、了解一个人的途径，并不能完全说明这个人的本质。

最后，切忌将自己预想的形象强加在对方的身上。那些根据社会群体分类将人随意划分的做法实在是不明智的，这也是前文说的"定型效应"或"刻板印象"。克服"定型效应"，才能帮助我们摆脱以偏概全的认知错误。

另外，在避免自身陷入"晕轮效应"误区的同时，也可以利用该效应来提高自己的人际吸引力。总之,"晕轮效应"是一种不良的人际认知效应,我们在与人交往的过程中必须尽力克服。了解一个人,要全方位观察,长期相处,只有通过自己的深入了解才能做出正确的判断,切勿因"晕轮效应"的作用而搞砸自己的人际关系。

冷热水效应:把握对方心目中的那杆秤

每个人的心里都有一个天平,在受到外界不同情况影响时会不自觉地向一方倾斜。但过度的倾斜会造成不好的效果。例如在处理人际关系时,它会影响对方心里客观的认识。所以,我们需要利用"冷热水效应"的技巧来使对方的心理获得平衡,实现良好的人际关系。

具体来说,当你要向别人提某项请求时,可以先将自己的请求提得高一点,那么你就可以有回旋的余地;当你要向别人传递消息时,可以先说坏消息,再说好消息,那么在先前的绝望中会看到一线曙光和希望;向某人表达自己的看法时,可以先批评,指出不足,然后别忘了对他的优点给予赞扬和肯定;向别人恳求宽恕和原谅时,可以表现得更加诚恳,那么别人才有可能信任你,达到化干戈为玉帛的目的。这些都是冷热水效应的应用,可以使交往对象有一个心理过渡和平衡的阶段,最终实现自然交流。

陈墨是一家电热水器公司的销售员,他每个月销售电热水器的数目大概在15台左右,曾经创造过一个月销售28台的销售纪录,深受公司各级领导的器重。

最近一段时间,随着温度的不断攀升,电热水器的销售也进入了淡季,在提交给领导的每月计划销售表上,他计划这个月的销售目标是十台。

市场部经理看到陈墨的销售计划后,很是不满,说道:"你可是我们公司的销售骨干,你定这么低的目标,可不符合你的身份啊!"

陈墨回答道:"最近进入销售淡季,我也是根据这些实际情况制定的,要和年前比那肯定是没办法比的。"

市场部经理听了他的话觉得分析的也有道理,反正他的工资和业绩是挂钩的,就没再说什么。没想到这个月底,陈墨总共销售出16台热水器,经理看到这个超出预定目标计划的数目很是惊喜,大大奖赏陈墨,并且说要给他加薪。

案例中陈墨就是运用"冷热水效应"赢得了领导的青睐,他根据实际情况制定了一个月销售十台的目标,但最终在淡季却销售16台热水器,这是领导没

第五章 和谐人际：
优质人脉是经营出来的

有想到的。所以当领导看到这一数字的时候当然是意外、高兴、满意的。

而假如他做计划目标的时候制定了 15 台，最终卖出 16 台，领导在看到这个结果的时候绝对没有前一种兴奋，因为之间的差距太小。

所以，先将自己的标准定得低一点儿，即使失败了，结局也不会很惨。要是成功了，那么获得的评价自然就提高了。

运用冷热水效应可以赢得别人的好感和赞扬，成功取得宽阔的人脉交际网。遭遇一些批评和挫折时，能够妥善处理，树立自己良好的个人形象，就会收到意想不到的效果。

一次飞机在准备着陆时，发生了一些小的意外情况，驾驶员宣告："由于机场拥挤，飞机无法降落，所以，飞机不得不在空中盘旋，预计距离着陆时间还差四十多分钟。"其实着陆的时间只需要 30 分钟。

顿时，机舱里的乘客陷入了混乱，抱怨声、牢骚声接连不断。

为了稳定大家的情绪，在过了五分钟的时候，空姐就通知大家说："由于机场处理及时现在只需要半个小时。"大家似乎感到了高兴，情绪也稳定了一些。时间在一秒一秒地度过，大家真觉得是度日如年。

几分钟过去了，空姐又对乘客说："由于我们驾驶员高超的技术，我们只需要 20 分钟就可以安全降落了。"大家觉得很快就要降落了，机舱里稍微安静一些，没有了刚开始的那种焦躁和不安。

就在乘客们认为还有 15 分钟要降落的时候，空姐最后向大家说出了实际降落的时间："我们的飞行非常顺利，请大家系好安全带，我们马上就要降落了。"顿时，大家的情绪都得到了安抚，恢复了平静。

最后飞机安全地降落在了机场，当所有乘客站立在陆地上欢呼时，飞机上的工作人员为稳定了乘客们的情绪也欢呼着。

飞机不能够按时降落，确实是一件非常可怕的事情，而机组工作人员利用冷热水效应，使乘客不安的情绪迅速地稳定了下来，为降落工作带来了很大的方便。

针对这个案例来说，实话告诉乘客实际情况，远远没有采用冷热水效应处理效果好，因为那样做乘客只能在"平静"中度过，心里丝毫感觉不到希望的存在，对于稳定乘客的情绪将是非常不利的。利用这种结果反差很大的沟通技巧，不仅能够让乘客看到希望，而且还能够激发乘客的信心。

现实生活中，总要经历许多的大起大落，快乐、忧伤总是随着心情的起伏而波动。这时候，保持一个好的心态很重要。那么，作为交往的一方，就要学会应用冷热水效应，从那些泪水和痛苦中，巧妙地为对方挖掘、创造出快乐和幸福。

情绪定律：用好心情感染身边人

每个人都是情绪化的生灵。当我们心烦气躁时，就会无端地向他人发火，甚至大吵大闹；当我们心情舒畅时，又会莫名地对一个自己并不熟悉的人关怀备至。不仅如此，即使是被我们推崇备至的"理性思考"其实也是情绪化的产物。因为理性思考也是人们在特定情绪状态下做出的思考，不可避免地会受到本人当时心情的左右。

这种我们任何时候所做的决定都是由情绪决定的现象，就是心理学上的"情绪定律"。人的情绪有很多种，都会对我们的人际关系产生巨大影响。

杰夫和朋友山姆约定一起出去玩。周日，山姆开着车，和杰夫一起离开了繁华的都市，准备在茂密的绿色森林之中来一次"森林浴"。到了目的地，杰夫和山姆被眼前的景色惊呆了。这种舒服清新的味道他们已经好久都没有闻到了。两人停下车子，悠闲地在林子里散步。

将近中午，杰夫感到有些饿了，于是他走向了山姆的车子找吃的。根据事先的约定，山姆负责带午餐。可是找遍了整个车子，杰夫都没有找到食物的影子。这时，杰夫的肚子咕噜咕噜叫起来，他突然感到很恼火，于是对山姆发起了火："你怎么没带吃的！"山姆说："我放在车子的顶棚上了。刚才过前边那个拐角时还在呢。可能是掉在路基上了，我去找一下。"

"不用了。"杰夫说道，"我们还是回去吧。出来玩本来很开心，现在真是扫兴。"说着，杰夫就爬进了自己的车子。此时，山姆也不高兴了，他心里想，至于吗？两人开着车回城了，一路上默默无言。从此以后，山姆再也不约杰夫一起出来玩了。

故事中的二人原本是出来放松心情的，可是最后却不欢而散。究其原因，在于掉下车的食物引发了他们的坏情绪。原本兴致勃勃的杰夫因为午餐没有了，所以变得很不悦，但他并没有控制自己的情绪，而是瞬间爆发并埋怨山姆，这样他的不快很快又传染给了山姆。山姆的不快使得二人之间的友谊出现裂痕。

情绪是我们在日常生活中做人做事的风向标。所以，我们在与他人交往的过程中要注意用自己的好心情去感染他们。好心情是可以传染的。当我们处在由良

第五章 和谐人际：
优质人脉是经营出来的

好心情构成的交往氛围中时，自然也会获得好心情。那么我们的好心情会对他人产生什么影响呢？其实，好心情会带给对方积极意义的心理暗示。

王芳是一名研一的新生。在读研之前，朋友们跟她讲，研究生中的很多人都是已婚人士。对此，她颇为好奇，真不知道跟已婚人士住在一个宿舍是什么感觉。所以，王芳对于未来的生活既紧张又期待。

很巧，王芳和两位已婚的姐姐同住。她们对王芳都很热情，帮她搬东西，告诉她周围哪些地方可以逛街买东西。可是，不到一个星期，王芳就感受到了两位姐姐的不同之处。

那位叫梁山的姐姐很喜欢抱怨自己的老公，每当她与身在外地的老公通过电话之后，都要抱怨一番。当梁山不高兴时，她就会向王芳讲，婚姻就是女人的坟墓。王芳还没有交男朋友，可是已经被梁山这种态度影响得对未来的婚姻失去了信心。

可另一位叫作周华的姐姐就不是这样。周华的老公也在外地，但周华每次和老公通完电话之后，王芳都可以感受到她身上散发出的幸福气息。周华从来不抱怨，也不主动向王芳灌输婚姻对女人来说如何如何等观念，她只是每天快快乐乐地生活。偶尔王芳问及她对于婚姻的看法，她也只是淡然一笑。话不多，只有一句：婚姻就是两个人互相帮扶着走到老。

渐渐地，王芳和周华越来越亲近，而远离了梁山。

为什么王芳会有这样的选择呢？因为梁山就是一个巨大的负能量生产工厂。当和梁山交流时，王芳总会感到一种巨大的压迫感，觉得自己总也高兴不起来。而和周华一起时就不同了。周华快乐生活的态度让王芳感觉到生活充满了光明和快乐。在与周华的交往中，王芳持续不断地接收到了积极的心理暗示，从而使自己对未来的生活充满了希望。

可见，好心情就是块磁铁，它会吸引大家向自己靠近。试想，如果我们想要改变自己的恶劣心情时，一定会选择和那些快乐的人做伴。即使我们没有采取主动，也会因为快乐的人在我们身边形成了一个快乐的小宇宙而逐渐改善自己的心情，变得不那么消沉。所以，在维护人际关系的过程中，我们要有意识地将自己的好心情传递给他人。这样，只属于我们自己的快乐就会变成多个快乐，而想和我们分享快乐的朋友也会越来越多，我们的人际关系自然就变得越来越顺畅。

| 墨 | 菲 | 定 | 律 |
Murphy's law

囚徒困境：不做愚蠢的人

　　大千世界，见怪不怪。人生路上，伤害我们最深的往往是号称最爱我们的人；最让我们失望的往往是我们寄予最高期望的人；给我们最多负能量的往往是我们投入最多情感的人；欺骗我们的常常是我们最信任的人；给我们造成最大损失的通常是我们最看好的"人才"！在人际交往中，似乎很少有人是我们值得信赖的人，由此，有些人在处理人际关系时，往往都保持一种戒备的心理，把他人从内心区隔开来，甚至看成一种敌对、竞争关系。

　　一个人在与人相处时，最怕变成"囚徒困境"中的囚徒。"囚徒困境"是博弈论中的内容，他原本是犯罪心理学家开发出来的，用来审讯犯人的一种手段。我们知道，审一个犯人，在证据不足的情况下，是很难让对方招供的，因为他知道一旦认罪之后，将会要承担的后果；而审两个犯人往往很容易，因为他们之间往往并不同心。"囚徒困境"就是借助这一点而设计开发出来的，并且在审讯犯人时，屡试不爽。

　　"囚徒困境"讲的是这样一个案例：

　　两个囚徒一起偷车，结果被警察发现抓了起来，但是在审讯过程中，又怀疑他们跟另一个重大案子有关，可又苦于没有证据，而囚徒们只肯承认偷车，对另一个案件矢口否认。无奈之下，警察把他们分别关在两个独立的、不能互通信息的牢房里进行审讯，并给他们提供一个规则：如果两个人都不招供，由于证据不足，只能判偷车的案子，于是每人将会判三年；如果一方招供，另一方不招供，那招供的人立了功，只判一年，而另一个囚犯将会面临重罚，判九年；如果两人都招供，那证据确凿，每人判五年。这下囚徒们开始发愁了，到底招不招供呢？如果不招供，万一对方招供了，那自己就被坑苦了，所以站在自己的立场上，囚徒最好的选择就是招供，因为如果对方不招供，那自己就面临减刑，占了便宜，如果对方也招供了，至少没坑到自己，并不吃亏，于是最后两人都招供了。其实，对于两个人来说，最好的策略就是：都不招供。这样大家面临的刑罚是最轻的；但结果却偏偏是两人都选择招供，双方都面临重罚。

　　为什么会是这种结果？那是因为囚徒双方都只站在自己的利益上着想，结果双方都做出了不理智的行为。

　　在管理人际关系的过程中，最忌讳的就是各自站在自己的立场上来思考问

第五章 和谐人际：优质人脉是经营出来的

题，把双方看成一种竞争行为，甚至是敌对行为。由此，做事的时候，只站在自己的立场上追求利益的最大化，想去侵吞合作伙伴的利益。只站在自己立场上追逐利益，本意是为了获得最大的收益，而最终的结果却往往是两败俱伤。有一个流传很广的故事：狮子和野狼同时发现了一只肥鹿，于是商量一起捕捉。它们俩配合默契，很快鹿就到手了。但是在共同分享的时候，狮子却起了贪心，想独享，于是跟野狼争执起来。狮子凭借自己的雄壮体魄，把野狼活活咬死，而野狼也拼命攻击，把狮子咬得奄奄一息。这次大战导致一死一伤，野狼固然享受不到肥鹿了，而狮子也因为伤势严重无法享受美味了。这个故事告诉我们，在你伤害别人利益的时候，你可能也会遭到别人的报复，或者丧失了与别人合作应有的信任。

人与人之间，贵在合作，唯有合作才能实现双赢，才能使双方利益达到最大化，这种合作才是可靠的，才是长久的。曾看过这样一个故事，让人深受启发：

一位行善的基督徒，逝世后想看看天堂与地狱究竟有何差异，于是天使就先带他去参观地狱，在他们面前出现一张很大的餐桌，桌上摆满了丰盛的佳肴。"地狱的生活看起来还不错嘛！"基督徒笑着说。"不用急，你再继续看下去。"天使应付着。

过了一会儿，用餐的时间到了，只见一群骨瘦如柴的饿鬼鱼贯地入座。每个人手上拿着一双长十几尺的筷子。可是由于筷子实在是太长了，最后每个人都夹得到，但吃不到。基督徒觉得这情景太悲惨了。"你真觉得很悲惨吗？我再带你到天堂看看。"天使笑着说。

到了天堂，同样的情景，同样的满桌佳肴，每个人同样用一双长十几尺的长筷子。围着餐桌吃饭的可爱的人们，他们也用同样的筷子夹菜，不同的是，他们喂对面的人吃菜。而对方也喂他们吃。因此每个人都吃得很愉快。

成功离不开人际关系，没有人际关系再大的利益你也往往只能看到，但抓不到手里；如果通过人际关系，互借优势，相互协助，事业进展就会非常的顺利。而要维持这种人际关系，就必须双赢，大家都能从中分到好处。所以，我们要善于创造快乐双赢的人际关系，不要做"囚徒困境"中的"囚徒"。

名片效应：把对方变成"自己人"

苏联著名心理学家维利曾提出这样一个理论，那就是我们在完善人际关系的

墨菲定律
Murphy's law

过程中，如果让对方知道我们的态度和价值观有相似之处，就会使对方感觉到亲切，对方就更愿意与我们亲近，这样一来，我们就能够很快地缩小与对方的心理距离，人际关系也就变得和谐起来。

这个原理就是心理学上著名的"名片效应"，之所以叫名片效应，是指交际的一方有意识、有目的地向对方表明的态度和观点，就像是给出一张名片一样，把自己介绍给对方。

由于这样一种心理现象的存在，我们在处理人际关系时，就要学会给出自己的"心理名片"，对对方喜欢的事情表露兴趣，以最快的速度消除对方的心理障碍，拉近与对方的心理距离。

赵辉是一个文学爱好者，平时特别喜欢写一些文字类的东西。大学毕业后，他很希望能在某文学杂志社找到一份工作，可是由于面试的几家杂志社门槛都比较高，他还没有找到满意的工作。

一天，他又接到一家杂志社的面试通知。赵辉一看，竟是本市最大的一家时尚杂志社。赵辉觉得机会难逢，告诉自己一定要好好把握这次机会。

早就听说这家杂志社的主编有一段很辛酸坎坷的奋斗史。他当初只有初中的文化水平，但是由于与生俱来的写作天赋和丰富的人生阅历才走到今天。赵辉想到其实自己和他有许多相似的地方，因此他面试的动力和信心更加的强烈。

第二天，赵辉来到面试的地方，果然是主编亲自面试。他问了赵辉几个专业方面的问题，觉得不是很满意，便对他说，回去等通知。

赵辉诚恳地向他表达了自己在成长经历中的感悟，特别是对写作和生活的感想。主编听了，觉得面前的小伙子和自己年轻时一模一样，有一种刚强的意志，也有一颗对文学执着的心，于是被深深地打动了。

他立刻说道："好，我非常佩服你的勇气和执着，那你明天就过来试试吧，能不能度过试用期就要看你的表现了。"就这样，赵辉利用自己和主编相似的生活经历赢得了工作的机会。

当然，赵辉最后也靠自己的天分和努力，在杂志社取得了骄人的成绩。

在生活中，我们总爱和与自己有相同价值观和共同语言的人交往。因为有许多相似点，沟通起来比较方便，还更容易"打成一片"。我们对于那些有相同经历的人会备感亲切，因为有一种感同身受的体会。就像赵辉，他的实力也许并不比其他面试者强多少，但面试官就是从他的经历和言谈中看到了自己当年的影子，这些相同的感受让他同意录用赵辉，这就是名片效应的最佳证明。

所以，在人际交往中，我们要努力创造条件形成交往双方的共同点，减少相

第五章　和谐人际：
优质人脉是经营出来的

处的障碍，建立健康友好的人际关系。

晓燕是一家女士服装店的导购，她善于和顾客沟通，能在特别短的时间内和顾客建立融洽的关系，其他同事都非常的羡慕。她秘诀是什么呢？

一天，店里来了两个女孩，其中高个子女孩看中了一条裤子，晓燕很热情地接待了她，并招呼她试穿。从裤子的颜色、款型上来看，女孩穿上特别好看。但是不知是由于女孩原本个子太高的缘故，还是裤子的款型稍微有点短，总体上看还是有那么一点不完美。

高个子女孩很惋惜地说："要是再长一点就好了。"

晓燕看女孩犹豫着，估计不会买了，便说道："像我们这种身高稍微高点，但腰部又很细的女孩买裤子就是不好买。要么裤腿长了，裤腰会变大，要么就是裤腰小，裤腿也短。你看，我身上穿的和你试的是同一批货，但是你穿几次，它就会拉长。"

说着，晓燕伸出自己的腿让顾客看她穿着的裤子的裤腿。

最终，女孩还是买了这条裤子，因为她觉得既然晓燕都能穿了，自己也可以穿。

晓燕善于利用名片效应，用自己和顾客存在的相同问题做对比，使顾客有一种"同病相怜"的感觉，最后成功达成销售。要使对方相信你的话，你需要将自己和对方放在同一战线上，保持一种"同体感"，那么彼此就可以视为一体，实现零距离接触。

名片效应可以消除对方的戒备心理，缓解矛盾和犹豫不决的心态，减少沟通上的障碍。我们无论是在生活中还是在工作中，都需要人际关系作为支撑，需要认识各种各样的朋友。因此，学会利用"名片效应"，博得别人的好感，让别人愿意与我们相处，愿意成为我们的朋友，我们的人际关系自然也就扩大了。

邻里效应：有事没事多走动

1950年，美国几位心理学家对麻省理工学院的一部分住宅楼进行了调查。这些住宅楼都是二层楼房，每层有五个单元，住的都是学校里的已婚学生。由于学生们并不是长期居住，一些老住户搬走了，新住户就搬进去，因此，住宅楼中谁与谁相邻是随机的。心理学家调查的时候，挨个儿询问学生们相同的问题："在这个住宅楼，你最经常打交道的、关系最亲密的人是谁？"统计结果显示，

墨菲定律
Murphy's law

学生们交往最多、关系最亲密的，一般都是距离自己近的人。学生们和隔壁的邻居亲密交往的概率超过40%，隔一户之后，这个数据下降到了22%，隔三户之后，亲密交往的概率只有10%。我们都知道，住隔壁或者是隔两三户，距离变化并不大，但是交往的概率变化却非常显著。心理学家们将这个现象称作"邻里效应"。

生活中，人在下意识中都更喜欢和那些看似与自己亲近的人交往。一般来说，住得越近，交往的次数越多，关系越亲密。正所谓"远亲不如近邻"，距离能够影响人们相互之间的情感，因为人们普遍存在一种建立和谐人际关系的愿望。

韩月是一个刚走出校门的大学生，找到工作之后，她租下了一个公寓居住，她房间对面是一个单身妈妈和她的一个儿子。

开始的一个多月，韩月早出晚归，对她的邻居没有什么印象。一天晚上，那个街区突然停电了。韩月一直备有手电筒，以备不时之需。她正准备借着手电筒的光亮睡觉的时候，敲门声传了过来。这么晚了会是谁呢？韩月打开门，发现门口站着邻居家的小男孩。

"大姐姐，请问你家有没有蜡烛？"小男孩略显紧张地问韩月，他双手背在身后。

韩月有点不悦，心想："对面的妈妈也不备蜡烛或者手电，有了特殊情况就让孩子过来麻烦别人。如果我今天借手电给他，说不定他下次还会再来借。还是不要借给他为好。"想到这里，韩月冷冷地说："没有！"说完，转身就要关门。

"果然没有，我是来给你送蜡烛的！妈妈说你一个人在家，要是没有蜡烛会很害怕，我家有，我妈妈让我给你送过来了。"小男孩一边说，一边把藏在背后的蜡烛递过来。韩月听完，顿时羞得满脸通红，她赶紧向小男孩道谢，还给他取了零食吃。

从那之后，韩月和邻居的关系变得非常融洽，她总是会关注自己的邻居，在这陌生的城市里，韩月也有了家的感觉。

每一个人都希望拥有丰富的人际关系，希望身边有更多的朋友给自己支持，那么，为什么不利用身边的资源呢？比如逢年过节的时候，单位里经常会发一些物品，邻里间的互相走动，不仅增进邻里的关系，有时还会收获意外的惊喜，同时也增加了安全感。用热情与周围的人互动，总是会有意想不到的收获。

张丽华是一家婚庆公司的化妆师，她的业务技能非常熟练，深受领导赞赏。不过，张丽华进公司的时间不长，没有接到大的单子，因此职位没有什么提升。

第五章 和谐人际：
优质人脉是经营出来的

一天，张丽华看到空了很久的对门搬来了一户人家，当时她就微笑着向自己的新邻居打招呼，对方也礼貌地回应。第二天傍晚，张丽华做蛋糕的时候，发现鸡蛋不够用，就决定去邻居家问问，即便是没有，也说说话，熟络一下。她礼貌地敲门，开门的是个跟自己妈妈一般年纪的阿姨。张丽华带着歉意很诚恳地说，自己要做烤蛋糕，发现家里的鸡蛋还少两个，能不能借用两个。邻居阿姨也是个热情的人，正愁搬家后"人生地不熟"，很痛快地把鸡蛋拿了出来。蛋糕做好后，张丽华还给对门端过去了几块，邻居阿姨也是连声道谢。

就这样，一来二往，张丽华跟邻居渐渐成了好朋友，几乎等同于那位阿姨的干女儿了。有一天，阿姨的女儿过来看望她，她便邀张丽华一起吃饭，介绍彼此认识。吃饭中闲聊，阿姨的女儿跟张丽华说，自己开的婚恋网站近期要举行一次集体婚礼，问张丽华在新娘化妆方面有什么建议。

这是张丽华的专长，她当然知道怎么办了。在向邻居阿姨的女儿介绍了一会儿之后，那阿姨家的女儿请她做这次活动的化妆师，张丽华爽快地答应了。这一大单生意之后，张丽华马上就升职成为公司的主管。

当下的社会，邻里之间关系疏远已是不争的事实。每户人家都装上了防盗门，每个人的心也都上了一道锁。这样的邻里关系令人十分遗憾，其实，每个人都希望能有个热情亲近的邻居，平时生活上有个照应，遇到事情的时候能够相互帮助。因此，我们一定要先打开心门，主动向邻居示好，很少有人会拒绝与热心的邻居交往。

确实，当你用热情对待周围人的时候，他人也会给你相同的回报。在社会中，人们都希望拥有融洽的人际关系，如果能和周围的邻居打成一片，就会最大限度地避免邻里之间的不愉快，也会更好地方便自己。邻里效应归根结底就是要热情对待身边的人，你懂得关心别人，自然也会得到别人的真心。热情对身边的人也是对自己的一种投资，是拥有广阔人脉的一个开始，是一种惠人利己的明智做法。

阿伦森效应：有点小缺点比完美更可爱

社会心理学家阿伦森曾做过这样一个实验：他让所有参加实验的人听一段录音，录音的内容是四位选手在一次竞争激烈的演讲会上的演讲。在这四位演讲者中，第一个人很有才华，在讲话的过程中没有任何失误；第二个人也很有才华，但在讲话过程中碰翻了杯子；第三个人才华一般，但在讲话过程中没有出现失误；第四个人才华也一般，而且在讲话过程中碰翻了杯子。然后，阿伦森让大家从这四个演讲者中选出自己最喜欢的人。

实验结果表明，虽然第一个人最出色，但他并不是最受人们欢迎的人，人们反倒喜欢有才华并碰翻杯子的人。这就是"阿伦森效应"。

人们更喜欢有缺陷的人，为什么呢？这是因为一般人与完美无缺的人交往时，总难免因为自己不如对方而有点自卑。如果发现精明人也和自己一样有缺点，就会减轻自己的自卑，感到安全，也就更愿意与之交往。试想，谁会愿意和那些容易让自己感到自卑的人交往呢？所以不太完美的人更容易让人觉得可亲、可爱。

因此，善于管理人际关系的人首先会承认自己并不完美，然后去追求完美。遗憾的是，很多管理者做不到这一点，他们喜欢在自己的员工面前吹嘘自己的完美、自己的优点。他们不知道，其实没有人喜欢过于完美的人，因为过于完美就远离了真实的生活，也会在不知不觉中与他人产生距离。如果一个管理者处处都追求给下属留下"完美印象"，只会造成与下属之间心理上的生疏。

有位伟大的雕刻家，他的艺术造诣是如此的高超，以至于当他完成一座雕像时，令人几乎难以同真人区分。有一天，占星师告诉雕刻家即将死亡。雕刻家非常伤心，他开始害怕——就像所有人一样，他也想要避免死亡。他静心思索，最后想到一个方法——他做了11个自己的雕像。当死神来敲门时，他屏住呼吸，藏在那11个雕像中间。

死神感到困惑，无法分辨出面前哪一个才是雕刻家！

"到底怎么回事？12个一模一样的'人'？现在，该带走哪一个呢？"死神无法做出决定，带着困惑，踌躇良久，"为什么居然会有12个一模一样的'人'？我该如何选择？"

又过了很久，死神想到了一个办法——他对着面前的12个"人"说："先生，一切都非常完美，只有一件小事例外。你做得非常好，但你忘记了一点，所以仍然有个小小的瑕疵。"

雕刻家完全忘记自己要躲起来逃避死神的事，他跳了出来问："什么瑕疵？"

死神笑着说："抓到你了！这就是瑕疵——你无法忘记你自己，世间更没有完美的东西！走吧！"

从心理学角度来说，"完美"是一种极端追求。那种完善自我，健康地追求完美，并且在努力达到高标准过程中体验到快乐的人，不是完美主义者。心理学

第五章 和谐人际：
优质人脉是经营出来的

上的"完美主义者"是指那些把个人的理想标准和道德标准都定得过高，不切合实际，而且带有明显的强迫倾向，要求自己去做不可能做到的事的人。人生有许多的不完美，千万不要抱怨，苦苦去追寻不完美中的完美，而失去你触手可及的快乐。

自古"伴君如伴虎"，官场上，为防止别人洞察到你的内心，你就必须处处谨慎，不可暴露你的目标和理想，要适时"贬低"自己，做出胸无大志的表象来迷惑对手，让对手对自己"放心"、对自己不设防，以免你将来受制于人或被其算计。秦朝的大将军王翦就颇谙让领导放心之道。

在秦始皇统一六国时，大将王翦为秦国立下了汗马功劳。秦始皇担心王翦功高震主，就在攻打楚军时有意重用将军李信。王翦自然知道其中缘由，于是以生病为由告老还乡。后来，李信的军马被楚将项燕打败，李信本人音信全无。秦始皇只好放下架子，亲自去请王翦再次出山。为了表示对王翦的信任，秦始皇亲自赶到灞上为王翦饯行。这时，秦始皇心里对王翦掌握重权这一点还是有所顾虑，并在言谈之间流露出这种顾虑。

王翦为了打消秦始皇的顾虑，就开口向秦始皇索要了许多田宅。秦始皇疑惑地问："将军就要上战场了，为何突然开口向我求财？"

王翦回答："身为将军，即便有功也不能封侯，所以臣想在还被君王重用之时请求一些好处，以便造福子孙。"秦始皇见王翦如此坦诚，顿时放心不少，不禁开怀大笑起来。

到了边关之后，王翦又几次派人回都向秦始皇索要良田。有人觉得这么做有失妥当，就向王翦进言："将军，您这么强请硬求，未免有些过分吧？"

王翦语重心长地回答："不然，秦王疑心重，现将全秦士兵都托付于我，我若不多请求一些田产，他便会怀疑我别有所图。"

王翦在接受重大任务时坦诚地向秦始皇请求自己应该得到的，既表明了他有信心完成任务，又表明他必然会为了得到报酬而尽全力完成任务，从而打消了秦始皇的疑虑。

在处理人际关系的过程中，当我们被别人嫉妒或防备时，可以让对方先看到你的能力，然后再装作很自然地妥协。在这个"从劣势转为均势，从均势转为优势"的过程中，让胜利于对方。事实上，隐"优"暴"缺"，成全别人的好胜心，是一种处世的艺术。这样可以使处境不如自己的人保持心理平衡，对你放松警惕，这更有利于我们取得别人的信任，更有利于我们做事。

| 墨 | 菲 | 定 | 律 |
Murphy's law

刺猬法则：人与人之间保持适当的距离

话说有两只过冬的刺猬，冬天到了，它们两个想用彼此的体温来御寒。可是，当它们靠近的时候，它们被对方身上的刺扎得疼痛万分，不得不分开。然而为了温暖，它们又一次靠近，结果还是吃了同样的苦头。怎么办呢？最终，两只刺猬在两难的境界中找到了解决办法，那就是双方保持适当距离，只有这样，两只刺猬才能够过得平安、温暖。

通过这两只刺猬的故事，我们不禁陷入深深的思考之中。生活中的大家何尝不像刺猬一样，每一个人都需要与人接近、与人交往，但是内心深处却都想保留一个私人的空间。这个私人空间仿佛筑起铜墙铁壁，根本不允许任何人的"侵犯"。心理学家通过多年的研究，将人的这种心理特征称之为"刺猬法则"。

刺猬法则其实就是人际关系中的"心理距离效应"。我们都知道，虽然人和人之间都是相互需要，同时也相互帮助、扶持着，但是只有保持适度的距离才能彼此保留私人空间，产生安全感和信任感。在人际关系中怎样保持距离是一门学问。美国西北大学心理学教授霍尔经过大量研究得出这样一个结论：人际关系中的距离相当于"度"，换言之只有保持好交往的频率、距离和尺度等，才能拥有良好的人际关系。

张晓燕是会计专业毕业，凭借自己过硬的专业素质，她如愿以偿地进了一家进出口贸易公司。张晓燕不仅谦虚好学，手脚勤快，而且非常有眼力见儿，很快就赢得了主管的好感。主管对她格外照顾，经常对她的工作进行指导，公司有什么好事，主管也都常常想着她。张晓燕为了表示感激，经常主动跑腿帮主管办一些无关紧要的琐事。而且两人居住的地方恰巧离得不远，下班后主管就常让张晓燕搭个便车。渐渐地，两人的关系就超出了普通的上司与下属的关系。

有一次公司任务比较繁忙，完工后上司让张晓燕跟同事们先走，他自己还有一点儿工作要处理。张晓燕在公司附近的快餐店吃过晚饭，忽然想起主管一直在加班，还没有吃晚饭，就买了一份饭给主管送去。主管的房门虚掩着，她没敲门就直接闯了进去，结果看见主管的爱人已经在里面了，而且主管的爱人已经给主管带了便饭。

张晓燕进门的时候，主管的爱人正搂着主管的脖子不知道说些什么。张晓燕的突然出现让屋里的两个人非常惊讶，特别是主管的爱人，微微带着怒气。

第五章 和谐人际：
优质人脉是经营出来的

这原本只是个小小的误会，但是这一幕又刚好被两个值班的同事看见。大家当时都没说什么，但是都觉得有点尴尬。后来张晓燕总觉得自己在面对主管和女同事时有点尴尬。张晓燕发现，女同事刻意躲着她，主管对她客客气气的，下班后也不邀请她搭便车了。

有一天，公司里忽然传出主管跟张晓燕关系暧昧的消息，还说原配都发现了。其实大多数人都知道这是谣言，但还是抱着开玩笑的态度传播。没多久，沸沸扬扬的消息让主管受不了了。刚好，公司在西部地区成立办事处，张晓燕就被调到那个谁也不愿去的地方去了。

张晓燕错就错在和主管走得太近了，最后让同事们起了误会，也让主管感到了不安。现实生活和工作中，很多人拿捏不好人际关系的分寸，在与人交往的时候，不是太过于冷淡就是太过于热情。冷淡会使得两个人变得越来越陌生，而过于热情则给人一种压迫感，让人难以接受。生活中，很多人的朋友逐渐"流失"，就是因为某一方或者双方把距离逐渐疏远了，最后失去了交情。而很多时候，两个关系不错的人闹翻，都是因为距离太近造成了一些误解或者厌烦。比如说有的恋人会在毫无征兆的情况下提出分手，理由是"你对我太关心太热情了，事事俱到，我觉得压力很大，不轻松"。又如有的人和同事或者新认识的朋友聊天，滔滔不绝，什么秘密都跟对方说，并且肆无忌惮地谈论对方的事情，这会让对方觉得这个人不值得信任。

那么，我们平时在维护人际关系的时候，应该保持什么样的距离呢？

1. 比较亲密的距离

亲密距离的范围在 0~40 厘米之内，一般来说，只有关系亲密的两个人之间才会保持这样的距离，比如亲人、恋人、好朋友。这种距离范围，双方基本上是不设防的。

2. 礼仪距离

大概 45~120 厘米，这是人际交往中稍有分寸感的距离，适用于普通朋友、同事之间的相处。也就是对方是认识的人，但又不是很亲密。如果与素昧平生的人保持这种距离，就会构成对别人的侵犯。

3. 社交距离

这个范围为 1.2~3.6 米，是一种社交性或礼节上的关系距离，一般在工作环境和社交聚会上，如企业或国家领导人之间的谈判，工作招聘时的面谈等，人们都保持这种程度的距离。

4. 公众距离

范围在 3 米开外。一般适用于演讲者与听众、彼此极为生硬的交谈及非正式的场合。

这四种距离分类虽然是按照物理距离划分的，但是也能够体现出我们与人交往的时候应该保持的心理底线。比如说亲人、恋人之间，可以分享的事情就比较多，心理距离更近。同事或者客户，最好保持礼仪距离，工作之外的事情少谈。陌生人就更要保持安全距离，不威胁到对方的心理空间。

总之，人与人之间交往的时候，要想保持顺畅的人际关系，必须考虑到对方的心理防线，不能随意突破。既要学会和别人友好交往，又要保持合适的距离，不让彼此之间陷入尴尬境地。

投射效应：任何时候都不要以己度人

1974 年，心理学家希芬鲍尔曾做了这样一个实验：

他邀请一些大学生作为被试者，将他们分为两组。给其中一组学生放映喜剧电影，让他们心情愉快；而给另外一组学生放映恐怖电影，让他们产生害怕的情绪。然后，他又给这两组学生看相同的一组照片，让他们判断照片上人的面部表情。

结果，看了喜剧电影心情愉快的那组大学生判断照片上的人也是开心的表情，而看了恐怖电影心情紧张的那组大学生则判断照片上的人是紧张害怕的表情。

这个实验说明，被试的大部分学生将照片上人物的面部表情视为自己的情绪体验，即将自己的情绪投射到他人身上。这就是著名的"投射效应"，对人际关系的影响至关重要，所以我们在与人交往时，一定要正确运用这种效应。

一日，宋代大文豪苏东坡到金山寺跟佛印禅师打坐参禅。两人坐了一会儿后，苏东坡觉得身心通畅，于是问禅师道："禅师！你看我打坐的样子怎么样？"佛印禅师看了看他，于是回答："好庄严啊，像是一尊佛！"苏东坡听了非常高兴。而佛印禅师却接着问苏东坡道："学士！你看我打坐的姿势怎么样？"苏东坡向来与佛印禅师交好，却从来不放过嘲弄禅师的机会，而两人已经相互习惯并以此为乐。苏东坡看了看佛印禅师后，马上答道："像一堆牛粪！"佛印禅师听后也很高兴，竟然笑出声来了。

第五章 和谐人际：
优质人脉是经营出来的

苏东坡将禅师喻为牛粪，而禅师竟无以为答，反倒是大笑起来，苏东坡认为自己这次是在口头上赢了佛印禅师，心里更是高兴极了。回家后，他便把这件事当成喜事告诉他的妹妹苏小妹，说自己赢了佛印禅师。

而苏小妹却没有苏东坡那样的好心情，她一脸严肃，反问道："哥哥，你究竟是怎么赢了禅师的？"苏东坡更是眉飞色舞，神采飞扬地将刚刚发生的事情又如实叙述了一遍给苏小妹听。天资超人、才华出众、极具慧根的苏小妹听了后，正色说道："哥哥，其实你输了。佛家有言：'佛心自现'，他看你如佛，而在你的心中佛像牛粪，所以你看禅师才会觉得像牛粪！"苏东坡恍然大悟。

这里所谓的"佛心自现"，其实是一种心理效应的体现——投射效应。在故事中，佛印就是利用这一点，回击了苏东坡。因为他既然觉得苏东坡是一尊金佛，说明他内心的品质投射出来的就是一尊金佛，而苏东坡内心的投射则是牛粪。

所谓投射效应，其实就是以己度人，投射效应其实是以自己的喜好和感受来看待别人，把自己的情绪、感受投射到他人身上并强加于人的一种认知误区。投射效应主要分为三种表现形式：

第一种形式是相同投射，即认为他人跟自己一样，从而把对方进行了同化。比如说有的人非常单纯，他们会觉得外面世界中的所有人都是善良无害的，这样的认知会让他们毫不设防。还有的人过于复杂，与人交往的时候，会觉得所有人都是城府太深，都不能成为真正的朋友。这两种看法都是错误的，每个人都是不同的，具体情况具体分析，不能按照自己的认知一概而论。

第二种形式是愿望投射。即把自己的主观愿望强加于对方，总是认为别人的感受和自己一样。有这样一个小故事，很能说明这个现象：

一个年轻爸爸，在秋末冬初的早晨带着自己的儿子去赶集。他们是走水路去的，爸爸摇橹，儿子坐在船头。爸爸摇了一会儿之后，出了一身汗，觉得衣服太厚了，就脱掉了棉衣。这个爸爸不仅脱了自己的棉衣，还脱了儿子的棉衣，一边脱还一边说："今天挺热的，不应该穿这么厚。"

然后，这个爸爸又开始摇橹了。又过了一会儿，他又觉得热，把自己的毛衣也脱了。脱了之后，他又要脱儿子的毛衣。儿子哭着说："爸爸，别脱了，我冷！"

这个爸爸的所作所为就是愿望投射导致的，他自己摇橹感到热了，就觉得儿子也会热。我们在生活和工作中，要避免这种认知误区，千万不要把自己的感受强加于别人。

第三种形式是情感投射。认为别人的好恶与自己相同,进而按照自己的思维方式,试图影响他人。这种认知误区非常常见,很多人喜欢某个明星或者某件事的时候,会滔滔不绝地讲给自己的朋友听,甚至会强迫自己的朋友也喜欢,这是不对的,容易遭到朋友们的抗拒。

刘磊喜欢上了一个女生,对其展开了热烈追逐。为了哄这个女孩子开心,他经常请女朋友吃饭。刘磊比较喜欢吃烤鱼,所以每次请这个女生吃饭,他都会点烤鱼。

开始时,这个女生为了顾全刘磊的面子,也和颜悦色地陪他一起吃。可是后来,刘磊发现,每次他提到请这个女生吃饭的时候,对方都会以各种理由说不去,即使去了,也吃得很少,而且对他的态度也越来越冷淡。

刘磊觉得自己一定是做错了什么事,就找这个女生谈。谈了一会儿之后,这个女生说出了自己不喜欢跟他一起吃饭的原因:"你喜欢吃烤鱼,每次都点,可是你不问问我喜欢不喜欢。其实我不喜欢吃烤鱼,我喜欢吃火锅。你从来不问我,只是点自己喜欢的。我觉得你并不是喜欢我,因为你从不为我考虑。我们还是不要在一起了。"女生的话让刘磊无话可说。

刘磊并不是不喜欢这个女生,但是他犯了投射效应的常识性错误,陷入了心理误区,最终没有得到这个女生的青睐。

大多数情况下,投射效应会影响我们对别人的判断,让我们的交际陷入困境。不过,投射效应也有一定的正面作用,比如,当我们想要帮助别人解决某个困难的时候,可以利用推己及人的方法,为别人找到有效的解决方案。

林丹开了一家情侣主题餐厅。他的餐厅装修得很好,饭菜也很好吃。可是,生意一直不温不火,这让他非常苦恼。

有一次,林丹跟好朋友宋小凡一起吃饭的时候,提到了这个问题,宋小凡提议到林丹的餐厅看看。

当时是晚上八点,宋小凡到了林丹的餐厅之后发现,餐厅里面灯光很亮,各个角落都没有阴影。他联想到自己和女朋友一起吃饭的情景,心里大致有了谱。宋小凡说:"我觉得应该是灯光的问题。情侣一起吃饭,很多时候是为了浪漫。如果灯光太亮,情调就没那么浪漫了。试试把灯光调暗一点呗!"

林丹觉得有道理,就重新更换了餐厅的照明设备,整体效果果然温馨了许多。半个月之后,餐厅的回头客多了起来,生意也慢慢好了。

投射效应其实就是推己及人的心理。这种心理有两面性,我们一定要注意,要多利用同理心为别人考虑,而不要盲目地把自己的感受强加于别人身上。善解

第五章 和谐人际：
优质人脉是经营出来的

人意，了解别人的内心，却又不让别人觉得压抑，才能让自己变成受欢迎的人，人际关系才能变得更加广泛。

互惠原理：使其回报人情

我们常会有这样的心理："这事儿，反正力所能及，即使麻烦点也能搞定，不如送他个顺水人情，指不定咱将来也有要劳烦人家的时候。"由此看来，给人以人情，也是种善因得善果的行为。倘若能为，何乐而不为？这也是利用了人际交往中的互惠原理。

所谓互惠原理，即人们在收到对方好处时，会试图以相同的方式给予回报。比如替他人背了"黑锅"，对方会将这份恩情铭记在心，下次在适当的时候给我们以援手。比如结婚收了同事500元的礼金，下次对方结婚的时候，我会包600元以回赠。

互惠的情况常常来自于我们无意中受到了别人的恩惠，就会怀抱负债感，试图以后有机会回报给对方。可这负的是什么，要还的又是什么呢？这就是人情债。互惠原理也就是收了他人的人情，要还的就是这份"人情债"。我们常说的"知恩图报"，大致也有这层意思在里面。

维克多家经营着一家食品店。这家食品店建立于数十年之前，名声非常响亮。维克多的父亲死后，维克多成了该食品店的经理。他希望能通过自己的努力，使得食品店不断发展壮大。

一天晚上，维克多正在食品店里收拾东西。他打算比平时早一些关闭店门，因为第二天他将会带着妻子去度假。就在他忙碌的时候，突然看到店外站着一个流浪汉。那个流浪汉穿着破破烂烂的衣服，双眼深深陷到眼眶里，脸上没有一丝血色。可以看出，他已经很久没有吃过东西了。

维克多是一个乐于助人的人。他停下手里的活儿，走到那个流浪汉面前，说："年轻人，我能帮你做点儿什么？"

那个流浪汉用带着浓重的墨西哥口音的英语说："请问这里是维克多食品店吗？"

"没错，这里正是维克多食品店。"

流浪汉非常羞涩地小声说道："我是墨西哥人，来到这里本来打算找一份工作，可是我找了整整两个月，都没有一家公司雇用我。我父亲年轻时也曾来过美

墨菲定律
Murphy's law

国,他对我说,他对你的商店印象深刻,因为他在这里买过东西。看,这顶帽子就是在你的店里买食品的时候送的。"说着,他指了一下头上戴着的那顶十分破旧的帽子。

维克多看了那顶帽子一眼,发现那的确是从自己店里送出去的,因为帽子上那个被污渍弄得模糊不清的"V"字形符号正是自己商店的标志。

流浪汉继续说道:"我从家里来到美国时,就只带了一点儿钱。我一直没有找到工作,钱都已经花光了。现在我已经好几天都没有吃过东西了,而且连回家的路费都没有了。我想……"

维克多明白了这个年轻人的意思。他十分清楚,自己面前的这个年轻人只不过是多年前一个顾客的儿子,自己并没有义务为这个年轻人提供帮助。可是,他觉得自己不能这样无情。于是,他把这个年轻人请到店里,准备了很多食品,让年轻人填饱肚子。

年轻人吃过饭后,精神状态好了很多。维克多与他攀谈起来。他们很谈得来,很快就成了好朋友。为了帮助年轻人回国,维克多还主动拿出一笔路费。

几十年过后,维克多食品店取得了很大发展,在美国很多地方都建立起分店。为了让生意做得更大,维克多打算把连锁店开到国外去。可是,由于在国外没有根基,开店的风险非常高。因此,他一直没有做出最后的决定。

后来有一天,他突然收到一封从墨西哥寄来的信。写这封信的人就是他多年前救助的那个流浪的年轻人。现在那个流浪的年轻人已经今非昔比,他自己开了一家大公司,每年都赚很多钱。他给维克多写信,希望对方到墨西哥与他一起发展事业。

接到信后,维克多的顾虑一下子就打消了。在这个人的帮助下,他把连锁店开到了墨西哥,他向海外发展的计划迈出了坚实的第一步。

试问,如果维克多没有为那个流浪的年轻人提供帮助,并与之结为朋友,那么他又怎么会轻易地把连锁店开到墨西哥去呢?所以,互惠原则是多数人心中的普遍原则,也是我们管理人际关系的重要原则。

李科大学毕业后去了南方一家小公司工作。在这家公司里,他负责帮助老板处理一些文书工作,整理一些材料。虽然他每天都忙得不可开交,但是只能拿到很少的工资。

但是,李科省吃俭用,仍旧存下了一些钱。当他准备用这些钱装修家里房子的时候,他的好朋友黎华给他打电话,说自己想要到美国发展,急需一笔钱。李科看黎华比较着急,就把自己的钱借给他了。

第五章 和谐人际：
优质人脉是经营出来的

黎华非常感激李科，他到美国没多久，就积攒下了钱，把借的钱还给了李科。两人时常聊天，关系更胜以往。

有一天，黎华给李科打电话，说他回国了，打算找几个关系不错的同学一起吃顿饭。李科很想念黎华，所以马上答应了下来。吃饭时，李科提起来自己的事业，唉声叹气。因为他辞了职，想要创业，但是试了两三个行业，都以失败告终，非常苦闷。

这时候，黎华说："你提到创业我想起来了，我在美国的时候，发现那边有很多自动售货机。这种机器不需要人看守，而且一天24小时都可以出售商品，随着时代的发展，这种新的售货方式具有很多优点，将会越来越普及。我原本是准备告诉我的亲戚，看他们谁有兴趣做，现在既然你也在创业，你就做吧！需要什么信息，我帮你查！"

听完黎华的话，李科对这种自动售货机产生了浓厚的兴趣。他想道：将来这种自动售货机一定会遍及大街小巷，目前南方地区还没有一家公司经营自动售货机，所以经营自动售货机的前景将会一片光明。而且，这项生意并不需要太多本钱，我为什么不经营这个新行业呢？

想到这里，他又向黎华详细询问了相关问题，黎华也给他找了足够详尽的资料，还帮他做市场调查。最后，李科下定决心经营自动售货机。他从亲朋好友手中借来30万元钱，之后买来20台自动售货机，设置在一些人流量大的公共场所，之后便开始用自动售货机卖饮料、报纸杂志等商品。结果，自动售货机在第一个月就为他带来一百多万元的利润。此后，他又用这些钱购买了数十台自动售货机。半年过后，他不仅还清了所有欠款，还净赚了一千多万。

李科从一个打工仔，变成一个千万富翁，主要得益于他从朋友黎华那里得来的信息，并根据信息进行投资。如果没有从黎华口中得到这个信息，他可能还是一个打工仔，每天还在忙得焦头烂额，却只能拿到微薄的工资。

在管理人际关系的过程中，要想让对方主动对你提出帮助，就可以利用对方的负债感。但其前提是，我们要在适当的时候，对对方施以了援手，这份人情让对方牢记于心。在我们需要帮助的时候，对方自然会想着尽可能地对我们提供帮助，即所谓："滴水之恩，当涌泉相报。"

|墨|菲|定|律|

Murphy's law

反射法则：你想要人怎样对你，就怎样对人

于忠梅是一个80后单亲妈妈，独自抚养五岁的儿子阔阔。最近，于忠梅特别困惑，甚至还专门去看了心理医生。原来，阔阔以前特别听话，特别乖巧，但是最近却变得越来越叛逆，妈妈说东，他就朝西，妈妈说吃饭，他却偏偏要睡觉。

就像昨天在公园发生的一件事情。前几天，阔阔和幼儿园的小朋友浩浩打架了，两个小家伙都记仇，所以他们整整两天谁也不理谁。不过，阔阔最近忘记了这件事情。妈妈把他从幼儿园接出来之后，他就吵着要去公园玩。距离公园很远的时候，阔阔就兴奋地喊道："浩浩，浩浩！"原来，他看见浩浩在公园里玩呢，便兴奋地一边往公园跑，一边喊。谁知道，阔阔到了公园之后，浩浩却一扭头不理阔阔，嘴巴里还说着："你还打我呢，我不跟你玩！"经过浩浩一提醒，阔阔也想起来了，说："那你还吐我口水呢！是你先吐我口水，我才打你的！"

听到这里，浩浩不吱声了，不过，他还是不和阔阔玩。于忠梅想让阔阔去别的地方玩，但是阔阔却固执地挡着浩浩的小汽车的路，怎么也不让开。于忠梅一生气，就直接把阔阔拉回了家，还对着阔阔大喊大叫地说："人家不跟你玩，你就找别人玩呗，为什么非要挡着别人的路，你是癞皮狗吗？"谁知道，阔阔也冲着于忠梅喊了起来："我才不是癞皮狗呢，又不是我的错，为什么他不跟我玩！"于忠梅气得扬手对着阔阔的屁股打了两巴掌，阔阔居然用头去撞于忠梅。就这样，母子俩两败俱伤，整整一个晚上谁也不理谁。到了第二天早晨，看着孩子哭得又红又肿的眼睛，于忠梅又气又急，她不知道母子之间到底是怎么了。最终，送孩子上幼儿园之后，于忠梅选择了看心理医生。

听了于忠梅的叙述，医生已经知道了问题的症结所在。他问于忠梅："你和你丈夫离婚多久了？"于忠梅说："一年多了。"医生接着问："那么，离婚之后，你发现自己的情绪有什么变化吗？"于忠梅沉思片刻，告诉医生："我是因为老公出轨才选择离婚的，离婚之后，我的心情特别不好，动不动就爱发脾气，也总是对着阔阔大喊大叫，经常训斥他。有的时候，我一想到前夫出轨的事情就心理不平衡，再加上一个人带孩子很累，所以还会打孩子的屁股。"医生语重心长地对于忠梅说："孩子的成长过程不可逆转，你就是他的一面镜子，你怎么对他，他就会怎么对你。"听了医生的话，于忠梅陷入了沉思……

第五章　和谐人际：
优质人脉是经营出来的

显而易见，阔阔之所以由一个懂事的、听话的、乖巧的孩子变成了一个对着妈妈大喊大叫的，还用头顶撞妈妈的叛逆的孩子，就是因为受妈妈的影响。的确，我们可以体谅一个80后单亲妈妈的辛苦，而且还是在老公出轨的情况下离婚的，因此心理上难免会有些不平衡。不过，正如心理医生所说的，孩子的成长过程是不可逆转的，而家长则是孩子的一面镜子，如果不能起到很好的言传身教的作用，就会给孩子带来负面的影响。事实证明，正是因为于忠梅的心情越来越差，经常对着孩子大喊大叫，还会打孩子，所以导致孩子也冲着妈妈大喊大叫，而且还用头撞妈妈。如果长此以往，孩子必将越来越叛逆，越来越难以管教。因此，每一个做家长的都要反思自己，是否给孩子树立了一个好榜样，孩子的习惯是否与家长的影响有关系，试想，一个只有五岁的孩子都要求平等与尊重，否则就会叛逆，和家长对着干，那么，更何况是成人呢？毫无疑问，成人更需要彼此之间互相尊重，平等对待。

在生活中，人们常说，如果你想让别人怎样对待你，你就要怎样对待别人。其实，这个道理不仅适用于家长与孩子之间，也同样适用于成人社会。从某种意义上来说，这句话实际上是要求我们尊重别人，平等地对待别人。众所周知，尊重与平等是人与人之间交往的前提，假如没有这个前提，人与人之间就无法平等友好地相处下去。假如你不尊重别人，就没有权利要求别人尊重你；假如你不平等地对待别人，别人也会不平等地对待你；假如你对待别人不够真诚，别人也必将欺骗你。总而言之，你要想让别人怎样对待你，你就要怎样对待别人。

瀑布心理效应：说话要有分寸

在人际交往中，经常有这样的情况：某个人随便说了一句话，却弄得别人十分不愉快，有点"一石激起千层浪"的意味。这种现象在心理学上被称之为"瀑布心理效应"。

"瀑布心理效应"，即发出信息的人心理比较平静，但信息被他人接收后使得他人心里不平静，从而导致他人的态度和行为发生变化。这种心理效应现象，就像大自然中的瀑布一样，上面是静静流淌的溪水，下面却波涛汹涌、水花四溅。

历史上的平原君赵胜是个爱才轻色之人，很多贤人才子都因此而前来投奔他。住在他家隔壁的邻居是一个瘸子。一次，平原君的一个小妾在楼上赏风景

墨菲定律
Murphy's law

时,看见了走路一瘸一拐的瘸子,便忍不住大笑起来,还将他讥讽了一番。这位邻居哪里受得了这样的屈辱,正所谓身残志不残。于是,他找到平原君赵胜,把这件事告诉了他,表达了自己的愤恨不满,要求平原君杀了这个说话没有分寸的小妾。虽然很为难,但是十分珍惜贤士的平原君最终还是斩了自己的小妾,并且登门向邻居道歉。

历史上还有一则故事,说的是在战国时期,楚王宴请大臣们喝酒。就在大家酣畅淋漓之时,烛火灭了。黑灯瞎火之时,一位喝醉酒的大臣便趁机拉住了楚王的一个妃子。慌乱之中妃子在与他撕扯的时候,拽下了大臣的帽缨。妃子向楚王哭诉,要求惩办这个色胆包天的大臣。但是楚王反而对众大臣说:"大家尽情豪饮,何不都将帽缨摘下?"当烛火再次点亮时,众位大臣们都已经摘去了帽缨。后来,这位大臣为报答楚王当日的恩情,在战场上英勇杀敌,为楚王立下了汗马功劳。

第一个故事中的小妾因为说话不注意分寸,惹来了杀身之祸;第二个故事里,楚王的一句话避免了大臣在众人面前丢脸和受罚,换得了这位大臣后来的誓死效忠。这就是一句话的效果,这就是瀑布心理效应。

《三国演义》中张裕是被号称仁德的刘备杀死的。仁德享誉古今的刘备为什么会杀一个并没有多大过错的张裕呢?就是因为张裕那张臭嘴激起了刘皇叔的"瀑布"心理。

张裕本来是刘璋的手下,刘备去找刘璋,刘璋设宴款待。席间张裕也在场,刘备看到张裕满脸的络腮胡子就讲了个笑话揶揄了张裕一番。张裕就心理不平衡了,他也是个要面子的人,而且在刘璋那里混得也不错,刘备虽然受到刘璋礼遇,但是也不能对自己如此无礼吧。于是张裕开始反唇相讥,他同样讲了个笑话,嘲笑胡须眉毛稀少的刘备嘴上没毛,缺少男子汉气概。这下刘备脸上挂不住了,他怎么说也是"皇叔"啊,这个不开眼的张裕怎么可以如此羞辱自己呢。虽然为了保持风度,刘备表面上并没有发作,但是心里都快气炸了。

后来刘备鸠占鹊巢把刘璋赶跑了,当上了张裕的正主子。于是报仇的机会便来了,张裕的倒霉日子也跟着来了。所谓欲加之罪,何患无辞,刘备随便找了个理由就把张裕收拾了,而且连尸体都不放过,来了个曝尸街头!

很多人觉得张裕很冤,明明是刘备自己先拿人家开涮的,最后却如此没有胸怀,为了这么点小事儿而杀人,太不应该了,所以这也成了刘备人生中的一个污点。也确实是,不就是说错一句话吗?可是这句话却是生死攸关的,张裕因为一时失言害得自己死无葬身之地。冤枉确实是冤枉,但是谁让他触犯了瀑布心理效应的禁区，让本来飘飘然的刘备一下子被摔得颜面扫地呢。心理落差如此巨大，平静的表面又怎么能够掩饰住对方已经波涛汹涌、水花四溅的心情呢。刘备要让自己心理再次平衡，自然要找始作俑者去泄愤了！

别说刘备会这样，其实生活当中，我们很多人都会遇到这样的状况。就好比一个自认风华正茂而立之年的女子去菜市场买菜，被那个不开眼的卖菜大哥"礼貌"地叫了一声"大姐"一样。想想看这是对自己自视甚高，把年龄当成"国家机密"的女人多么大的打击啊？她自以为自己保养得很好，掩饰得很妙，可是却被一个卖菜的小贩一语道破。这种巨大的心理落差不形成瀑布效应也很难。这位"大姐"不破口大骂已是表现得相当有涵养了，还指望她再来买你的菜？

在人际交往中，瀑布心理效应是普遍存在的现象，但就其性质来说，其产生的消极影响往往大于积极意义。若要减少和避免人际交往中产生消极的瀑布心理效应，让自己更受人欢迎，就必须时刻提醒自己不要犯无心伤人的错误。那么，应该注意什么呢？

1. 说话客观才能得人心

这里说的客观，就是尊重事实，实事求是，应视场合、对象，用合适的表达方式。有些人说话喜欢主观臆断，信口雌黄，往往会把人际关系搞砸。

2. 说话时要明确自己的身份

任何人，在任何场合说话，都有特定的身份，也就是当时的角色地位，比如，在孩子面前你是父亲或母亲，在父母面前你是儿子或女儿。如果你用对小孩子说话的语气对长辈说话，就有失尊重。

3. 不要兴奋过度

与人交往，提倡热情相待，态度保持宠辱不惊，千万不要过度兴奋，以至于口不择言，伤害他人。

总而言之，会说话，说好话，是人际交往的一门艺术。如"瀑布心理效应"，我们的一言一行，都会给周围的人带来反应，反应效果怎么样，我们是可以把握的，掌握好语言的分寸，你和对方的交往氛围将会保持和谐愉快，有助于感情的升温。

人际相似效应：教你如何跟别人套近乎

为什么富有的、有成就的企业家在台上讲自己对幸福的感受时，常常会遭到

墨菲定律
Murphy's law

台下人们的白眼呢?为什么钢琴家很难用艺术去打动一个习武的人呢?为什么有伴侣的人对单身的人说单身的好处,却遭到单身人士的反感呢?

因为这些人不属于同类型、同层次的人。一个贫穷的人如果对另一个贫穷的人诉说自己曾经遭遇到的生活压力,那么两个人就很容易产生共鸣。相反,一个富足的人对一个贫穷的人说富裕是来源于心理上的满足感,那么他肯定是不能打动对方的。同样的道理,一个习武之人习惯用武力来切磋,不习惯音乐的交流。有结婚欲望的单身人士听到已婚人士说单身的好处会觉得被讽刺。

这些就是由于不相似的人际关系所产生的不和谐感。心理学家把这种相似性格、爱好、社会地位的人容易产生共鸣的现象称之为人际相似效应。此外,心理学家还认为通过长时间的相处,人们也会变得趋向一致。

这种人际相似效应的产生是由于人们心理上对自己同类型人的偏好所导致的。当人们发现对方的品性、行为很符合自己的"口味",跟自己一样,他就会在心里把对方当成是"自己人"。这个时候,人们就会卸下心防和戒备,去接受对方的说法或者是理论。相反,如果人们感觉到对方不是"自己人",那么人们就会不断地去推敲对方的话、质疑对方的话,对对方的言行采取不信任的态度。

在生活中,很多人为什么一见面就感觉到相逢恨晚?为什么同乡总是很容易相处?这都是人际关系效应在起作用。所以,如果你想跟别人套近乎,如果你想博得别人的好感,那么就要变成一个和对方"臭味相投"的人。

心理学家认为以"原来你也有这样的经验……""我也曾有过这样的经历……""原来我们是一样的人……"等开头语来解除对方的疑虑,容易使对方把你当成是"自己人"从而产生信任的心理。

当人们学会利用"人际关系相似效应"来博得对方的好感后,人们还会发现另外一个问题,那就是为什么人会如此善变?

不少人都会有这样的疑惑:为什么明明昨天还是很好的哥们儿,可是今天揽起对方的肩膀却看到对方明显不耐烦的表情呢?为什么明明跟领导的关系很好,可是今天坐在领导的对面,却看到对方不自在的神态呢?

事实上,西方的心理学解释得很对,因为你踩到对方的尾巴了。为什么会有这样的说法呢?原来,西方的心理学者认为每个人都有一个安全的距离,每个人都有自己私人的空间。每个人也都有自己的隐私和秘密。这些隐私和秘密就好像是一条无形的尾巴跟在人的身上。当别人踩进这个安全的距离,踏进自己的私人空间,人们就会感觉到对方好像踩了自己的尾巴一样难受。

第五章 和谐人际：
优质人脉是经营出来的

这种现象主要会体现在两个方面：第一个方面是距离效应，也就是我们常说的刺猬效应；另一个方面是空间效应。

所以，在利用好人际关系相似效应的基础上，人们只要注意保持适度的距离和空间感就能无往不胜了。

近因效应：前功一朝化烟云

一个来自北方穷乡僻壤的大学毕业生小林，听说上海浦东很有发展前景，于是在 2006 年盛夏的一个中午随身带了一只小包乘车来到上海。人生地不熟的他到了浦东，走进一家颇具规模的科技公司询问应聘事宜。人事经理非常热情地接待了他。经过考核，人事经理和总经理对他都感到满意，同意先行试工并即刻安排其食宿和工作场所。一段时间后，小林对这里的工作环境、待遇等都非常满意，尤其是领导对一位素昧平生的年轻人如此器重、生活上无微不至的关心十分感动，在给家人和朋友的通话中溢于言表，说自己"遇到贵人，终生难忘"。有一次，小林在工作中出了差错，给公司造成不小的经济损失，因而遭到领导严肃批评，并根据有关规定扣罚奖金。小林认为领导小题大做，使自己相当难堪，于是耿耿于怀。从此以后，小林对领导爱理不理，态度十分冷淡，没多久转而跳槽离去，总经理怎么好言相劝都无济于事。这使他感到十分沮丧，想不到前功一朝化烟云。

生活中"只记板子不记糖"的现象大量存在。小林的做法固然不妥，但这一现象背后，乃是心理学上"近因效应"在起作用的缘故。

所谓"近因效应"，是指在人际交往中，新形成的印象淡化，甚至抹去以往已形成的印象，给人们留下更深刻、更持久的当前印象，并以此支配人们的行为。

心理学家洛钦斯在做近因效应实验时发现：如果自编的两篇内容一样、顺序颠倒的短文中，插入一段不相关的文字，那么近因效应更易突出，大多数人便会将后一篇短文所形成的印象作为评价的依据，而前一篇短文由于记忆的遗忘，所形成的印象相对地淡薄了。这说明近因效应确实存在，并且在起作用。

近因效应对人们有着一定启示：

1. 善始善终

近因效应强烈而持久，能够淡化以至抹去先前的印象，因此人们在日常生活中，不仅要有良好的开端，还必须把这种良好开端保持下去，善始善终，切莫虎头蛇尾。否则，可能造成一招有损、前功尽弃。

至于像小林这样"只记板子不记糖"的现象，那是个人素养和境界问题。在人际交往中不能为了给人"善始善终"的印象而无原则地迁就，也不能因此而消极汲取教训，能助人一臂之力时袖手旁观、无动于衷。著名数学家华罗庚有一句名言："他人助我，牢记心头。"生活中谁没有一点"委屈"，即使真的受到委屈，哪能为了一点小小的委屈时时记恨在心，而忘却他人的大恩；应该努力做到，"滴水之恩，当涌泉相报；涌泉之恩，当一生相报；一生之恩，当生死相报"。

近因效应虽然会使人淡化，甚至抹去以往的长处和功绩，若是能自觉地运用近因效应，善始善终，便可避免近因效应带来的消极后果。不仅如此，有的人尽管过去有过这样或那样的不足，给人的印象不佳，如果能巧妙地运用近因效应，努力改进自己的不足之处，做得比过去更好，还能给人形成新的良好印象。

2. 怒责之后莫忘安慰

一个人在批评教育、处理偶发事件时，难免情绪化。但若结束语妥帖，注意安抚，就容易使被批评者摒弃前嫌。1999年甲A足球联赛，在最后一场比赛中，某队一位老队员禁区内一个不应有的动作，被罚点球并亮红牌。当被罚队员离场时，主教练怒火中烧，狠狠地骂了一通，把他晾在一边。关键的一球被对方罚进，球队输了，煮熟的鸭子飞了，怎能使人不愤恨。待到球赛结束，回到宾馆时，主教练用手抚摸那位球员，给予安慰。那位球员眼里滚动着泪珠，用感激的眼光看着主教练，久久说不出话来，先前的委屈和怨恨之情顿时烟消云散。这就是近因效应的魅力。

3. 尾声不"尾"

心理学家们就举办画展、演讲、表演等做过深入探究后证明：开头或结尾，无论是好是差，都能抹杀中间内容70%的效果。做报告或演讲，首尾两端给人的印象更深刻、持久，也由于人们的注意力一般呈马鞍型，开头和结尾时注意力较为集中，中间相对有些涣散。所以，人们做演讲或报告、搞大型活动等，都要做好总结收尾工作。如果前面的大量工作做得有声有色，而结束工作却黯然失色，其成效便大打折扣，尾声不"尾"。为什么每一场演出要把最精彩的剧目和名角放在最后作为压轴，也是这个道理。

第五章　和谐人际：
优质人脉是经营出来的

亲和效应：广结人缘的最佳途径

在交际交往中，人们往往会因为彼此间存在着某种共同之处或近似之处，从而感到相互之间更加容易接近。而这种相互接近，通常又会使交往对象之间萌生亲切感，并且更加相互接近，相互体谅。交往对象由接近而亲密、由亲密而进一步接近的这种相互作用，就是心理学上的"亲和效应"。

张女士经营着一家化妆品公司，生意做得风生水起，下辖好几个门店，员工近百人。她能够有今天的成绩，是从化妆品推销员一步步做起的。由于此前在销售岗位上做了许多年，更能理解一线员工的不易，所以，她当上老板后，非但没有摆老板的架子，反而与员工打成一片，视她们如亲姐妹，谁家有个困难或者出现意外情况，她都会第一时间冲在前面，与当事者一起共渡难关。然而，作为老板，张女士也有自己的底线，就是不允许公司内的员工用其他公司的产品。对于这一情况，下属表示理解，并给予配合。让人没想到是的，新来的前台周小姐却破坏了规矩。那天，周小姐补妆后，没有及时将自己的化妆品收起来，恰好被张女士看到。

周小姐刚到公司，同事就给她介绍了老板不允许员工使用其他公司化妆品的规矩。周小姐发现被老板看到后，吓得赶紧把化妆品收了起来。张女士走到周小姐身边，把一只手搭在她肩膀上，微笑着，用轻松的口气说道："美女，你使用的化妆品不是我们公司的吧。"周小姐浑身汗毛直立，没敢出声，只是不住地点头，心想："这次被老板逮个正着，挨批是小事儿，说不定……"想到这里，周小姐不敢想下去了。

出乎意料的是，张女士并没有冲周小姐发火，抬起手拍了拍她的肩膀，没再说什么，转身离开了。更让人想不到的是，第二天，张女士将一套化妆品送给周小姐，说："其实我们公司的化妆品不比其他公司的差，你先试试，假如在使用过程中，出现不适或皮肤过敏，请及时告诉我。"

张女士的行为，让周小姐非常感动。她在使用一段时间后，将自己的体验告诉张女士。

就这样，公司所有的新老员工都有了一整套本公司生产的，适合自己的化妆品和护肤品。张女士亲自做了详细的示范。她还告诉员工，以后员工在购买公司的化妆品时可以打折。张女士亲和的态度，友善的口语表达，使她自然地与员工

|墨|菲|定|律|
Murphy's law

打成一片，成功地灌输了她正确的经营理念。亲和力易于消除人与人之间的隔膜，进而使传达者有效地把自己的思想传递给被传达者。

显然，张女士是一个具有亲和力的老板，这让她赢得了下属们的好感。人与人之间的交流中，亲和力是最重要的。我们在建立和谐人际关系时，千万不可把自己束之高阁，对周围的人爱搭不理，或是瞧不起某些地位比较低的人，我们应学会善待别人，尽量做到亲切温顺，让别人觉得你是个随和可亲的人，这样你就更能融洽地和别人相处。如果你想成为一个有亲和力的人，就应该对所有人一视同仁，用甜美的微笑去感染周围的每一个人。我们可以从以下几方面着手：

1. 像对待亲人一样对待周围的人

我们生活在一个复杂而又充满友爱的社会里。所谓复杂，就是每一个人都有自己的想法和对问题的看法；所谓友爱，则是指每一个人都有爱心，都愿意奉献自己的爱心。如果你能将他人当作亲人一样对待，那么他人也会把你当作亲人一样去对待。

2. 让对方从内心里笑起来

只有让别人从心里接受你，他才能喜欢你。因此，你可以对他人微不足道的优点予以夸奖，或是向对方赠送他喜爱的礼物，再或是与人聊天时多说说小笑话，这些都能增进人与人之间的亲密度，并给人留下好印象，提升你的亲和力。

3. 利用暗示指出别人的缺点和不足

对于别人的缺点和不足，大声地宣扬出来对你来说可没有什么好处，即使你是一番好心也会遭人厌恶。因此，当要指出别人的缺点和不足时，你不妨通过含蓄、委婉的暗示方法。这样不但能减少生活、工作上的摩擦和不快，还会使你与他人之间的关系变得更加和谐。

4. 利用赞美拉近彼此距离

任何人都喜欢听赞美之辞，因此良好关系的建立和保持一定离不开赞美，所以你要学会用欣赏的眼光经常去赞美身边的人。

5. 学会用沟通打开别人的心扉

大多数情况下，人们对事物的认识常常只停留在自己的理解层面上，他们在发表自己的想法时很容易忽视或排斥他人的意见。因此，你要提高自己的亲和力就要学会多与人沟通，多让自己了解别人的想法，这样才能拉近彼此间的距离。

6. 对处于困境中的人要伸出援手

人的一生不可能一路顺风顺水，总会经历这样或那样的困境。当你身边的人处于困境之中时，及时伸手帮对方一把，对方会对你心存感激，并对此念念不忘，继而会对你产生强烈的良好印象。

7. 差错效应可以让对方觉得你易于接近

你偶尔犯一些无伤大雅的小错误，不但不会让人觉得你愚蠢，反而会让别人更愿意接近你。因为不会犯错的圣人总是给人高高在上的感觉，而常常犯小错的凡人则会给人一种亲切的感觉。

第六章
管控情绪：让自己时刻保持最佳状态

生活就像一场不可逆转的比赛，情绪在其中是一股巨大的力量，要想赢别人，必须先赢自己。用平和的自己打败暴躁的自己；用大度的自己打败狭隘的自己；用博爱的自己打败怨恨的自己；用不生气的自己打败生气的自己。因此，这就需要我们管理好个人情绪。

| 墨 | 菲 | 定 | 律 |
Murphy's law

猫踢效应：时刻控制好自己的情绪

一个父亲上班时间受到老板的指责，一进家门正好看见自己的孩子在地上跑来跑去，父亲火不打一处来，把孩子大骂一顿。孩子心里也不高兴，看身边的一只猫正在打滚，就狠狠踢了一脚。猫大叫一声，迅速蹿了出去，这时正好一辆车开来，司机赶忙避让，撞伤了一旁玩耍的孩子。心理学家将这种现象称为"猫踢效应"，这是一种典型的不良情绪传染。人的糟糕情绪会一个接一个地传染，让毫无关系的他人成为最后的牺牲品。

人的不良情绪会相互传染、积累，并且程度越来越深。有些人被坏情绪侵袭，就将情绪传染给别人，谁知传来传去最后还是传到自己身上，弄得自己的心情一直无法恢复平静。

某公司上个月在中层领导会议中提倡：公司中层领导以上员工，在工作中都要保持好心情。所谓"老板不笑，员工烦恼"，如果领导总是表情严肃，眉头紧锁，员工也会产生相应的情绪，从而影响工作效率。如果领导情绪良好，手下员工也能保持愉悦心情。

作为公司中层领导的艾丽莎也积极倡导这次提议，不过她以为领导只是随口一说罢了，也没当回事。哪知领导真的当真了。一次艾丽莎查询工资卡，发现该月工资少了几百块钱，于是就到人力资源经理那儿要解释。人力资源经理说："你在公司的表情不好，员工情绪也受到影响，因此扣去了相应的罚金。"

艾丽莎本身就不喜欢笑，平时上班基本没有笑容，而且还喜欢发脾气。一次她领导的部门开会，下属们看她面部没有一点表情，以为她心情不佳。下属心想这时候进去肯定会挨骂，所以很多人都长时间在办公室门口等待，而且大家的心里也都忐忑不安，充满恐惧。

像这样的事情还不止一次。有好几次，部门员工都受到艾丽莎的情绪干扰，变得没有心情工作。正好公司出台了这样的规定，艾丽莎被员工举报了。

传递不良情绪被处以罚金的规定听起来似乎很搞笑，但这也说明情绪传染的力量确实很强大。如果一个人不约束个人情绪，随意让它流露、传播，那么他身

第六章 管控情绪：
让自己时刻保持最佳状态

边的很多人都会被他的不良情绪感染，从而为生活和工作带来负面影响。

情绪传染与细菌传染、病毒传染一样，使人的情绪和行为在不知不觉中就受他人的影响和支配，对自己原有的考虑和打算早已忽略。情绪感染会将一群人的情感统一在一起，使人放弃平常抑制个人行为的社会准则，全由他人情绪控制自我。例如几个小姑娘晚上在黑暗的乡间小路行走，其中一个姑娘跳起来说："我看到有个黑影从这儿飘过去，不会是看见鬼了吧！"这时，她的恐惧情绪立刻会传染给她的同伴。紧接着另一个姑娘说："啊呀，我也看见了，怎么办？"接着这种情绪一个一个传递到其他人心里，这时所有人都胆战心惊，乱成一团，早忘了自己来这儿要干什么，总之就使劲向前狂奔，赶快离开这个地方。

情绪传染最常见的方式是"循环反应"。例如一个人在一群人中掀起愤怒或恐惧情绪，这群人的行为还会加剧他原来的情绪，甚至引发他的情感爆发。

美国洛杉矶大学医学院的心理学教授加利·斯梅尔做了一个有关情绪感染的实验，意在证实人的情绪会在短时间内传播给另一个人，而当事人无从察觉。

斯梅尔将一个笑容满面和一个愁眉紧锁的人放在一起，还不到半个小时，这个笑容满面的人就变得愁眉苦脸起来。斯梅尔随后还做了一系列实验，证明人的大部分情绪，包括悲伤、快乐、恼怒等，都可以在短时间内相互传染，并且是在当事人毫不知情的情况下进行的。

斯梅尔认为人之所以会相互传递情绪，主要是因为有些人在情绪传递时占主导地位。这些人喜欢自我表达情感，在表达的时候还不忘加入肢体语言和动作，让人感同身受，因而别人就容易接收他的情绪传递。还有些人在群体中处于劣势地位，也很容易受他人情绪感染。例如下属容易受到上司的情绪感染。

当然，不是所有人在任何时候、任何情况下都会受到情绪感染，一个人的习惯爱好、价值观念、个性特征、当时的具体情况以及心境，都是决定这个人能否受到感染，并且受感染程度大小的因素。看到这些，可能多数人都会把情绪感染看成是危险的炸弹，认为它能引发人的恐惧、盲目与冲动。其实，情绪感染也并非毫无益处，如果运用得当，它也可以成为激发个人内心力量的动力。那么应该如何正确把握情绪感染呢？

1. 要坚定自己的信念和观点

一般来说容易受他人情绪影响的人通常都是缺乏主见的人。当这些人面对多种情绪时，很容易左右摇摆，别人欢笑他跟着欢笑，别人落泪他也跟着落泪，让自己不知不觉陷入别人的情绪之中。因此，我们应该鼓起勇气，坚定信念，面对别人的不良情绪敢于反抗。

2. 远离别人的负面情绪

人一旦形成某种固定的心态，很难被他人改变。例如一个悲观主义者看到什么东西都会想到悲伤的一面，就像《红楼梦》中的林妹妹，看到满地落花都能伤感地独自落泪。如果我们不能帮助他人改变情绪，又怕自己的情绪被他人感染，我们就只好选择远离政策。

3. 要多为自己寻找快乐的理由，别为消极情绪找借口

为了让自己经常保持良好的情绪，我们要善于发现生活中能令人开心的事物，例如，收到远方朋友的明信片、有人夸赞你的新衣服、深夜回家发现有一盏灯为你亮着、找到亲人最喜欢的食品等。这些都是生活赠予你的礼物，你应该为此感到开心。别忘了情绪是会相互传染的，如果你每天都能保持积极乐观的心态，你的好情绪就会传递给别人，这样一个传递给一个，你周围的人很快就都能拥有好心情。

道森定律：焦虑程度影响活动效率

1980年，心理学家叶克斯·道森在做动物实验的过程中发现，随着课题难度的稳步增加，动物的状态逐渐呈现出下降的趋势，这种现象称为"道森定律"。

后来，心理学家运用道森定律，对人类进行研究，结果发现：一个人智力活动的效率，与其相应的焦虑状态有一定的函数关系，表现的形式是倒"U"形曲线。

也就是说，一个人随着学习、工作和任务难度的增加，积极性、主动性及意志力也会随着增加。这时，个体表现的焦虑程度，对完成任务有促进的作用。但是，当焦虑超过一定的程度时，将会成为一种心理负担，严重影响个体能力的发挥。

传说中的后羿是天下无双的神箭手，别说百步穿杨，就是天上的太阳，也能射下九个来。他百发百中，射出的箭总是能够命中目标，可谓射术非常精湛。有一次，夏王偶然间听说后羿的超群技艺，就将他传入宫中一展身手。夏王命人找一个开阔处，在一百步之外的地方竖起一块用兽皮制成的箭靶，对后羿说："如果能射中靶心，我就赏赐给你黄金万两，可要是你射不中，我就要削去你1000户的封地。"

听完夏王的这番话，后羿的心情一下子变得非常紧张，他感到巨大的压力，

第六章 管控情绪：
让自己时刻保持最佳状态

这一箭决定着他是获得万两黄金还是失去千户封地。想着这些，后羿心潮澎湃，情绪难以平静。站在射箭的位置上，后羿将箭搭在弓弦上，拉开弓做好射箭的准备。然而，平时看上去不在话下的靶心，此刻却变得非常遥远。就是在这样的状态下，后羿射出了他一生中最差的一箭，居然没有射中靶心。这让在场的人感到非常失望，后羿也只好悻悻离开了王宫。

神箭手后羿没能射中靶心，其实就是因为他在夏王的赏罚之下变得焦虑起来，最终影响了自己的正常发挥。

在心理学上，"焦虑测试"可分为低、中、高三级水平。当人的情绪过于放松，一点儿都不紧张时，人的活动效率往往很低；当人的情绪比较紧张但又不过度时，行动效率最高，而当情绪过度紧张时，行动效率开始下降。

生活中，我们不乏这样的经历。比如，学生参加重要的考试，刚开始如果过度紧张，很可能会出现暂时遗忘的现象，从而发挥失常，而心情平静下来后便会很顺利地答完试题；面试时由于紧张，对面试官提出的问题明明知道答案，却回答得驴唇不对马嘴，从而失去就职机会；运动员在平时的训练中能展现出很高的水准，而在赛场上，由于过度紧张焦虑，很可能会出现失误，最终与奖牌无缘。这些都是道森定律在作祟。

道森定律告诉我们，紧张焦虑的程度会对我们能力的发挥产生影响：轻度紧张、适度焦虑，相当于神经内分泌功能的总动员，会调动自己心理、生理的各种积极因素，以应付紧张情况，有助于临时竞技水平的发挥。但是，如果过分紧张、焦虑过度，即测试焦虑达到第三级水平时，会出现上述精神疲劳和心理疲劳现象，严重影响能力的发挥。

因此，要想发挥出最佳水平，我们就应该注意调节好自己的情绪，保持适度的压力和轻度的兴奋。

生活中，紧张焦虑是不可避免的，我们能做的就是，当不良情绪状态出现时，找到适合的方法，及时去缓解它，尽快摆脱这些不良情绪，将负面影响降到最低。总结起来，消除焦虑的方法主要有：

1. 临场活动法

科学研究表明，紧张情绪会使体内产生大量的热能，而原地走动、小跑、摇摆、踢腿等活动可以释放紧张情绪产生的热量，缓解紧张情绪。在进考场前、在准备上台演讲前，都可以先活动活动。

2. 系统脱敏法

事前将可能出现的结果都写在纸上，然后按照好坏程度对它们进行排列。接着从最坏的结果开始，对自己说：即使是这样，也只能这么糟糕了。对好的结果，则告诉自己：通过努力能取得这样的结果，我就很满意了。

3. 注意力转移法

例如，自我按摩、听听音乐、深呼吸，或者一直观察某个物体，细心分析、琢磨它的颜色、形状等，这样可以将注意力从让我们焦虑的事情上转移开。科学研究发现，人的焦虑与肌肉的紧张有很大关系，而当我们的肌肉在其他活动中松弛下来时，焦虑也就基本上被控制住了。

4. 自我暗示法

出现紧张焦虑时，我们可以告诉自己："不过是平常的一天而已，无非这件事重要而已。我现在紧张，是因为我把这件事看得太重。我没必要紧张，没关系的。"或者告诉自己："我是最优秀的，如果我都不行，那么别人肯定也不行。"

总之，只要我们能够正确地认识道森效应，选择适当的方法调整好心理状态，焦虑就会慢慢地被消除，我们也就能够正常甚至超常地发挥自己的水平。

空虚效应：努力的人，内心永远不会空虚

有许多人常常抱怨生活单调，工作枯燥，觉得什么事都"没劲"。这种状态就是人们常说的心灵空虚。内心空虚的人，往往没有追求和远大的理想，就像一只无头苍蝇到处乱飞乱撞，感到生活像漫漫长夜，没有边际，看不到任何希望。

一般而言，所谓的空虚，指的是一种百无聊赖、闲散寂寞的消极心态，是内心不充实的表现。空虚是一种社会病，普遍存在于社会生活中。当社会价值多元化导致个人无所适从，或者个人不满足的本性遭到长期打压时，就很容易出现这种不良心理，其表现包括抑郁、忧郁、孤独等病态。心理学上，称这种不良心理为"空虚效应"。

内心空虚的人不会有人生规划，而没有人生的奋斗目标，也就不会感受到奋斗的乐趣和成功的愉悦。在这种状态之下，人们常常感觉自己是在混日子，不思进取，得过且过，不求有功但求无过。因为心灵空乏虚无，寂寞无聊，空虚者会寻求刺激，如抽烟、喝酒、赌博、闹事等，以这些方式来消磨时间。内心的空虚寂寞如果得不到及时地调整，长此以往，个别人甚至会出现偷盗、抢劫等行为，走上违法犯罪的道路。没有人生规划、没有奋斗目标的人，实际上是把社会责任推诿给了他人，自己总想着不劳而获，坐享其成。

第六章　管控情绪：
让自己时刻保持最佳状态

在现实中，空虚的状态常常出现这样两种情况：一种是物质条件优越，无须为了生活而奔波劳累，习惯并满足于享受，不知道也不愿知道人生的真实意义，没有"生活目的"这一概念。另一种是好高骛远，没有设定合理的目标。如对小事情或小目标不屑付出与追求，而自己理想中的目标又无法达到。这样的结果只能是无所追求，心灵虚无空荡，精神无从着落。心理学家发现，一个人的内心世界越丰富，其寂寞感就越少。因为这样的人，随便做点儿什么事，都比较容易填满无所事事的时间。

就个体而言，那些对自我缺乏正确认识的人，其内心比较容易出现空虚寂寞。有的人对自己没有信心，甚至经常对自己持否定态度，表现为整天忧虑，思想空虚；有的人觉得自己非常有能力，然而社会却没有给带自己提供一展才能的机会与条件，这种落差使其陷入自认为是"虎落平阳"的窘境中，常常感到无奈、沮丧。还有的人因为对社会现实和人生价值存在错误的认知，不能处理好社会现实与个人利益的关系，当两者之间产生冲突之时，往往会过分在意个人得失，如果个人要求得不到满足，就心怀不满，由此产生失落困惑的情感体验。

在今天，人们也经常将空虚效应运用在生活和工作中。如在挑选和训练宇航员时，会把他们长时间安置在与外界完全隔绝的专门的实验舱内。进行这种检验，目的是考察宇航员的抗寂寞能力。因为如果宇航员没有较强的抗寂寞能力，将难以完成艰巨的太空飞行任务。

我们可以看到，有些人虽然从事的工作枯燥而烦琐，但他们并没有感到空虚寂寞。他们热情地投入到工作中去，享受工作的乐趣。相反，有些人平时情绪很正常，一到了星期天却感到郁闷，这就是人们常说的"星期天沮丧征"。在忙了一个星期后，到了周末可以好好休息，参加一些活动，对此人们应该高兴才是，为什么却会感觉到寂寞呢？

出现这种状况，大概有两种原因，一是单身人士，周末他们看到别人约会、外出活动，自己却孤单一人，对比之下，不可避免地出现寂寞感。另一种情况是因为周末过后，人们又将面对接下来一周的紧张工作，于是在星期天便开始感到心情烦躁，特别不想上班做事。对于这些状况，心理专家给出的建议是：提前准备，搜集信息，尽早做好周末活动的安排，或者去郊游，或者去娱乐，或者去学习充电，总之要让自己过得充实。对于新的一周的工作，要坚决按照制订好的工作计划去执行，全身心地投入，始终有个信念，那就是把工作完成得最出色。

空虚感能够消磨人的斗志，侵蚀人的心灵，使人的生命变得毫无价值。那么，日常生活中我们怎样才能防止和排除心理上的空虚呢？

| 墨 | 菲 | 定 | 律 |

Murphy's law

1. 多读书

每本书都为我们打开了一扇窗户,让我们发现色彩绚丽、令人陶醉的新世界,让我们的心灵变得充实,使我们跳出狭小的天地畅游在宽广的知识海洋中。因此,无论你有多忙碌,都应尽量抽出一点时间去享受读书的乐趣。这样即使你一人独处,也不会感到空虚和寂寞。

2. 学会谨慎交友

社交圈的大小与空虚没有多大的关联。真正的朋友总是互相帮助、互相勉励,他们在你遇到挫折时开导你,在你情绪低落时激励你,在你春风得意时提醒你,在你空虚寂寞时陪伴你。与他们在一起,你还会感到空虚吗?

3. 专注地去做事情

当一个人集中精力、全身心投入工作时,就会忘却空虚带来的痛苦与烦恼,并从工作中看到自身的价值,使人生充满希望。生活中有很多有趣的事情,只要我们善于发现并投入其中,就能够远离所谓的空虚寂寞。

心理摆效应:做情绪的主人

传说,在古老的以色列,有一个叫作雷蒂亚的人。每次和人发生矛盾生气的时候,他从不和人争执,而是以很快的速度跑回家去,绕着自己的房子和土地跑三圈,然后坐在田边喘气,气顺之后,便更加勤奋地劳作,结果他的房子越来越大,土地也越来越宽广。但不管房地有多大,只要与人争论生气了,他还是会绕着房子和土地跑三圈。雷蒂亚为何每次生气都这样做呢?有人无数次问他,他一概拒绝回答。雷蒂亚很老时,有一次与家人生气了,他又拄着拐杖步履蹒跚地围着宽广的房子和土地艰难地走了起来。等到他好不容易走完三圈后,太阳已经落山。孙子就劝他回家。可他坚决不肯,一心要坐在地边喘气。孙子无法,只好在一旁陪他。期间,孙子说:"您看,附近的人数您年龄最大,房子和土地也没有人比您的更大了,您不能再像从前,一生气就绕着房子和土地跑啊!最让我不明白的是,为什么您一生气就要绕着房子和土地跑上三圈呢?"

雷蒂亚禁不住孙子的再三恳求,终于说出隐藏在心中多年的秘密,他说:"年轻时,我一和人吵架、争论、生气,就绕着房地跑三圈,我边跑边想,我的房子这么小,土地也这么小,我哪有时间、哪有资格去跟人家斗气,一想到这里,气就消了,于是就把所有时间用来努力工作。"孙子又问:"可是现在您年

第六章 管控情绪：
让自己时刻保持最佳状态

纪大了，又成了最富有的人，为什么还要绕着房子和地跑？"

雷蒂亚叹了口气说："我是边走边想，我的房子这么大，土地也这么多了，我又跟人计较什么？一想到这儿，气就消了。"

这种心理现象后来被心理学家总结为情绪的"心理摆效应"。多数人都不理解，一个正常的人为什么会产生心理摆效应呢？这主要有如下几个原因：

第一，心理存在着一种起伏现象。这是说，人的心理变化犹如大海的波涛，潮起潮落，经常按照一定的规律变化。而这种变化总是在心理的两极来回摆动，从而产生心理摆效应。

第二，心理摆效应的产生与个人的两极循环人格密切相关。有些人的人格特征总是两极心理状态很明显，一会儿狂喜，一会儿宁静；一会儿激情万丈，一会儿心灰意冷；一会儿快快乐乐，一会儿哭哭啼啼；一会儿爱，一会儿恨，等等。这些人特别容易产生心理摆效应。

第三，与环境、角色反差较大有关系。一般来说，环境与角色反差较大的人，心理摆效应易产生；反之，不太容易产生。心理学家认为，人的感情在外界刺激的影响下，具有多度性和两极性的特点。每一种感情具有不同的等级，还有着与之相对立的情感状态，如爱与恨、欢乐与忧愁等。在特定背景的心理活动过程中，感情的等级越高，那么在这种情形下出现的"心理斜坡"就越大，因此也就越容易向相反的情绪状态进行转化。

要想让自己的情绪保持一种平和的状态，就必须学会调控情绪，做自己心灵的主人。

控制情绪需要一种良好的心理素质。具有这种心理素质的人，能够非常有效地管理和控制自己的情绪，最终实现自己的目标，取得成功。

纵观世界上那些伟大的人物，他们在面对突然变故的时候，没有一个人会表现出抓狂、歇斯底里等情绪失控的状态。因为这些人都明白一个道理，那就是一旦情绪失控，在心理上就已经处于下风，因而就无法思考应对的策略了。我们可以试想一下，如果一个集团的领导人在面临突变的时候情绪失控了，他的那些手下会怎么样？一定也会随着领导变得歇斯底里而慌作一团。所以说，这些伟大的人物总是能够统领大局，运筹帷幄。

可以说，一个人如果能够懂得如何让自己避免情绪失控，在面对突变时也依然能处事不惊，那么他的内心一定会是稳固而强大的。这样的人往往都有一种统率众人的能力，让周围的人不自觉地信任他、依赖他、听从他的安排。所以说，这样的人是最具有成功者素质的。

那么，在面临自己无法驾驭的事态时，我们要如何避免情绪失控呢？下面我们就一起来看看避免情绪失控的具体方法。

1. 想要避免情绪失控，我们就要学会转移自己的情绪

换句话说，我们要学会躲避这种突发事件带给自己的刺激，将注意力引到别处。

有一家制作皮鞋的工厂，因为谈判失败，眼看就要面临倒闭，全厂上下都陷入了一片恐慌。而这时，老板却在自己的办公室给一个在国外非常要好的朋友打了个电话，其间并没有提及自己快要破产的事情，只是与老友叙旧，并询问他在国外过得好不好等相关情况。挂断电话后，老板将员工召集起来，和大家说："因为两次生意的失败，我们企业已经快要破产了。大家努努力，在工厂倒闭之前，我们要做出最好的皮鞋，证明我们曾经存在过！"正是老板的这种气势，带动了大家的情绪。员工们加班两天，终于赶制出了一批质量非常好的皮鞋，帮助工厂摆脱了这次危机。

如果这个工厂的老板没有及时地转移自己的情绪，也和员工一样恐慌、歇斯底里，那么他就有可能在冲动下将自己一手建立的工厂拱手让人。所以说，当你觉得自己的情绪快要失控时，不妨去做一些别的事情，分散一下自己的注意力，也许就能渡过这次情绪危机。

2. 适当宣泄自己的情绪

当然，这里的宣泄情绪并不是说，在自己的情绪濒临失控时宣泄，那样只会彻底引发情绪的失控而已。我们说的适当宣泄，是指不要将自己的恶劣情绪积攒下来，而是时不时地找人倾诉一下，这样在面临突发事件时，就不至于让自己的情绪突然失控，变得歇斯底里。

3. 养成经常思考的好习惯

如果一个人经常思考，他的思维就会变得非常开阔，在面临突发事件时，他就会很容易分析出问题出在哪里。这样，他就可以找出解决问题的方法，自然也就不会情绪失控了。同时，一个经常思考的人，他会很清楚自己什么事情可以解决，而什么事情无法解决。为避免这些无法解决的事件发生，他一定会做出很充足的准备，这样自然就避免了这种"突然性"刺激，也自然会避免情绪的失控。

在人生旅途中，一个人的内心如果足够强大，能够在任何情况下都承受住冲击，他就很难被打倒。这样的人能够主宰自己的情绪，所以他们的心态在任何情况下都能够保持稳定。他们知道如何在逆境中寻找希望，也知道如何面对生活中的那些突发事件。对他们而言，所有的这些意外和挑战，都只是走向成功必然要

第六章　管控情绪：
让自己时刻保持最佳状态

经历的一种磨砺而已。而这些人，最终都会走向自己事业的巅峰。

齐加尼克效应：让行动有条不紊的智慧

在工作中，很多时候由于时间紧迫，往往不能等到完成一项工作再去做另一项工作，而要几项工作重叠在一起来完成。但你是否想过，这样会带来多大的压力，又会对自己的情绪造成什么样的影响吗？

看看身边那些忙碌的人：为尽快赶出稿件，报刊编辑下班回到家里依然面对着电脑在组稿、编排；科研人员没有休息的时间，那些研究课题占据了整个生活……或许你就是他们其中的一员，总是被一大堆的工作弄得焦头烂额，那些没有解决的问题或未完成的工作像"恶魔"一样困扰着自己，使自己心理紧张、疲惫不堪。这时候，你就应该反省一下，工作固然重要，但不能为此而牺牲生活的全部。如何既能不耽误工作，又能让自己的心理处于轻松状态呢？找对方法是解决这些问题的关键。

法国心理学家齐加尼克指出，当人们面对一项工作的时候，就会产生一定的紧张心理，只有工作结束之后，紧张才会消除。假如工作没有完成，紧张的状态就会一直持续下去。这种因工作导致的心理上的紧张状态就是"齐加尼克效应"。为了更好地了解齐加尼克效应，我们先来看看齐加尼克做过的一个实验。

齐加尼克找来了一些人，将他们分成两组，然后让他们完成20项任务。在完成任务的过程中，齐加尼克从中"使坏"，干扰其中的一组，使他们不能完成任务；另外一组则没有受到任何影响，他们顺利地完成了任务。在整个实验过程中，齐加尼克发现，一开始的时候，面对将要完成的任务，两组人都出现了一种紧张的状态。实验结束后，受到干扰的一组由于没有完成任务，仍然表现出紧张状态，而顺利完成任务的那一组人则没有出现紧张状态。

为什么会出现这样的结果呢？原因就在于，那些没有完成任务的人，他们被未完成的工作所困扰，紧张的心理状态难以消失。在这个竞争激烈的时代，人们的生活、工作节奏在加快，这也使得人们的心理负荷日益加重。以脑力劳动者为例，脑力劳动是以大脑的积极思维为主的活动，具有持续而不间断的特征，一般是不受时间和空间限制的，所以脑力劳动者的紧张感往往是持续存在的。值得我们注意的是，紧张的心理状态非常不利于人的身心健康，对人们的生活和工作都会造成不良的影响。

| 墨 | 菲 | 定 | 律 |

Murphy's law

俗话说,有其因必有其果,面对工作,人们出现紧张的状态的原因主要包括不恰当的工作方法以及生活工作中的一些因素。

不恰当的工作方法,如前面提到的,有时候人们要同时做好几件事情或者完成几项任务。出现这种情况,往往是安排不合理造成的。面对多项任务对,应该做一个总体规划,对所有任务进行排序,这样哪些必须先完成,哪些又是可以缓一缓的,就一目了然了。

凡事要分轻重缓急,在某个时间段只做一件事情。当我们凝聚心神、集中精力去做一件事情的时候,我们的潜能才会得到最大限度的发挥,这样做起事情来既轻松、高效,又能把事情做好。相反,如果同时完成多项任务,频繁地从一项工作转换到另一项工作,这样不仅浪费精力和时间,而且效果也不好。从心理角度来说,面对一大堆没完成的工作,人们会感觉到巨大的压力,变得心浮气躁,而且任务拖得越久,紧张的状态就会越严重,最终可能导致什么事情都做不好。当一项任务完成以后,人们的内心往往会有一种解脱感和满足感,即齐加尼克效应中的"紧张状态消除"。保持这样的轻松状态,我们才能去完成下一个任务。

其实,无论是做一项工作还是同时做几项工作,人们都免不了会出现紧张状态,感觉到压力。这就需要我们了解是哪些因素导致紧张、压力的产生,然后有效地去限制或者消除它们。对于多数人来说,导致在工作中出现紧张、压力的因素包括工作时间长、对工作与生活失望、得不到同事的支持等。

有的时候,由于任务量大,时间紧,为保证任务按时完成,人们通常要加班加点,甚至是通宵达旦。在这样的高强度工作下,人们往往会产生厌烦心理,于是便产生了工作压力。有些人一心只想着工作,将全部精力都投入到工作中去,完全忽略了必要的休闲娱乐以及社交活动,无形之中给自己带来了莫大的压力。此外,工作中缺乏与同事的沟通与合作,得不到同事的支持,或者与同事的关系紧张,更加重了工作压力。人们与周围人的关系和谐与否会直接影响到工作心情的好坏,如果一个团队能够相互支持,有效沟通,和谐共处,那么就可以保持良好的工作状态,有利于工作压力的减轻。

在了解了这些导致紧张、压力出现的原因之后,我们就应该采取相应的对策,及时缓解和消除紧张状态。

首先,客观地认识压力的存在,正确面对工作中的压力。从某种角度而言,如能有效地将压力转换为动力,将有助于个人的成长。

其次,不要忽略了生活,多与家人、朋友沟通交流,以获取心理支持,增强自信，舒缓压力。

最后，合理地安排时间，把最要紧的工作先完成。同时，改变拖拉的习惯，提高工作效率。相信只要我们能够做好这些，并不断地去总结与实践，就可避免被紧张状态所困扰。

野马效应：不被愤怒牵着鼻子走

非洲草原上，故事每时每刻都在上演。那么，当吸血蝙蝠遇上野马，谁将是胜利者呢？

对野马来说，吸血蝙蝠无疑是个"小家伙"，即使会吸食鲜血，也还是个"小家伙"，完全不用放在眼里。然而吸血蝙蝠就是这样的不识趣，竟然叮在野马的腿上开始吸血。起初，野马使劲儿地撂了一下腿，试图把吸血蝙蝠从腿上甩到地上，到时它就可以用蹄子把那可恶的"小家伙"踏扁了。然而，让野马气愤的是，它竟然失败了，"小家伙"仍然牢牢地叮在腿上。愤怒的野马开始用更大的力气撂腿，它还是失败了；接着它再一次用力，仍然没有成功……最后，野马愤怒了，它开始狂奔。遗憾的是，直至野马在愤怒与狂奔中耗尽了体力，甚至死去，也没能把吸血蝙蝠从腿上甩下去。

在吸血蝙蝠与野马的争斗中，似乎是吸血蝙蝠出人意料地战胜了野马。然而，让野马失败，甚至死去的，真的是吸血蝙蝠吗？

动物学家们指出，吸血蝙蝠所吸的血量极少，根本不足以令野马死去，并且，吸血蝙蝠也不带毒素，完全不会令野马失控。野马真正的死因是愤怒和狂奔。心理学家们进一步指出，吸血蝙蝠叮在野马的腿上吸食其鲜血这一外因并不是野马死亡的原因，而这一外因所引起的野马的剧烈情绪反应才是其死亡的真正原因。

生活中，像野马一样的人并不在少数。很多人碰到一点点不顺心的事就情绪失控，或者暴跳如雷、大发脾气，或者悲伤绝望、自怨自艾，不仅让事情变得更加糟糕，而且对自己的身心造成伤害，严重的时候甚至可能摧毁自己的人生。这听起来似乎非常愚蠢，但大多数人总是在重复着这样愚蠢的事情。

心理学将情绪分为喜、怒、哀、乐四大类。其中，怒是一种很普遍的不良情绪，它会让我们失去冷静和理智。

生活和工作中，很多事会让我们不顺心，很多人也会让我们难以忍受，这些

| 墨 | 菲 | 定 | 律 |

Murphy's law

都会引起我们的怒火。很多人发怒之后,不能够控制自己的怒气,他们会被愤怒牵着鼻子走,做出错误的决定。因此,一个情绪化的人,一个不能够控制自己怒气的人,很难获得别人的认可,很难取得大的成就。

皮索恩就是一个不会控制自己怒火的军事领袖,他虽然很有指挥才能,但总是会在情绪的驱使下做出一些不理智的事情。有一次,皮恩索手下的两名士兵外出侦察。却只有一个回来了。当皮恩索询问他另一个士兵下落的时候,他说不上来。皮索恩怒不可遏,当即决定绞死这个士兵。

就在这个士兵将要被绞死的时候,他的同伴回来了。这时候士兵们很高兴,他们觉得自己的战友得救了。于是,他们找到皮索恩,心想,他也会因手下失而复得而高兴。但结果出人意料:领袖由于羞愧而更加愤怒,结果连带着把失踪又回来的士兵以及没有立即执行命令的刽子手一起处死了。

作为一个军事领袖,皮索恩由于没有克制自己的冲动,在短时间内竟处死了三个人,在这样的举动之下,他在士兵中会营造一个怎样的形象?假如你是皮索恩的上司,得知他这样处理军务之后,你会怎样对待他?还会将军事指挥权赋予他吗?因此,能否有效驾驭自己的情绪,控制自己的脾气至关重要。本事一定要比脾气大。

拿破仑在19世纪初的时候纵横欧洲,所向披靡,但是这也引起了很多人的不满。1809年1月,拿破仑正在西班牙的时候,中欧发生了一场新的战争危机,拿破仑命内伊和苏尔特率兵驻守西班牙,自己返回法国。当时,塔里兰是法国的外交大使,他秘密筹划着一项活动,旨在造反。拿破仑刚一抵达巴黎,他的情报员就将塔里兰密谋造反的事告诉了拿破仑。接着,拿破仑召开了一次会议,各大臣奉命前去参会,塔里兰也不例外。

拿破仑其实也察觉到塔里兰的不忠,但是苦于没有证据,因此既愤怒又苦恼。会议开始时,尽管拿破仑旁敲侧击地点出塔里兰的阴谋,但塔里兰却面不改色。为此,拿破仑的情绪非常激动,再也无法遮掩自己的内心活动,他于是走到塔里兰跟前说:"某些大臣图谋不轨,巴不得我早点儿死掉!"面对这样的形势,塔里兰依旧泰然自若,透过他的眼睛,在场的人只可以看到一丝疑惑的神情。这时,拿破仑再也按捺不住了,他朝塔里兰吼道:"我授予你至高的荣誉,赐给你大量的财富,你却阴谋造反!如此的恩将仇报,你还配做人吗?我觉得你跟穿着丝袜的狗没什么两样。"一阵咆哮之后,拿破仑头也不回地走了,大臣们则你看看我,我看看你,满脸的惊讶。

在这之前,众大臣从未见拿破仑这样失态过。没想到的是,塔里兰这时仍然

第六章 管控情绪：
让自己时刻保持最佳状态

显得非常镇定，他缓缓地站起来说："如此体面的人物今天居然这样粗鲁，我感到很震惊，在座的各位也觉得很意外吧！"后来，塔里兰扬言："这是失败的开端。"拿破仑怒斥塔里兰的消息可谓不胫而走，在人们之间迅速传播开来。正如塔里兰所扬言的一样，此后，拿破仑的声望大大下降了，他的政治生涯走上了下坡路。

拿破仑难以抑制自己的愤怒的时候，就是他失败的开端。其实对于任何人都一样，当你的内心被魔鬼占据，迷失了心性，还谈什么成功？

我们要想做对事，要想取得一个又一个的胜利，就要培养自己的心理素质，学会控制自己的愤怒，沉稳冷静地做事，一步步走向成功。

美国研究应激反应的专家理查德·卡尔森曾说："人们要接受一件事，那就是生活是不公平的，任何事情都不会按计划进行。遇到不顺心的事情时，要冷静下来，要理解别人，不要让不良情绪牵着鼻子走。只有让自己保持良好的心理状态，避免垃圾情绪的积压，才能够总是以最好的形象出现在别人面前，才能获得更多人的认可和支持。"

杰斐逊是美国众议院的一名议员，他一直想要竞选市长。在初期的演讲中，他取得了一些选民的支持，但是相对于自己的对手，还是显得微不足道。有一天，一位大银行家与他的对手会谈后迎面遇到了杰斐逊，杰斐逊礼貌地打招呼，但是这名银行家显得非常傲慢，他说："没有我们财团的支持，就你，如果你活得长一点儿，你或许可以竞选成功。"

杰斐逊当时就被气得话都说不出来了，银行家的话无疑是讥笑他没有更多的支持，没有前途。但是杰斐逊却很好地将他的气愤转变成了一种动力，更加努力地演讲、竞选，通过一轮又一轮的竞争，民众逐渐认识到了杰斐逊的真诚，杰斐逊也在最后时刻成功逆转，当选市长。

意大利商人安东尼·迪比奥在谈及自己成功的经验时说："我并不是什么天才，在这世界上比我聪明、有才华的人比比皆是，之所以我能够超过他们取得成功，只是因为我比他们更善于控制自己的情绪而已。"其实，控制情绪并不能说是一项技巧，这是一种心态，是心理强度的外在体现。

仔细观察你的周围，哪一个成就非凡的人不是沉稳冷静？所以，我们无论身处何种境地，都要保持一种稳重的心理状态，不让愤怒牵着鼻子走。只有这样，才能够总是做出正确的选择，才能够让别人看到你的成熟心态和应变能力，才能赢得更多的支持。

延迟满足效应：惊奇过度，人容易冲动和失控

俗话说："心急吃不了热豆腐。"在面对各种选择的时候，千万不要被眼前的一点小利所诱惑，而丧失了钓到大鱼的机会。在下决定的时候一定要慎之又慎，瞄准目标就要坚持到底，即使迟延满足也要实现自己的最终目标。

在发展心理学研究中，有一个被称为"迟延满足"的经典实验，该实验由美国斯坦福大学的心理学家瓦特·米伽尔主持。

实验者走进一家幼儿园，对一群四岁的孩子说："桌上放了四块糖，假如你们能坚持20分钟，等我买完东西回来，你们每人都可以得到两块糖。但是，假如你们不能等这么长时间，那每人就只能得到一块糖，现在就可以给你们。"对四岁的孩子来说，这是两难的选择，所有的孩子都想得到两块糖，却要为此熬20分钟；而要想把糖马上吃到嘴里，则只能吃一块。

实验结果：2/3的孩子选择等20分钟拥有两块糖。当然，对孩子们来说，这是一个挑战，他们很难控制自己的欲望。为了不受糖的诱惑，为能熬过20分钟，不少孩子只好把眼睛闭起来傻等，有的用双臂抱头不看糖，有的则用唱歌、跳舞转移自己的注意力，还有的孩子干脆躺下来睡觉。

另外1/3的孩子选择现在就吃一块糖。实验者一走，他们在一秒钟内就把那块糖塞到了自己的嘴里。

经过12年的追踪，该实验的实验者发现，那些熬过20分钟的孩子（已是16岁了），他们多有较强的自制能力，自我肯定，充满信心，处理问题的能力强，坚强，乐于接受挑战；而选择吃一块糖的孩子（也已16岁了），他们则多表现为犹豫不定、多疑、妒忌、神经质、好惹是非、任性，经受不住挫折，自尊心易受伤害。

后来，实验者又持续了几十年的跟踪观察。事实证明：那些有耐心等待吃两块糖的孩子，他们在事业上比那些不愿意等待的孩子更容易获得成功。

在心理学上，这种从受试者小时候的自控实验中能预测其长大后的个性的效应，被称为"延迟满足效应"或"糖果效应"。

这个心理学效应给我们这样的启示：那些自制能力强的人，他们往往能很好地控制和约束自己的行为。在面对眼前的诱惑时，他们可以抑制自己内心的冲动，坚决地拒绝各种诱惑，延迟满足自己的需要。

第六章　管控情绪：
让自己时刻保持最佳状态

当今世界丰富多彩，变化万千，让人经常处于随意注意与不随意注意的斗争之中。所谓随意注意，就是指人要用意识来控制注意，例如写文章、背单词就属于随意注意；而不随意注意，指的是事先没有目的，不由意识控制，而是在外界有趣、新颖、奇怪的事物刺激下引起的注意，例如当学生们都在教室上课，突然从外边来了一个人，这时，学生们的注意力就会中断，不由自主地去关注进来的人，这就属于不随意注意。

惊奇是意外发生时，一种短暂的情绪体验，它就是伴随不随意注意产生的。惊奇的种类有很多，有飞来横福的惊奇，有大难临头的惊奇，有大街上五光十色霓虹灯给人带来的惊奇，也有巨大响声和强烈光线给人带来的惊奇。总之，不管惊奇感来自何处，你都需要承受惊奇为你带来的影响。

有的人时常希望生活之中处处有惊奇，但是他们不知道惊奇也可能带来不好的结果。因为惊奇冲昏了人的头脑，人很容易做出不理智的决定，从而影响自控能力。

方明一次买刮刮乐彩票中了 100 块钱，他一时兴起，花些钱买了点烟酒食品，把手中剩余的零钱买了四注福利彩票，还自己开玩笑地说："今天运气不错，没准真能中个大奖。"等到开奖那天，他守在电视旁边对手中的彩票，没想到，其中三组号码真的与开奖号码一模一样。方明做梦也没想到他竟然能中 500 万大奖，真是惊奇得不知道怎么办才好。他到福彩中心去兑奖，兴奋地跟周围的人说："我中大奖了。"别人还好心劝他不要声张，但他实在控制不住。他到银行存款，还看中一款理财产品，没等理财经理仔细介绍，方明就不假思索地买了。方明还为自己换了一身新衣服，配置了最新款手机，后来想到自己以前最大的愿望就是买一辆代表有钱人的宝马车，于是来到宝马4S店。宝马车销售人员看他形象气质不像买得起名车的人，所以没有向他详细介绍。方明很不满，一气之下决定买车。等他交费之后，才想起来自己原来还没有考驾照呢。

方明就是被从天而降的惊奇冲昏了头脑，所以言行失去控制，做了一系列不理智的行为。其实人的大脑并不喜欢太多惊喜，惊奇过度，很容易引发自控力下降。

美国范德堡大学心理系的研究团队做了一项实验，他们要求被试者们参与一个游戏，就是在电脑屏幕上不断随机出现的字母中，识别出字母"X"，然后进行确认。在被试者们完成游戏的同时，电脑会自动记录识别的正确率，实验人员也会利用功能性核磁共振成像记录来观察他们脑区的活动。

这个游戏看似无聊，也毫无挑战性，不过，令人意想不到的是，屏幕中会随

墨菲定律
Murphy's law

时出现一张"人脸"让被试者感到惊吓。当"人脸"第一次出现时，果然让被试者们大吃一惊。他们受惊吓后，识别字母的正确率明显下降。随着"人脸"多次出现，被试者们识别字母的正确率随之回升，原因是他们已经适应了这张"人脸"。实验人员通过分析功能性核磁共振成像的数据，发现识别字母"X"和识别"人脸"，都会激活一个叫作额下回交界处的脑区。而科学家认为这个脑区起着协调多种注意、保证多任务顺利进行的功能。因"人脸"出现带来的惊奇感会增加这个区域加工的负担，让大脑出现一片空白的情况，所以会干扰被试者在游戏中的识别正确率。

可见经历"惊奇"事件对大脑来说是一种负担。人无论感到惊喜还是惊吓，都会影响自我控制能力。据科学分析发现，惊喜、惊吓的出现，会给大脑的注意力协调系统施压，分散个人对其他事情的注意力。但是，注意力是维持自我控制的关键，如果一个人的注意力维持行为呈下降趋势，说明他的注意力被惊喜和惊吓分担掉一部分，所以人的自我控制能力也会下降。就像人们在聚精会神读一本书的时候，突然外边一声巨响，人们被惊了一下，在一段时间内是无法专注读书的。

人活一世，不可避免会经历"惊奇"事件。所有意外的东西，包括意外财产、意外胜利、意外失败、意外死亡、意外邂逅、意外破产等，都会让人的自控力下降。例如男方向女方求婚时，都喜欢给对方意外的惊喜，这样能增加成功的可能性。有人会借口自己出事，让家人和朋友把女方带到一个地方。女方怕男方有危险，正在惊慌失措、心乱如麻的时候，四周突然响起了音乐。所有人随着音乐翩翩起舞，前方突然出现一个人，拿着鲜花和戒指在众人拥簇下走了过来。女方发现这人就是她的男友，接着男友单膝跪地向她求婚。她还没从刚才的惊慌中恢复过来，立即又转为惊喜状态，很容易答应男方的求婚。

人在思考或者做决定的时候，都要依靠注意力的参与。当男方通过意外惊喜的方式向女方求婚时，女方被惊喜、惊吓分散了一部分注意力，在做决定的过程中就很难独立思考，从而更容易一时冲动，做出决定。

决策需要人保持理性，不应被刺激带来的情绪干扰。只有理性地思考，才能做出理性的决定，这样也不容易被别人利用。如何避免惊奇感带来的负面影响呢？最重要的就是提高警惕。当你感到惊奇、惊喜或惊吓的时候，先把需要决策的事情往后放一放。深呼吸，让自己的情绪平静下来，冷静地思考问题，这样就能避免意外惊奇导致的失控。

第六章 管控情绪：让自己时刻保持最佳状态

漏斗效应：嫉妒是心灵的杂草，一定要根除

　　漏斗效应是指当流体从管道截面积较大的地方运动到截面积较小的地方时，流体的速度会加大，类似水流过漏斗时的现象。心理专家提醒我们，无论"同行是冤家"的抱怨，还是对自己的生活过得不如别人好的抱怨，或者对自己的奖金为什么比别人少的抱怨……种种抱怨可以用"嫉妒"来总结。没有嫉妒，就没有抱怨。嫉妒就像一个漏斗，随着沙漏加大，嫉妒会吞噬一切美好的事物，最后牢牢被嫉妒所控制。因此，生活中我们一定要杜绝嫉妒心理的产生。

　　起初，李太太是位本分的家庭主妇，每天的工作就是打扫、煮饭、洗衣、洗碗、照顾小孩……总之，她觉得自己诠释了"围着老公孩子锅台转"这句话的内涵。尽管如此，她一点儿也未感到单调与乏味，反而觉得侍候好老公和孩子，是女人的宿命。

　　可她平静的内心，却因一个人而产生了波澜。原来，她的对面搬进来一位女人，这位女人美丽自信。当她与美丽的女人相遇时，她就觉得自己比对方矮半截，从此她对自己按部就班的生活再也没有了往日的热情。李太太很羡慕这个美丽女子，因为她简直是过着自己的"理想人生"：美丽、干练、经济独立、事业有成……如果可能，她真想和邻居交换！

　　每天早上，当李太太打开自家的门，送儿子去上学时，几乎都能遇到她。看着她身上合宜的套装，看起来很有质感的手提包，李太太觉得自己身上的运动装就像咸菜干。美丽女子身上散发出来的淡淡清香更让她怀疑自己身上有没有油烟味……

　　李太太带着这种自己觉得很奇怪的情绪生活了很久，一天，她突然发现，这个美丽女子竟成为自己烦恼的根源。因为每碰到她一次，李太太就会在心中祈祷：希望现在有一杯咖啡能泼到她的身上，希望她上班途中可以遇见强盗，最好把她的名牌包抢去……李太太的心中非常清楚，自己嫉妒她，非常嫉妒她。

　　某一天，在李太太接儿子放学的时候，在电梯中又碰见了这个美丽女子，看着她依然得体的衣着和妖娆的长卷发，李太太计从心来，她顺手推了一把儿子，儿子手中的冰激凌正好沾到了那女子的裙子上。美丽女子惊慌失措，而李太太在不住道歉的时候，心中不免产生了一丝暗喜……

　　李太太羡慕美丽女子的妖娆美丽，对自己的生活很厌倦，最终让自己的心灵

| 墨 | 菲 | 定 | 律 |
Murphy's law

变得扭曲，让自己的心灵长满了杂草。

其实，李太太会为自己的生活、为自己的人生打下"不及格"分数，完全由于她的嫉妒心理。可是她不明白，美丽女子的生活是美丽女子的，从来不会属于别人，不管自己多么嫉妒，她都不可能成为那个美丽女子。

嫉妒心理的程度有深有浅，各不相同。程度较浅的嫉妒心理往往存在于人的潜意识中，所以人们根本察觉不到。上学的时候，看到自己的好朋友比自己成绩好，虽然没有任何想要对朋友搞破坏的心思，但心里还是隐隐有一些酸楚和不甘心，这就是程度较浅的嫉妒心理。程度较浅的嫉妒心理基本不会对别人或者自己造成什么危害。然而，当嫉妒心理程度较深时，就会表现为嫉妒者对被嫉妒者挑剔、造谣、诬陷等。这种程度较深的嫉妒心理就会对自己和他人造成损害，影响彼此的情绪，影响彼此之间的关系，对双方的工作和生活都会产生影响。

对于别人的优点，我们可以羡慕，可以见贤思齐，但不要使这种羡慕发展成为嫉妒，我们要心胸开阔，意识到，人们都有优缺点，没有绝对完美的人，也没有一无是处的人。见到比自己强的人，要意识到这是正常的，"人外有人"、"强中自有强中手"，要勇于承认自己的不足，坦诚地赞赏比自己优秀的人。

湖北有个村子，一位农户用自己几十万的积蓄，并在银行贷了一笔款，总共筹资一百多万在老家搞起了养殖业，承包了村里的一个大水塘，并在水塘周围盖上了一排排猪圈，用饲料养猪，用猪粪养鱼，搞得红红火火。然而，想不到灾难性的一天到了：某天早上起来，鱼塘的鱼全死了，白花花地浮了一水面，猪也死了好多头。那位养殖户赶紧请专家来看，发现这是一起恶性投毒事件。可谁这么狠心呢？那位养殖户思前想后，感觉自己一生谨谨慎慎，没得罪过什么人，凭什么这么报复自己？后来他去报案，请警方介入调查，查出的结果却跌破人的眼镜：投毒的人不是别人，而是平时看起来相处最好的一位邻居。后来警方审讯那位邻居投毒的动机时，对方说："以前两家家境差不多，突然间看到他家搞得这样红火，心理不平衡，于是就这么做了……"

就是这种"不平衡"的心理，导致一些人在嫉妒心的驱使下，采用一些极端的报复行为，最终害人害己。

这个世界上没有一片完美的叶子，更没有完美的人生。每个人的一生中，必然都有缺口，而那个缺口，多半是我们看不到的。唯有停止比较，我们才会发现自己已经拥有的东西，比想要拥有的东西要有分量。

嫉妒，是一种不健康心理，属于消极的负性情绪反应。嫉妒心强的人很容易出现心灵扭曲的现象，行动上不能自制，往往背后中伤人，就像故事中李太太一样,控制不住自己在电梯里"暗算"美丽女子。因此,调整自己的心态,正确对待别人的优秀显得尤为重要。

不要嫉妒,将自己心灵的杂草彻头彻尾地清除,拂去灵魂的尘埃,为自己留下一个纯洁如玉的美好心灵空间。这样,我们的生活与理想才会结满丰硕的果实。

恐惧效应:认识根本,从此不再害怕

所有人都在某种程度上感受过恐惧,承受过孤独,害怕痛苦,向往安宁。我们常常掩饰自己隐秘的感觉,避免与习俗相冲突,大家对此都心照不宣。

为了埋藏自己的恐惧,我们正在付出高额代价;我们默默地、不自觉地压抑着自己所有的情绪反应,不论好坏,无论喜怒,我们都不形于色。结果,当工作机构急切需要我们发挥创造力和工作能力的时候,需要我们拿出克服困难的勇气的时候,甚至表达愉悦心情的时候,我们已经不懂得如何把它们从内心深处调动出来。

潜在于我们心中的恐惧感,驱使着我们自己与我们所属的组织,成为我们最不愿面对、最不想说出口的尴尬。在许多组织中,说出恐惧感就等于承认自己的无能。随时随地,我们看到人们否认自己心中的恐惧。他们用花言巧语欺骗自己,抹杀自己内心对恐惧的感受,而这正反映了其内心真正的恐惧。他们会想出各种道理来自圆其说,并设计出各种看似理性化的过程,阻断信息的流通,让恐惧不从内心流露出来。于是,就在这个过程中,恐惧会在内心日益强化。

我们的潜意识中否认恐惧的存在,从而使我们无法采取有效的行动,而是一味徒劳地去尝试改变和控制无法控制的事情。更糟糕的是,我们将这些恐惧存储于身体中,对心理和身体都造成了严重的负担,最终身心疲惫,积劳成疾。事实上,人们的绝大多数恐惧都是完全没有必要的,但是这种惯性的恐惧氛围却难以消除。严重者甚至可以将任何事都视作自己的恐惧对象:做生意担心赔钱,吃饭担心吃坏肚子,开窗担心吹风受凉,大声讲话担心隔墙有耳。这种人连仔细看清楚事实的勇气都没有,一味自以为是地沉浸在莫名其妙的恐惧之中,就好像得了恐惧症一样。

相对于引起人们恐惧的对象而言,更加可怕的是人们怯懦的心理。举个例子,如果一个人内心脆弱,他面对很多事情的时候都会感到恐惧。比如这个人将

| 墨 | 菲 | 定 | 律 |

Murphy's law

要在一个月后参加一场重要的考试，那么在这一个月的准备过程中，他会一直处在恐惧之中，害怕自己发挥失常，害怕失败，整天提心吊胆。事实上，考试并不是一件令人害怕的事情，令人陷入困顿和恐惧的，是人的内心。

这种自我折磨的行为被维克多·雨果称作"行刑前的最后几小时"。由这样的称谓，我们就能够了解到其痛苦程度。陷入这种恐惧痛苦的人，会整日吃不下睡不香，无论对什么活动，都没有热情，不能全身心地投入任何一件事。不管身处何时何地，只要一想到将要面对的考试，他便会深陷恐惧之中，难以自拔。

由此可见，恐惧一旦入侵我们的内心，就很可能会一发不可收拾。因此我们一定要提高警惕，坚决不给恐惧以可乘之机。在此之前，已经有很多人沉沦在恐惧的深渊之中，丧失了人生所有的自由与快乐。恐惧感使得他们无论在身体上还是心灵上，都遭受了不可弥补的巨大伤害。很多人之所以会忧心失败和贫穷将要降临到自己身上，原因就是无知。当他们意识到自己完全具备成功的能力时，便会自动消除对失败的恐惧。而自信心的缺乏源于对自身才能的过分低估。所以说，我们要建立起自己的自信心，有战胜挑战的信心和勇气，就可以消除恐惧心理。

自信能够帮助我们战胜恐惧心理，让我们越过眼前的障碍。事实上，人们之所以害怕很多事情，是因为不敢鼓起勇气去做，不相信自己能够做成。如果你相信自己，迈出第一步，说不定一下子就做成了，你害怕的结果并不会出现。

有一次，萧伯纳有急事要找校长。可是，当他站在校长室门前的时候，却不敢敲门。他心里非常着急，手却抬不起来，他太怯懦了，害怕跟校长讲话。萧伯纳站了一会儿，心想，既然鼓不起勇气，不如走吧。于是，他转身离开。

走了几步之后，萧伯纳又站住了，他想：如果我这次走了，我就永远是个怯懦的人，今天一定要进去！一定要把事情办成！可是，再次走到校长室门口的时候，他又犹犹豫豫。最后，萧伯纳终于敲开了校长室的门，可是，由于他浪费了近半个小时的时间，他的要紧的事情已经被耽误了。

经过这次教训之后，萧伯纳决心彻底战胜自己的羞怯和懦弱。萧伯纳开始试着在众人面前讲话，最初的时候，他的手脚总是在打哆嗦，有时候连语调都变了。但是，萧伯纳不再退缩，而是不断训练自己。慢慢地，他变得自信起来，讲话的时候底气十足，声音洪亮，再也不羞怯恐惧了。

大多数处于彷徨期的人，都是被恐惧心理绊住了，与萧伯纳的少年时代又何其相似。因为恐惧未知，很多人怕羞、谦卑、多虑、爱面子、怕人耻笑，不敢按照自己的想法做事。对未来的担忧会严重挫伤我们的自信心，让我们对未卜的前途充满惶恐，完全不相信自己将会取得成功。这样一来，成功势必将终生远离我们。因此，我们要时时刻刻对恐慌提高警惕，一旦在自己的情绪中发现恐慌的蛛丝马迹，就要马上采取行动将其驱逐出去。有一剂排除恐慌的良方，叫作无畏与自信。在恐慌面前，你要告诉自己："恐慌是弱者才有的专利，但显而易见，我绝不是他们之中一分子！恐慌者全都是卑微的人，而我是强者，绝不会臣服于命运的强势，也绝不会让恐慌占据我的内心。陷入恐慌的情绪是一种莫大的耻辱，我断然拒绝这样的耻辱事件发生在我身上。"

其实很多时候，正是莫名的胆怯，使得无数好的建议、好的构想、好的创造被扼杀，使得你的事业一直徘徊不前。因此，我们一定要足够自信，战胜恐惧心理，敢于得体地表露自己好的想法和构思，使别人看到自己的才华，看到自己的闪光点。

现实生活中，恐惧心理人人都有，我们并不能完全避免，而是要尽力克服。要想发挥自己的能力，超越自我，消除恐惧心理，保持信心非常重要。在严峻的现实和激烈的竞争面前，很多人在未行动前便败给了自己，这是非常令人惋惜的事情。只有克服恐惧心理，我们做事的时候才能够发挥自己的能力。一个人如果克服恐惧，他的心就会变得无比勇敢，他将不会惧怕未知，不再怯懦，而是用热情和斗志去面对未知，接受挑战，不断克服困难，成为一个不可战胜的强者。

第七章
职场启示：有些规则你必须明白

职场如同江湖，有江湖的地方必然存在着纷争。职场纷争，每一位上班族都逃不过避不开，在这场纷争中，每天要周旋于老板、上司、同事及各种事物之间，稍不留神遭到他人的算计，职场就会亮起红灯。那么，如何巧妙保全自己呢？我们必须要懂得一些职场规则，只有这样才能够生存下来。

| 墨 | 菲 | 定 | 律 |
Murphy's law

布利斯定律：计划使工作高效推进

古语云："磨刀不误砍柴工。""兵马未动粮草先行。"这两句话告诉我们，在做一件事情之前，如果对事情有一个完善的计划，做好充足的准备，往往能够很好地促进事情的完成。人们不也经常说，不打无准备之仗吗？这就是要我们重视事前的准备，有了准备，计划实施的时候才能提纲挈领，我们才知道每一步都应该做些什么，下一步应该怎样衔接，整个过程自然也就成竹在胸了。

关于准备的重要性，可以从这一心理实验中看出来：

心理学家找来了一些身体素质和心理素质相当的学生，然后将他们分成三组，这三组学生都执行相同的任务，即投篮训练。第一组学生首先记录下第一天训练时的投篮成绩，然后在接下来的19天内，每天都进行投篮技巧练习，然后将最后一天的投篮成绩记录下来。第二组学生则是在第一天训练的时候把成绩记录下来，接下来的19天内，只是每天在想象中进行投篮练习，如果"想象中的篮球"没有命中，他们也只是在想象中进行纠正，然后同样也把最后一天实际投篮的成绩记录下来。第三组学生作为对照组，只是在实验的第一天和最后一天分别进行投篮，并且记录成绩，其间并没有做任何想象中或实际上的投篮练习。实验结果出来之后，所有人都感到惊讶：第三组学生和我们预料的一样，没有任何进步，投篮的命中率没有提高；第一组学生也如我们想象，命中率提高了24%左右；而仅仅是通过"想象"练习投篮的第二组学生，其最后一天投篮命中率的提高程度居然超过了第一组，达到了26%。

这说明，我们在做一件事情之前，如果心里对整件事情不断地思考、强化，对最后的成功还是很有帮助的。行动前进行头脑热身，想清楚要做的事的每个细节，将思路梳理清楚，然后把它深深铭刻在脑海中，在之后的行动中就会得心应手。

这个实验的结论后来被美国行为科学家艾得·布利斯借鉴，并且由此总结出了著名的"布利斯定律"。它告诉我们：如果用较多的时间为一项工作或一件事情进行事前计划，那么在实际实施的时候，我们所用的工作总时间就会减少。

第七章　职场启示：
有些规则你必须明白

詹姆斯来公司将近两年时间了，工作非常辛苦，几乎每天的任务都需要加班来完成，公司的同事什么时候见到他都感觉他非常忙碌，可是每到月底考核的时候，詹姆斯几乎都是最差的一个。一天晚上，他又加班到很晚，老板回办公室取东西发现了他。

詹姆斯本想老板看到自己加班可能会表扬自己，没想到老板瞪了他一眼，说："你怎么搞的，怎么每天晚上都要整到这么晚？难道你工作就没有一点计划性吗？效率这么低，简直就是浪费公司的水电费。"说完，老板转身离去。

第二天，老板针对公司员工做事效率不高，在办公室门口贴了一封《告员工书》。具体内容如下：我公司提倡工作高效率，不提倡员工加班，希望所有员工每天都能够把工作有计划地去完成，并做如下规定：（1）从今日起，公司规定的任务，员工必须做出合理的计划在规定的时间内完成，如果没有特殊情况，员工一律不许加班。（2）员工如果有特殊情况需要加班，需要提前向部门经理报告。

詹姆斯看到这个《告员工书》很是想不通，辛辛苦苦在办公室加班，结果不但没得到表扬反而受到老板责骂……

可能很多人都会有跟詹姆斯一样的想法，对这位老板的做法很不理解。大家不妨反过来想一下，一个人如果不能有计划地完成自己的工作，解决的办法就只能是加班。其实，在很多老板的眼里，爱加班的员工并不是他们所需要的员工，老板真正需要的员工是能够在工作时间内把工作做完的员工，是一个做事有计划的员工。要知道现在竞争这么激烈，没有人愿意雇用一个办事效率低下的笨人。

一个优秀的员工有了目标以后，会为实现目标做周密、详细的计划。他会把工作按着主次、轻重区分开来，然后先做什么、后做什么、中间环节出现问题怎么应对，都做到心中有数；而一个平庸的员工则不管三七二十一，眉毛胡子一把抓，结果是工作效率低下，什么都完成不了。

所以，在工作中，要想让自己的工作高效推进，就一定要养成一个制订计划的好习惯，让计划使你的工作高效推进。

结伴效应：让你不自觉提高工作效率的原因

结伴效应是指在结伴活动中，两个人或几个人结伴从事相同的一项活动时相互之间会产生刺激作用，个体会感到某种社会比较的压力，提高活动效率。

| 墨 | 菲 | 定 | 律 |
Murphy's law

孩子散漫地在房间里走来走去，当听到家长进门的声音，就会立刻打开书本正经地读起课本来。当你在处理某件事情的时候，有个人，甚至是陌生人走过来，你都会想表现得更好，把事情做得更加漂亮。这是人们心理上的浅层的表现欲望。

如果这个时候把另外一个孩子放到散漫的孩子身边做作业，那么散漫的孩子会感觉到压力，从而不自觉地提高做作业的效率。同样的道理，如果走到自己身边的陌生人居然想做跟自己一样的事情，那么自己就会因为不想输给对方而拼命提高效率。这就是心理学上的"结伴效应"。

当一个人单独从事一件事情的时候，他会感觉到轻松和自在，甚至产生散漫的心理；但是当有伙伴出现的时候，他就会感觉到紧张和压力，并下意识地产生竞争意识，希望能赢过对方。

在以效率著称的德国企业里有一个非常特殊的传统，那就是除了总裁，没有一个职位是只有一个人的。他们会设置总经理和副总经理，部门主管和副主管，并将这些相邻职位的人放置在相邻或者是相对的办公室里，并且这些办公室如果不是敞开式的办公室，就一定是透明的玻璃办公室。

这些企业通过利用透明的、可视的办公室，来让人们陷入被围观和结伴的环境里，并不自觉地提高工作效率。此外，在相邻办公室或者对面办公室里工作的人，还会因为彼此的存在而产生结伴效应。

当然，在下游的生产线里，德国的企业还会以两个人或者是三个人为单位来组成工作小组。其他国家对德国企业的这一做法表示不认同。举个例子，监查机械数据表这类工作原本只需要一个员工就可以了，可是德国的企业却仍坚持使用两个人同时来从事这项工作。这被其他国家的经济学家认为是浪费经济资源的行为。

直到 20 世纪初，德国被评为工业事故最低的国家时，人们才渐渐开始理解德国企业的做法。因为当两个人结伴监查机械数据表的时候，人会因为伙伴的在场而感觉到被监视的压力，从而提高自己的工作质量和工作效率。因此，两个人监查机械数据表，比一个人看守更能及时发现错误。

更有趣的是日本企业的做法，他们为了节省用人成本，又想制造出神奇的结伴效应，会将企业总裁的大幅照片或者是人形公仔放在单独操作的员工身边。这个做法在一定的时间内取得了显著的效果。

不少员工都表示，当总裁的巨幅照片悬挂或放置在身后或是面前的时候，都会感觉到总裁严肃的眼神像是在监督自己一样，从而不敢懈怠下来。同样的情形，人形公仔也能让他们产生结伴的错觉，从而保持高度集中的精神状态。

不过有趣的是，当这些员工适应了总裁的照片或者是人形公仔的时候，还是会不自觉地降低自己的效率。当企业换上同步监控仪器的时候，人们也只会在最初保持高度紧张的状态。当产生了懈怠情绪后，人们就会漠视监控仪器的存在。因此，日本心理学家认为结伴效应只有在人存在的环境里才能产生，因为人是多元化的、有竞争意识的个体，能刺激旁人，并做出相应的反应。

当然，如果结伴效应遇上异性效应，那么效果会更加强烈。俗话说，男女搭配，干活不累，就是因为在结伴效应的基础上加上了异性效应，使人处于一种既紧张又积极的情绪之中。

当男女同事在一起工作的时候，男士因为想要承担更多的责任而提高工作效率；而女性则会因为好强，潜意识里跟男性暗暗较劲儿，从而不自觉地提高工作效率。当然，这个时候"较劲儿"会被男女双方误认为是一种情趣，他们在竞争的同时，也感受到彼此不同于自己性别上的性格差异，并感受到一种源自于男女之间的吸引。如果他们工作的时间足够长，也许还会产生日久生情的效果。这也是为什么很多只有男性的部门里，员工会强烈地希望能出现几位女同事的原因。因为异性效应能让人们心情愉悦，不自觉地提高工作效率却不感觉到疲惫。当然，心理学家也认为，这种效应在男性身上表现得更加强烈和明显。

热炉效应：上司的面子，员工伤不起

俗话说："端别人的饭碗，就得受别人的管。"员工从上司那里得到薪水，上司从员工身上获得尊重，这是一笔很合理的"交易"。那么，收起你的不恰当的言行吧！不要随便挑战上司的权威，让他尽可能地享受做老板的优越感吧！

每一个企业都有自己的规章制度，任何员工触犯制度都要受到相应的处罚。就像触摸热炉一样，只要你摸了它，你就会得到相应的惩罚，这就是"热炉效应"。

在职场中，任何人都得明确一点，那就是不要挑战上司的权威，更不要伤害上司的面子。上司处于领导地位，所以有树立自己的权威和形象的心理需求，尤其是在下属面前。有些员工不懂得迎合上司的这种微妙心理，无意之中抢了上司的"锋芒"，结果自己是露脸了，上司的脸色却难看了。

在工作中，不管你与老板的关系多么亲密，也不要随便逾越与老板之间的界

墨 菲 定 律
Murphy's law

线。该老板决策的事情一定要让老板拍板，而你所做的只是给他提建议或者执行他的命令，绝对不是大包大揽地应承下来，触犯老板的权威。就算老板不在身边，事情又微不足道，你完全能够处理，并知道老板也会这样做，也不要轻举妄动。你该做的是及时向老板请示，得到老板的授权后再处理。只有这样，你才能在老板面前留下正面的印象。

随时给上司面子，维护上司的尊严和权威，以便能赢得上司的信任和青睐，这才是一名下属该做的事情。千万不要试图去挑战上司的权威。换位思考一下，如果你是老板，你会喜欢一个不尊重你、不请示你，甚至和你顶嘴的员工吗？

闫俊是花费了很长时间才意识到上司支持的重要性的。他是名牌大学毕业的，才华横溢、勤奋好学、上进心很强，在公司里小有名气。他所负责的项目，做得几乎是无可挑剔，客户也对他充满了好感；他的同事也认为，闫俊将来必是公司的骨干。出人意料的是，他并没有获得丰厚的薪资，也没获得提升；更令人不解的是，他的职位还越来越不稳固了。

最近，上司分配给他一项别人避之唯恐不及的项目，该项目几乎没有完成的可能性。想当初，与其保持业务往来的都是收效最佳的客户，由他所负责的项目亦备受瞩目。而今日，他却被自己的顶头上司所轻视，这种被公开怠慢的感觉，让他很难过。可这一切清楚无误地告诉他，自己的职业生涯已经驶离了快车道。

他感到很愤怒。他曾经为公司创造了不菲的价值。他不明白事情为什么会在瞬息之间变得无法收拾，不仅丧失了在公司晋升的可能性，又很明显地被边缘化。为此，他不得不选择前往另外一家同行业公司工作。

他离开公司后，一位曾经跟他不错的同事了解到了他受冷落的原因。原来他犯了一个致命错误——跟顶头上司对着干，让上司丢尽面子。

在闫俊的眼里，上司知识浅薄、思维狭隘。他经常在私下跟同事说，他很不愿跟上司合作。有一次，他竟然当着同事的面说上司"鼠目寸光"，还跟上司公开叫板，不执行上司的决定。

虽然闫俊平时工作做得很好，公司高层也试着提拔他。可当提拔的方案摆在桌面的时候，他的顶头上司就会屡屡出来阻挠，正是因为上司的评价，公司对他提拔的建议总是被搁浅。

任何一个上司都不喜欢一个不合群、不尊重自己、让自己丢面子的下属。就算你的工作能力很强，也不例外。

在下级面前，上司的尊严很重要。为了照顾领导的面子而牺牲别人、牺牲真理是错误的，但是在不影响事实和他人利益的前提下，顾全上司的面子是有必要的。这是配角必须考虑到的。因为，无论做什么事情，我们都要从长远考虑，事情的开始无论是多么的不如意，或者针锋相对，但事情过后，上司依然是领导者。如果你懂得了这个道理，也许你就懂得了人人都是讲颜面、讲尊严的内涵。

那么如何照顾上司的面子呢？

1. 要在平时了解你的上司的工作习惯、工作方式

正所谓"知彼知己，百战不殆"，职场如战场，了解上司的工作习惯和工作方式，这样你才能更好地达到上司的要求，工作起来才能更加地游刃有余，才可以成为上司的得力干将。

2. 要多和上司沟通，帮上司解决属于他们的事情

想要做到这一点不难，但是要记着，自己是下属，以建议的口吻最好，因为要照顾上司的面子。即使上司的决策有误，作为一个普通的员工能否与上司一争高下？我们无从回答，但是有一点需要每一个员工记得：与上司有不同意见的时候，千万不能马上讲事实摆道理，这样就违反了职场中的潜规则。

3. 不要在背后诋毁上司

有些人对上司不满，虽不敢当面发泄，却在背后说三道四，有意诋毁上司的名誉，殊不知世上没有不透风的墙，早晚会被上司知道。得罪上司不比得罪朋友、同事，因为在某些时候上司对你的职位有生杀予夺的权力，也许只需上司动一根毫毛，你便小鞋不断，甚至职位不保，因此我们对此不能不小心谨慎地避免。

4. 永远对上司恭敬

任何一个上司都希望和下级之间保持一种良好的、和谐的关系。但决不允许超越他们之间上下级的关系，也就是说，他必须要保持自己特有的尊严和威信。

与上司搞好关系应该掌握好"度"，不能与上司太亲密，否则会对你不利。与上司交往，最妥当的方法是走中间道路：既不要轰轰烈烈，也不要默默无闻。让上司感觉到你的存在，但不要让他觉得你无处不在。

5. 在公共场合给上司提意见时，一定要注意给上司留有面子

如果在公开场合，上司的自尊受到伤害，这是最伤人感情的，它触动了人最为敏感的地带，挫伤了"人之所以为之"的信条。于是，人们不禁对他个人的能力乃至人格产生了怀疑。因此，无论是谁，身处此境，最先的反应肯定是怒火中烧，而不是理智地对意见内容进行合理的分析。那么，此后的一系列举动肯定都是很情绪化的。所以，下级在公共场合给上级提意见时，一定要注意给上级留有面子。

当然，我们提倡公开场合提意见要注意领导的面子，并不是鼓励下属"见风使舵"，做"老好人"。我们是非常赞成对领导多提具有建设性的宝贵意见的。但提意见要注意场合、分寸，要讲究方式、方法。不要为了显示自己一时的嘴上功夫，而使得自己终身被埋没，默默无闻固然对于某些人来说是上上之选，但也要默默无闻得有价值。因此，为了自己将来的发展，一定要切记，领导的面子伤不得。

雷斯托夫效应：角落里变成"焦点"

"雷斯托夫效应"是由德国心理学家冯·雷斯托夫提出，是指如果一系列刺激项目中的某一项有特别之处或被"隔开"，它就比不被隔开的内容易识记。如53、13、PEx、18、57、59、35、82、84、45 这一组刺激项目中的"PEx"就比其他项目更容易被记住。

为了检验这个观点，雷斯托夫还进行了一个小测验。

这个小测验是这样的：在以下的几个国家和城市中，请一一记录下你刚一看到这个国家或城市的名字时，你的脑子里首先闪现出来的建筑图像。

下面是国家、城市名称：（1）埃及；（2）印度；（3）法国巴黎；（4）意大利罗马；（5）希腊雅典；（6）英国伦敦；（7）澳大利亚悉尼。

可以选择的建筑显然有数百万个，然而，冯·雷斯托夫则预言，100个人当中就会有99个人给出同样的答案。

事实正是如此。我们来看看做这个测验的大部分人给出的答案：（1）埃及金字塔；（2）印度泰姬陵；（3）巴黎埃菲尔铁塔；（4）罗马圆形竞技场；（5）雅典帕提侬神庙；（6）伦敦大本钟；（7）悉尼歌剧院。

为什么会出现这样的结果呢？关键在于被隔离的项目是醒目的，它很少与其他项目发生泛化作用。就拿巴黎的埃菲尔铁塔来说吧，世界上就仅此一个，你能找到与它相同的建筑吗？不能吧。因此，这种被凸显出来的建筑物，当然就很容易让人记住了。

在现实生活中，我们常常会听到这样的话：

你还记得那个暑假我们登上泰山看日出的情境吗？那场面简直是美极了！

那个闪电般的进球是不是你所见过的最奇妙的进球？

中学时候组织的那次夏令营是我一生中最难忘的时光，我一辈子都不会忘记。

小时候，妈妈给我做过一种饼，从那以后，我就再也忘不了，也许这是我吃过的最美味的饼。

除此之外，我们也经历过类似以下的情景：

在大型文艺晚会的某个舞蹈类节目中，我们总是能够记住那个领舞的人。是因为她长得漂亮吗？不一定，只不过是别人的衣服颜色都相同，而她的却是独一无二的，非常醒目。

在一篇黑色的字母中，跳出几个红色字母，我们记住红色字母的概率要比黑色字母大得多。

学生时代，为了能够让学生便于识记、理解，老师总是把重点、难点以及需要学生重视之处"隔离"或特别处理，在板书中加圈、画线或者用不同的色彩呈现。

理解了这个重要的心理学效应，就有助于你洞悉我们的社会行为，因为我们通常都很自然地希望被自己的朋友、同事或其他人记住。尤其是在职场上，相信每一个员工，都希望自己能被领导注意到。

那么，该怎么做呢？最好的方法是——在聚会的时候坐在角落里。换句话说，在一个房间内，如果你希望别人高估你的价值，期望获得高于对手的优势地位，你可以选择待在房间的角落而不是中央。

这样做是有道理的，根据雷斯托夫效应，在参加聚会时，你不是坐在房间中央，而是一个人静静地坐在角落，比起那些在房屋中央晃来晃去、不停地忙着招呼这个或那个领导的同事，你会显得孤立，也很特别。这就好比那些黑色字母中的红色字母，总是那么醒目，让人感觉与众不同而记忆深刻。

也许你会说："我只是一名普通的职员，工作位置通常都是相关人士安排的，哪能我自己选择。"话虽不错，但是你想想看，除了上班之外，别的时候，诸如公司的例行会议，特别会议或各种各样的聚会等，领导是不会规定职员的座次的。在这些时候，你不就可以随心所欲选择座位了吗？

因此，假如有一天，你的公司举行宴会，在大厅中央的餐桌上放着食品，你千万不要坐在房间的中央，或者是在餐桌的四周晃来晃去。最明智的做法是拿着食物，找一个让你感到舒适、安静的角落静静地待着。

你不用担心这个角落会让你默默无闻，也不用担心你的领导会因此看不到你。事实上，你会看到，那些平素不怎么注意你的领导已经开始关注你了。

此外，利用雷斯托夫效应吸引领导的关注，还有一个很好的方法，那就是：

巧妙利用客户之口，传达你的优秀。

在领导面前，大多数人都不知道如何向领导表达自己的优秀，于是就有很多人采取了这样的方式：对领导大谈特谈自己在工作中如何努力，取得了如何的成绩等等。效果如何呢？自然是偷鸡不成蚀把米，让领导感觉你是个自吹自擂、浮躁的人。可通过客户之口传达自己的优秀就不同了，从客户嘴里说出来的话，公司领导一般都是相当重视的。而且，这种方式也更能凸显自己的与众不同，让领导记忆深刻。

猎鹿效应：合作才能双赢

混迹职场多年的人都有这样的体会：刚到一个新的工作环境，我们会感到所有的人都对自己很好，大家一团和气，然而时间久了就会发现，看似平静的办公室里却暗波汹涌，大家各自心里都在较着劲，打着自己的小算盘，将其他人看成是自己的"对手"。非要争个你死我活，看看到底谁才是赢家。

特定的环境中，很容易形成一种对立的关系。因为人们已经习惯于用竞争来获取自己的利益，实现自己的价值。这种单打独斗的"个人英雄主义"其实非常危险。一旦陷入这种局限，就很难找到自我发展和突破的出口。每个人拥有自己的长处，同时也有欠缺的地方。对峙的双方能够打破僵局，放下身段，采取合作的姿态，才是最好的生存之道。这里面包含着博弈心理学中的一个重要的效应——猎鹿效应。

启蒙思想家卢梭在其著作——《论人类不平等的起源和基础》中，阐述了这样一个故事：一个村庄中住着两个猎人，他们都靠上山打猎维持生计。山上的主要猎物是鹿和兔子。照常规来说，他们每天单独行动，能猎获四只兔子。但是如果他们采取合作狩猎的模式，那他们每天就可以共同捕获一头鹿。很明显，合作的好处是远远大于单独行动，单独行动时最好的结果无非是各自的努力都有预期的回报。单纯从解决食物问题的角度考虑，单独行动一天的收获是四只兔子，可以供一个人吃四天；而合作的话，收获是一头鹿，两个猎人平分一头鹿，那可供每人吃十天。对于这两个猎人，他们的行为决策，从博弈论的角度分析，就形成这样的一个模式：

1. 分头行动捕兔子，那么结果是得到的食物每人可以吃四天；
2. 如果合作猎鹿，那么得到的食物，每人可以吃十天；

第七章 职场启示：
有些规则你必须明白

3. 一个人去抓兔子，而另一个人去打鹿，那前者收益则为四，而后者将无收获。

显然，一起"猎鹿"的好处比单独"猎兔"的好处要大得多。所以，合作——才是一种令资源最大化、利益最大化的模式。权衡利弊，两人自然会不约而同地选择一起"猎鹿"。

任何人想要取得一定的发展和成功，就要明白合作的重要性。对于任何人或者是任何企业来说，无论是在哪一方面有专长，或者已经取得了某些成就，仅凭个人的力量想要到达成功的顶峰是非常困难的。

合作不仅可以避免失败，减少过多的损失，更重要的是能达到双赢的局面。但是，想要获得双赢，就要知道怎样的合作才能达到这种状态。在合作的时候既要保持合作的态度，还要遵循合作的原则，懂得合作，更善于合作，才能在合作中走向成功。

小阎和小赵同在一家高端家居品牌店。小阎阅历丰富，非常善于观察顾客，并又很能和顾客聊到一起；而小赵则对商品各种属性了如指掌，不仅如此还具有很专业的家居搭配知识。这两个人同时进入公司，并被销售主管认为是最有潜力的两个员工。

经过一段时间的锤炼，小阎和小赵都能够独当一面。但是小阎在专业知识上始终不够熟练，因此而丢了一些本该属于自己的客户；而小赵为人虽然诚恳，做事也很细致，但性格上太过"一根筋"，要在顾客判断、待人接物上面得到很大提升也不是一时半会儿能做到的。但是由于他们俩业绩相当，总是被放在一起进行比较，无形中就成了对立的关系，小阎觉得小赵死板，学生腔，小赵则觉得小阎圆滑世故，没有真本事。就这样，他们形成了一种对峙的局面。

销售经理了解到这种情况后，建议他们多了解对方，在销售的过程中放弃单打独斗，采取互相帮助，取长补短的合作模式。比如，当对方接待顾客的时候，就主动过去帮忙，弥补对方的不足；针对不同性格的客户，两人可以商定让谁"出去"，并且事后一起总结成功的经验，分析失败的教训。小阎觉得要合作的话，自己必须拿大部分的酬劳，因为他认为自己口才比小赵好，付出得多。然而，这样的条件让小赵无法接受，于是他们之间的合作就这样泡汤了。

销售经理则觉得这个合作方法很好，为其他销售人员进行了"合作配对"。一段时间以后，公司中其他采取合作机制的销售员都取得了比以往好得多的成绩；而小阎和小赵虽然都很优秀，在销售成绩上却并没有太大的进步。

合作双方有能力高低之分。"猎鹿效应"中的两个猎人，如果能力并不是相当的，那么能力强、贡献大的那个猎人，自然就会要求得到较大份的猎物，否则两人合作就不成立。只外，能力弱的一方也会要求大于单独行动时的收获，否则没有合作的必要。很多时候，两个个体的合作无法建立其实就是源于对自己利益的期待过高，损害了对方的利益导致的。

天花板现象：为什么女高层总是那么少

公司里，我们会遇到男组长，也会遇到女组长，他们在公司里的比例大约是1:1。再往上走一点，你会遇见男主任，不过也经常能看到女主任，他们的比例大概是2:1。但接下来，你遇见男经理和遇见女经理的比例将会迅速降低为10:1。最后，你遇见男总裁和遇见女总裁的比例将约为100:1。

这是职场里一个非常典型的现象：职位越高，女性所占的比例越低。近年来美国官方连续五年的统计数据显示，女性占据管理层职位的人数约是管理层总人数的17%，且近年来呈现稳定状态，没有较大的升幅。美国《华尔街日报》为这个现象开辟了专栏进行讨论，并将女性在高级管理层里受到的无形障碍称为天花板现象。

这种现象的产生不是因为女性的能力问题或者经验不够，而是当女性晋升到一定职位的时候，人们的心理就会产生一层无形的障碍，使之不能晋升到更高的位置。

这种现象的产生主要源自于人们对女性的认知。在传统印象里，人们对男性的认知是强大的、冷静的、有能力的、适合上阵杀敌的，而对女性的认知则是柔弱的、善良的、适合处理家务的。因此，当女性的职位上升到一定程度的时候，人们潜在的固有认知就会影响人们的想法，对升职的女性产生不客观的评价。这个认知心理就是人们心里的无形障碍。

那么，当女性成功地超越这层障碍获得管理层的职位，人们又会怎么想呢？这是一个非常有趣的现象。当女性靠自己的实力晋升到高级管理职位时，约有65%的男性和68%的女性认为该升职对象不是靠自己的实力获得职位。换句话说，当女性获得高级职位的时候，人们潜意识里的"传统认知"又会跑出来捣乱，使人们对该女性产生误解，诸如靠女色上位、靠背景上位，等等。而令人奇怪的是，持有这样误解的女性比例高于男性的比例。

当然，在明星圈里也是一样的道理。这层天花板常常会悬挂在女明星的头

第七章　职场启示：
有些规则你必须明白

上，所以历年来国际电影节上的终身成就奖的获奖得主中男性远远多于女性。当女明星获得巨额片酬、购买直升机、购置海外物业的时候，多数会传出负面的绯闻。因为人们"相信"她之所以能获得这样的成就，凭借的是不正当手段。

有时候，这层天花板障碍是女性自己加诸在自己身上的。多数女性升职前都会陷入犹豫不决的状态，她们会在心里想：我如果接受了这个职位，就一定不能照顾好家庭；升职后，我的职位和工资高于我的丈夫，那么我的丈夫肯定会抬不起头，觉得自尊心受伤。

事实上，从客观角度上来说，事业上的成果未必会影响女性对家庭的投入，丈夫也未必会介意自己的职位和工资低于妻子。《纽约时报》就曾对此做过相关的统计，结果表明85%以上的女性认为当男性职位和薪资低于女性的时候，男性会感觉到自尊心受损；而仅有40%左右的男性认为妻子的职位和收入高于自己，有可能会使自己的自尊心受损。换句话说，女性潜意识里更介意自身职位和薪资高于丈夫。

这些心理认知就是女性给自己设置的无形障碍。当她们即将获得晋升机会，这些犹豫和想法就会跳出来阻碍她们，从而使她们与晋升机会失之交臂。也正是这些无形的、自我限定的障碍导致女性能力发挥到一定程度，就不能再创造出更大的价值。因为当人们给自己设定一个无形的障碍或者一个"值"，那么人们就很难超越它。

在职业跨栏选手中，给自己预设了"跨栏值"的选手都很难有广阔的进步空间。相反，那些从来不知道自己究竟能跨多高障碍栏的选手，常常成为业界的黑马。

曾经有一个教练对跨栏选手做过一项测试。他让30名自认为只能跨到120厘米障碍栏的选手站到距离障碍栏300米以外的红线等待指令。首先，他将障碍栏设置在120厘米的高度，并对选手们说这是130厘米的高度。结果，这些曾成功跨过120厘米障碍栏的选手只有两个人成功地跨过了120厘米高度的障碍栏。第二天，这位教练将障碍栏的高度调到130厘米的高度，并对这些选手说这是120厘米的高度。结果，30名选手中有24人成功地跨过了130厘米高度的障碍栏。

这就是"限制值"对人们的影响。也就是说，当你觉得你的能力到达某个程度的时候，你永远都不会超过这个程度。相反，如果你不给自己的能力设置一个限定的值，那么你的能力将无止境地发挥下去，没有尽头。

| 墨 | 菲 | 定 | 律 |

Murphy's law

费斯诺定理：少一些夸夸其谈，多一些踏实行动

费斯诺，曾任英国联合航空公司总裁。他根据工作实践总结出一条有趣的规则："人有两只耳朵却只有一张嘴巴，这意味着人应多听少讲。"后来人们把类似的现象称为"费斯诺定理"。这和我国古训"言多必失"如出一辙，言下之意都是要少说话，多做事。

从前有一个王国，其周边有一些小的城邦，每年各城邦都会派使者向这个王国进贡。其中有一个城邦的小王储对这个国王的能力和才华产生了怀疑，于是他派自己的使者向国王进贡了三个外表看上去一模一样的金人，并且向国王提出了一个问题：三个金人哪个最有价值？这个问题看上去是讨教，实际上是在刺探国王的才能，以便决定下一步是否叛乱，脱离该国的统治。国王看着这三个外表、做工都毫无差别的小金人，着实犯了难。这时幕下有一名年迈的长老悄悄地给了国王一个暗示。国王心领神会，拿出三根稻草分别放进三个金人的耳朵里，只见稻草插进第一个金人的耳朵，马上就从另外一个耳朵出来了，稻草插进第二个金人的耳朵之后从嘴巴里掉了出来，而稻草插进第三个金人的耳朵后便掉到了肚子里，没有出来。国王对使者说，这第三个金人最有价值，因为它不会乱说话，更不会想一些乱七八糟的事儿，只会老老实实做自己应该做的事情。这是在暗示这些小的城邦不要有非分之想。使者默默地回到了自己的城邦，从此那个小王储不敢再有非分之想了。

如果平时留意周围的人和事，不难发现，那些老早宣称要拿冠军的人往往不是最终的夺魁者，电视里那些意气风发的人，对着话筒信心满满地向全世界宣告自己的五年目标、十年目标，可是到头来又有几桩实现了？

这些现象当然也受到心理学家们的关注。在美国纽约大学心理学教授彼得·高尔维泽等人设计的一个心理学实验中，参加者都是想成为心理学家的学生，他们要在纸上写下为了实现目标而马上要采取的具体行动，然后交给科研人员。之后，一半学生被告知"已阅"，另一半学生则被告知"你给错人了，没有人会看的"。一周后，观察者发现，前一半学生花在具体行动上的时间明显比后一半学生多。美国德克萨斯州大学著名的认知心理学家阿特·马克曼对此的结论很是精辟：如果你通过行动来告诉别人你的目标，你的行动力就会比较强。

你确实有必要为行动制定目标，一个人具有目标意识是非常重要的，没有目

标的人只能无聊地重复着自己平庸的生活，但是目标并不是非得要讲出来。心理学教授彼得·高尔维择甚至认为，公开宣称自己目标的人，反而不容易成功。

那么，对于一个组织而不是个体而言，费斯诺定理能否生效呢？

曾经有人做过一个实验：将公司里一个部门的员工分为两组，两组分别完成一个相同的项目方案。对其中一组要求在会议进行时轮流发言，当组员发言的时候，别的组员只能注意倾听，并做些记录，不能打断别人的发言。另一组则采用集体讨论自由辩论的方式进行，不管谁有什么意见或者异议，都可以马上提出来，可以打断别人的发言。结果，第一组在一个小时内交出了基本的框架性提案，高效而简单，组员能够达成一致；第二组争论了两个多小时还是不能得到最后的方案，虽然其中有些有新意的创意和计划，但是组员们彼此意见不统一，谁也不能说服谁，难以达成一致。

这个实验可以充分证明，在执行集体任务时，如果大家注意倾听，少说话多做实事，就能更有效地完成任务；如果只顾各抒己见，不注意倾听，就会导致效率低下。

此外，少说多做除了对自己的行为效果产生影响，也影响着别人的感受。如果不值得倾听，说得太多，就失去了倾听的机会，也不能形成融洽的职场氛围。

250 定律：每一位顾客身后站着 250 名新顾客

250 定律，由美国著名销售员乔·吉拉德提出，指每一位顾客身后，大约有 250 名亲朋好友。如果你赢得了一位顾客的好感，就意味着赢得了 250 个人的好感；反之，如果你得罪了一名顾客，也就意味着得罪了 250 名顾客。

这一定律有力地论证了"顾客就是上帝"的真谛。由此，我们可以得到如下启示，我们必须认真对待身边的每一个人，因为每一个人的身后都有一个相对稳定的、数量不小的群体。善待一个人，就是善待每一个顾客。

乔·吉拉德的 250 定律对人们的销售观念有着革命性的影响，吉拉德本人更是在自己的销售实践中大力推行 250 定律，结果他的顾客越来越多，生意越做越大。

每次销售成功之后，乔·吉拉德会立即将顾客及其与购买汽车有关的一切信息，全部记在卡片上。

第二天，他会给买过车子的顾客寄出一张感谢卡。当时，很多销售员不会这样做，所以顾客对感谢卡感到十分新奇，对乔·吉拉德印象特别深刻。

乔·吉拉德说："我的吃穿住行全部依靠顾客，从某种方面而言，顾客是我的衣食父母，为此我每年要寄出1.3万张明信片，表示对他们最为真切的感谢。"

为了能与顾客经常保持联系，他每个月都会向顾客寄一封信，信封的颜色、大小不同，都是由吉拉德精心设计而成。之所以自己亲手设计信封，吉拉德说："信封个性化，客户才会拆开看，如果看起来太像宣传品，客户会直接扔进废纸篓里。"在信中，吉拉德会写上一句醒目的话，诸如"我相信您，您是最棒的！""感谢您对我的支持，是您让我看到了希望！""能为您服务，是我今生最大的荣幸！"等话语。

由于吉拉德手中有客户详细的档案，每当节日或客户生日，他都会给客户寄上一张由自己设计的明信片，上面写道："×××先生/女士：节日快乐，祝您和您的亲人平安健康！""×××先生/女士：今天是您的生日，祝您生日快乐！"等。

正是通过商品售出后仍与顾客保持不断的联系，乔·吉拉德的生意越做越大。想要长久地保持住我们的销售链条，不仅不能得罪任何一个顾客，而且还要向顾客提供优质的售后服务。一方面，这是为顾客着想的体现；另一方面，还能让顾客感受到诚意，以吸引更多顾客的青睐。对于销售人员来说，如果你得罪了一位顾客，也就得罪了另外250位顾客；如果你赶走一位买主，就会失去另外250位买主；只要你让一位消费者难堪，就会有250位消费者在背后使你为难；只要你不再喜欢一个人，就会有250人讨厌你。

小张是一家培训机构的电话销售员，一天深夜，小张正准备进入梦乡，手机突然响了。他极不情愿地拿起电话放到耳边。

是位女士打来的。此时的小张又困又累，便问道："这么晚了打电话，有什么急事吗？难道不能等到明天再说吗？"

女士语气坚定地说："不行。"接着马上说："看到你们在报纸上刊发的广告，我特别感动，所以等不到明天。"

然后，女士就念了一段广告词。

小张听后，马上像触了电一般，睡意顿时全无。仔细聆听女士的感受和经历。

很快一个多小时过去了。期间，女士提出一些相关的问题，小张都耐心地给她讲解。通过女士的口气，小张明显地感觉到，对方非常满意。

第二天，那位女士来到小张所在的培训机构，不用小张再多说，女士和同行的朋友，就爽快地参加了培训课程。后来，这位女士又给小张介绍了近百位学员。

小张之所以赢得客户的认可，主要原因是在接电话的过程中，没有敷衍客户，而是抱着真诚的心态，与对方去沟通交流。为以后发掘客户背后的客户打下了坚实的基础。小张的行为是"250定律"的生动写照。

职场中，作为一名销售人员，不要轻易拒绝客户的诉求，哪怕是难缠的客户，也要笑脸相迎，尽量满足对方的要求，因为对方很可能会带来更多的客户。

犬獒效应：不要逃避竞争

獒是狗中之王，知道獒是怎么产生的吗？当年幼的藏犬长出牙齿并能撕咬时，主人就把它们放到一个没有食物和水的封闭环境里，让这些幼犬相互撕咬，最后剩下一只活着的犬，这只犬称为獒。据说十只犬才能产生一只獒。

这种竞争虽然残酷，却也促成了獒的强大，如果说流血和杀戮是显而易见的刺激，能力退化、萎靡不振，则是潜在的危机。

道理很明白，但是这对于一些人来说却很难接受。有的人喜欢平和的游戏，和一群人共同站在起跑线上的时候，会四下张望，发现有人比自己高大，有人比自己强壮，于是还没有开始跑，就已经底气不足。这些人不喜欢有对手，他们接受不了自己想象中那种头破血流的后果。

害怕竞争是一些人的典型特征，当他们涉足一项新行业的时候，会祈祷上帝让自己吃一口安乐饭，别让后来者涉足；或者是对一项事业有兴趣时，一看对手很多，马上就偃旗息鼓，自动放弃了。

其实人和动物不一样，并非所有的竞争都是你死我活式的。比斯高公司行政主管肯杜尔认为，在生意上遇到强劲、精明的竞争对手，是用钱都买不到的"好事"。在他看来，竞争是重燃斗志、维持成功的真正力量。"有很多人苟且偷生，毫无竞争之志，最后终于白头以终。对于这类人，我只感到悲哀。打从做生意以来，我一直很感激生意竞争对手。这些人有的比我强，有的比我差；但不论其行与不行，他们虽令我跑得更累，但也跑得更快。脚踏实地地竞争，最足以保障一个企业的生存。"

我们应当学会这样看问题：对手是一股让你认真检讨自己短处、催你上进的力量，从竞争中锻炼出来的人，才能拥有抗压抗摔能力。

| 墨 | 菲 | 定 | 律 |
Murphy's law

迈克尔·乔丹是篮球场上最具创造力的人。他曾说过，他各种令人瞠目结舌如天外飞仙的奇特投篮方式，并非事先设计好的，而是被防守者逼出来的。因为，若要从包夹的人群中穿出来，还要闪过篮下七尺大汉凌空盖下的巨掌，就要在一瞬间更快地多一个旋转，多一秒在空中悬浮，更慢一点让地心引力发挥作用，以及从一个更奇特的角度出手，这不是面对一个空荡荡无阻拦的篮筐所能做到的。

处于职业竞争中的员工也是同样，如果你以一份没有竞争压力的"闲差"为满足，自己的潜力就无法发挥出来。

轻松的环境看起来是不错，工作又清闲，压力又小，是个养人的好地方。但这种表面的平静之下，其实隐藏着巨大的危机。员工们每天面对着自然状态下的轻松工作环境，用不了多久，就会失去朝气，陷入周而复始的古老生活状态中，变成平凡而庸碌的一群人。即使中间还有有冲劲、有抱负的年轻的个体，时间一久也会被同化。这时候再想出来，已经跟不上外面的节奏了，只能被时代无情地摒弃。

只有面对对手时，我们才有危机感，才有竞争力。在对手的压力作用之下，你不得不发愤图强，不得不积极进取，不得不勇于创新，不然，你只能被淘汰、被吞并。

于是，在这种生存竞争中，你已经脱胎换骨，以后再有什么人、什么事想击垮你，就没那么容易了。其实，遇到竞争并不可怕，可怕的是你从来没有对手，没有压力，等到某一天突遭变故，自己已经没有了拯救自己的能力。

帕金森定律：时间是奢侈品，每一秒钟都要珍惜

英国学者诺斯科特·帕金森，经过多年调查研究，发现一个人做一件事所耗费的时间差别如此之大：他可以在十分钟内看完一份报纸，也可以看半天；一个忙人20分钟可以寄出一沓明信片，但一个无所事事的老太太为了给远方的外甥女寄张明信片，可以足足花一整天——找明信片一个钟头，寻眼镜一个钟头，查地址半个钟头，写问候的话一个钟头零一刻钟……

帕金森的结论是：一份工作所需要的资源与工作本身并没有太大的关系，一件事情被膨胀出来的重要性和复杂性，与完成这件事所花的时间成正比。一个人在工作中，如果安排不恰当，工作会自动地膨胀，占满一个人所有可用的

第七章　职场启示：
有些规则你必须明白

时间，如果时间充裕，他就会放慢工作节奏或是增添其他项目，以便用掉所有的时间。

一次，一位老板和一个年轻人约定上午10时到他办公室谈话。事先，这位年轻人曾经委托老板替他介绍一份工作。因此，这天老板预备在谈话之后领他去见另一个人——那个人负责的公司正需要一个职员。

青年在10时20分到了老板的办公室，但此时老板已赶赴另一个聚会去了。几天以后，青年请求老板重新会见。老板问他为何上次不准时到来，青年回答："我是在那天10时20分到的。"

老板立刻提醒他："但我是约你10时见！"

"是的，我知道，"青年支吾地回答，"但是只晚了20分钟，没有什么大关系吧！"

"不！"老板严肃地说，"能否准时，是大有关系的。你不能准时到达，所以失掉了你想要的工作。就在那天，那里已经录用了另一个职员。而且，青年人，你没有权利看轻我20分钟的价值。在这段时间里，我还要去赶赴另外两个重要的约会呢！"

在那些珍惜时间的人眼里，对时间的不尊重就是对生命的不尊重，是一种不可原谅的可耻行为。

时间，一个多么诱人的字眼儿！贝尔在研制电话时，另一个叫格雷的人也在研究，两人同时取得突破。但贝尔在专利局赢了——比格雷早了两个钟头。当然，他们两人当时是互相不知道对方的。而贝尔就因为这120分钟一举成名、誉满天下，同时也获得了巨大财富。

谁快谁赢得机会，谁快谁赢得财富。有时，甚至相差只是0.1秒——毫厘之差，就成了天壤之别！在竞技场上，冠军与亚军的区别，有时小到肉眼无法判断。比如短跑，第一名与第二名有时相差仅0.001秒；又比如赛马，第一匹马与第二匹马相差仅半个马鼻子（几厘米）……但是，冠军与亚军所获得的荣誉与财富却相差甚远。

几乎每一个成功者，都是善于利用时间的楷模。许多伟大的科学家、发明家都十分惜时。他们在自己有限的一生中，充分利用上天赐予他们的时间，进行思考、探索、研究，而后把在时间之树上结出的丰硕之果奉献给人类。

人们研究发现，凡是事业有成者，都有一个成功的"秘诀"：变"闲暇"为"不闲"，即不贪逸趣，不慕清闲。爱因斯坦曾组织过著名的"奥林比亚科学院"，每晚例会，他总是同与会者手捧茶杯，开怀畅饮，边喝茶边交流思想。而

| 墨 | 菲 | 定 | 律 |
Murphy's law

爱因斯坦的某些理想主张，不少科学创见，很多时候就产生于这段饮茶之余的闲散时间里。

只要把一些边边角角的时间积累起来加以利用，就能创造出丰硕的成果。古今中外，利用业余时间做出突出成就的人，可谓难以胜数。有位科学家把自己的每一小时定为1000元，并专门用一个小本子，将自己浪费的时间记下来，再换算成经济上的损失，以督促自己珍分惜秒，勤奋研究。事实证明，他一生所创造的价值，远远要高于每小时1000元。

有位专家曾说，在现代的人类事务活动中，构成伟大的要素有二：一为能力，二为敏捷。而前者往往是后者的必然产物。这是因为，一个善于利用每分每秒的人，才有资格戴上一顶"能力"的桂冠。

鲁迅先生也曾说过一句关于时间的名言："浪费别人的时间，无异于图财害命；浪费自己的时间，无异于慢性自杀。"

"每错过一分钟时间，即是多给予'不幸'一分可乘之隙。"拿破仑曾这样告诫他的将士。他说他之所以能击败奥地利的军队，就在于奥地利的军人不懂得"五分钟"的时间价值。

还有人十分精辟地指出：真正的时间只有三天——昨天、今天、明天。昨天已经一去不复返，明天还远未到来，所以只有今天最为宝贵。今天播下什么种子，明天就将收获什么果实。要有好的明天，就得从今天做起。是的，就从今天，从此时、此刻做起。

还有一则故事，说的是大文学家歌德有一次看到他的小儿子在作文中写下了这样一句话："一分钟算不了什么！"歌德感到非常生气，于是在这句话的旁边加了一段批语："一个钟头有60分钟，一天就超过了1000分钟。孩子啊，明白这个道理后，你才知道一个人一生究竟可以做多少贡献。"

歌德的这段话，说的就是要善于利用零散时间的意思。但是在现实生活中，很多人不明白这个道理，不珍惜时间而任由它白白地流逝。

一个平凡的生命，即使他失去了财产、亲人、朋友、地位、荣耀，他也仍然不是一无所有。因为，他还拥有时间。贝多芬说："我们所拥有的东西没有比光阴更贵重、更有价值的了。"时间，是上帝给予人最公平的馈赠。对于珍惜时间的生命来说，时间使他滴落在大地上的汗水变成了无价的珍珠；对于浪费时间的生命来说，时间使他抛弃的珍珠变成了临终前追悔的泪水。

第七章 职场启示：
有些规则你必须明白

竞争优势效应：发现和利用自身优势

在现实社会中，人人都希望自己比别人强，没有人愿意承认自己是弱者。当涉及自身的利益时，人们必然会奋力争取，就算两败俱伤也在所不惜；即便是在双方拥有共同的利益时，人们也往往因为优先权而竞争，而非选择有利于双方的"双赢合作"。心理学家称这种现象为"竞争优势效应"。

去过庙的人都知道：当你走进庙门的时候，首先看到的是弥勒佛，笑脸迎客，而在他的北面，则是黑口黑脸的韦陀。为什么要这样设置呢？

相传，在很久很久以前，他们并非在同一个庙里，而是分别管理不同的庙。弥勒佛热情快乐，整天笑口常开，非常有喜气，所以来的香客特别多，自然香火钱也非常多。但他不善于管理，什么也不在乎，丢三落四，不能好好地管理账务，所以依然入不敷出。而韦陀虽然管账是一把好手，但成天板着个脸，太过于严肃，搞得香客越来越少，最后香火近乎断绝。

佛祖在查香火的时候，发现了这个问题，为了把他们的优点都发挥出来，于是就将他们俩放在同一个庙里，进行优势互补：由弥勒佛负责公关，笑迎八方客，于是香火大旺。而韦陀铁面无私，锱铢必较，则让他负责财务，严格把关。在两人的分工合作中，庙里呈现出一派欣欣向荣的景象。

其实每个人都有优点，关键是学会发现，以及如何运用，正像佛祖一样，因地制宜，因人所用，很多事情就会因此变得事半功倍。

有一天，一只小骆驼好奇地问妈妈："妈妈，妈妈，为什么我们的睫毛那么长？"

骆驼妈妈说："当风沙来的时候，长长的睫毛可以把它们挡住，让我们在风沙中都能看得到方向。"

小骆驼又问："妈妈，妈妈，为什么我们的背那么驼？好难看呀！"

骆驼妈妈说："这个叫驼峰，可以帮我们储存大量的水和养分，这样，我们即使在沙漠中十几天无水无食的条件下，也能存活下来。"

小骆驼又问："妈妈，妈妈，为什么我们的脚掌那么厚？"

骆驼妈妈说："那可以让我们重重的身子不至于陷在软软的沙子里，便于长途跋涉啊。"

小骆驼高兴坏了："哇，原来我们这么有用啊。"

尺有所短，寸有所长。优势往往隐藏在一个人的内心深处，需要挖掘，需要发现，才会体现出来，并为人所用。人一旦有了优势，他的前程、事业或许就会所向披靡。所以，一个人要想在人生道路上取得突破性的发展，就必须发现自己的优势，即提升自己的各种能力。

1. 较强的文字和口头表达能力

能写会说是职场人员的最基本要求，因为要写工作方案，月度或年度总结，并向老板汇报。这就需要你有扎实的笔墨功夫，较强的文字表达能力，才可以清晰、简洁、明了地表达思想，发布信息，"会做会说"才是真把式。

2. 良好的组织能力

你的工作是整个企业工作的一环，环扣环，节扣节，讲究的是章法、条理。计划、方案的实施，工作千头万绪、具体繁杂，没有良好的组织能力就很难顺利开展工作，更不要说做好工作。

3. 健全的思想和谋划能力

当工作中的你发现组织中存在问题，或预见到组织将会发生的问题，为了解决这些问题或防患于未然，就需要在思想意识的引导下，发挥自己的想象力，来进行全面的策划和设计。

我们要在生活中、工作中不断学习，不断总结，不断应用，努力提高自己的各种能力。一旦我们的能力大幅提升了，那将会在工作中表现出远远超越其他同事的优势，就能成为一个极具潜能的人，进而成为老板青睐、提拔的首选对象。

第八章
企业管理：商道中最实用的秘密

管理是一门学科，也是一门艺术。管理的科学性与艺术性互为补充，相辅相成。如何将管理的科学性与艺术性融为一体，并且运用自如，是许多管理者急需解决的难题。世界各国的管理大师，通过长期实践与不断思考，为我们总结出管理的神奇定律。这些定律实际操作时非常简单，可以帮助管理者解决棘手的难题。

| 墨 | 菲 | 定 | 律 |
Murphy's law

艾奇布恩定理：企业并非做得越大越好

艾奇布恩定理的提出者是英国史蒂芬·约瑟剧院的导演亚伦·艾奇布恩，他指出，如果你遇见自己公司的员工而不认得，或忘记了他的名字，那你的公司就太大了点。艾奇布恩定理告诫管理者，摊子一旦铺得过大，就很难照顾周全。

增加企业规模，把企业"蛋糕"做大，这几乎是每个管理者的追求目标。但企业摊子真的越大越好吗？俗语说船大不好掉头，企业摊子过大，往往会造成企业决策的灵活性降低，甚至是丧失，最终导致企业这条"大船"不仅无法在海上驰骋，反而还会沉没海底。管理中，小企业的管理模式有"小船"的好处，遭遇风浪时，小船可以比大船更加轻松地调整方向，面对浅水时，小船没有大船的沉重，可以适时地放慢速度向前行驶。企业的"蛋糕"做得越大，保质问题就越困难，一旦蛋糕变质，企业遭遇的将是无可挽回的巨大损失。当然，艾奇布恩定理并不是要管理者们放弃追求将企业做大的目标，而是强调，管理者要走出"大企业"管理的误区，在企业内部实行小企业的经营模式。

双手在握成拳头的时候是最有力的，只有集中企业实力，向一个重点方向用尽全力，才有可能达到目标。如果想要抓住的太多，张开双手出力，管理者做出的决策顾此失彼，没有集中的出力点，会导致企业在每行都有参与，却在每行的位置都不上不下，最终被对手淘汰。管理者一旦犯了"张开双手一把抓"的错误，只片面看重企业规模的扩大，侧重于手下拥有多少产业，涉及多少部门的话，必然会使企业大而不实，经受不起一点打击，被一些突发危机轻易地击倒。

企业摊子的过度膨胀不仅表现在其涉足的产业上，还会表现在企业的人员机构上。正如亚伦·艾奇布恩所说，有一天，管理者看见同企业的员工而不认识，那企业的摊子确实是铺得有点大了。企业规模的增大势必会导致管理组织的调整，人员需求增加也无可厚非。但企业如果聘用太多的管理人员，设置较多无用的管理机构，造成企业结构臃肿，组织烦琐，必然会影响企业组织的灵活性，阻碍到企业的发展。

企业经营以赢利为目标，实现利润的最大化是每个管理者的追求。利润的增

第八章　企业管理：
商道中最实用的秘密

加与成本降低成反比，成本降了，利润自然上升，管理组织烦琐，整体机构臃肿，会直接增加企业的运营成本。优秀管理者往往是企业的节支高手，可以通过缜密的分析，为企业节省各种多余的生产花费。然而，管理者常会犯不将人力资源算做生产成本中的错误，一味地扩充管理人员、管理机构，极大地增加企业生产投入花费，而无形中造成利润的流失。"人多力量大"的口号未必能在管理上适用，管理者忽略企业发展规模与人员数量及组织机构之间的平衡维持，盲目扩大企业摊子的做法，最终只会损害到企业利益。

　　吉纳·法考夫的零售生涯是从他父亲的皮箱店生意开始的。创业初，由于反对父亲传统的以单位利润最大价格出售商品的经营理念，坚持自己单位销售量的利润降低，会随着销售量的扩大，而赚取最大利润的观点，法考夫开始自己独立创业。他在曼哈顿的一幢楼房里开了一个皮箱铺，起名为E.J.柯维特，利用薄利多销增加利润收入的经营理念，他以接近成本的低廉价钱出售商品，取得了一定收益后，又扩大经营，出售钢笔、照相器材等商品。由于价格便宜，人们纷纷来到法考夫的店里消费，前来购买商品的顾客排起了长龙。法考夫意识到，按照这种运作方式，每年可以赚取的利润将相当可观。1951年年底，他在韦斯特切斯特又开了一家分店，此后，法考夫的生意越做越大，1953年，柯维特公司的销售额高达970万美元，1962—1966年，柯维特公司的销售额整整翻了两倍。在1962—966年的四年时间里，法考夫又开了15家分店，其经营规模扩大了三倍之多。法考夫以其独特的管理理念，薄利多销的经营理念，使柯维特公司在十年的时间里，销售额从5500万美元上升到7.5亿美元，赚取了巨大的利润。

　　法考夫取得了极大的成功，柯维特公司实力不断上升，以平均每七周就开一家新店的速度，成了美国零售业史上发展最快的公司之一。然而，摊子越来越大的柯维特公司最后还是难以逃脱破产倒闭的命运。

　　为达到扩张市场的目的，法考夫采取了不断开设分店的策略。当柯维特公司的分店覆盖范围，只在纽约市附近时，各个分店和总公司之间可以取得较为密切的联系。但随着柯维特公司越做越大，分店开到芝加哥、圣路易斯、底特律等地时，分店与总公司之间的联系越来越难以维系，总公司无法对纽约市场以外的分店进行及时的监督管理。同时，由于芝加哥等地的同行竞争者，对柯维特公司采取了排挤对策，最终加剧了柯维特公司竞争实力的不断受损。

　　为了使柯维特公司经营行业更广，获取更大的利润，法考夫制定了涉足服装产业的策略。然而，由出售如洗衣机、厨具、电视机等硬性商品，转为经营服装的做法，不仅没有产生利润，还给柯维特公司带来了巨大的麻烦。由于消费者对

| 墨 | 菲 | 定 | 律 |

Murphy's law

服装季节、样式的要求,使得服装存在其他硬性商品所没有的特殊性,柯维特公司经营的服装推出后,销售量极低,成批的滞销品难以卖出,造成了大量资金和货物的积压。

法考夫坚持以店面越多商品出售成本就会因为规模效应而减少,即薄利多销的观点作为经营理念。1963年,由于接二连三管理决策上的失误,柯维特公司实力受到了极大的创伤。在出现重大财务问题的情况下,柯维特公司仍然急速扩张,由于运输、存货等方面的问题,家具经营部门出现危机。1964年,由于货物运输问题,柯维特公司损失了一张价值200万美元的订货单,致使公司实力、声誉方面都受到恶劣影响,一年时间里,柯维特公司损失资金超过266万美元。柯维特公司的家具部门是法考夫向克灵公司租赁的,法考夫决定采用买下克灵公司,并购联邦地毯公司的策略,挽救公司濒临破产的局面。但合并决策没有给柯维特公司带来转机,公司获取的利润额仍然持续下降。

1965年的后六个月里,柯维特公司销售量比前年同期增长了10%,利润却减少了近300万美元。接下来,柯维特公司出现了更为严重的财政赤字,存货周转率每平方英尺比1961年降低了1/3,营业额下降超过30%。1966年,柯维特公司股票由同年最高时期的50.5美元降到了13美元。经济上的重创使法考夫不得不放慢扩张策略,1966年,柯维特公司只新设了三家分店。1966年,迫于形势,法考夫将柯维特公司与比它小很多的斯巴达公司合并,法考夫也宣布退出管理部门。此后,柯维特公司继续亏损,1980年,为偿还巨额债务,公司进行逐步清算,到了1981年,最后的12家分店也被迫拍卖。

在实际管理过程中,避免企业出现摊子越来越大而无法顾全的情况发生,运用艾奇布恩定理时,管理者需要做好以下两个方面:

1. 避免管理组织过于臃肿

企业组织机构臃肿,管理人员过多,会导致企业的运营成本增加,决策执行受阻。管理者要注意调整企业内部管理结构,避免出现管理人员过度饱和的现象。设置可有可无的中间部门,或其作用可以被其他部门代替的管理机构,要及时清除。与企业整体运作无法协调,工作效率低,甚至影响到企业成本的落后部门,要及时清除或整顿。人员明显过多影响到组织效率的企业,通过裁减冗员的方式,减少企业中办事无效率,明显不称职者。

2. 企业业务调整

企业涉及部门行业多,可以分担单一行业的经营压力,降低风险。但管理者如果对企业经营业务了解程度较少,没有建立完善、正确的管理观念,很可能会制定出错误决策，为企业造成无法弥补的损失。管理者要调整企业经营业务，放弃自己所"力不能及"的行业部门，以相对集中的运作成本，投入到企业技术的擅长行业。

普希尔定律：正确决策，速度是关键

普希尔定律最初由 A.J.S 公司的副总裁普希尔提出，他认为，各行业中的优秀领跑者，都具有可以迅速做出正确决策的能力，担心或考虑得太多，只会导致迅速决策受阻，所有的正确决策，都是要现在做出来的。这个论断后来经过人们总结，被称为普希尔定律。

普希尔定律强调，正确的决策制定，要以速度为关键因素，无论一项决策制定得有多好，也经不起时间的拖延。

一只山羊吃光了所有的草后，决心去寻找更多、更好的青草，它远远望见西山有一片绿油油的草，刚想迈向西山，又看见其他几个方向的草好像也很鲜嫩。到底去哪面好呢？山羊思索起来："西山的草不错，可是听说那里有很多的狼。东山的草也很好，但那里好像常有老虎出没。南山的敌人不多，可那边的河水不够清澈。"山羊左想右想，犹豫不决，到最后也做不出到底要去哪里吃草的决定，而在思虑中活活地饿死了。

企业管理中，管理者瞻前顾后、优柔寡断而迟迟不做出决策的做法，就好像上面故事中的山羊一样，浪费了太多的时间和精力去忧虑未来形势，而不能快速地决策，最终也只能导致企业亏损，甚至被"饿死"。只有管理者正确决策，快速而不失时机，才能促进企业实力的增加。

同行业之间的竞争就如同跑步一样，第一目标的达成，要求企业不仅要跑得稳，更要跑得快。很多管理者只知道"一着不慎，满盘皆输"的道理，凡事以企业的"稳"为关键，决策前要思前想后，百分之百地确定万无一失，才敢下令执行。这种做法虽然使企业的经营风险确实降低了不少，但发展速度也跟着减慢了，最终会被竞争对手远远地甩在后面。先机决定商机，只有管理者加快制定正确决策的速度，才能促进企业经济的腾飞。

总的来说，管理者以速度求胜，在管理中运用"普希尔定律"，可以为企业整体发展带来的好处有以下三个方面：

| 墨 | 菲 | 定 | 律 |
Murphy's law

1. 适应市场变化规律

全球信息时代来临，市场经济变化形势瞬息万变，管理者制定决策犹豫不决，会导致企业无法适应市场变化，而失去市场最佳时机，最终被市场淘汰。"优胜劣汰，适者生存"。只有管理者及时、快速地制定决策，才能使企业发展适应市场变化，在同行业的激烈竞争中，长久地处于不败之地。

2. 抓住转瞬即逝的机会

机会的遇见需要敏锐判断，而机会的抓住则需要管理者果断地决策。机会稍纵即逝，往往一时疏忽就会轻易溜走，迅速地制定决策，抢占先机，可以使企业抓住更多的机会，掌握商机，获得更多的利益。

3. 摆脱竞争对手

速度是取胜的关键，在管理者犹豫拖延的时间里，对手很有可能已经以成倍的速度扩张。只有管理者抢在对手前面，迅速地制定决策，才能减少同行业的竞争障碍，促进企业效益的最大增长，摆脱竞争对手，并将其远远地落在后面。

华尔街最成功商人之一的约翰·皮尔庞持·摩根，是19世纪末到20世纪初叱咤美国金融界的风云人物。他大肆收购铁路，通过摩根体制的贯彻、施行，获取了占整个美国企业资本1/4的资产，控制美国大批的工矿企业。他还通过金融资本控制美国许多主要的产业部门，以雄厚的经济实力，向阿根廷、墨西哥，甚至向老牌的资本主义国家英、法等国家放债，有"华尔街的神经中枢"之称。

关于摩根如何能发家，还要从他年轻时开始说起。

摩根出生于一个富有的商人家庭，也许是受到家庭环境的熏陶，在摩根还很年轻时，就表现出了非常卓越的经商才华。刚刚大学毕业后的摩根在邓肯商行工作，有一次，公司派他去往古巴的哈瓦那为商行，处理采购鱼虾的事务，在返回途中，路过新奥尔良码头时，摩根碰见了一位船长。大概是根据摩根不俗的穿着判断，船长认定摩根是一位有钱的商人，于是叫住他介绍说，自己是往来于巴西与美国之间的一艘巴西货船的船长，这次他从巴西向美国的一家公司运一船咖啡，没想到到了这里，发现那家美国公司已经破产了。一船的咖啡滞留在这里，这位船主不得不自己推销，他向摩根表示，如果摩根愿意购买这批咖啡的话，他愿意以低于原价一半的价钱出售，但前提是摩根必须拿现金和他交易。

摩根和船长一道去检验了咖啡的样品后，觉得咖啡的品质和成色都很好，他向邓肯商行发去电报，希望可以以邓肯商行的名义购买下这批咖啡。然而邓肯商行回电表示，不支持此次交易，禁止摩根个人以公司的名义进行交易。咖啡的价钱虽然低廉得令人心动，但摩根无法确定船长是不是个骗子，也无法保障船舱内的咖啡是否和样品一样高品质。摩根考虑了一会儿，意识到如果再犹豫拖延的话，船长很有可能会将咖啡卖给别人，而使自己错失一次赚钱的大好机会。他向伦敦的父亲吉诺斯求助，父亲相信儿子的判断，出资帮助摩根买下了这船咖啡。摩根的决策没有做错，他不仅以一半的优惠价钱得到了一船的优质咖啡，在他买下咖啡后，由于天气因素，巴西咖啡大量减产，咖啡价格急增了好几倍，摩根大赚了一笔。

在实际管理过程中，管理者以速求胜，运用普希尔定律时，需要注意以下几个方面：

1. 相信自己的眼光

卓越的管理大师，世界旅游大王希尔顿，在总结管理经验时，认为自己的成功主要靠的是眼光、信仰和努力。无论各行各业，想要成为卓越的管理者，都需要有善于发现商机的眼光。然而具有眼光的管理者很多，敢于相信自己的商业直觉，迅速做出决策的管理者却寥寥可数。管理者在管理中，要正确运用普希尔定律，就一定要相信自己的判断眼光，避免对商机看到了、想到了，却没有转化为正确决策的制定，而错失机会的情况发生。

2. 审时度势

强调管理者制定决策时的速度，并不等于是急功近利的"冒进"主义，要做到有速度但不"冒失"。管理者在决策制定前既不能太过瞻前顾后、左右思虑延误时机，也不要过分追求高速度而导致正确决策受影响。管理者在运用普希尔定律时，要清晰、明确地分析市场环境，并全面权衡其对企业产生的利弊影响，以谨慎的态度，在审时度势的同时保证速度。

3. 排除迅速决策的阻碍

避免犹豫不决、拖延时间的关键，在于找出阻碍管理者迅速决策的根本问题在哪儿，也就是要先确定管理者犹豫不决，到底是在"犹豫"什么。只有把影响迅速决策的关键找出来，才能对症下药，避免拖延。管理者要清晰思路，将自己反复思虑的问题条理化，先找出最为关键的阻碍因素，再看能否有效解决此问题，障碍的解除也就是管理者迅速做出正确决策的开始。

奥卡姆剃刀定律：顺其自然，不把事情复杂化

奥卡姆剃刀定律，是由 14 世纪逻辑学家、圣方济各会修士奥卡姆提出的，

| 墨 | 菲 | 定 | 律 |

Murphy's law

这个原理强调不要浪费较多的东西，去做用较少东西同样可以做到的事情。

随着时代的发展，交通越来越发达；信息传递越来越迅速；工作、生活越来越便利，我们的生活比过去任何一个时代都舒适、富有，但是我们的幸福感和满足感却大不如前。我们是财富的创造者，却也变成了财富的奴隶。不可否认，人类进入了一个不堪重负的时代：世界人口突破60亿，全球环境问题越来越严重，人与自然的矛盾也日益激化；我们的生活变得越来越沉重，休息的时间越来越少，人人为生活奔波，人人为工作压力所苦。更为严重的是，我们的组织越来越膨胀，制度也越来越烦琐，但效率却越来越低了。面对这个超载的地球，膨胀的组织，我们需要用奥卡姆剃刀剃去一些不必要的麻烦。

奥卡姆剃刀定律告诉我们：在处理事情时，一定要把握事情的主流、目标，解决根本问题，顺其自然，不把事情复杂化，这样就可以把事情处理好。现实生活中，复杂的事情通常都可以通过简单的途径得到解决。一个优秀公司，他们应用了奥卡姆剃刀定律，及时对公司进行改革：对公司进行简化，公司里不设置任何永久的部门，也不设立任何老化的组织机构，虽然公司的部门很庞大，但是管理层人员相对较少，员工不是在办公室里写报告，而是在工作中解决问题。只要拥有简单的组织机构，很少的员工就可以把工作做好，这使得这个公司拥有强大的竞争力，在竞争中处于不败的地位。

所有复杂的机构都会存在不同程度的资源浪费和效率低下的问题，它让管理者看不清自己面临的处境，无法把精力放在应该解决的问题上；管理者将大量的时间、昂贵的费用花费在毫无意义的事情上。因此，在实际管理中，运用奥卡姆剃刀定律，适当地给你的组织减减肥，可以使你的组织更有活力，更具效率。奥卡姆剃刀剃掉的是思维杂质，产生的是创新成果，留下的是简单精美；它追求高效、简洁的方法，广为经济界的精英使用。

老托马斯·沃森在1914年创办IBM公司时，本着为公司创造效益，同时证明自己的价值的想法，写出了三条准则：必须尊重个人；必须尽可能给顾客提供最好的服务；必须追求卓越的工作表现。这三条简单原则一直是IBM公司的做事指南。所有的人在看过这三条原则后都很震惊，一个拥有40万员工，销售额超过500亿美元，在全球各国都拥有分公司的IBM公司，行为准则只有三条，怎么会这么简单，很难想象他们是怎么做到的。

这三条简单原则，被员工牢记在心，他们在工作中表现积极，发挥自己的价值。每个员工都有自己负责的一个领域，每个人都可以做更多的工作：哪个领域出现了问题，都可以及时找到相关区域的负责人，并在最快的时间内解决问题；

第八章 企业管理：
商道中最实用的秘密

每个员工在自己管理的区域内都有一定的权力，处理问题时只要自己能够解决就自行处理，不必向上级领导请教、批准，然后再实施领导政策，解决问题。这一政策让IBM员工明白自己属于IBM公司，不属于区域总经理，在这个区域内总经理不再是唯一的领导，员工在公司中找到家的感觉，一切为公司的利益着想，关注顾客，更高效地完成工作。

一个如此庞大的企业，贯彻这三个原则是一个很复杂的事情，但是IBM将它简化成两个字：去做。IBM在会议、内部文件、备忘录，甚至在私人谈话中都将这一简单原则运用自如。值得一提的是，IBM公司的主管人员还会在工作中身体力行，努力让这些原则成为事实，这样更加带动了全体员工的积极性，员工在工作中不断自主创新，为公司创造效益。

一个简单的问题，企业不能人为地把它复杂化；一个复杂的问题，企业应该想方设法把它简单化。企业要想在竞争中求生存、求发展，就应该学会用简单的思维去解决复杂的问题。在企业管理中运用奥卡姆剃刀定律，应该注意以下几方面：

1. 简化组织结构

组织结构扁平化与组织结构非等级化成为企业组织变革的大趋势，在新型的组织结构中，组织中上下等级观念被淡化，员工之间的关系是分工与合作的关系。在实际工作中员工被授予更多的权力，他们的意见会被上级重视，并成为今后公司做出重大决策的依据，他们甚至有可能参与部门目标的拟定。公司内的信息不再是上下级之间的单向传递，而是员工与领导之间的双向沟通，员工与领导之间的沟通不再需要那么费力，员工也更加好管理。在实际管理中，顾客的需要成为员工行动的指南，所有员工与领导者的目标都是一致的，都是为公司谋取利润。公司的利润提高了，个人的利益也得到了极大的满足，这一举措在很大程度上调动了员工的积极性，员工更加尽心尽责地工作，努力完成公司交给的任务。

2. 注重核心价值

关注核心价值，是为了建立竞争优势，要建立这种竞争优势，必须将资源集中在最重要、拥有核心价值的业务领域，并在自己最具竞争力的领域确定目标，以最少的成本获得最多的利润。但这并不是说企业把资源集中在有利可图的业务上，而是对那些没有竞争优势的业务进行整顿、出售，甚至关闭，从最大程度上保证核心价值的实现。如果目标数量多，不统一，公司很难同时兼顾太多的业务，不能为公司创造效益。随着市场经济的不断发展，更多的企业在竞争中成熟起来，而只有重量级的企业才能胜出，要想使企业成为重量级，就要集中资源，进行多元化收缩。并且这一策略实施得越早、越彻底，就越有利于公司整体竞争力的提高。

3. 避免不必要的流程

随着社会、经济的发展，时间和精力成为人们最宝贵的东西。许多管理者整天忙忙碌碌却鲜有成效，究其原因是缺乏简单管理的思维和能力，分不清事情的轻重缓急。从这个意义上讲，管理之道就是简化之道：将工作删繁从简，化难为易。简单就是力量，简单就是效率，简单就是效益。由于受思维方式的影响，简单的信息往往比复杂的信息更有利于被人们所接受，在实际操作中更能运用自如，得心应手。复杂使人迷失，使人看不清事情的本质，从根本上解决不了问题；只有保持事情的简单化，才能让公司上下拧成一股绳，齐心协力为公司带来更大的利润。

麦克莱兰定律：权力分享，创造价值

20世纪60年代，主张以科学方法甄选、训练优秀员工的泰勒理论和认为人类自身由于遗传等因素会导致智力差别的智商学说越来越受到质疑，管理者们迫切希望知道影响员工业绩好坏，导致员工工作绩效存在优异差别的主要因素是什么。

哈佛大学教授戴维·麦克莱兰和他的研究小组，经过长时间的调查和深入研究，发表了一篇题为"测量资质而非智力"的文章，文中指出，员工的工作绩效的好坏及个人职业生涯是否能有所成就，不是受人们普遍认为的知识技能的评测及学术能力高低的影响，而是由于成就的需要所导致，所谓成就的需要就是归属的需要及权力的需要等，这就是麦克莱兰定律。它对管理者的启示是，必要的时候，可以为自己的员工贴上一个权力的标签，这能极大地提高员工的工作热情，培养他们的主人翁意识，产生其他激励方式所不及的效果。

企业中不乏这样的一类管理者，他们拥有高能力、高业绩水平，是企业的"领头军"，他们大权在握，事必躬亲，哪里有问题需要处理，哪里就会出现他们的身影，从早到晚忙得团团转，弄得自己疲惫不堪。而他们手下的员工，终日清闲得无事可做，工作积极性差，只等着上司派发工作，工作效率也很低。与此形成鲜明对比的是一些看起来很不"称职"的管理者，他们把权力下放给其他员工，对企业未必事事过问，遇到麻烦也很少亲自处理。但他们手下的员工，工

第八章　企业管理：
商道中最实用的秘密

作热情极高，业绩突出，遇到问题能及时地果断处理，工作效率也很高。无论多明智的管理者，能力终究是有限的，无权不揽、耗尽心力的做法只会导致管理者越来越不堪重负，力不从心而影响到企业发展。如果将企业比作一辆车的话，管理者的位置应该是指挥方向的车夫，员工应该是推动着车轮滚滚向前的动力。如果管理者无论什么事都要亲自去做，亲自去处理，就好比是下面推车的人都上车，而车夫自己走到前面去亲自拉车，那么即使车夫有再大的力量，也终会因为不堪重负而使车轮停止转动。车夫如果把推动车子前进的权力进行分摊，一部分人在前面拉，一部分人在后面推，大家齐心协力，这样不仅车夫的担子变得轻省，车子前进的速度也会加快。

为什么会出现管理者干劲十足，而员工工作反应冷淡的情况呢？归根结底是缺少诱发员工产生工作热情的动力。如果管理者愿意把自己肩上的"重担"分给员工一些，使员工拥有一些权力，参与到一部分工作的管理中去，感受到运用权力去管理企业的滋味，员工的责任心和动力将会大大提升，工作热情也会成倍增加，员工工作的潜能被激发出来，工作效率大幅度提高，企业的效益也就必然会增长。

用了20年的时间，把戴尔公司从一间窄小的大学宿舍，做到现在年销售额达到四百多亿美元的电脑帝国，他被《财富》杂志评为全球500强企业中最年轻的CEO。戴尔公司的创建者迈克尔·戴尔一直被认为是商业奇才，但他更是一个善于权力分享的管理高手。

迈克尔·戴尔认为，高层管理人员能否分享权力，忽略个人权力的扩张而注重整个公司组织的全面发展，是一家公司取得成功的关键。

随着戴尔公司的壮大，迈克尔·戴尔意识到越来越多的工作已经超出他的负荷，他个人集权的限制性，必然会导致公司的发展受到限制。于是迈克尔·戴尔将自己分内的工作做出细分，请来托普弗加入戴尔公司，并将自己的一部分事务授权给他。此后，迈克尔·戴尔将精力放在产品、科技和公司的整体策略上，主要处理顾客、媒体及其他外部事务。托普弗则专注于公司的运作、销售和市场行销方面，处理公司预算及日常经营运作事务。两人权力分工，最后再一起对公司各个层面的问题处理，进行交流沟通。1997年，迈克尔·戴尔又提拔了部门经理罗斯林，至此，戴尔公司由迈克尔·戴尔、罗斯林、托普弗三人一起联合经营。这种方法使得戴尔公司的运作系统更加完善，收益也有了更大的提高。

最令全世界瞩目的是戴尔公司在股东年会上进行的权力交接，在股东年会上，凯文·罗林斯被正式任命为戴尔公司的首席执行官，并被推选为公司的董事

| 墨 | 菲 | 定 | 律 |

Murphy's law

会成员，从此，戴尔公司开始执行"双剑合璧"的独特管理模式。在迈克尔·戴尔和罗林斯的办公室之间，只隔了一面玻璃做成的墙，连接两间办公室的门一直是敞开的，两个人甚至可以清楚地听到对方的说话声，这方便他们相互在工作中找出对方的不足，并可以在工作出现失误时一起承担责任。在权力分担上，迈克尔·戴尔主管技术与顾客方面，罗林斯主管策略和经营方面。戴尔曾提出，在未征求对方意见之前，双方不得做出任何的重大决定。这种授权方式，为戴尔公司带来了巨大的收益，1999—2004年，戴尔公司年均营业收入增长22.76%，2004年的利润额达到30亿美元，特别是在全球个人电脑销售市场萎靡的情况下，戴尔公司仍然实现了利润和销售额的大幅度增长。

对于整个公司的管理，迈克尔·戴尔推行"工作细分"的分权方法。管理者权力分享，分工明确，整个公司成就共荣，员工的热情被充分地调动起来，能力也被大大激发。这种权力有效分享的管理方法，成效极高，使得戴尔公司实力更加雄厚。

管理者在企业管理中，推行麦克莱兰定律的管理方法，具体要做到以下几个方面：

1. 将部分权力分摊给员工

随着企业组织规模的扩大，管理层面的升高，管理者权力增加的同时，需要处理的问题数目和决策量也会增多。高层管理者能力和时间都有限，容易出现信息量采集不及时、准确和判断力失误的情况。特别是一些重大事务的决策，由于事务的重要程度及事件的复杂性，管理者一旦获取信息不足，或认识错误，做出错误决策，势必会影响到整个企业的发展。因此，管理者要去除以往无权不揽，凡事必管的管理办法，认识到做事多不代表业绩就会好。管理者只需将手中的权力部分"禅让"给员工，让员工参与到工作的决策和管理方面，这样管理者的负担减轻，可以有更多的时间和充沛的精力去集中处理企业中的重要决策。员工拥有部分权力，能亲自参与企业的管理工作，员工与企业之间的关系，就不仅仅是雇佣，而转变为共同进退的合作关系，这样，员工对企业的责任感提升，工作的积极性也会大大增加，有利于工作效率的加快和企业效益的增长。

2. 分工明确，有效沟通

在权力分享之前，管理者要先确定授权的是什么，只有确定下放的权力属于哪方面，才可以有效地在各部门之间明确分工，使员工明白自己的权责，目标明确地投入到具体工作中去。管理者要对授权的员工建立充分的信任感，不可过分越权处理员工的具体工作，使权力的授予变成"空头衔"。管理者可以在权力授予员工后,通过沟通交流的方式了解工作进程,要注意有效的沟通方式不是居高临下的过问,而是相互尊重、地位平等的探讨,询问次数也不要过于频繁,使员工产生管理者对自己能力不信任的感觉而影响工作。

3. 授权给合适的员工

管理者要授权给合适的员工,这个"合适"的概念包括员工的能力、业绩水平和对企业的忠诚度几个方面。只有把"合适"的员工放在"合适"的位置上,授予其"合适"的权力,才可以真正做到人尽其才,从而挖掘出员工最大的工作潜力。管理者要对入选员工的能力、技术水平及工作动机进行综合了解和全面分析后,再选出可以胜任的合格人选。

4. 授权不是弃权

管理者要明确,授权并不代表着弃权,许多管理者,存在着这样的误区,认为权力一旦下放给员工,就意味着自己可以不管,不闻不问。实际上,对于企业的全局管理,管理者应该一直处于掌控的位置,认识到将部分权力交给员工,只是减少对下放权力具体事务的直接管理,而不能放弃间接管理。只有在授权后仍然对权力的具体实施有所掌控,才能及时地纠正员工在管理上出现的错误,避免由于错误拖延,得不到及时改正而导致企业经营受损。

蓝斯登定律:给员工创造快乐的工作环境

蓝斯登定律是由美国管理学家蓝斯登提出的,该定律强调跟一位朋友工作,远比在严格的父亲手下工作有趣得多,你给员工提供快乐的工作环境,员工将给你带来高效率的工作回报,因此,必须努力让你的员工快乐起来!

惠普公司的创始人比尔·休利特说过:"所有员工都想把工作做好,如果提供给他们合适的工作环境,他们都会做好。"一棵小树要成长为一棵参天大树,良好的环境是起决定性作用的。对企业的员工来说,也是如此,一个管理者把一个人才招募到公司时,只要为他提供良好的工作环境,他就会发挥才能,为公司创造利润;如果企业没有好的环境,能力再强的人,也不能发挥出他的才能。但不幸的是,许多管理者意识不到环境的重要性,一味地向员工要效率,却不给员工提供良好的工作环境,结果徒劳无功。

将蓝斯登定律应用到企业中,我们可以发现:企业生产效率最高的群体,不是薪金丰厚的员工,而是工作心情愉快的员工。每个人都希望被尊重,希望得到

| 墨 | 菲 | 定 | 律 |

Murphy's law

公司的重视与认可，希望公司给自己创造一个快乐的环境，并在这个快乐的环境中施展自己的才华，实现自己的人生价值。愉快的工作环境让人得心应手，对工作特别积极；不愉快的工作环境会使人产生抵触情绪，严重影响工作效率。很多公司的管理者，喜欢在公司里板起面孔，表现出一副严父的模样，觉得只有这样才会赢得下属的尊重，方便员工的管理，这是一个管理的误区。现在员工的平等意识增强了，板起面孔并不能达到真正的权威，反而疏远了员工，使员工产生越来越多的不良情绪，因此，放下尊长意识，努力做你下级的朋友，员工将会快乐地工作，工作也会更具效率、更富创意。

1995—1999年，美国生产总量的1/8来自沃尔玛。沃尔玛能取得这么大的成功，与它给员工提供发挥才能的环境是分不开的。

沃尔玛创业之初的用人原则是"吸纳、留住、发展"，随后演变成了"留住、发展、吸纳"，这意味着沃尔玛更加重视给员工提供良好的发展空间，从内部培养、选拔优秀的人才。为了将这一原则落到实处，沃尔玛采取了以下做法：

首先，他们把员工当成合伙人，管理者与员工的关系成为真正意义上的伙伴关系。沃尔玛在公司内部，实行利润共享政策，这使沃尔玛的员工和公司成了一体，员工将公司的利益当成自己的利益，因此更加努力地工作，充分发挥自己的才能，为自己、为公司创造效益。

其次，沃尔玛通过分享信息和分担责任，使员工产生参与感，并增强了员工的责任感。在沃尔玛的各个商店里，员工很清楚地知道该店的利润、进货、销售和减价的信息，这样员工就能知道怎么做才能给公司带来更大的效益，并积极朝着这个方向不断努力，为公司增加效益，也为个人积累财富。

再次，沃尔玛善于运用培训机制来发展人才，在沃尔玛，每个员工都有一个共同的信念，每个人都可以实现自己的价值，每个人都可以充分运用自己的智慧源泉，为自己、为公司创造价值。为此，沃尔玛为员工安排入职培训、技术培训、岗位培训、海外培训等；为管理人员安排领导艺术培训。公司总部不定期地从世界各地分公司选拔优秀人才进行培训，培训内容包括零售学、商业运作、管理、高级领导技术等，培训时间短的有数周，长的甚至达数月。

此外，沃尔玛通过轮岗，让各层员工体验不同的工作，接触企业内部的不同层面，寻找适合自己的发挥途径，掌握各种技能。在沃尔玛，施行公仆式领导原则，所有的管理者被称为教练。他们为员工创造必要的工作条件，进行各种培训，让员工不断接受挑战，获得全方位发展。对一些表现良好，具有管理、销售潜力的员工，沃尔玛的管理层就会给他们提供机会，安排他们做助理经理，或开设新店让他们管理。

如此广阔的舞台,极大地激发了沃尔玛员工的潜能,人们总是惊奇地看着一个平凡的人,进入沃尔玛后变成了一个非凡的人才。正如沃尔玛的创始人萨姆·沃尔顿所说:"对待员工,要像对待花园的花草树木一样,需要用精神上的鼓励、晋升和优厚的待遇来浇灌他们,必要时细心除去园内的杂草,给他们一个适合发展的环境。"

为避免员工在工作上不思进取,管理者在运用蓝斯登定律时应注意以下几个方面:

1. 给员工提供广阔的发展空间

为了员工未来的发展,应该有更多的空间给自己的员工,鼓励员工在工作中畅所欲言。工作的目标只有一个,但是完成目标的方法却有很多种,为了了解员工心中的答案,管理者可以组织员工进行经验分享,开展优秀员工座谈会,经典案例回顾等各种活动,来相互交流,提高业务知识和技能,促进企业团队任务保质保量地完成。企业的发展需要有一条核心轨道,员工可以按照自己的意愿做自己想做的事,但是不可以偏离这条核心轨道。制度是确保员工不偏离公司轨道的保障,完善的制度不仅可以降低企业发展的风险,还可以给员工带来更大的发展空间,员工可以在允许的范围内,找到自己的人生定位,并快乐地工作,努力发挥自己的特长,为公司创造更大的利润。

2. 允许员工犯错

给员工创造快乐的工作氛围,就要允许员工犯错。做允许犯错的企业,就要鼓励怕犯错的员工,并培养出一批敢于创新的员工。公司要从一个小公司发展成为令人羡慕的大公司,员工承担的任务、经历的挫折会有很多,公司不断给予的机会能使员工在实战中累积一定的经验,还能使员工迅速提升自我,为公司创造效益。员工犯了错不要紧,管理者应该包容并给予理解,这样员工就能快乐地工作,没有过大的压力,并在今后的工作中更加努力。管理者更应该注重员工对错误的认识:员工是否认识到错误,并想办法弥补损失;员工是否主动分析错误,并尽快找到解决问题的方案;员工是否主动改正错误,并在今后的工作中避免类似错误再次发生等。

3. 多与员工进行沟通

内部沟通能更好地管理员工,加强管理者与员工的互动,使员工在工作中遇到的困难及时得到解决,员工就会心情舒畅,并在今后的工作中更加快乐、高效地工作。交流、沟通是员工团结的桥梁,是公司步调一致的保障。人力资源部应

|墨|菲|定|律|
Murphy's law

该定期走访各部门一线的员工,及时搜集整理员工的意见和想法,并反馈给高层管理者,作为公司重要决策的依据,不能忽视任何一个部门的意见。高品质的公司高层内部刊物,组织集体活动,如旅游、运动、竞赛等可以拉近员工与高层领导之间的距离,可以让内部沟通更加人性化。

洛伯定理：善于利用每一位员工的优点

洛伯定理是由美国管理学家洛伯提出的。洛伯定理强调,如果你只想让下属听你的,那么当你不在时他们就会不知所措;而当你不在场时可能会发生一些突发状况,这时员工不会积极地想办法应对,他们什么事情都等着你来处理,什么事情都是你告诉他们怎么做,最终使事情不能得到及时的处理与解决。

一些公司的员工,领导在时表现得很积极,可领导一不在,立刻精神涣散,什么工作都不想做。在这种情况下,集体的力量就无法得到发挥。一个人的精力是有限的,即使再能干,再能吃苦,顶多比别人多干两个人的工作;聪明的管理者应该随时将工作做好分工,减轻自己的工作负担,从琐碎的事务中解脱出来,不但公司工作进行得很顺利,而且本人也有充裕的时间集中精力想大事、干大事,策划新项目,推广新计划,实施新政策,为公司的发展做长久打算。

在一个公司中,不仅有重要的工作,当然还会有很多琐碎的工作,作为公司的管理者,不可能包揽公司一切大小事情,管理者对员工这也不放心,那也不放心,那么什么时候你的员工才能真正地成长呢？管理者应该有这样的境界,就算你因为有事离开公司一段时间,公司都照常运转,公司的效益也丝毫不会有损失,领导在与不在,员工都一个样,该干什么干什么,丝毫不会因为领导没来就乱了阵脚。无疑,这样的领导是成功的,这样的公司是有前途的,这样的员工是值得大力赞扬的。

适当授权给下级有助于企业上下一致,相互协调,使下级从原来的被动服从上级指挥,到主动支持上级工作;还可以激发员工的工作热情,使员工大胆地放开手脚去工作,提高创造力,为公司做出创造性的贡献;有利于管理者集中精力处理重大问题,做出一些重要决策,让公司的发展更上一个新的台阶;有助于培养人才,将知识和技术传递下去,促进员工去思考问题、提出问题、解决问题,同时也为公司带来更大的利润,使企业长久地发展下去。

在日本,本田代表着技术与活力,它是日本大学毕业生向往的地方。本田创

第八章 企业管理：
商道中最实用的秘密

立于1946年，在几十年内对日本年轻人产生如此大的影响，与本田公司领导对下级的充分授权是分不开的。他们认为员工是企业的财富，在工作中充分授权，发挥员工的优点，锻炼员工的协调能力，提高员工各方面的技能。

公司内，不管是高级领导还是普通员工，都不以职务相称，而以"先生"相称，公司董事没有单独的办公室，采用一个大房间的"董事同室"办公制度办公。高级领导干部到50岁就为年轻人让位，提拔年轻人，为公司注入新的活力。

本田株式会社第二任社长河岛，想打开美国市场，在进入美国办厂前，企业内部设立了筹备委员会，筹备委员会汇集了公司最有才华的员工。员工负责所有具体方案的策划，而河岛本人只做出决策，不参与方案的策划，他认为员工策划的方案比自己做得要好。位于俄亥俄州的厂房基地，河岛放心地交给员工去做，自己一次也没有到现场巡查过，这足以证明河岛充分授权给员工。当有人对河岛不赴美考察提出异议时，他说："我对美国不熟悉，既然熟悉它的人认为这块地好，就应该相信他的眼光啊！我又不是房地产商，也不是账房先生。"河岛将财务和销售两大项工作全权交给副社长处理，这一做法继承了本田的做事原则，充分体现了河岛管理上的聪明之处。

1985年9月，东京青山建成了一栋具有现代感的大厦，赴日访问的英国王子和王妃参观了这栋大厦，对此事媒体竞相报道，本田青山大厦从此闻名于世。本田宗一郎本人在本田公司建设这座大楼时，并没有发表任何意见和建议，他将权力下放给一批年轻的知识分子，让他们提出各种方案，对整个大厦进行规划，建成了这座大厦。这座大厦的建成，聚集了很多年轻人的思想和智慧，也充分体现了本田领导者信任下属，发挥员工积极性的高明之举。

第三任社长久米在"城市"车开发中，也充分体现了公司的授权原则，负责"城市"开发小组的成员，很多都是二十多岁的年轻人。一些董事担心将开发项目交给一群年轻人不太靠谱，但是久米对这些人的异议根本不理会，仍然支持年轻人的开发研究，他说："这些年轻人觉得那么做可以，就让他们去做好了。"对于周围人的异议，年轻的技术人员则自信地对董事们说："开这车的人不是你们，而是我们这一代人。"在社长的支持与技术人员的努力下，一辆车型高挑，打破了以往汽车必须呈流线型的常规的新车"城市"研制出来了。一些保守的董事们又开始担心起来，这么丑的汽车，能卖出去吗？但技术员相信，现在的年轻人就希望拥有一辆这样的车。不出所料，这款车一上市就受到了年轻人的青睐，很快在年轻人中流行开来。久米就是因为大胆起用年轻人，善于利用每个人的优点，并进行充分授权，从而取得了本田公司辉煌的业绩。

在企业成长的过程中，管理者所面临的最大挑战之一，便是授权，授权是一个企业成长的关键。如果管理者有心授权，却不懂得授权之道，就不能发挥员工的能动性，要想最大限度发挥员工的能动性，管理者在实际管理中应用洛伯定理，应注意以下几点：

1. 挑选人才，视能授权

孔明北伐，街亭失守，错不在马谡，错在孔明不用魏延做先锋而用马谡，这是授权者没有选准合适的对象导致的。在挑选授权的人才时，要用七分眼光看长处，用三分眼光看短处，如果只看员工的短处，就可能担心员工的工作而对其更加操心，而员工也不能在工作中发挥自己的特长。每个人都有自己擅长的领域，也有自己不熟悉的地方，授权者在授权时要做到人尽其才，充分发挥员工的独立自主性，激发员工的工作热情；对能力强的人，尽量多授一些权力，这样既可以把事情做好，又能从多方面锻炼人才；对能力较弱的人，要仔细观察其在工作中的表现，视其表现而定。

2. 授之有据，一授到底

管理者应以授权书、委托书等书面形式授权，这样既可以以此为证，避免个人或其他部门"不买账"的现象，也可以限制被授权者做越权的事，还可以避免被授权者对其分内的事推卸责任，更可以提醒授权者已经将权力授予别人，不要对权力死抓着不放。授权要一授到底，不要拖拖拉拉，这既是对员工的一种信任，这种信任让员工在工作中更加努力，更是对员工的一种激励，从最大程度调动员工的积极性。

3. 目标明确，信任为本

刘备临终前将权力授予了李严，但孔明对李严总是不放心，担心会出变故，凡事都自己做，李严的才干没有发挥出来，两个人的关系也因此破裂。管理者将部门的工作目标明确以后，就要放心地交给员工去执行，不要因为被授权者稍微犯点错误就将权力收回。这样容易使被授权者觉得自己不被信任，产生被欺骗的感觉，影响正常工作情绪，导致工作中出现的问题不但没有解决，反而变得更糟。管理者既然已经将权力授予员工，就应以信任为本，放开手让员工去工作，不信任是对员工最大的伤害。

4. 监督指导，权责一体

管理者在授权的同时，还应明确告知被授权者，公司将组织人员定期对其任务的落实和工作的进展进行必要的检查，以增加员工的责任感。授权后，为了使员工能尽快适应工作,授权者应对被授权者耐心指导。管理者不要认为授出了权力就什么都不关自己的事了,尽管权力授予了员工,但是出了问题,自己还是要承担大部分责任。因此,管理者应及时指出并纠正被授权的员工在工作中出现的错误;如果员工遇到困难,应当细心指导,帮助员工解决困难;对于员工因为经验不足造成的失误,管理者要勇于承担责任,为员工创造一个宽松的工作环境,鼓励员工吸取经验教训,在今后的工作中继续努力,为公司创造效益。

彼得定律:给予优秀员工晋升的机会

彼得定律是由美国学者劳伦斯·彼得对组织人员晋升的相关研究,在《彼得定律》一书中提出的。该定律强调每个组织都是由不同的职位、等级、阶层组成,每个人都属于其中的某个等级,每个人都有他的提升指数,当他被提升达到高位时,他的提升指数为零,他的提升过程也随之结束了。

世界上每份工作,都会出现无法胜任的人。由于表现良好,员工会不断地得到提拔,直到他们不能胜任为止,这样的提升导致公司大部分职位由不称职的人担当。不称职的领导,阻碍了其他有能力胜任的人的提升途径,在很大程度上影响了公司的发展。

每一个新兴的企业,刚开始的时候工作做得都很好,但是慢慢地就会变成暮气沉沉的官僚机构,使优秀员工得不到施展的机会,而一些无能的员工却爬上了更高的领导位置。每一个员工都会对工作产生一定的影响,这其中有好的影响,也有不好的影响,无能的员工将会使工作一团糟,过不了多久,整个企业就会处于萧条的状态。

企业中存在两种人,一种是能胜任现在的工作,但不求上进,只能做好现在的工作,向上升一级就无法胜任自己的工作的人;另一种是不但能胜任现在的工作,而且积极进取,学习能力强,不断提升自己的能力和素质,能胜任任何职位的人。企业就是要发现并培养第二种人,使企业每一个职位都有很好的接班人。提拔员工重要的就是要看员工的潜力,良好的业绩并不能完全作为晋升的理由,更重要的是员工能否在更高的职位上发挥能力。

小李在一家科技公司从事技术研究工作,由于他工作努力、刻苦钻研、待人诚恳、乐于助人,深受上级领导的赏识和同事的好评。小李的性格沉稳,爱好钻研,经常做实验,搞创新,在工作中体现出了自己的价值。工作一段时间后,小

| 墨 | 菲 | 定 | 律 |

Murphy's law

李就被公司提升为主管。小李很感激领导对自己的提拔,暗自下决心,要以最好的业绩来回报公司。在工作上他更加努力,想出更多的好点子为员工解决困难。员工有什么困难都爱找他,他也大方地把员工的困难都包揽在自己身上。刚上任没几天,小李就发现有很多不对劲的地方:第一,自己除了从事技术研究工作之外,还要花更多的时间与精力来处理周围员工出现的各种问题,琐碎的事情让他忙得团团转,没有时间考虑更多技术方面的工作。第二,由于工作进展不顺利,要经常加班,有时加班加到凌晨,但还是不能保质保量地完成工作,对此小李身心疲惫,同事也有很多怨言。第三,下属中很多老的技术员对自己不服气,经常和自己对着干,小李碍于面子,不好意思说什么。结果弄得自己完不成公司分配的任务,领导不满意;经常加班加点,同事不满意;自己也因此身心疲惫。小李从一个优秀的技术员变成了一个不称职的主管。

每个人都期待着不断地晋升,认为爬得越高就越好,这样不仅不利于自己能力的发挥,还从一定程度上阻碍了公司的发展。与其在一个无法胜任的岗位上苦苦支撑,还不如到一个对自己来说游刃有余的岗位上发挥自己的优势。如果一个企业中大部分人员被安排到不称职的岗位上,就会造成人浮于事,效率低下,公司发展停滞不前。因此,提拔一个员工,要综合考虑其在工作中的表现,仔细斟酌,保证每一个晋升的员工都能为公司带来好的效益。

百事可乐公司成立于1898年,公司总部在美国,它的产品畅销全球,深受人们的喜爱。公司总裁韦恩·卡洛韦,对于公司如何取得如此骄人的成就这一问题的回答只有一个字"人"。

韦恩·卡洛韦对他大部分下属的状况了如指掌,他用40%的时间去研究如何用人,采用优胜劣汰的用人原则,拟定用人的标准,每年至少一次与他的下属讨论工作上的问题。如果一个下属没有达到他制定的标准,他就会给这个人一段时间,让他们充实自己、完善自己,如果一段时间后这个人达到标准,第二年就会提高对这个人的要求。经过对公司员工的仔细调查,公司将员工分为四类:第一类,最优秀者,这样的人将不断得到提升的机会;第二类,可以晋升,能力也能达到晋升的标准,但目前不能安排晋升;第三类,能力不足者,这类人需要在工作岗位上多磨炼一段时间,或经过一段时间的专业培训,能力有所提高者,在今后的工作中也许会得到晋升的机会;第四类,最差者,这类人将直接被淘汰,没有晋升的机会。

百事可乐公司坚持优者胜出、劣者淘汰的原则,为公司留下了优秀的人才,淘汰了不思进取、混日子的员工,节约了成本,同时也为公司创造了更多的利润。这正是百事可乐公司取得成功的法宝。

在一个企业中，一些优秀员工的潜能得不到发挥是很常见的，为了公司的发展，管理者有责任挖掘那些被埋没的人才。在实际管理中，为了避免出现彼得定律现象，管理者应注意以下几个方面：

1. 改变员工升职心态

公司的薪酬与职称成正比，职位越高，薪酬越高。这造成了员工之间的竞争，他们一心只想往上爬，甚至不择手段地爬上最高的位置，直到被安排到一个不适合的岗位上。他们个人权力的欲望满足了，却严重阻碍了公司的长远发展。有这样一句名言："身为人类家庭中的一名优秀成员，我发誓要尊重自己，也尊重他人，并透过言语或行动实践我的主张。我发誓我个人的一举一动或所有决定，都将朝着提高生活品质的目标迈进，而不是向上攀升到自己无法胜任的地位。"所有的员工都应该有这样的思想与觉悟。员工在争夺权力的时候弄得自己狼狈不堪，自己的真正才能得不到发挥，却在一个不适合自己的岗位上耗费自己大量的时间与精力，这大大违背了晋升的美好初衷，每个人都应该注重自己为公司创造的价值而不是权力。

2. 建立科学、合理的提升标准

企业应该摒除"根据贡献决定晋升"的晋升机制，不能因为员工在工作中表现优秀，就认为这个人肯定能胜任更高一级的职务。企业建立科学、合理的升迁机制，客观评价员工的能力和水平；加强对各类岗位的研究，合理分配岗位职责，按工作能力、技术水平等要求，将员工安排到其可以胜任的岗位，发挥员工的特长与潜力，为公司带来创造性的贡献。

3. 实行宽带薪酬体系

所谓宽带薪酬体系，就是拉大同等级员工的薪酬，缩小不同等级员工的薪酬差异，按照按劳取酬、多劳多得的取酬原则，改变传统企业按职称拿工资的现状。在一个企业中，并不是员工的行政级别越高，薪酬水平就越高，在改革后的企业中会出现这样的情况：一位没有任何行政头衔的优秀医生的薪酬可以超过院长的薪酬；一位高级技术人员的酬劳有时候超过车间主任；一位优秀的推销员的薪酬比销售经理的薪酬高等。只有这样，员工才能在工作中努力表现，不断提高自己、完善自己，实现自己的人生价值。企业还可以建立更加有效的奖励机制，采取加薪、休假等方式奖励员工，使员工在工作中发挥更大的潜能，给公司带来更大的效益。管理者要让员工明白这样的道理：只要工作做好了，用不着当领导，员工的期望也会得到满足。

4. 晋升前进行管理培训

在晋升员工前，企业要慎重、周全地考虑人选，对员工提供一些相关的培训，无疑是一个很好的方法，培训能帮助员工在今后的事业中处理各种问题。对员工进行一段时间的培训后，可以通过简单考核，测试员工经过培训后的各项水平；员工各项水平都达到一定的标准后，再对其进行提拔。为了考查一个人是否能胜任更高的职位，还可以采用临时性或非正式性的提拔方法，如在委员会或项目小组中赋予员工权力，特殊时期让他担任代理职位等，来观察他在工作中的表现，让员工在工作中的各个领域不断得到锻炼与提高。

蓝伯格定理：在压力中提高自己，才能不断发展壮大

蓝伯格定理是由美国银行家路易斯.B.蓝伯格提出的，定理强调压力与动力是并存的，压力可以转化为动力，但不是所有的压力都可以转化为动力。压力转化成动力，需要承受者具备承受压力的能力。

压力是可以转换成动力的，但不是所有的压力都可以转变为动力，在转换的过程中，我们要以积极、乐观的心态，通过正确的方法引导压力，使压力转换成动力。工作节奏加快，超强的工作压力，让很多人都变得越来越烦躁不安，但是不管多么艰巨的工作，你都要相信自己，微笑地面对工作，并努力将工作做好。不管工作是否成功，你的这种知难而上的精神都会赢得别人的尊重与认可。承担艰巨的任务本身就是一个锻炼自己能力的机会，很多人不敢尝试这样的机会，将机会留给了别人，于是压力没有了，提升自己能力的机会也没有了。

对于一些刚进入职场的人，他们做事谨小慎微，只能从事一些简单的工作；对于那些具有挑战性的工作，他们不敢主动发起"进攻"，对工作一躲再躲；他们怕自己完不成任务被别人嘲笑，被领导责骂。如果一直采取这样的态度对待工作，很快别人就会超过你，将你远远地落下；别人都在各自的工作中得到了提高，唯独你没有进步；你的工作压力会越来越大，并且只能从事一些简单、琐碎的工作，只要工作稍微有点难度，你就胜任不了，时刻面临被公司炒掉的危险。

所有事物的发展都是要经历一定的挫折的，适当的压力可以激发人的动力，将压力转换为动力。一些优秀员工之所以优秀，是因为他们的危机意识比别人强，他们认为自己不努力就会落后于别人，于是他们将压力转化为强有力的动力，在工作中恪尽职守，用行动证明自己的能力；面对一个不可能完成的任务，

第八章　企业管理：
商道中最实用的秘密

他们不怕苦，不怕累，不断力争上游，想尽办法提高效能，加班加点也要完成公司交给的任务；别人没有做成的事，他们做成了，于是他们得到了领导的赏识，别人也会对他们刮目相看。完成任务的过程是痛苦的，但是在完成任务的过程中，他们从教训中获得了经验，他们的能力也在不断得到提高。

在工作中，很多员工通过不懈努力，取得事业上的成功。但是面对这些成功，很多员工会骄傲自满，不求上进，使原来经营很好的企业，在竞争中很难立足甚至破产。面对全球激烈的竞争，企业为了保持自己的实力，在竞争中不断打败竞争对手，企业和员工应该意识到革新和变化是永恒的，只有戒骄戒躁，不断在压力中提高自己，才能使企业不断发展壮大。

中美史克天津制药有限公司，1987年10月建厂，是一个现代化合资制药企业，年生产药23亿片。其中康泰克对公司的影响最大，取得的利润也最多，年销售总额高达六亿元人民币。康泰克是一种含有苯丙醇胺的药品。2000年，美国研究发现：服用含苯丙醇胺的药品，患出血性中风的概率将会增大。因此，2000年11月6日，美国食品药物监督管理局禁止美国生产厂商销售含苯丙醇胺的产品。之后不久，中国医药监督管理局就颁布了《关于暂停使用和销售含苯丙醇胺药品制剂的通知》，中美史克天津制药有限公司的产品康泰克和康得被禁止销售。

康泰克由于其作用效果明显，深受人们的好评。国家医药监督管理局的通告一公布，立刻引起人们的关注。通知发布的时候正是11月感冒的高发期，往常这个时候正是公司产品畅销、利润最好的时候，暂停使用和销售康泰克，对史克公司产生了巨大的压力。史克公司对这一事情的态度将会引起广大媒体的密切关注，处理不好，便会引发更大的危机，使自己无法在中国医药市场上立足。

面对如此严峻的形势，中美史克公司很快成立了危机处理小组，通过媒体主动说明事实真相，表明史克公司的态度，坚决支持中国国家药监局的决定，紧锣密鼓地推出新药。由于处理及时，中美史克公司建立了良好的公众形象。虽然前一阶段事情的处理很及时有效，但消费者对康泰克品牌仍很怀疑，为此，新药取名新康泰克。为使新药顺利推向市场，中美史克公司通过媒体进一步表明自己为消费者健康着想的态度，让消费者对新药放心。这样，自2001年9月开始，新康泰克在全国各大药店逐渐顺利上市，取得了优异的销售成绩。

企业经营有一个大的趋势：企业管理者不再像过去那样扮演权威的角色，而是在不断给员工制造压力的同时激励员工，充分挖掘员工的潜能，让员工为公司创造最高效益。在实际管理中，管理者应用蓝伯格定理，需要注意以下几个

方面:

1. 不断给员工制造压力

适当的危机感让员工不断提高自己、完善自己,不断为公司创造新的价值。在当今这个充满竞争的时代,只有实力强大的企业才能在竞争中处于不败的地位,但不是每个企业都能时刻保持强有力的实力,为了保存实力,企业只有不断地给员工创造压力,让员工产生危机感,员工才能在压力中激发潜能,将压力变为动力,为企业发展做出自己的贡献。

2. 让员工学会承受压力

在实际管理中,有很多员工总是固守陈规,只做该做的工作,不该做的工作坚决不做,不愿挑战自我,更别提在工作中发展创新了。面对这些有惰性心理的员工,企业应该在给员工制造一些压力的基础上,多鼓励员工,让员工在工作中学会承受压力。管理者还可以尝试性地给员工一些具有挑战性的工作,让员工试着去做,不管员工做好做坏,都要鼓励员工,增加员工的自信心。通过一次次的磨炼,培养员工承受压力的能力。

3. 指导员工将压力变动力

很多员工不愿意承受压力的一个最主要的原因是,他们害怕自己完不成任务,遭到领导的责怪,以及同事的嘲笑。管理者在管理过程中要站在员工的立场上,充分为员工考虑,消除他们的疑虑,给他们足够的自信,从心态上使员工放松;员工在工作中遇到困难时,要给员工提供一定的帮助,帮助员工从困境中解脱出来;员工不能很好地完成工作时,要给予适当的安慰,不要打击员工的积极性,鼓励员工在下一次的挑战中继续努力,使员工学会将压力转换成动力,在工作中不断完善自己,为公司创造效益。

4. 适当奖励员工

对于一些在压力中表现出色的员工,要及时给予奖励,精神上可以采取表扬的方式,在员工大会上点名表扬这些员工,让员工在大会上说出自己的心得,激励更多的员工在工作中不断创新,变压力为动力,为公司创造利润;物质上给表现好的员工一定的奖金、购物卡以及一些生活用品,或组织员工去国外旅游等。让员工不仅从精神上得到满足,物质上也给予一定奖励,从最大程度上调动员工的积极性,让员工在工作中自主创新,在压力中不断成长。

第八章 企业管理：商道中最实用的秘密

吉宁定理：真正的错误是怕犯错误

吉宁定理是由美国多布林咨询公司集团总裁吉宁提出来的，该定理告诉我们，失败是成功之母，只有正视失败，从失败中吸取教训，才能打开成功的大门。

美国一家钻石企业，刚成立的时候，企业想开采钻石。在地质勘探的过程中出现一次小小的失误，没有开采出钻石，却意外地发现了世界上最大的镍矿；李维·斯劳特斯开始的时候想要在加州开金矿发财，在经受了几次挫折之后，他开始用帆布来为矿工缝制穿的裤子，现在李维斯牌的牛仔裤已经走出国门，走向世界；如果爱迪生一直都在公司中做一个小小的职员，那么他就不会发明电灯泡，给全世界的人民带来光明；哥伦布如果不是在开辟连接中国航道时出现失误，世界不知道要延后多少年才能发现美洲的新大陆，也就没有现在的美国。

人非圣贤，孰能无过。一个人从小孩变成青年，又从青年变成老人，都是在不停地犯错误，又不停地改正错误的过程中成长起来的。一个人的一生中，总是会犯这样那样的错误，但也正是因为这些错误，才能让我们从一个不懂事的少年变成一个睿智的老人。企业也是一样，不管是管理者还是员工，都会在工作中犯错，如何对待工作中的错误，将决定企业的生死存亡。有的企业不允许员工犯一点错误，他们认为员工的失误，将给企业带来一定的负面影响。因此在员工犯错的时候，他们提出了严厉的惩罚制度，轻则罚款，重则与员工解除劳动合同。有的企业不怕员工犯错，他们甚至鼓励员工犯错，并乐于为员工的过错埋单，为员工提供一个轻松的工作环境。很显然，后者员工创造的利润要比前者高，并使企业不断发展壮大；而前者不但会造成企业员工的大量流失，还会使企业面临破产的威胁。

失败是成功之母。一个企业要想成功，就必定经历失败。因此，企业在管理员工的时候，不要害怕员工犯错，而是要告诉员工，错误并不可怕，真正的错误是怕犯错，并因此在工作中畏首畏尾，什么都放不开，结果虽然没有出现大的错误，但是因此延长了工作时间，别的员工一个小时就能做好的事情，他们可能需要两个小时，甚至更多；还延误了自身素质的提高，别的员工在工作中不断犯错，但是他们认真吸取经验教训，使其素质与能力都得到了很大的提高；也阻碍了企业的发展，市场的风云变幻，要求企业不断发展壮大，并具备一定的创新能

墨菲定律
Murphy's law

力。但是不犯错的员工或害怕犯错误的员工将使企业毫无生机,在激烈的市场竞争中竞争力低下,甚至被市场淘汰出局。

只有不断犯错,才能不断成长起来。只有不怕员工犯错,并认真帮助员工分析问题,吸取教训,鼓励员工从失败中打起精神,使员工不断成长起来,在工作中积极表现,为企业赢得利润,并为企业的发展做出应有的贡献。员工所犯的错误,有时还能为企业的发展带来意想不到的效果,以前让企业领导头疼的问题,正因为员工的一次错误经历,导致问题轻松地解决了;企业很有可能从员工所犯的错误中,得到提高效率的好方法,使企业竞争实力雄厚,在激烈的市场竞争中,击败竞争对手,占据较大份额的市场。

在工作中,害怕犯错误,这将会引起员工的止步不前,而员工的止步不前,另一个错误又产生了。一位名叫帕斯夸尔列夫的歌唱家曾经说过:"一个人歌唱的成功,是站在长梯子的顶点,而每一格都代表着重复的失败,我们在失败中吸取教训,并以此为基石,不断向成功靠近。"员工在工作中不要担心犯错,也不要害怕失败,因为障碍和失败,是通往成功的最重要的踏脚石。只要每个人悉心研究挫折和失败,并努力对工作进行改进,就会受益无穷。

在企业中,领导非常需要员工不怕犯错误的精神。在这个风云变幻的时代,最大的错误就是墨守成规。管理者应该以变应变,来适应不断变化的环境,使企业在市场中不断击败竞争对手,获得成功。

美国的山德斯联合公司是新泽西州最大的工业企业,在美国的国防电子装备系统,以及商业领域的电脑绘图等先进领域,起着不可替代的作用。就是这样一个拥有雄厚的技术力量做后盾的公司,在商用电脑终端机的投资上却出现了大的失误。20世纪末,山德斯联合公司管理层决定:生产一款同时兼备预约业务和账务系统的商用电脑终端机。在当时,商用电脑终端机,是非常有潜力的一项投资项目。

与公司以前已经取得显著成效的雷达、电子组件及反潜战系统等业务相比,这一项新的投资出现很大差异。这个投资项目需要公司在广大顾客面前与像IBM等具有实力的公司决一胜负。山德斯联合公司注重为国防方面的顾客提供精美细致的高端产品,但是商用品的顾客对产品的精美细致不是十分重视,他们只注重使用方便,只要产品使用方便,他们就觉得可以了。顾客的这一观点,注定了山德斯联合公司必然走向失败。经过一段时间的研究,山德斯联合公司又研制出了同时拥有电脑辅助设计系统和电脑辅助制造系统的终端机,但是结果都不理想。两次的失败,让山德斯联合公司面临一场生死攸关的考验。正如山德斯联合公司的董事长包尼斯所承认的:"我们选择了错误的行业。"

经过几次失败之后,山德斯联合公司及时吸取了经验教训,并对公司的管理与经营进行了全面的分析总结,找到了解决问题的方法:"我们生产的终端机的质量是一流的,但我们缺乏营销和服务技巧。虽然我们的产品设计得美妙绝伦,但是却经常遭到别的企业仿冒,而外行的使用者不辨是非,不欣赏我们的设计。"发现问题后,山德斯公司及时做出调整,集中资源重新发展军事产品的业务,并研制出了各种电子武器,如指挥与控制体系、海洋追踪监视系统、电脑测试装备。并且用了两年的时间,研制出了一种新产品——互动制图器。这一产品和以前失败的商用电脑终端机的投资情况存在很大差异。山德斯联合公司以高科技战略,在电脑绘图器这一市场上日渐成熟。1984年,山德斯联合公司对公司的及时改进取得了成效,制图器系列产品的营业额是25500万美元,纯利润为2500万美元;山德斯联合公司在国防电子产品方面,年销售收入五亿美元左右。

山德斯联合公司取得的成功再次证明了要成功就要先失败,只有经过一次次的失败,才能不断前进,并取得最终的胜利。经验是在工作中不断积累的,只有不怕犯错,有勇气的人才能有机会触摸成功,并牢牢抓住机会,打开成功的大门。

失败是成功之母,没有失败,就没有成功。企业要想不断地发展壮大,就要不怕员工犯错,将错误作为对企业发展的催化剂,让企业在错误中吸取教训,在失败中成长。在企业的管理中,管理者应用吉宁定理,应注意以下几个方面:

1. 不怕员工犯错

市场的变化多端,给企业提出了更高的发展要求。企业要想在市场中站稳脚跟,并不断发展壮大,就需要企业有强有力的竞争力,并不断推陈出新。市场中允许企业上市一个功能不太齐全、性能不太稳定的新产品,也不允许企业始终上市一个性能相对稳定、功能相对齐全的旧产品。墨守成规是企业发展中的大忌。市场允许企业在竞争中犯错,那么企业也应该允许员工在工作中犯错。企业应鼓励员工,在工作中不要怕犯错,人人都会犯错,在成功之前,就做好犯错的准备,才有可能不犯错误。因此,管理者要教导员工正视犯错,不将犯错仅仅当成一次工作中的挫折,还应该将犯错当成提升自己、完善自己的机会。这样员工就会在心理上得到安慰,紧张的情绪也因此得到缓解,并不断地将压力变动力,在工作中积极表现,为企业的发展做出贡献。

2. 勇于为员工的错误埋单

企业发展的过程中,不仅要不怕员工犯错,还应该勇于为员工的错误埋单。

| 墨 | 菲 | 定 | 律 |
Murphy's law

工作中,员工害怕犯错的一个原因是怕因为自己的错误给企业带来大的损失。有的企业制度严格,对员工在工作中的错误给予严厉的惩罚,这不仅给员工造成一定的心理负担,还使员工在工作中不敢放开手脚,限制了员工潜能的发挥。为了企业的长远发展,企业应该努力打消员工怕犯错误的心理,对于员工工作中出现的错误,要鼓励员工,争取在下次的工作中努力工作,取得成功;企业还应该积极承担责任,解决员工后顾之忧。这样员工就会在以后的工作中更加积极表现,努力进取,不断完善自己,并提高自己各方面的技能,用自己的实际行动为所犯错误"埋单"。员工素质的提高将带动企业不断走向成功,使企业不断发展壮大。

3. 让员工在错误中吸取教训

企业的发展过程中,一定会遇到挫折和失败,只有不断吸取经验教训,才能避免在今后的发展中犯类似的错误。因此,管理者既要允许员工犯错误,又要善于为员工的错误行为负责,还应该让员工在错误中吸取教训,在失败中成长。员工在工作中出现错误,企业为员工承担责任,如果员工不吸取经验教训,就可能在今后的工作中出现类似的错误。企业允许员工犯错,但是不允许员工犯两次同样的错误;企业可以为员工的错误埋单,但不能为员工相同的错误埋单两次。因此,企业不仅要鼓励员工在错误中吸取教训,还应该让员工清楚由于他的错误导致企业受到多大的损失。允许员工犯错,就是为了使员工在工作中不犯相同的错误。只有将每次的犯错都作为提升自己的一个机会,并认真分析、总结经验教训,才能在提升自己的同时,为企业的发展贡献自己的一份力量。

路径思维定律:避免路径依赖产生的负面影响

路径思维定律是由美国经济学家道格拉斯·诺思提出的,该定律强调由于惯性,一旦进入某种路径,就会对这种路径产生依赖。

人们都在无意识中培养一些习惯,或者按照习惯的模式,在生活中重复着相同的动作,这无疑是人类的天性。我们都在潜移默化中受着习惯的影响,不知不觉屈服在习惯之下。任何事物都有两面性,习惯也不例外。习惯可以为我们的生活、工作带来便利,产生好的影响;也可以让我们的生活变得懒散、不求上进,如喝酒、吸烟等各种各样的坏习惯,这些习惯会占用我们大部分的时间,让我们的生活变得一团糟,并在无形中吞噬着我们的时间与生命。

在现实生活中,路径依赖很常见,尤其是在官僚机制的组织结构中,一个企

第八章 企业管理：
商道中最实用的秘密

业确定了一个管理模式之后，员工就会遵照这个模式，并逐渐习惯这个模式。但是，由于惯性，很少有人会去思索这种行为是否合理、有效。从另外一个角度来讲，具有路径依赖的群体不一定都是坏事，在一定的时期反而有益于公司的稳定。在一定程度上，人们的选择会受到路径依赖的影响，人们过去的选择决定了他们现在的选择，人们现在的选择在很大程度上决定了将来的选择。"路径依赖"可以解释所有有关习惯的问题。一般"路径依赖"会产生两种结果：一是沿着制定好的路径走下去，可以将企业带入良性循环的轨道，使企业各方面都能很好地发展下去；二是企业顺着制定错误的路径走下去，企业效益一步一步往下滑，处于一种无效率的状态下，企业一旦进入这样的状况，想要摆脱困境就变得很困难。

对于一个企业来说，一个制度的建立是需要制定者付出很多时间和精力的，不管这种制度是好是坏，很多人都不愿意再花费很长的时间去研究、制定。即使有新的制度出现，并且比以前的制度更有效率，人们也不会接受新的体制，人们总是存在这样的一种误区：对现有路径有着强烈的要求，并巩固现有的制度，对新制度采取抵制的态度。这从很大程度上阻碍了公司的正常发展，公司在市场上的竞争力也因此下降，导致公司的效益低下，员工大量流失。

对个人来说，人们在做出某种选择之后，就会为自己的选择投入各种资源，其中包括大量的时间、精力，还有金钱等，如果自己的选择是正确的，他们就会沿着这条路一如既往地走下去；直到有一天他们发现自己选择的路是错误的，做出的选择对自己的发展根本没有任何价值，他们才会被迫接受这个事实，并选择放弃，重新为自己选择另外一条道路。在寻找新道路的过程中，他们发现自己的心血变得一文不值，自己前期所有的努力都白费了，对于任何人来说，这样的损失都是可惜的，它让一个人的理想破灭了，不管是从物质上，还是从心理上，对这个人来说都是一个不小的打击。

戴尔计算机公司是1984年成立的，当时只投资了1000美元，1989年公司推出首部戴尔笔记本电脑，从此公司开始迅猛发展，1992年，公司利润达到20亿美元。2000年戴尔公司网上营业额达到每天5000万美元，戴尔首次名列全球榜首。到2001年销售额达到310亿美元。戴尔公司之所以成功有两大关键："直接销售模式"和"市场细分方式"。戴尔的创始人迈克尔·戴尔早在少年时就已经奠定了成功的基础。

戴尔在12岁的时候，做了人生的第一笔生意：为了省钱，喜欢集邮的他不想去拍卖会上将邮票卖掉，而是劝说一个喜欢集邮的邻居，让他把邮票委托给自

墨菲定律
Murphy's law

己，然后他刊登了一条卖邮票的广告。很快有顾客找上门来，将他的邮票买走了。为此，他赚了2000美元，尝试到了不要中间人，"直接接触"的甜头。这一次的经历对于后来戴尔的创业影响很大，"直接销售"的模式就这样产生了。

上初中的时候，戴尔就学着做电脑生意了。他按成本价格买来电脑零件，然后在宿舍里组装，组装好后再将电脑卖掉。在购买零部件的过程中，他发现一台价格3000美元的个人电脑，零部件只要六七百美元，经销商的成本并不高，但是却能赚那么高的利润。于是戴尔产生了这样的念头：抛弃中间商，自己组装电脑。自己组装电脑，不但有价格上的优势，还能为人们提供技术方面的指导，并根据顾客的要求进行组装，为顾客提供不同功能的电脑。这对戴尔公司"市场细分"的产生有很大的影响。

正是初次做生意时的正确路径选择，为戴尔公司今后的发展奠定了成功的基石。有名的"直接销售"的模式和"市场细分"模式也因此产生。它的含义是：认真按照客户的要求设计、制造电脑，并在最短的时间内将产品直接交到顾客手上。1984年1月2日，戴尔创立了自己的公司，当时他还在读大学医学专业一年级，他用1000美元的创业资本，注册了"戴尔电脑公司"，经营电脑生意。租了一间办事处，雇用了他的第一位员工，在广告方面，他只在一个空盒子上画了一个草图，并将这个草图托朋友拿去刊登。他推行直销，并严格按照客户的要求组装电脑，为戴尔公司的发展开拓出一片广阔的空间。第一个月，他的营业额是18万美元，第二个月是26.5万美元，不到一年的时间，他每个月就能售出1000台电脑了。很快，戴尔公司就在全球16个国家开了分公司。

企业的管理者应该对外部环境的变化非常敏感，并能较早地采取行动，对公司一些制度进行改革。为了避免路径依赖产生的负面影响，管理者在实际管理中应该注意以下几个方面：

1. 发现错误的路径

管理者要在工作中及时发现一些工作上不再需要的流程，并将之清除；随时留意工作流程中发生问题的环节，并及时解决问题。在我们的工作中存在很多不必要的流程，这些流程在当初设计的时候，有的仅仅是为了达到一个简单的目的；现在条件改善了，之前的一些程序没用了，但是没有人对现有的制度进行改革，很多不必要的流程也一直沿用下来；很多人不清楚为什么要这样做，只是在惯性的作用下一遍又一遍地重复着乏味的工作。及时发现这样的路径，并尽快从这样的路径中解脱出来，才能使企业在竞争中不断打败对手，时刻处于领先地位。

2. 跳出错误的路径

企业渴望成功,希望通过努力奋斗,使公司在竞争中处于领先地位。但是一旦选择了一条道路,我们就很难再重新做出抉择,因为重新选择的成本太高了;有很多时候我们在做出了一个选择之后,就再也回不了头了。面对一个错误的选择,管理者只有勇敢地面对,及时舍弃旧的制度,重新规划我们企业的体制,勇敢地跳出来。无论是正确的选择还是错误的选择,企业的目的只有一个,就是成功。我们以前之所以错了,是因为我们没有选择一个正确的路径。

3. 选择正确的路径

每个人都有自己的思维模式,这种模式对以后的人生会产生很大影响。人们过去的选择决定了他们现在的选择,人们现在的选择会决定他们以后的选择。在你做出你的第一次选择的时候,你的人生就确定了。同样,企业在做出任何选择的时候都要谨慎,避免路径依赖的负面效果对我们的工作产生不必要的影响。因此,管理者要在最开始的时候为企业找准一个正确的路径,在做出选择的时候,要根据多方面的资料与信息,综合考虑;还可以向有经验的员工多请教,通过大量的调查与对比,做出合理的判断,选择正确的路径。

4. 推广正确的路径

在一个企业的发展中,经常需要剔除一些废旧的制度,推广一些新政策,但是企业中普遍存在一种惰性心理,人们不愿意去改变原有的制度,他们对新制度总是采取怀疑的态度,认为一个制度从公司以前流传到现在,肯定有它优越的性能,不然不会流传到现在,既然已经流传到现在了,一定会继续流传下去,没必要再去制定新的制度。在企业的管理中,管理者要勇于推广一些对公司有利的制度,并向员工做出说明,以得到员工的支持。虽然推广一些新的制度对管理者来说有一定的难度,但这个行为是有意义的,管理者应该继续不断地推广下去。

巴菲特定律:创新才能获得更多的机遇

巴菲特定律是由美国"股神"巴菲特提出的,该定律告诉我们,不要去效仿他人,要勇于走自己的路,才有可能走跟别人不一样的路。在别人都没有投资的地方去投资,你才有可能发财。

在市场上我们经常发现这样的现象:看到有些产品赚钱了,很多企业马上蜂拥而上,积极向这方面投资;当某个产品不赚钱了,企业又会立即改变风向,转

| 墨 | 菲 | 定 | 律 |

Murphy's law

投别的项目。这种做法不仅对公司品牌的形象不利,还会影响到公司的长久发展,尤其是一些实力不是太强的小公司,要学会在市场中独辟蹊径,以寻求自己的发展。技术和市场的变幻莫测,要求企业在发展过程中不断创新,以适应市场以及技术的要求。创新能力是一个企业赢得市场的重要途径,只有具备了创新能力,企业才能在激烈的市场竞争中掌握主动权,成为市场的领导者。

事实证明,战场上没有常胜将军,市场上也没有长盛不衰的产品,为什么会出现这样的结果呢?原因是企业的产品一旦创出了名声,企业就会把当初创业的艰辛忘得一干二净,他们的思想也很快发生转变,不再思考怎么增加企业的效益,保证产品的质量,满足客户需求,而是沉迷于自己取得的胜利之中。久而久之,产品的口碑变差,企业也因此陷入危险的境地。激烈的市场竞争就像逆水行舟,不进则退,一不留神就可能使企业产生危机,企业只有在发展中不断超越自我,努力创新,才能在竞争中长盛不衰,创造辉煌的业绩。

心理学家表示:我们每一个人都具有一定的创新能力,只是这种能力被压抑或消灭掉了。为了将工作圆满地完成,管理者就要任用有创意的人来工作,释放每个员工的创新能力,这对管理者来说不太简单,但是也并不太困难。在现实工作中,有很多员工认为自己并不具备创新的能力,他们认为创新只是极少数人特有的天赋;还有一些人自己具备一定的创新能力,但是由于自卑,害怕被别人笑话,不敢发表自己的意见。

创新是企业的生存之道,在一个企业中,员工的创新是企业创新的源泉。在一些企业中,管理者虽然提倡创新,但是在实际管理中,因为担心员工的创新意识不够,有意识无意识地打击员工创新的积极性。在工作中,员工的创新是需要管理者精心培育的,有很多员工具备创新的能力,只要管理者给他们提供机会,他们就会在工作中不断进取,积极创新,为公司的发展做出自己的贡献。正是因为有了这些创新人才的新思想、新方法,公司才能走在时代和同行业的前沿。

日本索尼公司创始人井深大和盛田昭夫,从一开始经营就立志要把电子和工程的技术融合起来,应用在自己的产品上,引领世界电子产品新潮流。

1948年,井深大在日本广播公司发现一台美式磁带录音机,当时这种录音机在日本还不多见,井深大发现了它有很大的市场潜力,立即买下其专利权。他利用自己物理方面的专长,成功研制出日本第一台磁带录音机。这种录音机比以前的录音机更容易操作,它录放音质好,磁带的成本也比以前低了很多。这种新型录音机有很好的性能,价格也很便宜,但是在新上市时并没有马上得到消费者的认可,让盛田昭夫深深地陷入了沉思。

第八章　企业管理：
商道中最实用的秘密

有一天盛田昭夫去一家古董店，发现一位客人出高价买下一个不起眼的旧坛子。于是他就展开了联想，一个不起眼的旧坛子在一般人的眼里毫无价值，但是在懂得古董的人看来却是宝贝。由此他想到，向懂得产品价值的人推销，产品才会有市场。于是盛田昭夫开始有针对性地进行推销。当得知很多法院因为速记员人手不够，不得不加班加点时，他马上带着他的录音机进行上门推销。法院很快就订购了大量的录音机。

在将录音机向法院推销成功之后，他又把目标转向了学校，当时由于驻日美军的控制，对日本学生进行英语教育，但是因为英语教师很少，急需要这种录音机。于是他带着他的录音机来到了学校，向学校展示了他的产品。人们看到这个长相奇特的录音机很是惊讶，但是当这个录音机将人们的谈话一一录下，并进行回放时，人们都瞪大了眼睛。但是当时他们的录音机重80磅，这么笨重的录音机对学校来说很不实用。新的问题又出现了，为了将录音机向学校进行大量推广，就要在录音机的重量方面进行改进。

为了尽快将录音机进行改进，盛田昭夫把公司的工程师聚集到一起，经过十天的研究，终于研究出一种减轻重量的方法，又在之后九个月的时间里，生产出一种手提箱大小的手提式录音机，价格只有原来的一半。盛田昭夫拿着他的新产品在各个学校进行推广，向学校的老师、同学们演示使用录音机的方法，展示录音机的优越性。在他的游说下，在一年半的时间内，就有两万多所学校购买了他的录音机。从此以后，银行、学校、电台等机构纷纷购买他的录音机，人人都想要一台那样的录音机，录音机的风暴席卷了整个日本，销路一下子打开了。

1952年，美国研制出一种神秘物质——晶体管。井深大眼光非常敏锐，听说后立即坐飞机到美国，对晶体管进行考察，争取在第一时间内获得晶体管的详细资料。他果断采取行动，花2.5万美元买下晶体管的专利权。回到日本后，他立即组织技术攻关小组对晶体管进行研究，在他的带领下，终于研制成功了世界上第一台袖珍式晶体管收音机。

索尼的发展之路在于不断学习、不断创新，时刻走在别人前面。紧跟时代发展，做别人没有的东西，于是有了世界上第一台袖珍式录音机、第一台微型电视机、第一台微型放像机等，才有了"索尼产品永远是最新的"这一美誉。

创新是对未知事物的尝试，与创新相伴而来的就是风险，没有任何风险的创新就算不上是创新。对于每一个不满足于现状的企业来说，鼓励创新，就象征着企业将创新融入企业的日常管理当中。企业在实际管理中，应用巴菲特定律要注意以下几个方面：

| 墨 | 菲 | 定 | 律 |
Murphy's law

1. 鼓励员工创新

外界环境是不断变化的，因此企业的战略及决策也要发生相应的变化。如果企业不将这些变化信息及时传达给每一个员工，那么员工就会在工作中按部就班，工作效率丝毫没有提高；公司也会因此很快被别的公司超越，面临倒闭的危险。员工的创新是企业创新的源泉，一个企业要想生存，就要鼓励员工在工作中不断创新，提高自己，完善自己。一个员工的创新不断得到发挥，离不开公司鼓励创新的决策，正是这些决策，给员工提供了一个展现自己的舞台，员工在舞台上尽情发挥，乐此不疲。在变化多端的市场中，创新使公司经受住各种考验；员工不断成长、不断创新，引领企业走向一个全新的时代。

2. 给员工创新的机会

虽然员工一直都在公司工作，对自己所在的岗位情况很熟悉，但是对企业的经营战略和规划就不是很了解了，一个对企业战略及规划不十分了解的员工，怎么能够为企业提出创新的建议呢？要想让员工多创新，就要让员工对企业的文化、方针、管理方式有更深的了解。管理者在制定公司规划的时候，让员工也参与进来，多听取员工的意见和建议，既保证公司决策的正确性，又给员工提供了创新的机会。企业还可以定期举行员工大会，在大会上将公司的近况告诉员工，并将公司做出的发展计划通告给各部门，组织员工对其进行讨论，提出意见和建议，并在今后的工作中努力创新，为企业的发展做出自己应有的贡献。

3. 实事求是对待员工的创新

在实际工作过程中，有很多员工提出的创新型建议是不符合实际的，不光员工这样，管理者也是这样，他们的创新想法很多时候也是不切合实际的，即使这样，管理者还是要多鼓励员工创新，因为剩下的很少的那部分创新火花，足以让企业充满活力，不断发展下去。当员工提出一个创新性建议的时候，如果管理者意识到将这个建议变为事实，公司付出的成本和利益不成正比，管理者首先应该肯定这个员工的创新行为，然后再委婉地说明自己对这条建议的真实想法，鼓励员工从另一个方面考虑问题，使员工意识到公司是鼓励创新的，并会在今后的工作中继续努力，不断创新。

4. 奖励员工的创新

公司不仅要支持员工的创新，对于提出好的创新意见，为公司带来良好效益的员工要适当进行奖励。公司可以设立创新奖，鼓励员工多创新；还可以组织一些讨论活动，让员工各抒己见，对工作提出好的改进方案；也可以在公司内设立意见箱，员工对工作的任何意见和建议都可以得到重视，及时采纳员工好的意见和建议,解决员工在工作中遇到的各种麻烦,促进员工在工作中进行创新。员工除了在自己的工作范围内创新外,还可以跨越工作领域,在别的领域进行不断创新。员工对其他领域提出的创新型建议,因为思考问题的角度不同,可能会给公司带来意想不到的收获。

卡贝定律:该放弃的一定要放弃

卡贝定律是由美国电话电报公司前总裁卡贝提出的,该定律告诉我们,放弃有时候比争取更有意义,与其争取一些与目标无关的东西,被太多的东西拖累,还不如选择放弃,轻松上阵,为自己赢得更大的发展。在没有学会放弃之前,你很难理解什么是争取。

现实生活中,人们经常把目光盯在自己没有的东西上,毫不理会这些东西对我们有没有用。越是得不到的东西人们就越想要,不管再困难,也要拼命将东西拿到手;东西到手后,人们才发现东西没有自己想象的那么好。人们花费了大量的时间与精力去争取一些没用的东西,给自己平添很多包袱,让人看不清目标,得不到自己真正想要的东西。

无论是个人还是企业,都要学会放弃。基于公司的经营、销售、投资、利润等多种状况,公司很难做出放弃的抉择。就像在印度的热带森林里,人们经常用这样的方法捕捉猴子,他们在一个固定的木盒里装上坚果,然后在盒子上开一个小洞。这个洞刚好能伸进猴子的前爪,猴子抓住坚果后,爪子就出不来了。但它就是不放开手里的坚果,于是被人们捉住了。猴子因为不懂得放弃手里的坚果,被人们捉住,失去了自由。对于一个企业来说,就不光是失去自由那么简单,很有可能使企业面临倒闭的危险。企业对自己无关紧要的东西抓得越紧,越会失去更多的东西;与其去争取一些微薄的利益,还不如仔细考虑怎么能在风云变幻的市场中生存下来。

放弃不属于你的东西,你会发现,你不仅拥有了以前得不到的东西,而且拥有的东西比以前争取过的东西还要多。对于管理者来说放弃需要很大的勇气和魄力,只有勇敢地放弃一些东西,才有可能得到更多的东西。虽然失去了一棵树,但是却得到了整片森林。没有一个企业能够心甘情愿地放弃公司的美好前景,但也正是放弃一些东西,公司才能在今后的发展中获得更大的成功。公司都是在放弃,得到,再放弃,再得到的过程中不断发展的。因此,公司应将可持续发展作

| 墨 | 菲 | 定 | 律 |

Murphy's law

为公司的终极目标。

日本钟表企业精工舍，成立于1881年，是一个著名的大企业，它生产的石英表在世界各地畅销，企业手表的销售量稳居世界第一。精工社取得的这样卓越的成就，取决于公司第三任总裁服部正次的放弃战略。

1945年，服部正次担任精工舍第三任总裁。当时日本由于战争破坏，各方面都很萧条。精工舍也深受战争影响，公司发展迟缓。而素有"钟表王国"之称的瑞士没有受到"二战"影响，瑞士手表一下占据了钟表行业的市场，这对精工舍来说是一个生死攸关的考验。服部正次没有被眼前的形势吓倒，他冷静思考，想出了"不着急，不停步"的发展战略，从质量方面入手，加紧了追赶钟表王国的脚步。十年过去了，服部正次带领员工取得了很大的进步，但还是不能与瑞士钟表相抗衡，质量始终无法赶上瑞士钟表的标准。当时瑞士每年生产各类钟表一亿只左右，畅销于一百五十多个国家，市场的占有率达到50%~80%。瑞士手表仍是达官贵人、富豪等人高贵的象征。

是继续在钟表的质量上赶超瑞士钟表，还是从其他的途径超越瑞士钟表，在精工舍内部出现了分歧。服部正次经过慎重的考虑，做出了一个这样的决定：放弃在机械表上与瑞士抗衡，注重新产品的研制。因为要想在质量上超越瑞士钟表，根本是不可能的。经过几年的不懈努力，服部正次带领他的员工与技术人员研制出一种新产品——石英电子表。在钟表的准确性方面石英表显示出强大的优势，钟表之王劳力士的月误差在100秒左右，但是石英表的月误差连15秒都不到。

1970年，石英电子表进入市场，立刻引起了钟表界的轰动。到20世纪70年代后期，精工舍的销售量就跃居到了世界第一。1980年，精工舍吞并了瑞士制作高级钟表的珍妮·拉萨尔公司。不久，一种以钻石、黄金为主要材料的豪华"精工·拉萨尔"表被研制出来，刚投入市场，立即得到了消费者的认可，成为新一代高质量、高品质的象征。正是因为精工舍公司的放弃战略，让公司在发展中获得卓越的成就。

放弃是一种有进有退，以退为进的战略智慧，学会了放弃，你就学会了争取。管理者应善于甩掉影响企业成功的包袱，将企业的生存发展作为企业的最终目标。不能进行理性的放弃会导致失败，不断进行理性的放弃才能获得持久的成功。企业在实际管理中应用卡贝定律，应注意以下几个方面：

1. 放弃错误的

对于一个企业来说，创新包括三个方面：第一，形成新的战略思想，并且实用性强；第二，适时地进行战略调整；第三，由于市场变化，实行战略转移。其中第三方面要求管理者实施战略转移，在战略转移之前，管理者应放弃原有的战略，寻找新的工作战略。放弃一些与实际工作相违背的项目、工作内容，可以轻松为公司减压，甩开不必要的麻烦；更能增强公司的竞争实力，让公司在反复无常的市场中站稳脚跟，获得长久的发展。放弃错误的决策，放弃错误的项目，放弃错误的规划，都是对企业的一种很好的发展。企业的发展有很大一部分决定于企业的创新能力，企业需要员工在工作中不断进行创新，在创新之前，需要管理者、员工不断发现工作中的问题，放弃原有的错误的解决方案，寻找到一种更适合公司发展的方案。

2. 放弃不合适的

在开放的市场中，竞争到处都是，哪里有市场哪里就有竞争。企业要想在市场竞争中取胜，必须提高自身素质，增强实力，勇于通过市场的优胜劣汰法则，将企业中的劣质项目、夕阳项目舍弃，保证企业中优势项目、朝阳项目的不断发展。在企业发展的过程中，必然存在不合时宜的项目，面对这些项目，企业管理者必须下定决心将这些项目清除，这样的项目越多，越不利于公司的长远发展。

3. 放弃不相关的

为了公司的长久发展，需要我们不断放弃对公司发展不利的制度，公司的发展就是一个不断创新的过程，只有不断放弃不合适的制度，更好地发挥新的制度，才能使公司不断得到完善，市场竞争力增强，在竞争中打败对手。企业在发展的过程中存在很多与公司发展无关的部门、项目，还有一些前任总裁留下来的工作企划，管理者接手一个企业后，要先清除一些对公司发展没用的项目，省去不必要的开支。工作中不必要的方面的投资少了，企业才能集中资源放在自己的优势项目上。

4. 放弃小利的诱惑

在现实生活中，人要抵住各种诱惑，学会不断放弃。有很多超市为了拉拢顾客，推出各种打折活动，促进消费者购买。超市打折当然有利于我们省钱，但是很多人在面对各种商品时不懂得放弃。面对商场的打折商品，有用的没用的都毫不犹豫地买回家，这样不仅不能为自己省钱，还增加了自己的花销。对于企业来说，也是同样的道理，在公司的发展过程中经常面临利益的诱惑，面对这一情况，很多管理者选择了利益，结果对公司的长期发展产生了不好的影响，甚至导致公司破产。为了公司的长期发展，管理者应该舍弃短期的利润，以公司的大局发展为重。

墨菲定律
Murphy's law

哈默定律：世上没有坏买卖

　　哈默定律是由美国著名企业家、西方石油公司董事长犹太人阿曼德·哈默提出的，该定律告诉我们创新是企业获得利润的根本出路，只有创新经营，企业才能赚取更高的利润。

　　在变化多端的市场中，企业喜欢"一窝蜂"，挤"独木桥"，看到别人卖什么自己就卖什么，发现哪个行业赚钱了，赶紧对那个行业进行投资，跟风现象特别严重，这样不仅不会取得好的收益，还有可能使企业陷入危机。市场中蕴涵着无数次的机会与挑战，只有具有创新精神并且具备一定创新能力的管理者，才能及时发现这些机会，并通过企业创造性的经营方式牢牢抓住这些机会，在激烈的市场竞争中技高一筹，赢得胜利。

　　一个企业要想在竞争中不断创新，就不能走老套的路子。有很多企业成功后，在各大媒体大肆宣扬企业文化、管理模式、经营理念等为公司做宣传，增加企业知名度。但是，如果企业想通过复制别人成功的方法，来提高公司效益，增加公司的知名度，是很不现实的，也是行不通的。实际管理中，如果完全复制别人的成功方法，企业会因此陷入一种危机，企业与企业之间是有文化差异的，不可能一种成功的方法适用于所有的企业。一个成功的方法只能对应一个成功的企业，成功是不可以复制的。

　　企业要发展，是离不开创新的，企业只有在创新中不断成长，才能使企业在日益激烈的竞争中获得更高的利益。创新是每个人都具备的一种能力，只不过有的人这方面的能力多一点，产生的奇思妙想多，为企业增加的效益也多；有的人这方面的能力弱一些，但是并不妨碍其工作表现，只要在工作中踏踏实实，总能发现对工作有用的好点子。管理者就是要根据员工为公司提出的好建议，对公司进行改进，使员工的创新在工作中不断得到体现。这样就会形成一个良性循环：员工对公司提出建议，管理者对公司进行改进，员工再提出意见，公司再改进。这一循环促进公司新陈代谢，不断舍弃旧的，产生新的，公司就这样一步一步成长起来，公司不断发展壮大，并在市场中占有较大份额。

　　19世纪中期，美国加州发现金矿，这一消息的传来，让很多人都蠢蠢欲动，他们都想在这千载难逢的机会中一展身手，于是他们纷纷赶往加州。17岁的农夫亚默尔也在这个时候加入了这支淘金的队伍。在很短的时间内，美国加州到处

第八章 企业管理：
商道中最实用的秘密

都是淘金子的人，他们从世界各地赶来，来圆自己发财的梦。随着淘金人数的增加，金子也越来越不容易淘，并且由于长途跋涉，让很多人在淘金的过程中疲惫不堪；加州地区气候干燥，水源极其缺乏，由于水土不服，再加上缺水，有很多淘金者不但没有淘到金子，反而在淘金的过程中葬送了性命。

亚默尔和大多数人一样，经过长途跋涉来到加州，由于加州水资源贫乏，经常遭受饥渴的折磨。每次取水都要走很远的路，经历一番艰辛，取水过程不亚于淘金的艰难。越来越多的人对缺水产生了怨气，他们不断抱怨着这个没有水的地方，于是加紧淘金，想尽早离开这个地方。一天，亚默尔望着自己身上水壶中一口都舍不得喝的水，想想自己每次取水的艰辛，他想出了一个赚钱的好方法。他想淘金的人那么多，即使有金子也都被别人淘走了，自己还不如卖水呢，这样既可以保证自己有水喝，还能赚到不少钱呢。于是亚默尔毅然决然地放弃了寻找金矿，用自己携带的淘金工具，到远方去取水。他将浑浊的河水引入水池，在水池中加入细沙以便过滤，并将过滤好的水装进桶中，将水送到每个淘金者的身边。

在卖水的过程中，亚默尔经常受到其他淘金者的嘲笑，他们嘲笑亚默尔没有远大理想，千里迢迢来到加州，不想方设法挖金子，却干起了卖水的小买卖。这种卖水的生意在哪里都可以做，偏偏跑到这个环境恶劣的地方来做。面对身边的嘲笑和讥讽，亚默尔没有动摇，继续卖他的水。事实证明亚默尔的决策是对的，在很短的时间内，他就通过卖水赚了6000美元，这在当时是一笔不小的财富。当其他的淘金者没有淘到金子，空手而归的时候，亚默尔已经积累了不少财富。

企业的任何经营观念都是暂时的，没有任何一种经营观念能长期适应企业的发展，因此企业应鼓励员工进行创新。在实际管理的过程中，应用哈默定律，应注意以下几个方面：

1. 激励员工创新

企业的创新来源于员工的创新，一个管理者就算整天在办公室里思考，也想不出什么创新的好点子，员工的创新对一个企业的发展会产生深远的影响。对于员工的创新，管理者应该大力支持，每个人对创新都有一定的局限性，只有发挥每个员工的聪明才智，将所有员工的意见和建议融合到一起，形成一个对公司有利的方案，才能使企业在变化多端的市场中站稳脚跟，长久地发展下去。企业不仅要鼓励员工进行创新，还要营造创新型人才成长的工作环境，充分发挥员工的智慧，为企业做出贡献。

2. 让员工参与公司决策

很多企业会面临这样的难题，有时候企业在特殊时期推行一些措施，虽然方法可行，但是在实施的过程中总是受阻，出现这样或那样的问题。企业在进行新政策推广时没有听取员工的意见，员工对新政策也不是十分了解，导致工作过程中新政策实施不下去。即使员工支持新政策，也不知道该怎么做。让员工参与公司决策，就很好地解决了这一难题，公司既可以搜集不同部门的意见和建议，也能使员工在工作过程中更好地配合新政策的实施。企业不是管理者的企业，也是员工的企业，给员工营造家的感觉，就能最大限度地发挥员工的积极性，使公司效益增加，带领公司走上一个新台阶。

3. 关注市场动向

对于风云变幻的市场，不时刻关注是万万不行的，企业要在市场中打败竞争对手，只有掌握大量市场信息，不断创新。随着社会的不断发展，各个企业也应适当增加自己前进的步伐，紧跟时代潮流。在行进的过程中，企业必须不断关注市场，对企业的发展战略做出调整，才能不失时机，使企业不断发展壮大。

酒与污水定律：对待"害群之马"绝不手软

"将酒倒进一桶污水中，得到的是一桶污水；将污水倒进酒中，得到的还是污水"。这就是管理学中的"酒与污水定律"。

在一桶污水中倒入再多的酒，也改变不了污水的性质，而只要向一桶酒中倒入一勺污水，就足以毁掉一桶美酒。显然，决定桶中装的是酒还是污水的关键，不在于酒与污水的比例是多少，而在于其中有没有污水。

酒与污水定律用生动形象的比喻告诉管理者这样一个用人道理，一个精明能干的员工进入到一个混乱的组织中可能会被吞没，而一个行为恶劣的员工却能毁掉一个良好的团队。

每个企业都是由人组成的，这种集体关系的维系是企业发展的关键。如果企业组织中员工与员工之间、员工与管理者之间关系和谐，企业就能维持稳定，集中力量进行产值提高，与对手竞争。反之，如果企业内部关系不和谐，整个组织如同一把散沙，那么即使竞争者不出手，这样的企业组织也很难维系，终究会失败。

每个企业中都不免会有一些让管理者"头痛"的员工，他们或是喜好搬弄是非，散播谣言；或是极度自我，不遵守公司规章制度；或是好逸恶劳，工作态度消极懒散……不要小瞧企业中的这些"污水"，他们很有可能会毁掉整个企业组织。散播谣言者很有可能会搞得企业上下乌烟瘴气、人心惶惶；极度自我者藐视企业制度的行为，很有可能会使其他员工对制度产生怀疑，而使企业制度形同虚设；好逸恶劳者终日无所事事而仍能享受到企业福利，会令其他员工产生"不平衡"心理，进而导致整个团队的风气都变得散漫。

"污水"一旦渗透到企业中，对企业组织带来的伤害是巨大的。企业内部会很快被腐蚀，变得不堪一击，失去竞争力而被对手轻易地击垮。酒与污水定律为管理者敲响了警钟，若是不想让企业被"害群之马"带偏了道路，管理者就一定要找到"害群之马"并将其清除。

管理者运用酒与污水定律能为企业带来的积极影响，主要包括以下几方面内容：

1. 集中企业中的优势力量

如果管理者能够及时清除企业中的"害群之马"，淘汰掉问题员工，那么剩下的就都是可以为企业发展做出积极贡献的合格员工。这样可以集中企业中的优势力量，利于企业人才运作，使企业在与竞争对手的人才大战中占得先机，实力增强，效益提高，从而取得更大发展。

2. 维系企业各内部关系的稳定

企业是由员工组成的，员工与员工之间、员工与管理者之间关系的和谐是促成企业发展的基础条件。管理者及时剔除具有破坏力的"污水"，一方面可以对其他员工产生警示作用，使其他员工注意规范行为，遵守企业制度，另一方面可以避免"污水"在员工与员工、员工与管理者之间进行破坏，从而维系企业内部健康关系的稳定。

3. 维持企业良好的风气

"污水"的真正可怕之处不仅在于它的破坏性，而在于它惊人的传染力。一个员工的不良行为对企业所造成的破坏力只在于其本职工作的那一部分，而一旦这种不良习气被其他员工所效仿，并迅速"传染"给更多员工，企业很快就会出现第二个、第三个，乃至更多的问题员工，这对企业的发展是贻害无穷的。管理者运用酒与污水定律，预见问题员工对于企业的消极影响，将其及时辞退，可以避免企业内部被不良习气所腐蚀，从而永葆企业积极、健康的良好风气。

20世纪70年代，日本商界传出了一个令人震惊的消息，伊藤洋货行的董事长伊藤正式宣布解雇经营奇才岸信一雄。

此消息一经传出，几乎所有的矛头都指向了伊藤，人们纷纷为岸信一雄打抱不平，指责伊藤过河拆桥，看见企业效益提高，岸信一雄失去利用价值，就将其

| 墨 | 菲 | 定 | 律 |

Murphy's law

"一脚踢开"。

为什么人们会如此一致地对伊藤持批评态度，而力挺岸信一雄呢？这要先从伊藤洋货行所经营的食品部门说起。曾经的伊藤洋货行是以衣料买卖起家的，其后来所经营的食品部门，由于缺乏管理经验，实力在同行业中处于较弱水平。为了扭转食品部门的不利形势，伊藤"三顾茅庐"从三井企业旗下的"东食公司"挖来岸信一雄。岸信一雄进入伊藤洋货行后，凭借着其丰富经验和卓越能力，为伊藤洋货行的食品部门带来了巨大转机。十年时间将伊藤洋货行的业绩提高了数十倍，为伊藤洋货行的食品部门开启了一片蓬勃的新景象……为伊藤洋货行做出巨大贡献的岸信一雄竟然被开除，难怪人们会众口一词地指责伊藤。

然而，对于自己的"过河拆桥"行为，伊藤也有自己的解释。对于舆论的攻击，伊藤曾经反驳说："纪律和秩序是我企业的生命，不守纪律的人一定要处以重罚，即使会因此而影响战斗力也在所不惜。"原来，在最初将岸信一雄挖来伊藤洋货行时，伊藤与岸信一雄的管理理念就存在很大的差异，岸信一雄非常看重企业的对外开拓，交际费用支出较多，对手下的员工也多采取放任自流的态度，这和伊藤注重员工管理，以严密企业组织为企业基础的管理方式刚好截然相反。

随着时间的累积，企业的发展，伊藤与岸信一雄管理模式上的冲突越来越明显。伊藤无法认同岸信一雄与自己企业经营模式背道而驰的管理方式，一再要求岸信一雄调整管理方法。然而，岸信一雄对伊藤的管理方式根本不加理会，他极度自我，凡事只按自己的想法去做。看到伊藤洋货行在自己的管理下业绩有所提高，岸信一雄甚至明目张胆地说："一切都这么好，说明这路线没错，我为什么还要改？"

随着业绩越来越好，岸信一雄居功自傲，已经到了不可一世的地步。企业制定的规章制度他一概不遵守，伊藤提出的企业改革办法，他都持敌对态度。对于一些认真做事的老员工，岸信一雄不仅不予以肯定，反而嘲笑他们就是再努力十年也不会成功。在岸信一雄的影响下，很多员工都失去了工作的热情，消极应付工作，工作效率呈直线下降。

岸信一雄不肯改正自己的管理方式，导致其与伊藤管理理念上的分歧越来越严重。终于，伊藤实在看不下去岸信一雄的做法，为了保全自己辛苦建立的组织基础和企业体制，给其他辛勤工作的下属一个交代，伊藤决定解雇岸信一雄。

解雇岸信一雄，的确给伊藤洋货行造成了一部分损失。但从长远角度看，伊藤虽然失去了岸信一雄这一员"大将"，却换回了公司制度的权威性，以及其他员工工作的积极性，避免了企业组织陷入混乱，这可以称得上是一笔"合算"的买卖。

管理者在用人管理中运用"酒与污水定律"时，要做到以下几个方面：

1. 知人"善免"

对于陋习明显的问题员工，管理者可以很容易地将其找出，并采取相应措施。但对于一些问题隐藏得比较深，但的确已经影响到企业发展的员工，管理者往往很难将其与合格员工进行区分。"酒与污水定律"要求管理者不仅要知人善任，更要知人"善免"，将那些问题员工及时地淘汰掉，从而打造出一个由良好员工组成的卓越企业团队。

2. 该出手时就出手

对于一些问题员工，管理者很容易心生"再看看吧，过一段时间也许他能改变"的想法，而不忍心将其解雇。管理者给犯错员工改正机会，推行人性化管理的做法是值得肯定的，但管理者必须懂得，企业不是讲人情的地方，对于一些不符合企业工作要求的问题员工，如果任其在企业中发展的话，很可能会对企业产生不良影响，甚至造成重大损失。因此，对于一些明显不适合本企业管理模式的问题员工，管理者需要有"该出手时就出手"的魄力，果断处置。

3. 避免正面冲突

面对"辞退"、"解雇"这类敏感问题时，如果管理者与问题员工之间持有不同看法，就很容易发生冲突。一旦发生这种情况，管理者采取游刃有余的方式表达自己的观点，避免针锋相对的正面冲突，以免对自己造成伤害，并在企业中造成不良影响。

4. 巧用方法解雇问题员工

人文关怀是现代管理理念的基本内涵之一，即使是解雇问题员工，管理者一样还是要充分考虑、照顾到问题员工的自尊。在解雇问题员工时，管理者要巧用方法，避免直接不留情面地指出员工缺点，这不仅会对问题员工的人格造成伤害，对管理者自身在企业中的形象也会产生不良影响。建议管理者在决定解雇问题员工之前，先采取暗示法，暗示该员工自动离职。

5. 事后总结，处理"后事"

同企业中的合作伙伴离开，无疑会对其他员工产生一定影响，因此管理者在解雇问题员工后，一定要采取合理、适当的措施处理"后事"。管理者最好选择恰当的机会，向留下的员工说明一下解雇问题员工的原因，使员工理解管理者的处理做法。同时对员工产生一定的警示作用，使员工注意规范自己的行为，纠正

| 墨 | 菲 | 定 | 律 |
Murphy's law

以往容易被忽视的错误。

特雷默定律：企业中没有无用的人才

特雷默定律是由美国管理学家 E. 特雷默提出的，该定律可用一句话简单地表述为"企业中没有无用的人才"。

特雷默定律意在告诉管理者，企业中没有无用之人，之所以会出现企业中没有人才的现象，关键在于管理者没有做到知人善任，使每位员工人尽其才、才尽其用。

人才对于企业的重要性是毋庸置疑的，每个企业都需要相关领域的人才作为企业管理和发展的"领头羊"。管理者大多深谙此道，也都具有求才若渴之心，但企业中还是会出现"朝中无才"的现象。人才真的如埋在土中的珍宝那样难以寻觅吗？当然不是，企业中没有人才的原因就在于管理者不善用人，没有"用人之长"。

农民种庄稼时，会结合土地的特点"因地制宜"，如果不考虑土地因素，在适合种小麦的地方培育竹笋的话，那势必会一无所获。企业管理也是一样，企业就好比是土地，而人才就好比种子。如果管理者只是看重人才这粒种子，而不管企业这片土地是否利于种子生长，就将其种下的话，那只会导致人才被埋没，企业资源被白白浪费。

管理者在对待人才的问题上，常常是只要认定了对方是人才，就将企业中所有的重点、关键工作都一股脑儿地交给其处理。而对于那些业绩平平、表现不尽如人意的员工，通常只是交给他们一些"无关痛痒"的小工作，只求其能完成即可，不抱有太大期待。这样做会导致的直接后果为：那些"人才"不是不堪重负，就是在接触到其所不擅长领域的工作后，决策失误导致企业承受重大损失；那些"平庸"员工，最终不是一直成绩毫无起色，工作态度日益消极，就是难以忍受长期被忽略，跳槽到其他企业中大展拳脚，造成原来企业的人才流失。

出现上述两种情况的原因，是由于管理者"由人到事"处理问题的思维定式所导致的。特雷默定律提醒管理者，"没有无用的员工，只有不会安排工作的管理者"。每位员工都可以称得上是人才，有些员工之所以一直表现不佳，业绩平平，不是该员工能力水平有限，而是管理者没有将其安置在合适岗位上。特雷

第八章　企业管理：
商道中最实用的秘密

默定律要求管理者建立"由事到人"的管理模式，即对待一件工作的处理上，最佳人选不是人才而是最适合该项工作的人。具体来说，管理者运用特雷默定律的好处主要包括以下几方面：

1. 增加企业竞争力

管理者运用特雷默定律，能使企业中每位员工的才华在其所擅长领域都得到施展。这样不仅可以"人尽其才"，同时能令企业拥有更多的高水平员工。现代社会企业与企业之间的激烈竞争，更像是一场人才大战，企业占据了大量的优势人才资源，就可以在商战中占尽先机，竞争力增强，立于不败之地。

2. 充分利用人力资源

人才放错了地方就会变为"无用"员工，同时还会造成企业人力资源的浪费。管理者运用特雷默定律，为每项工作安排最适合的员工，将每位员工安排到其所擅长的领域中去。可以使每位"无用"员工都变为精英，从而充分利用企业人力资源，避免企业资源浪费。

3. 提高员工工作积极性

每位员工都希望自己可以拥有一份满意的工作，如果他们能够找到自己满意的工作，就会以热情积极的心态努力去做，充分发挥自己的特长，从而为企业创造更多效益。管理者运用特雷默定律，为员工安排其擅长的工作，能使员工能力水平得到最大限度发挥。员工的自我价值得到体现，对工作满意度提升，积极性被充分调动，工作效率就会大幅度提高。

索尼公司每周出版一次的内部报刊上，都会有一个专门的版面用来刊登"求人广告"，每位在职员工都可以根据求人广告上的招聘要求，前去应聘。另外，这种应聘是自由无限制且秘密进行的，员工可以根据自己的能力自由应聘任何职务，而不受上司的限制。

企业对员工进行重新招聘？这听起来似乎有悖常理，但实际上它是由索尼创始人盛田昭夫推出的一种新形式的管理理念——内部招聘。

盛田昭夫认为，实行内部招聘，可以避免一个员工在一个岗位上待的时间过长，使员工的工作环境处于经常变化之中，激发员工不断进行工作技能的改善与更新。更更要的是，实行内部招聘可以使员工找到真正适合自己的职位，企业内部工作找到可用之人，做到人尽其才。

在企业的一般管理模式中，一个员工在担任某部门的职位后，想要改变工作性质，从事本企业中其他部门的工作是一件非常困难的事情。除非另外应聘一家企业，否则很多员工想要改变工作性质的唯一途径只有努力工作，直到工作成绩被上司认可，上司觉得有必要为该员工安排一份更适合的工作才能实现，而这种情况发生在此类员工身上的概率是少之又少的。当员工在自己不擅长的领域进行工作，对自己本职工作感到失望时，他们会明显感到能力受压制，这无论是对员工自身还是对企业人力资源都是一种损失。

正是为避免这样的情况发生，盛田昭夫在索尼公司推出了一套与众不同的用人制度，提出了适才任用、内部招聘的管理办法。索尼公司为员工提供了非常多的工作机会，每位员工都可以主动寻找并从事自己喜欢的工作。盛田昭夫曾经对一位对自己工作不满意的员工说："如果对自己现在所做的工作不满意，你为什么不去找一个能让你满意、感到轻松愉快的工作呢？在索尼公司你绝对有权利这样做。"

就是通过这种为工作挑选人才的管理方式，索尼公司的员工们积极寻求最适合自己能力发展的工作，工作热情被充分调动，工作潜力被最大挖掘。对于索尼公司来说，企业中的每项工作都找到了可用之人，且都是进行该工作的最佳人选，既提高了效益，又避免了用人不善而导致公司蒙受损失，可称得上是皆大欢喜的用人方式。

用人所长、人尽其才的管理模式，促进了索尼公司实力的壮大、效益的提高。最终令其成了横跨娱乐、数码、生活用品领域的世界巨擘。

管理者在管理时，注意运用以下几点，才能合理地使用特雷默定律，达到自己的目的。

1. 善于发现员工优点

再优秀的员工也不是"十项全能"的超人，不可能任何一项工作都能胜任，管理者要放弃寻找"各方面都好的人才"的观点，而将眼光放在那些看似无所作为，实则是没有机会发挥能力的员工身上。只要管理者善于发现员工的优点，重视员工能够做好什么工作，而不是重视其不能做好什么工作。回避员工缺点而以其优点来选用，那么每位员工就都可以成为人才。

2. 要"知人"更要"善任"

特雷默定律要求管理者做到"知人善任"，这短短四个字包含两方面的内容，即"知人"和"善任"。"知人"是建立在管理者对于员工的观察以及两者的沟通基础上的。而"善任"是建立在"知人"基础上的。当一位员工不能担任某项工作时，管理者应该考虑，该员工不称职的原因是否是由于工作安排不合适，然后再根据员工的特长进行相关工作的安排。使员工由"不称职"变为"称职"。

3. 因事用人

每位人才都有其擅长和不擅长的领域，如果管理者因人设事，很可能使"人才"遇到其不擅长的工作而无法胜任。管理者要做到因事用人，以完成工作任务为重心，挑选最为合适的员工而不是最为优秀的人才。

第九章
生活智慧：用心品味生命中的每一天

　　生活是一个大舞台，每个人都扮演着属于自己的角色，角色会因场景的不同而不同，但是你必须去创造属于自己的精彩！然而，人生并非一帆风顺，在你迷茫时，在你处于人生低谷时，在你缺乏自信和勇气时，心理学效应或定律指引你走出困境，使你奋力前行。

| 墨 | 菲 | 定 | 律 |
Murphy's law

狄德罗效应：高级睡袍绑架了谁

  18世纪的法国有一位哲学家，名字叫作狄德罗。一天，狄德罗的朋友送给他一件高级的睡袍，狄德罗得到后视若珍宝，爱不释手。从此狄德罗平静的生活被打破了。他忽然发现自己居住的环境是那样粗俗不堪，房间里的一切物品都不能和高级睡袍相称。于是他将"看不顺眼"的东西一件件替换成更高级的物品。可他始终觉得心情不好。终于，狄德罗静下心来细细思考，他发现自己竟然被一件高级睡袍绑架了，就把这种感觉写成一篇文章叫《与旧睡袍别离之后的烦恼》。200年后，一个叫朱丽叶·施罗尔的美国人出版了《过度消费的美国人》一书，此书一经出版就受到广大读者的好评。在这本书里，提出了一个新概念——"狄德罗效应"，或"配套效应"，专指人们在拥有了一件新的物品后，不断配置与其相适应的物品，以达到心理上平衡的现象。

  商纣王刚刚登上王位，就令工匠给他雕琢了一双象牙筷子。其叔箕子看了不禁慨叹："配得上象牙筷子的肯定不是土瓦器，而是犀角碗和白玉酒杯。这些名贵的器皿必定不能盛粗茶淡饭，只有美味佳肴才与它们匹配。而吃了美味佳肴也就不想再穿破衣、住茅草屋了，而是要穿华丽的衣服、乘好车、住大房子了。如此下去，商朝内的东西就不够用了，他必定会向远方各国收取各种珍宝。象牙筷子只是开始，将来的后果不堪设想啊！"

  之后，纣王果真越来越贪，且荒淫无度，微子、箕子等人屡次进谏，纣王都置若罔闻。有人劝箕子说："大王昏庸，听不得忠言，你也可以学习微子离开商朝啊。"箕子说："作为臣子，由于君王拒绝自己的意见就出走，只会把君王的错误大白于天下，而让自己得到所有百姓的欢迎，这是不忠诚的行为，我不愿做啊。"可箕子又担心遭到迫害，只得扯破衣服，弄乱头发，装疯卖傻。可纣王看了无动于衷，照旧将他禁锢起来。箕子满心忧愤，暗中借弹琴来表达自己的哀伤，他所弹的曲子被后人叫作"箕子操"。结果没过几年，诸侯发生兵变，周武王伐纣，纣王最终落得鹿台上抱玉自焚。

  这就是典型的"狄德罗效应"引发的恶劣后果。

第九章　生活智慧：
用心品味生命中的每一天

生活中狄德罗效应无处不在，为了满足欲望的黑洞，人们无止境地追求。买了件新上衣，就要配条新裤子，买了新裤子，当然要买双新鞋子。好不容易把新鞋子买了回来，突然发现自己的手包与这套衣服并不相称。新手包买回来之后还要满足新手表、新首饰、新发型等一系列要求，这就是狄德罗效应真实的表现。当然，这里所说的只不过是一个简单的例子，不管职场上还是社会中，每个人都有可能受到狄德罗效应的摆布。难道我们真的要成为狄德罗效应的傀儡吗？

哲学家苏格拉底的处理办法也许能够帮助我们。

一天，苏格拉底的几个学生从集市上回来，他们每个人怀抱着一堆东西对老师说："您也应该去集市上看看，好吃的、好玩的、好听的、好看的东西应有尽有。如果您去了，肯定会满载而归的。"为了不辜负学生们的好意，苏格拉底同意了，他动身前往热闹的集市。

学生们都在苏格拉底的家中等着老师，他们想看看老师究竟会买什么新鲜玩意儿。过了半天，苏格拉底回来了，只见他两手空空，什么也没有买。看着大家诧异的目光，苏格拉底笑着说："集市的确很有意思，但是我觉得什么都不需要。"

"不可能啊，老师您应该换一件新衣服。"一个学生说。

"对，您还需要一双新鞋子。"另一个同学随声附和。

听完学生的话语，苏格拉底严肃地说："我们每一个人都向往幸福的生活，为了得到奢侈的生活我们疲于奔波。可是，你真正觉得幸福吗？不，幸福的生活往往很简单，比如说一间屋子，必需品一件不少，多余的物件一个没有，这就是幸福。做人要懂得知足与不知足，知足是指做事，不知足是指做学问。"

苏格拉底不愧是哲学家，说出来的话语每句都是那样精辟。不错，狄德罗效应反映了人们对满足欲望无止境的追求。身为凡夫俗子的我们同狄德罗一样，认为高级睡袍就是富贵的象征，应该与高级家具相配套，否则就会"心情不好"。正是这种心理左右了整件事情的发展，如果我们心中做不到像苏格拉底那样"坦然"，就会成为攀比、虚荣手中的"木偶"，一举一动都受它们摆布。

无穷无尽的新鲜刺激驱使人们不断地满足欲望。我们都是平常人，面对欲望难以克制是再正常不过的事，但我们都知道，妄图满足自己的一切欲望，将会使自己陷入欲望的陷阱，难以自拔。不要在大事小情上过度放纵自己，学会"防微杜渐"才是睿智人士的最佳选择！

| 墨 | 菲 | 定 | 律 |
Murphy's law

瓦伦达效应：为什么不祥的预感很容易成真

有的人说自己能预见未来即将发生的不幸事件，有的人说自己能预测到关于死亡的信息……这些预测究竟是怎么回事呢？事实上，当人过度关注"不祥预感"的时候，就会产生强烈的视觉效应，导致精神不集中，进而导致声称的不祥预感发生。这就是心理学上的瓦伦达效应。

20世纪50年代，著名的高空走钢丝表演者瓦伦达进行了一场空前绝后的表演。当时，有好几个电视台争相同步直播这场表演。然而令人悲伤的是，这位著名的高空走钢丝表演者不幸失足身亡。

不幸发生后，记者采访了瓦伦达的妻子。令所有人惊讶的是，他的妻子说出了这样的话："在表演前的日子里，我的丈夫就曾不断地告诉我，他有不祥的预感，总觉得这次表演会出事。他连续几个夜晚都梦见了自己失足坠下山崖的情形。"

这篇对著名走钢丝表演者妻子的采访见诸报端后，引起了不少人的哗然。人们开始怀疑人是否有预测自己死亡的能力。此前，在医院里，不少即将死亡的病人也曾透露在临死前能预测到自己要离世，甚至坦言能见到去世的亲人前来带领自己。

于是，心理学家找到走钢丝表演者的助手，想了解事情的究竟。结果，这位助手也表示瓦伦达在表演前曾透露自己有不祥的预感，并在表演开始之前不断重复："这次表演太重要，不能失败。"这下，心理学家终于找到了瓦伦达失足之谜。

从心理学上来看，当人非常在意某件事情，大脑就会按照心里的想象不断刺激人的神经。当人不断提醒自己会失足，那么失足的影像就会在脑海里呈现，从而影响人对其他事情的关注力。当人的身体出现重病的症状，人的心里就会产生死亡的影像，如去世的亲人、自己离世的样子，等等。当这个人真的去世，这些预测就变成真的了。事实上，人并不能预测自己死亡的信息，这些假象只不过是人心理的关注点。

此后，心理学家将有不好的预感导致不能专注事情本身的现象称为瓦伦达效应。这是由于不祥的预感形成强烈影像，主导人的神经，使人的注意力不能集中在所从事的事情上，才导致的失败或者是不幸。

第九章 生活智慧：
用心品味生命中的每一天

人不仅不能预测自己的死亡信息，还不能预测未来的不幸事件。很多人都会声称自己有不祥的预感，并且这些不祥的预感最后都变成了真实的事件。

事实上，这也可以用心理学上的瓦伦达效应来解释。当人们觉得自己好像越来越倒霉的时候，倒霉这个负面的影像就会充斥在脑海中。于是，人们走在路上的注意力都会固定在脑海中的"倒霉"上，最后常常由于精神恍惚导致跌倒或者发生其他不幸事件。这也是很多算命先生说某人"时运不济"的时候，最后多数能变成真实事件的原因。

与瓦伦达效应有关的还有另外一个有趣的故事。

曾经有几位旅游者路过某个山村，由于当时天色已晚，他们找到村长，希望能入村借住一晚。

村长觉得麻烦，就拒绝了他们。眼看周围一片荒寂，要找住宿的地方实在不容易，如果露天而宿，又担心会有危险。这几位旅游者顿时非常焦急。

这时，有位旅游者对村长说自己有神奇的炼金咒语，能用石头炼出金子。只要村长答应让他们借宿，他就把炼金术传授给村里人。

村长一听非常高兴，立刻答应了他们的要求。

很快，村长就召集了全村村民，让大家学习炼金咒语，共同致富。接着，这位旅游者站在人群中，向所有村民传授了一串奇妙的咒语。他对村民说："你们全神贯注地盯着石头，念咒语1000遍，石头就能变成金子。但是，这里有个禁忌，就是在念咒的过程中，你们不能想喜马拉雅山上的猴子。只要你们当中有一个想了喜马拉雅山上的猴子，那么这个炼金术就会失效。"

大约过了十分钟，所有村民都把咒语念了1000遍，可石头还是没有变成金子。村长就问："你们有谁想过喜马拉雅山上的猴子吗？"结果大多数人都举起了手。村长摇了摇头，最后还是履行了让旅游者借宿的承诺。

当一个人过度关注或者不愿去关注一件事时，就会变得特别关注这件事。瓦伦达不断告诫自己要小心，千万不能失足，结果就失足了。这些村民不断告诫自己不能去想喜马拉雅山上的猴子，结果还是去想了。如果你不信，可以念上某句话1000遍，并要求自己不去想喜马拉雅山上的猴子，看看结果怎么样。

顺序效应：顺序不同，感受不同

幸运的人会觉得自己越来越幸运，倒霉的人会觉得自己将会越来越倒霉。事

| 墨 | 菲 | 定 | 律 |

Murphy's law

实上，每个人的心理都会有这种顺序递增的心理。因此，心理学家将这种由于顺序递增对人心理产生影响的现象称之为顺序效应。

日本心理学者曾到各大医院的收费处进行观察，结果发现收费人员的表情跟缴费人员排列的队形有着紧密的关联。

当收费人员面对一群松散的、杂乱无章、没有队列形状的缴费人员，他们就会产生烦躁的心情，从而使眉心纠结在一起。相反，如果收费人员面对的是一群有秩序的缴费人员，以"1"字形整齐排列，他们就会感觉到情绪平静。

通过这个调查，心理学家认为人天生喜欢有顺序、有次序、整齐的事物。杂乱无章的事物会让人感觉到压抑和坏心情。

于是，心理学家又将从1到10的阿拉伯数字以四个到八个数字为一个数字列排列起来。其中几组数字列是有顺序排列的，几组数字列是毫无规律排列的，然后让参加实验的对象挑选最喜欢的数字列。结果发现，人们选出的是以四个至五个数字为单位的有规律的数字列，如12345、34567、98765等。其中，含有2、6和8的数字列特别受欢迎。

心理学家还发现面试时的面试官也会受到数字和顺序的影响。在有多名面试者的情况下，面试官一般会非常注意第一位面试者，也会格外注意到最后一位面试者。另外，当面试者的编号是2、6、8或者是面试官喜爱的数字时，面试官也会带着期待的心情来面试这位面试者。

此外，心理学家还发现一个有趣的现象：如果第一位、第二位和第三位面试者都非常出色，那么面试官会认为接下来的人将表现得越来越出色。他主观上的认定程度甚至都超过了这些后来面试者的实际情况。反之亦然。

于是，心理学家将人们这种由于数字上的差别或者是顺序递增对人心理产生影响的现象称之为顺序效应。顺序效应具有三个特征，分别如下：

第一，通常情况下，人们在回忆过去的经历之时只会想起一些零散的片段，而不是完整的细节过程。影响人们回忆的因素包括苦乐顺序的发展倾向、最高点、最低点、结尾。

第二，一般情况下，人们更喜欢连续多次的进步感受。例如，买彩票的时候连续中两次五元，要比一次中十元更能够让人们高兴。换言之，进步越大，人们的喜悦程度会越高，与虎头蛇尾相比，人们更享受鸡头豹尾带来的乐趣，就算虎头蛇尾带来的实际效益要比鸡头豹尾高得多。

第三，两个刺激的出现的客观顺序实际上并不会影响它们的本质，但是人们基于一种习惯会对先出现的刺激或是后出现的刺激的评价夸大或扭曲，这就是顺序效应。比如面试官在对多名面试者按顺序进行评定的时候，经常会受到面试先后顺序的影响，从而不能完全客观地看待每位面试者。通常情况下，假如一个面试官连续面试了三个条件很差的面试者，即使第四名面试者表现很一般，面试官对他的印象也会大大加分；同样地，假如一位面试官连续面试了三个非常优秀的面试者，如果第四个面试者表现一般，那么面试官会觉得他的表现非常差，且评定结果比他的实际情况要差得多。

在现实生活中，我们会经常遇到顺序效应。比如一个女孩要依次和五名男孩相亲，她对这些男孩的印象也会受到顺序的影响，这和面试官对面试者的评定会出现顺序效应的原理相似。

好消息和坏消息的公布技巧实际上也是利用了顺序效应。这是因为好消息和坏消息出现的顺序会影响人们的感受。通常情况下，先听到好消息再听到坏消息，即使这个好消息跟那个坏消息毫无关系，人们也会因为坏消息的影响产生一种好消息也"泡汤"了的感觉。而先听到坏消息再听到好消息，人们则会产生一种"失而复得"的心理感受，从而冲淡了坏消息带来的不愉快。

总而言之，对于个人来说，合理安排事物的先后顺序，不仅能够获得更好的机遇，也能够得到更多的快乐。

黑暗效应：为什么酒吧里的灯光都很昏暗

要找一家光线昏暗的酒吧非常容易，要找一家宽敞明亮的酒吧估计不是那么容易的事情了。为什么酒吧的灯光都是昏暗的？为什么情调咖啡厅、西餐厅的灯光也都是昏暗的？

英国的心理学家为了研究这个有趣的现象，找来了约100名喜欢酒吧夜生活的志愿者参加实验。首先，心理学家让这些志愿者在宽敞、明亮的酒吧里饮酒，这些志愿者的饮酒量均低于以前。他们喝了几瓶啤酒后，都表现出浑身不适、如坐针毡的现象。一周后，心理学家又让这些志愿者和其他客人在同一间酒吧里饮酒。这一次，酒吧里灯光昏暗，人潮拥挤，这些志愿者保持了以前饮酒的水平，有的甚至超过了之前的饮酒纪录。

同一间酒吧，同一群志愿者，第二次试验中志愿者的饮酒量超过第一次的40%。换句话说，昏暗拥挤的酒吧环境能让顾客喝更多酒。

心理学家将人在昏暗的环境里减少戒备，提升安全感和亲密度的现象称为黑暗效应。

当一个人处在伸手不见五指的环境里，他会因为未知而感到恐惧。可当人处在昏暗、能视物的环境里，则会卸下恐惧感，提升安全感。因为昏暗的环境让人免去了暴露在光明中的尴尬。在明亮的环境中，人们会顾忌形象，不敢喝太多酒。再加上宽敞的空间容易让人产生疏远感，从而降低和"不亲密"人喝酒的欲望。当人处于昏暗的环境里，就不会有这些担心。人们不用担心喝酒使脸变得通红，甚至是失态。拥挤的酒吧让人们有身体上的接触，这就会使人在酒精的作用下产生"亲密"的误解，从而卸下心防，喝下更多的酒。这也是为什么昏暗的、拥挤的酒吧更受欢迎的原因。

昏暗的环境不仅能给人带来安全感，还能增加情趣。同样一顿晚餐，在烛光下吃和在日光灯下吃是截然不同的效果。这个世界上，恐怕再也没有能比烛光晚餐更能制造浪漫的环境了。

美国的餐饮研究中心曾经在街上随意找了十对不认识的陌生男女，并为他们提供免费的烛光晚餐。晚餐结束后，十位女士中有八位表示愿意考虑和共餐的男士有进一步的发展，十位男士中有五位表示可以和共餐的女士考虑进一步发展。

在这个研究里，我们也可以发现女士比男士更容易受到黑暗效应的影响。这主要是由于通常环境下，女性比较容易陷入主观情绪，而男性则显得比较理性。

这个研究也告诉我们，漂亮的女性千万不要在昏暗的酒吧里寻找伴侣。因为昏暗的酒吧环境和肢体上的亲密接触容易让人产生暧昧的情绪，甚至产生爱情的误会。当离开酒吧后，女性则多数会延续这种误会，而多数男性的理智则让他们战胜主观情感。这也是为什么酒吧被称为爱情墓地的原因。

安慰剂效应：安慰不只是安慰

人们常常引用"安慰剂效应"。其实，安慰剂效应本质上是个科学问题或者说是医学问题，到目前仍是个谜题。只不过它被认为与心理状态的关系非常之大，且在生活中有许多类似安慰剂效应的现象存在，因而也被引入了心理学，用来说明人们的一种心理状态。

安慰剂效应是由毕阙博士在1955年提出的。所谓安慰剂效应，是指虽然病人得到的治疗药物在实际上没有任何治疗作用，但他们却"预料"或者说"相信"药物有疗效，从而使病症减轻的现象。注意，这种病症减轻不是假象，而是

第九章 生活智慧：
用心品味生命中的每一天

真正意义上的减轻，这也正是此效应令科学界和医学界百思不得其解，而令心理学界颇感兴趣的原因所在。

当然，安慰剂效应实际上无法达到长期、普遍、有效的治疗。通常安慰剂效应只对那些渴求治疗、对医务人员充分信任的病人有作用，这些病人被称为"安慰剂反应者"。而且，即使对"安慰剂反应者"，安慰剂也无法达到长期有效的作用。但是，世界上毕竟存在安慰剂效应，且从各个角度来看，这种效应显然与心理反应脱离不了关系。因而它也就有了被研究并被应用的价值。

医务人员可以激发出病人的安慰剂效应，生活中同样有许多诱因，可以激发出安慰剂效应。比如，几个"宅人"终于走出家门，到野外郊游。当他们挥汗如雨到达山腰时，被眼前难得一见的碧水、清泉、草甸、繁花深深吸引，不禁感到胸中积郁的浊气随着呼吸消失殆尽。休息时，一个人递给同伴水壶，同伴喝了两口后，立即感慨道："这山上的泉水就是甘甜，都甜到我心里去了。咱在家里啥时候喝过这么好喝的水呀。"这个人不禁笑道："什么泉水，这是我在家灌的凉白开水呀！"几个人不约而同地哈哈大笑。不过他自己喝了两口，也觉得这水格外甘甜，完全不似在家时喝的水。

水其实没有任何变化，只是他们身处一个格外舒适的环境里，身心都处于一种极度愉悦的状态中，此时安慰剂效应最容易发挥作用。因此，白开水变成了可口的山泉，即使后来知道那原本就是普通的水，也觉得格外可口。

在医学中，安慰剂必不能为受试者所知，否则，就会失去安慰剂效用；而且，据研究，医学上的"安慰剂反应者"通常是具有容易交往、有依赖性、易受暗示、自信心不足、好注意自身的各种生理变化、有疑病倾向和神经质等人格特点的人。

比如之前案例中的几位"宅人"，因为环境变化，进入美好环境中，使他们容易产生身心愉悦的感觉。此时，其实环境本身已经给了他们一剂"安慰剂"，使他们在城市里和家里感受到的郁闷痛苦被释放出来，仿佛吃了仙丹妙药。很多难题也被搁置一旁，好像已经处理掉了一样。需要注意的是，这种愉悦不仅仅是暂时的、一闪而逝的。实际上这种感觉会在人的心中留下痕迹，使人即使回到旧有环境中，也不会立刻回到原来的不好的状态，而会以比原来更为积极的心态迎接生活的挑战。这也是经常参加户外运动的人看起来会比"宅人"更健康，精神状态更好的原因所在。因为"安慰剂"不只用于安慰，而是真正起着愉悦身心、调节心理健康的作用。

| 墨 | 菲 | 定 | 律 |
Murphy's law

维特效应：揭秘自杀岛的传说

维特效应是源自于德国著名作家歌德发表的小说，名为《少年维特之烦恼》。当时，这部小说有着非常强烈的时代精神。小说主人公维特的精神和性格以及他对时代的思考，都非常深入人心。最后，小说的主人公维特在经历种种人生的阅历后自杀身亡。

小说发表后，一时间在整个欧洲引起了模仿维特自杀的风潮。后来，心理学家就将这种自杀情绪的迁移和模仿称为维特效应。

在澳大利亚北部，有两座世界上自杀率最高的双子岛屿，名为巴瑟斯特岛和梅尔维尔岛。它们距达尔文港仅26英里。岛的面积差不多只有一所普通学校那么大，人口也从未超过2000人。但是，就在这两个巴掌大的岛上，平均四个人里就有一个人有过自杀的欲望，并有1个自杀身亡。根据近十年来的统计，这个岛上的居民的平均寿命只有45岁。

不仅巴瑟斯特岛和梅尔维尔岛的自杀率之高让人咋舌，这里还流传着诡异的传说。年轻的小伙子埃尔博塔有个漂亮的女朋友美茵，两人的感情非常好。为了庆祝两人交往一周年，两人相约来到镇上的酒吧喝酒。

在当地，酒吧有一个非常奇怪的传统——白天开放，夜晚打烊，所有的酒吧都在傍晚六点的时候就打烊。这天，埃尔博塔和美茵是在下午两点的时候到达酒吧的。两人在欢快的音乐和迷幻的灯光中越喝越多，并在诡异的干冰制造出来的白烟中陷入了飘飘欲仙的境界。到了傍晚酒吧打烊的时候，埃尔博塔和美茵还是不肯离去。酒吧的工作人员开始驱赶埃尔博塔和美茵，可两人还是不愿意离开。就在酒吧的大钟敲打了六下的时候，埃尔博塔突然发疯似的冲出酒吧，爬上附近医院的楼顶，然后纵身跳了下来，自杀身亡。

在这个镇上，像埃尔博塔离奇地死亡的情景，几乎每天都在这两座岛屿上演。更令人感觉到不可思议的是，在埃尔博塔自杀身亡后，他的家族成员和朋友还会相继自杀。

就在埃尔博塔葬礼举行的那一天，埃尔博塔的女友美茵指责埃尔博塔的姑姑是恶灵，然后杀死了她，并自杀。不久，埃尔博塔的弟弟和校友也以同样的方式在医院的楼顶结束了生命。

这一切不可思议的现象都被当地人归结为诅咒。传说，双子岛屿的最早居民

第九章　生活智慧：
用心品味生命中的每一天

普鲁卡帕里和毕马夫妇为了孩子的婚事起了争执。母亲毕马为了不让自己的儿子和另外一个岛上的姑娘结婚，把儿子活活晒死在太阳下。身为父亲的普鲁卡帕里盛怒之下打死妻子，然后抱着儿子的尸体走向大海。在临死前，普鲁卡帕里发誓要把死亡信息带给整个岛屿。因此，岛上有不少居民相信巴瑟斯特岛和梅尔维尔岛都遭到了诅咒。

这个世界上真的有诅咒存在吗？心理学家为了揭开这一系列诡异的现象，对这两个岛屿进行了深入的调查。结果，心理学家发现，在20世纪初的时候。英联邦殖民者为了统治双子岛，不仅杀死了当地强壮的青年，还扼杀了当地的所有文艺传统。到了1972年，澳大利亚政府重新得到双子岛的自治权，开始为岛上的人们提供经济补助。因此，岛上的人民没有工作，也没有任何文艺活动，整天都是靠参加葬礼和喝酒过日子。当他们喝醉后，就会联想到岛上诡异的"诅咒"，进而产生模仿自杀的想法，陷入了心理学上的维特效应。

维特效应的产生是由于人们对生活某种感悟产生了共鸣，继而产生悲伤、消极、痛苦情绪的迁移，严重者会产生自杀的模仿行为。举个例子，当一位好朋友跟你痛述被男友抛弃，或者被亲人伤害的时候，如果你也有类似的感悟或者体验，你就会产生共鸣，并且陷入悲伤的情绪。这个时候，好朋友的悲伤情绪就迁移到你的身上。

此外，心理学家认为每个人都有模仿的潜意识和反模仿结果的欲望。这就好比吸毒，很多想尝试吸毒的人都有着这样的想法：我就不相信我会上瘾。抱着新鲜的模仿和体验，他们开始吸食第一口毒品，并信誓旦旦地认为自己的自制力与别人不同，不会上瘾。可惜的是，他们最后还是陷入毒品的旋涡中。当人们抱着模仿、体验和反模仿结果的欲望陷入自杀的想法中，就会引发了维特效应。

也就是说，过度酗酒、没有精神文化传统、没有工作是造成自杀岛居民精神空虚的原因。参加葬礼，见证亲友的自杀过程从而产生维特效应，是导致他们自杀的直接原因。

自杀现象的产生有时候是来自于一种模仿，有时候是来自于一种尝试。当前，美国网络兴起的自杀协会、自杀友人聚会等都是出自于人们对自杀的好奇心理所组织的一种协会。当众人都告诫这些自杀协会的人说："自杀是一种不可以尝试的行为。"那么，他们就会产生反尝试的心理。这种心理是：你说不行，我偏偏要去做，并证明给你看，你的想法是错误的。

有个有趣的故事是说一个人看到灯泡盒子上写着"不可吞食"的字样，觉得非常奇怪。为什么在灯泡的盒子上写上这样一句话？你说不可以吞食就不可

| 墨 | 菲 | 定 | 律 |
Murphy's law

吞食吗？我偏要吞食给你看！结果这个人把灯泡放进口中后，取不出来，又不敢打破灯泡，只好坐出租车到医院找医生解决。当这位吞食灯泡的人被医生解救后，他居然看到送他来的出租车司机也口含着灯泡跑进了急症室，这就是非常典型的"反尝试"心理。

当人们将这种反尝试心理放到负面的事件上，那么就极有可能产生严重的后果。作为世界三大禁曲之一的《黑色星期天》，就曾引起一波自杀的反尝试浪潮。

《黑色星期天》于1932年诞生于法国，在1945年被欧洲各国联合销毁。该歌的旋律忧伤，能带给人巨大的悲伤情绪，听这首曲子就像在倾听一个亡灵在演奏。在这首歌曲存在的13年里，听过完整版的人纷纷自杀。数以百计的自杀者均留下遗书，声称无法忍受该歌曲的忧伤旋律。

据《纽约时报》记载，听完这首魔鬼之音去自杀的第一人是一位军官，他在无意中听到了这首曲子，然后吞枪自杀。接着，某位女警官为了调查军官的死因，就听了他生前留下来的这盘带子，最后也留下遗书自杀身亡。至此，《黑色星期天》是魔鬼邀请曲的传闻就在人群中传开。不少人抱着反尝试的想法去听这首曲子，结果由于意志力薄弱，受到曲子的暗示效应，纷纷自杀。三个月内，有上百个匈牙利人因为这首曲子自杀身亡。这则新闻被报道后，又引发了全欧洲人争相模仿和反尝试的行为，从而导致一波自杀狂潮。这就是反尝试心理带来的可怕连锁反应。

后来，鉴于《黑色星期天》的可怕感染力，它的原曲均已被销毁。在网络上已经无法寻找到完整的曲子，只能听到一些改编后的片段，心理学家也声称改编后的《黑色星期天》已经没有了原来的"魔力"。

责任分散效应：对着一群人求救，得不到救援

碰上抢劫已经够倒霉了。如果碰上会心理学的歹徒，那么又会是怎样的一番情景？一份刑侦档案里记录着一个屡屡作案的抢劫犯，他创下作案318宗都不曾被捕的纪录，成为连续30年内当地犯案率最高的罪犯。

据说这位抢劫犯曾在大学里进修过心理学。他和其他作案歹徒有一个非常不一样的特征：一般抢劫犯会尾随目标人物到人少或无人的地方再下手，可这位歹徒却偏偏挑选大型超市门口、医院门口、热闹的夜市这些人流多的地方作案。令人疑惑的是，每次这位狡猾的歹徒都能在众目睽睽之下成功地逃走。

第九章　生活智慧：
用心品味生命中的每一天

生活中，我们也曾见过这样的场景：抢劫钱财的歹徒毫无障碍地跑出好几米，受害者高呼"抓贼"却无人理会；不慎溺水的人在河里挣扎，岸上围观了一大群人，却没有人下水救人。为什么会出现这种现象呢？

很多人将其归结为人情冷漠。心理专家对旁观者见死不救的行为做了深入的调查研究，发现这类现象背后有着独特的心理原因，并将其称为责任分散效应。

责任分散效应也叫旁观者效应，它是指对某一件事来说，如果一个人被要求单独完成任务，责任感就会很强，会做出积极的反应；如果是要求一个群体共同来完成任务，群体中的每个个体的责任感就会变弱，从而产生面对困难或遇到责任往往会退缩的现象。因为前者独立承担责任，而后者期望别人多承担点儿责任。

我们假设抢劫犯在一个有 10 个路人的环境里作案，那么这 10 个旁观者就会意识到自己有 1/10 的"助人"责任。当这个抢劫犯在一个有 100 个路人的环境里作案，那么这 100 个旁观者就会感觉到自己只有 1/100 的"助人"责任。在后一个的环境里，人们会想：不是还有那么多的人嘛！我不出手，会有那么多的人出手。因为这样的心理，所以导致目击者彻底把自己当成了旁观者。

如果遇到不幸的事件，面对责任分散效应，我们该怎么做？答案是把责任集中起来。

心理学家约翰·巴利和比博·拉塔内为了对旁观者的无动于衷、见死不救做出解释，进行了一个模拟实验。他将 72 名不明真相的参与者分别以"四对一"和"一对一"的方式和癫痫病患者保持距离。结果发现，当癫痫病假扮者大呼救命时，在"一对一"试验的小组里，有 85% 的人冲出工作间去报告有人发病；而在有四个人同时听到癫痫病假扮者呼救的小组里，只有 31% 的人采取了行动。

通过这个实验得出的有趣结论是：当人们处于越多人的环境里，获救的机会就越低。相反，当人们处于只有一个人或是极少数人的环境里，获救的机会将达到最大。

尤其是当人们在"一对一"的环境里，他会清醒地意识到自己的责任，并毫不迟疑地尽力对受害者展开援救行动。因为如果他见死不救的话，他会产生罪恶感和内疚感。这是一个沉重的心理负担，为了不要背负这个负担，人们会选择尽力去助人。

也就是说，当人们遭遇到抢劫，与其对着人群呼喊求救，不如对前面的小伙子说："嘿，穿蓝色衣服的青年，快，伸脚拦住那个小偷。"这样做会将分散的责任集中在一个人身上，他接受到责任就会立刻做出反应。

指定向哪个人求救也有技巧。首先，指定的责任人要明确，比如"前面穿蓝色衣服的小伙子"、"穿白色衣服的大叔"……或者在求助的时候面对面向指定人求助，因为直视具有明确的指定性，能使人意识到自身的责任感。其次，向距离最近的人求助，比如不慎溺水的人一定要向距离岸边最近的人求救，因为近距离能增强人的责任感，远距离能给人带来疏离感。

凡勃伦效应：每个人都无法逃脱名牌情结

服装店里有一件衣服，卖了好几年都没有卖出去。服装店的老板为了卖出这件衣服，没少操心。一天，闺蜜来店里玩，二人聊着聊着，就聊起了那件衣服。闺蜜听后，建议她标出高价。女老板一听，马上说："我赔本甩卖，都没人要，标出高价更没人要了，你这不是在逗我玩儿吧！"

闺蜜没有做过多解释，临走前只是说："信不信由你。"

闺蜜走后，女老板望着那件衣服，呆呆地出了一会儿神，心想反正几年都没有卖出去了，干脆听闺蜜的话，标出高价作为店里的摆设。有了这种想法后，女老板就把那一件极其普通的衣服标出800元的价格。让女老板没想到的是，三天后，这件衣服卖出去了。

女老板高兴得第一时间把这个消息告诉闺蜜，闺蜜在电话的另一端说，这就是"凡勃伦效应"。

经济学上将这种在商店里的物品，价格越高越能引发人们购买的欲望，价格低的物品反倒容易陷入滞销的反常现象称为凡勃伦效应。它还有一个通俗的叫法，名为炫耀性消费。

心理学家为了验证凡勃伦效应的真实性，特地邀请了30名企业家、30名中产阶级的志愿者和30名经济条件一般的志愿者做了一个实验。他们将两件相同的衣服分别放在街边和商店的专柜里销售。同样的衣服，在街边标价50美元，而在商店里却标价3000美元。接着，分别请这些志愿者先到这件衣服的街边叫卖点看衣服，让他们触摸衣服的质地和试穿，再请他们到商店的专柜里看同样的衣服，然后请他们做出购买的判断。结果发现，有30名企业家、19名中产阶级、12名经济一般的志愿者表示在经济允许的条件下会购买商店专柜的衣服，仅有两名中产阶级和七名经济条件一般的志愿者表示会考虑街边叫卖的那件衣服。其他人则表示无法承担商店专柜的价格，但也不购买街边的那件衣服。

第九章　生活智慧：
用心品味生命中的每一天

　　在这个实验中，85%的人认为街边叫卖的衣服肯定是假的，12%的人认为说不准，无法分辨，剩下3%的人认为两件衣服是一样的。

　　同时，30名企业家表示一定要购买商店专柜的衣服，他们认为如果购买街边的衣服被业内人士发现会非常丢脸。30名中产阶级人士则表示商店专柜的衣服有质量保证，有条件的话绝对不会购买街边的衣服。真正令人意外的是剩下的30名志愿者中有25人表示如果某天经济宽裕的条件下，会购买那件标价3000美元的衣服。而这30名志愿者表示3000美元有时候是他们半年甚至是一年的纯收入。从这个实验中，我们可以看出任何经济阶级的人都逃脱不了凡勃伦效应的影响。

　　事实上，凡勃伦效应也是名牌效应。人们对商店专柜里衣服的偏好是因为人们存在着一种普遍的认知：商店里销售的都是正品、高档次的商品。而正品、高档次的商品是一种身份的象征。

　　世界著名服装品牌夏奈尔集团曾在北京、上海、深圳等地各大白领企业进行正品和仿冒品购买欲望的不记名问卷调查。结果发现，70%的女性表示如果经济不允许购买奢华服装的专柜正品，那么会干脆不购买同款式的仿冒品。仅有10%的女性表示可以考虑购买仿冒品。剩下20%的女性表示要看仿冒的真伪程度才能确定是否购买。而这些参与调查的女性都表示购买专柜里奢华的衣服是一种身份的象征，不购买仿冒品是害怕被拆穿后带来的尴尬。

　　那么，为什么人们会愿意选择正品、高价的物品呢？

　　首先，当人们购买下某个奢华品牌的物品，心里就会产生"成功"的荣耀感，并以持有该奢华物品为外在身份的象征。

　　其次，这是由于人们普遍存在的错误认知导致的。人们潜意识里会认为高价的、昂贵的、稀少的、艰难获得的物品才是好的物品。

　　相反，廉价的、繁多的、容易获得的物品都是质量低劣的产品，并能影响持有人外在的形象。

　　类似的心理还有："只有勤奋和艰苦才能获得成功"、"不经历风雨怎么见彩虹"、"成功来自于99%的汗水和1%的天分"、"梅花香自苦寒来，宝剑锋从磨砺出"……这些都是人们对"艰苦"得来东西的普遍认知。这种认知也跟长辈喜欢从小用"艰苦革命史"来教育孩童有关。当这些孩子们长大后，艰苦的意识就会根深蒂固地生长在他们的心里。

　　所以，现在越来越多的年轻人喜欢"折腾"。他们的"折腾"就来源于这种"艰苦式"的心理状态。他们认为越是容易做的事情越没有价值，容易得来的工作不值得珍惜；越是难以追求的，越想争取到手。这类型的人，处理事情通常不是从两点之间的最短距离去下手，而是喜欢兜一个大圈子，最后常常是事倍功半。所以，当你活得非常艰辛、非常折腾的时候，一定要检查一下自己是否堕入了"艰苦式"凡勃伦效应的怪圈里。

鸵鸟效应：一味逃避真能带来安全吗

鸵鸟原产于非洲沙漠中，成群结队地生活，长着巨大的翅膀却不会飞翔，当遭到天敌攻击时，鸵鸟会将脖子平贴在地面，身体蜷曲一团，以自己暗褐色的羽毛伪装成石头或灌木丛，只露出头部。这种习性后来被人们误认为是鸵鸟在遇到危险时只会把头钻进沙子。即便后来有学者指出，除了觅食，并没发现鸵鸟会通过将头钻入沙子躲避危险，但"鸵鸟效应"这个说法还是越传越广，甚至"将头埋进沙子"成为有讽刺意味的回避危机的代称。

鸵鸟效应是一种逃避现实的心理，这种心理引致不敢面对问题的懦弱行为。现实生活中符合鸵鸟效应的事例比比皆是。

有的人很爱面子，工作勤勤恳恳，当工作中遭受挫折时，他会避免去谈起，即使别人出于关心而问起，仍死命撑住，强颜欢笑，装得一切正常。

有的人业余时间炒炒股票，希望赚点儿外快，但往往在牛市中不敢追涨，在熊市里不敢斩仓，被套牢后就干脆连盘也不看，采取回避态度，既不止损也不调仓，坐等股价自己涨上去。

有的女人，辛勤操劳全为了自己的家庭，但另一半还是出轨了。她一不哭二不闹，而是一味忍让，甚至忍辱负重在外人面前假装亲昵，希望能挽回对方。

某地生活供水水源遭受污染，居民出于本能，争先恐后抢购矿泉水、纯净水等一切瓶装水。此事在网上发布后引起公众极大关注，而当地有关部门却出来说，居民们"生活正常"，大家都多虑了。

这些现象都是鸵鸟效应，可悲，可怜。因为逃避显然不是解决这些问题的首选，逃避往往让事情无可挽回。

如今我们的生活、工作压力巨大，很多人面对压力时往往采取掩耳盗铃的回避态度，难怪鸵鸟效应深入人心。但是，就像科学家为鸵鸟翻案一样，我们在遇到困境时，何不积极应对呢？面对压力和各种问题，我们应该想办法去缓解，去解决，而不能选择逃避，否则压力会越来越大，问题也会变得越来越复杂。遇到

第九章　生活智慧：用心品味生命中的每一天

危险或者困境就把头埋在沙堆里，或许能获得暂时的安全，然而却不能保证次次都能全身而退。每个人都会碰到这样或那样的困难，面对它们，我们应该主动、勇敢地去承担，去突破，去战胜。

美国曾有一项专门针对营销人员的长期调查研究，研究的结果表明：在第一次拜访遭遇挫折后会有48%的营销人员选择放弃，在第二次、第三次及第四次的拜访遇到挫折后也会分别有25%、12%及5%的人放弃，坚持到最后的人往往不会超过10%。正是因为这不到10%的人能够低调地把挫折视为理所当然，锲而不舍、毫不气馁地继续努力，最终获得成功。

孔子曾说："临大难而不惧者，圣人之勇也。"生活与工作中，我们常常遇到阻碍与困境，如果不能保持清醒的头脑，选择逃避，可能会因此失去成功的机会。而恐惧不但于事无补，还会扰乱心智，影响判断，乃至使决策失误。人们常说，主动出击，是最好的防御。拒绝做一只逃避的鸵鸟，迅速采取行动，果断承担责任，这样才能避免出现更大的损失。

角色效应：正确进行角色定位

有对先后相差一小时出生的孪生姐妹，外貌长得极其相似，穿着打扮也一模一样，旁人常常因此而把她俩搞错。她们从小学、中学甚至大学都在同班学习，但性格却迥异：姐姐性格开朗，好交际，责任感强，处理问题果断，较早地具备独立生活和工作能力；而妹妹则遇事缺乏主见，性格内向，不善交际，依赖性强。

为何同一父母，处在同一生活和学习环境、受到同样教育的姐妹俩，性格有如此反差？主要是她们在家庭生活中充当的角色不同。按照世代相传、不成文的规矩：在多子女家庭，老大要时时处处做弟妹的榜样，对弟妹要谦让，对弟妹的行为负责。同时要求弟妹听兄姐的话，遇事需多与兄姐商量，因此老大的性格一般比较温和、持重。这样，角色地位要求姐姐具有责任感，具备独立生活和交往的能力，充当妹妹的保护伞；妹妹则始终处在被支配和被保护的地位。长此以往，她们的性格特征当然就有了明显的差异。足见不同的角色，会产生不同的心理效应。

"角色"一词原指戏剧、电影中的人物。演员在剧中扮演什么样的角色，其言行举止、心理活动必须符合所担当的角色形象。"角色效应"是指人们在社会

| 墨 | 菲 | 定 | 律 |
Murphy's law

生活中充当不同角色时，其个性心理倾向和个性心理特点受所任角色制约，自然而然地产生与角色相符的心理表现。这种因不同角色产生不同心理表现的心理现象，称为"角色效应"。

生活在社会上的每个人都扮演着多重角色，同时会有不同的心理表现。例如，一个中年人，在单位是领导，他会在行为上处事严谨，原则性强，注意自身形象；回到家里则是家长，对父母恭敬孝顺，对子女严格要求，并在子女面前以身作则，言谈举止温文尔雅，善于指导孩子；他在公交车上是个乘客，受到委屈时可能会与别人争吵，等等。为什么同一个人充当不同角色、处于不同地位、会有不同的心理表现？这是受角色形象制约所致。

角色与心理表现理应存在对应关系。若是两者之间一致的，称作"相符角色"。例如，一个人，在提拔担任领导干部前，他只是一个普通职工，平时说话可能比较随便，对同事中一些不良现象碍于情面而不敢大胆批评等。但一旦提拔后，意识到领导角色的要求，于是努力改变那些诸如讲话随便、嬉笑失度等不合领导角色的表现，时时严格要求自己，原则性要强些，对于那些有违职业道德的行为需要直言批评。这就是相符角色。如果不是这样，还是像一般工作人员那样，这就是角色与心理表现不相符。这里有两种情形：一种是虽然角色与心理表现不相符，但其心理表现还是能为人们所接受，甚至受到称赞。例如，此人在担任领导后，一如既往与同事亲密相处，但不徇私情，坚持原则，虽然同事对这种"一本正经"感到不习惯，但还是受到大家欢迎。另一种是角色与心理表现不相符，同时又违背社会生活准则。如担任领导后，主观武断，处事不公，以权谋私等，那么理所当然受到谴责。因此，随着角色的转换，角色心理也要随之转变，使之与角色相符，这是非常重要的。那么，角色效应对我们有什么要求呢？

1. 正确进行角色定位

人们对一定的角色总有一定的角色期望。在单位里，领导是职工的领军人物，在职工和社会各界心目中具有崇高的地位，是效仿的楷模，因此，理应严于律己，克己奉公，发扬民主，待人和善，处事公正，努力做到"学问为师，身正为范"，言必行，行必果。但回到家里，他对于爱人来说不再是"领导"角色了，就是家庭一员，所以要协助爱人做家务，平等相待，生活上相互关爱，共同承担起教育孩子的责任。倘若还是像在单位里那样处处摆领导架子，把爱人当成下属一样对待，凌驾于爱人之上，久而久之，一定会出现婚姻危机。一些人担任领导后，忘乎所以，自以为是，高踞他人之上，甚至"一人得道，鸡犬升天"，忘记了自己的主要任务是为公众服务，那么势必与公众拉大心理距离，最后为千夫所指。何时、何地、何事当何角色，就要想该角色该做的事，千万不要角色错位。

2. 经常进行角色转换

由于个人一定时期、场合所扮演的角色不一样，其心理状态也可能迥异。有些人常常仅仅从自身的角色地位去思考问题，没有设身处地地为他人着想，因此难免与他人产生矛盾和隔阂。所以，人们应善于角色转换，多站在他人的地位想想，进行心理置换。这样容易理解他人、了解他人，从而有效地相互沟通，有效地进行教育引导，提高工作实效。

不忘自己的角色，又善于忘掉自己的角色，进行角色转换，这样的人，一定是一位受人尊敬和欢迎的人。

蔡氏效应：实现目标的好帮手

蔡氏效应是指当我们的任务没有完成，目标还未实现，我们的大脑中就有一个声音不断提醒我们去完成任务、实现目标。任务一旦完成或目标一旦实现，我们脑海中的那个声音就会消失。

20世纪20年代中期，柏林大学的一群学生到餐厅用餐，他们告诉同一个服务员自己要吃的食物，这个服务员没有用纸笔记录，凭借自己超强的记忆力为每个学生端上饭菜，并且完全没有出错。学生们吃完饭，离开餐厅。其中有一名学生将一些东西丢在餐厅，于是返回去寻找，但是他一无所获。接着他找到那个服务员，希望服务员凭借超强记忆力帮自己找回东西。但是这个服务员不知道他当时坐在什么位置，因为他都不记得这个学生来餐厅吃过饭。这名学生问服务员为什么在极短的时间内，就将事情全部忘记了？服务员说，他的任务是把顾客的单子记到上了菜为止。

服务员的目标为让顾客吃到饭菜，所以当他准确记忆每个人的单子后，他的任务并没有终结。因此他的大脑就会有个声音不断提醒他具体的下一步行动，也就是将每人的饭菜毫无错误地送到他们面前。当顾客准确无误地享用到饭菜后，服务员的大脑意识到任务完成，目标实现，因此不会再提醒他去记忆，这也是为什么当一名丢失东西的学生找到服务员时，服务员却不记得这名学生曾经来过。

对于蔡氏效应的形成，心理学家们一直有多种解释。一种解释说无意识脑在向有意识脑求助，就像孩子拽着大人的袖子希望引起大人的关注和帮助一样。这

| 墨 | 菲 | 定 | 律 |

Murphy's law

说明无意识脑是在催促有意识脑去完成任务，实现目标。还有一种解释是无意识脑一直在跟踪并了解目标实现的进度，人之所以会出现扰乱思维的事情，是因为无意识脑为防止目标中断，一直催促着你。既然蔡氏效应对人们未完成的目标有提醒与监督作用，那么利用这一点能有效促进人实现目标吗？

来自佛罗里达州立大学的研究生马西坎波和鲍迈斯共同完成了一项实验。他们召集一群学生作为实验被试者，并将他们随机分为两组。实验人员告诉第一组被试者去想最重要的期末考试，将这一组命名为实验组。实验人员告诉第二组被试者去想各自将要参加的最重要的派对，将这一组命名为对照组。接着他们让第一组中的一半学生制订学习计划，要具体到什么时候、什么地点进行学习。

之后，实验人员让每个被试者完成一个任务，就是让他们将一些不完整的单词补充完整。这些不完整的单词可以补充成与考试有关的单词，也可以补充成与派对有关的单词。例如"re"可以补充成"read"、"real"、"rest"，还有"reek"，而"ex"可以补充成"exam"、"exist"等。实验人员猜想，如果蔡氏效应起作用，那么脑海中时常想着考试的被试者，会将不完整的单词补充成与考试有关的词语。

等被试者完成单词补充任务后，实验人员发现，这些跟考试有关的词汇，更容易出现在那些重视期末考试，但是没有为此制订学习计划的被试者中；而为考试制订了学习计划的被试者没有出现这样的反应。虽然他们也知道期末考试重要，但是他们的大脑已经将写下计划这个动作视为整个任务终结。

在这之后，马西坎波还做了另一个实验。他要求被试者思考生活中有哪些重要任务，让第一组被试者将最近刚刚完成的任务写下来；第二组被试者将没有完成但需要尽快完成的任务写下来；第三组被试者不但要写下未完成任务，还要为实现目标制订计划。之后，马西坎波告诉被试者现在要做一个单独的实验，其实和前边实验是有关联的：就是阅读一本小说的前十页，并记录自己是否分心，是在哪里分的心。结果发现，那些写下未完成任务的被试者，更难专心阅读小说，他们因不理解材料而多次分心；而写下未完成任务又制订了实施计划的被试者，报告的分心次数较少，他们更能理解小说的内容。

马西坎波通过这两次实验得出一个结论：大脑对人未完成任务的提醒，并不是直到任务完成才终止。人在执行任务的过程中多次分心，不能表明是无意识脑在监督或控制人去完成任务，而是在催促有意识脑制订计划。这个计划需要具体合理，把时间、地点和可能发生的事情全部要考虑清楚。当我们脑海中有了计划，无意识脑就不会再催促有意识脑，我们也不会受到"提醒音"的干扰。

因此，要想利用蔡氏效应帮助个人实现目标，就应该为目标制订具体计划，这两步被无意识脑视为一项任务的终结。接下来你在执行计划的过程中就不会想东想西，被无意识脑的"提醒"分了心。

当然，计划一定要具体到下一步行动，例如你的目标是给妻子准备生日礼物，那么下一步行动就是到蛋糕房买蛋糕，或是到服装店选衣服；如果你的目标是弄清财务问题，下一步行动就是给会计打电话。如果没有具体到下一步行动，你的目标就是空谈，你在执行的过程中就会回避问题或拖延，这样目标也不会很快实现。

还有，列出的目标不能太多，这样蔡氏效应也会让你难以控制自己的思维。你会一会儿想这个目标，一会儿想那个目标，令你焦虑难安。你应该在做一件事情之前，将具体要做的事情记录下来，这样无意识脑就会引导着你做下一步安排。当下一步行动确定了，你的心就能平静下来，此时你就能轻松思考要做的事情了。

卢维斯定理：谦虚的人更受欢迎

卢维斯定理是美国心理学家卢维斯提出的。谦虚不是把自己想得很糟，而是完全不想自己。如果把自己想得太好，就很容易将别人想得很糟。

生活中，人们一般都会更喜欢谦虚的人，这是人的寻求地位平衡的心理在起作用。在内心深处，每个人都不希望自己被别人比下去，都不希望被别人忽略。因此，高傲、目中无人的人，往往会让人觉得反感，谦虚的人则更受欢迎。

如果你总以强硬姿态出现，处处显现自己的优越，总是觉得自己比别人强，处处显摆，别人就会感到反感，觉得被你轻视了，而且容易产生一种逆反心理，想要打击你，让你的自信和强硬受到挫败。在这种情况下，你做事的时候很可能会遇到障碍和挫折，你的生活就会过得一塌糊涂。

于东东大学毕业之后进入一家私营企业工作，他不仅能力突出，平时也很勤奋，总经理对他非常器重。不到两年时间，他就做到了总经理助理。尽管名义上他是助理，很多时候说话却比部门经理更有分量。

这一切的一切都让于东东有点飘飘然，有一次年终聚餐，于东东喝了点酒，说话也就不是很注意："都看见了吧，我的业绩最好，公司要是没有我……"这时，于东东没有注意到，几个部门经理的脸色非常难看。

| 墨 | 菲 | 定 | 律 |
Murphy's law

没多久，于东东的话就传到了总经理那里，而由于各个部门非常不配合他的工作，于东东平时做什么事情都显得非常吃力，常常完不成日常任务。在两个月之后，公司以一个莫须有的罪名请于东东离开了。

真正有内涵、有实力的人通过出色的能力取得傲人的成绩，从而在事业上"高人一等"，收获鲜花和掌声；却又在生活中摆出"低人一筹"的姿态，不开罪于人，不放松自我的修炼与提升，从而收获真挚的友谊和他人的肯定。

很多人取得一点点成绩就沾沾自喜，就颐指气使，飞扬跋扈，仿佛自己高人一等一样，最后却因为丧失大家的支持而失败。而那些保持谦虚的人，虽然不显山不露水，但是一段时间后，所有人都会发现他们杰出的成就，因为真正的成功是客观存在的东西，时间长了，越来越大，不拿出来显摆大家也能注意到。这个时候，以事业和能力服人，以谦虚的人格魅力吸引人，何愁做不成领袖呢？

中国历史名人中，若论及谦虚，那上古帝王"舜"绝对算得上是典范中的典范，他功高盖日也从没有显露出高傲，反而一直保持着谦恭。

舜的家世因没落而寒微，虽然是颛顼的后裔，但是他的家族连续几世都是庶人，处于社会下层。舜的父亲瞽叟是个盲人，他的母亲在他小时候就去世了。瞽叟续娶，继母对他极为刻薄，父亲待他也不像父亲的样子，弟弟更是心术不正。

为了生活，舜从小就进行繁重的劳动，又经常得不到饭吃。舜是至孝之人，但在家里却屡遭陷害，并被多次赶出家门。

舜只身一人在历山耕耘种植，在雷泽制作陶器，在顿丘、负夏一带做生意，经常过着颠沛流离、到处奔波的生活。由于他品德高尚，每到一个地方都是一年而成村落，二年成邑，三年成都，令人钦佩，被百姓称之为君主。在那个年代，帝尧只要下令，就可以赏赐平民一块土地而成诸侯，舜完全具备这个条件。

但是，舜从来没有表现出高傲的样子，而是依旧谦虚做事，诚实做人。经过勤奋努力，而得到帝尧的赏识，命其摄政，后来执掌天下。尧、舜执政时期是历史上最艰难的年代，洪水滔天，但却呈现出前所未有的清平局面，足见舜之德。

试想一下，如果一个高官，能够虚心向农夫请教农业知识，并且和他们一起吃饭聊天，农民会觉得这个官员谦和亲切，会发自内心地支持这个官员。如果将军能够放下高傲的架子，和士兵们同甘共苦，在战斗中以身作则，士兵们才会尽心护卫他，他才能攻无不克，战无不胜。

为人处世的时候，我们要记着把自己的姿态放低，谦虚一点，经常赞美别人，收敛自己的光芒。你朴实谦虚，他就愿与你相处，认为你亲切、真实、容易相处；你谦虚顺从，对方的虚荣心得到满足，会认为与你很合得来；你有时候表

第九章 生活智慧：
用心品味生命中的每一天

现出愚笨，别人就愿意帮助你……总之，给人谦虚的印象之后，你更容易占据心理优势，取得事业上的成功，进而在事业上让别人仰视和尊重。

塔西罗效应：诚信乃立身之本

"塔西罗效应"讲的是一个人或一个组织，失去诚信的话，就会导致一个可怕的后果：无论失去诚信者说的真话还是假话，都会引发质疑；无论失去诚信者做的好事还是坏事，都会遭到批评。"塔西罗效应"提醒我们，生活中一定要信守承诺，做一位可以值得信赖的人。

有四个男人在森林里走着，他们衣衫褴褛，举步维艰，模样似乎好像刚刚从监狱逃出的囚犯。走在前面的两个人扛着一个沉重的木箱，紧跟在后面的两个人手中拄着拐杖。他们本来相互不认识，是探险家马格拉夫把他们召集到一起参与原始森林探险活动。不幸的是，就在前不久组织者——马格拉夫患痢疾而丧命，目前只剩下他们四个人了。

马格拉夫对于探险的激情，他们根本无法理解（假如是为了寻找宝藏，可以另当别论）。要不是马格拉夫生前许诺他们高昂的酬金，他们绝对不会跟随这位狂热的探险者深入到森林腹地。面对艰苦的条件，马格拉夫的脸上总是充满热情洋溢的笑容，并说："科学家发现的东西，比金子的价值还要珍贵。"这四个人不明白这句话的含义，但他们认为，马格拉夫做的事一定很有意义。

现在，马格拉夫死了，他们的探险活动不得不终止。可是，事情远远没有结束。马格拉夫临终前用神秘的口吻告诉他们："一定要把这个箱子送出去，你们四个人必须团结合作，分两组轮流抬它。"并且特意嘱咐道："你们要向我保证，把它带到目的地，中途绝不可把它扔掉。地址就写在箱盖上。你们把它送到目的地后，我的好友麦克唐纳收到后，你们每个人都会得到无价之宝。他就住在森林外的海边。答应我最后的要求，好吗？"

这四个人向他郑重地做出了承诺，马格拉夫听后，脸上带着微笑，离开了这个世界。他们分别是：爱尔兰厨师麦克里迪、大学生巴里、约翰逊和水手赛克斯。

水手赛克斯口袋里装有一张地图，每次他们停下来休息的时候，他总会把它掏出来，在地图上仔细辨认当时所行走的地理位置，然后指着它说："伙计们，我们现在就在这里休息，我们的目的地在这里。"从地图上看，并不遥远，可是

墨菲定律
Murphy's law

在森林里走，可不是一件容易的事情。

越向前走，树木越茂密，恐惧和危险时刻威胁着他们。此刻，他们非常想念马格拉夫，要是他还活着，这些事儿就不用他们操心，他们只负责跟着马格拉夫走就行了。现在，马格拉夫已经不在了，什么事情都需要他们四个人商量着来完成。刚开始时，他们一边走还一边相互交流。但他们很快就感觉到，交谈似乎只会增加箱子的重量，于是他们变得沉默起来。让他们始料未及的是，比沉默更糟糕的东西接踵而来：在他们彼此的心中，出现对家庭、亲人和朋友的想念，更可怕的是对同伴的猜忌以及对死亡的恐惧。唯一能把这四个人聚到一起的是马格拉夫生前留下的箱子。如果没有这口箱子，如果没有对马格拉夫做出承诺，他们四个人早已各奔东西了。

这口箱子里到底装着什么神秘的宝贝呢？四个人都展开想象力，想象箱子里宝贝的模样。不过，他们有一个共识：马格拉夫是一位高尚的人，不会欺骗他们。为了不让某个人占有箱子中的宝贝，四个人彼此间存了戒心，相互监督。其实，他们的戒心是多余的，马格拉夫曾亲口告诉他们，必须四个人齐心协力，才可以把这口沉重的箱子抬出去。

经过艰难险阻以及各种痛苦的煎熬，他们终于见到了麦克唐纳先生。麦克唐纳是一位老头，身穿的大白褂上油迹斑斑，看上去不像有钱人。麦克唐纳热情地接待了四位死里逃生的人。他们狼吞虎咽，饱餐一顿后，约翰逊打着饱嗝，有点不好意思地提起马格拉夫生前许诺的报酬。

老头听完，显出一副爱莫能助的样子，摊开手说："我常年生活在这里，你们也看到了，我几乎一无所有。马格拉夫是我的好朋友，你们实现了他生前的诺言，我非常感谢你们，但我无力给各位付报酬。"

约翰逊听麦克唐纳这么说，指了指一旁的箱子，说："我们的报酬应该在这里面。"

赛克斯也在一旁附和道："是啊，是啊，报酬就在箱子里。"

"我们按照马格拉夫的要求，把它交给你，请你打开它吧。"四个人说道。

未等麦克唐纳说话，他们开始动手拆箱子。箱子打开了，里面一层一层摆满木头。约翰逊有种被欺骗的感觉，说："这到底是开什么玩笑呀？"

可是赛克斯却说："我刚才听到里面有'咔嚓'声，大家快过来。"四个人重新围拢过来，他们把最后一层木头取出来，发现里面是一块普通的石头。

他们彻底失望了，麦克里迪说："我早就觉得马格拉夫有点不正常，说箱子里的宝贝比金子还珍贵，简直是狗屁话。"

第九章　生活智慧：
用心品味生命中的每一天

"不，你说错了，的确比金子还宝贵。"巴里说，"我记得马格拉夫当时的原话是这样的：如果你们能够安全地把它送到我的好友麦克唐纳手里，你们将会得到无价之宝。"

麦克里迪生气地说道："我们冒着生命危险，送来的却是一堆木头和一块石头。他这样说，对得起我们吗？"

巴里把自己的同伴逐一打量一番，脑海中浮现出种种可怕的场面，路旁的堆堆白骨、吞噬生命的沼泽地、可怕的毒蛇猛兽……此外，他还想起前人的告诫：不要独自闯入森林，没有一个人能够活着走出来的。

想到这里，他终于明白马格拉夫当初的用意了，他用感激的目光看着箱子，说："朋友们，难道你们还不清楚吗？马格拉夫让我们得到的无价之宝就是我们的生命啊！如果没有这个箱子，没有诺言的约束力，我们绝对不可能活着走出森林。我们应该感激马格拉夫，是他给了我们生命啊！"

另外三个人听巴里这么一说，顿时恍然大悟，他们因为自己指责马格拉夫而懊悔不已。的确，在生死攸关的时刻，马格拉夫承诺的无价之宝，他们得到了。同时，他们为遵守对马格拉夫许下的承诺而感到骄傲。如果诺言没有约束力，他们中途打开箱子，四个人就等于打开死亡的盒子，谁也不会活着走出森林。

这个故事告诉我们，做出承诺就必须约束自己的行为。一旦约束力起不到作用，那就失信于人，就没有诚信可言，就会在残酷的竞争中一败涂地。

那么怎样才能做到诚实守信，使自己拥有一个良好的信誉呢？以下几个方面可以供你参考：

1. 提前五分钟到达约会现场

遵守时间是做人最基本的一种礼貌，你跟他人约好时间，就不能迟到。常有人即便迟到了，还要振振有词地说：因为堵车、因为临时有事、因为出门前有访客……找尽种种理由。其实，这些都不是理由，你已经与别人约好了时间，就不能迟到。因为这是失礼的行为，在商场上就意味着丧失合作和机会，在日常生活中就意味着失信于人。

相反，如果你能提前五分钟到达约会地点，对你来说绝对是件极为有利的事。一方面，你这样做，就是间接地向对方表现你的诚意，使他觉得自己受到了尊重，那么他对你的态度肯定很好；另一方面，你先到达约会地点，可以先熟悉一下周围的环境，酝酿一下和对方见面的话题，准备充分了才能顺利达成办事的目的。

2. 超出对方期待的道歉，可给对方诚实的印象

每个人都会有这种心理：当对方的错误给自己带来麻烦或造成伤害时，都希望对方道歉。而且还有一个衡量其诚意的标准，名曰期望值。如果你的期望值为十分，对方却只给你五分的道歉，你就会认为这个人毫无诚意，内心对他的反感反会增加。如果你抱着五分的期待，而对方却给了你十分的道歉，大大超出你的期待，你就会由衷地感到对方确实诚实可信，心中的不快也就随之消失得无影无踪了。因此，由此及彼，当你错了，不妨借鉴这种方法，主动地给予对方超出他期望值的道歉，你的诚意定会给他留下深刻的印象。

3. 不懂就说不懂，不要不懂装懂

有时候，为了隐藏自己的弱点和无知，人们常常摆出一副不懂装懂的姿态，殊不知这样反倒会给人一种浅薄的感觉。如果你对不懂的事情坦率地说不知道，反而可以成为一种有效的表现自我的方式，因为坦率本身就会给人一种更为强烈的印象，让人认为你有诚意。除此之外，就某种角度来看，这还证明你具有一种敢于承担责任的自信。

4. 稍微表露自己的不足，让对方觉得你很诚实

众所周知，维纳斯断了一只手臂，但她依然被世人视为美神，为什么呢？这就在于她残缺的美。折断的手臂不仅没有让她黯然失色，反而使她闻名于世。

所以，不要怕暴露你的缺点，有时它会使你显得更加诚实可信。一位日本学者在他所著的书中也写道：让人家看到自己的缺点或弱点，人家才会觉得你真实可信，不存虚假，从而产生亲近感。

因此，稍微表露一两处无伤你整体形象的缺点，比如爱睡懒觉、喜欢吃东西，这样，别人会觉得你真实，并且会产生除了这一两点以外，你没有其他缺点的感觉。但要注意一点，不要让自己所有的缺点都"一览无余"，因为这样一来，你只会给别人留下毛病太多、一无是处的印象，而不会认为你很诚实。

5. 轻易许诺只会伤害自己

有一年的春节联欢晚会上有这么一个小品，说有一个人爱吹牛，在火车站没有熟人，却硬是对别人说在火车票售罄后依然能买到火车票，结果有很多朋友、同事请他帮忙买火车票。他是有求必应，答应了别人，而自己又确实没熟人，只好半夜三更去排队买票。结果托他买票的人越来越多，把自己逼进了死胡同，有时还得自己贴钱买高价票，搞得狼狈不堪。

这就是没有稍加考虑自己的能力。票买来了，大家认为你真了不起，买不来，别人就会认为，你既能给别人买来了，为什么不给我买，是看不起我吧！于是关系渐渐疏远了,反而失去了信誉,又得罪了人,简直是吃力不讨好,何苦呢?

因此,别人求你办事的时候,尽量不要说"这事没问题"、"包在我身上"之类的话。也就是说,在开口承诺之前,先问问自己:"我真的能做到吗?"如果你有自知之明,对自己的能力有一个正确的估价,你会很容易回答这个问题。再者,假如你已经给了别人承诺,那么你就要认真加以对待,努力去实现它。不可今天答应,明天就忘了。

还有重要的一点,假如朋友找你帮忙的事确有难度,但又不好推托,那么你可以提前对他说明:"这件事难度很大,我只能试试,办成办不成很难说,你也不要抱太大的希望。"这样做是给自己留点余地,如果结果是你没有做到,那么对方并不会怪你,因为你已经给对方留下了这样的印象:你曾经试过,只不过结果失败了。

总之,当他人认为你是一个讲信誉的人,从而信赖、依靠你,你在生活中便会战无不胜、攻无不克,办起事情来也会越来越顺利。

适者生存法则:善变,才能应万变

尼日尔有一株合欢树,生长了1800年。这株合欢树长在撒哈拉大沙漠,那里气候干燥、环境恶劣,虽然这株树枝叶干燥,叶脉细小,但却长年健壮地活着,表现出极强的生命力。为此,这株合欢树受到了当地民众的爱戴,被视为"神树"。

于是,人们给合欢树剪枝修杈,浇水施肥,又加设围栏,百般呵护,未曾料想到的是一年后这株树竟突然死了。

人们异常惊骇,百思不得其解。后来专家解释道:生活环境太优越了,树便不适而夭。

生存环境恶劣,却可以"生",生存环境优越,却可以导致"死",这究竟是什么道理呢?事实上,合欢树之死,恰恰验证了生物界中那条亘古不变的真理:物竞天择,适者生存。

"物竞天择,适者生存",是英国生物学家达尔文经过多年的苦心钻研得出来的重大研究成果。它的本意是说,不能适应进化的物种都将遭到无情的淘汰,凡是能生存下来的生物都是适应环境的。

墨菲定律
Murphy's law

想想看恐龙为什么会在地球上消失？为什么越来越多的生物濒临灭绝？因为它们不能适应变化中的环境。

反过来，仙人掌何以在茫茫大漠中顽强地挺立？为何只有蜡梅能在寒冬中绽放？就在于它们在恶劣的条件下找到了自己生存的方法。

其实，人与生物同理。生存，不但是自然界生物的本能，更是人与生俱来的追求，"物竞天择，适者生存"，这条金科玉律同样适用于人类。人的生存，同样要受到自然环境和社会条件的制约。面对现实生活中的种种困境，能够适应，你就会"发展"；不能适应，你就会"退后"，就会被成功所淘汰。用句通俗点的话来说，也就是——善变，才能应万变。现实生活中，不难遇到这种情境：一些人由于受周边环境或社会某种现象的影响，由最初的看不惯到引发不满，或愤世嫉俗，牢骚满腹；或怀才不遇，怨天尤人。在工作中，这类人一定会把上下级关系搞得很僵，同事之间也紧张不已；在生活上，这类人也只会给家人带来麻烦。我们完全可以想象得到，既然上司不喜欢也不招同事欢迎，那么升迁肯定无望；家人被搅得心力交瘁，估计家庭气氛也不会和谐。总之，这类人要获得成功，基本是无望了。

相反，有的人即使处于恶劣的环境中，依然乐观开朗。他没有抱怨，而是以积极的心态去适应种种变化。不用想也知道，这类人的前程定会一片光明。因为以他开朗的性格、积极的态度一定会与上司、同事相处融洽，相应地，家庭也和谐美满。

同样是身处恶劣的处境，为什么有的人收获了成功的人生，而有的人却恰恰相反呢？这同样是一个关于"适者生存"的问题。这就好比家门口有座大山，不适应者天天郁郁寡欢，抱怨大山遮挡了自己的家园，让自己生活得不自在；而适应者则天天乐哉悠哉，沉浸于大山给自己创造的幽凉舒适环境之中。善变，让人真正成了自己命运的主宰。

从理论上讲，人对环境有四种基本反应：第一种是离开环境；第二种是改变环境；第三种是适应环境；第四种是抱怨环境。不用想也知道，第一种、第四种终究会被环境淘汰，第二种、第三种可以从中找到新的生机，成为适应环境的佼佼者。

所以，当无法改变现状或客观环境时，我们能做的，就是调整自己的生存方式，学会适应，学会接"轨"，为生存开出一条顺畅的通道，拓宽自己的空间。具体怎么做呢？

第九章　生活智慧：
用心品味生命中的每一天

1. 改变不了环境，就改变自己

在英国的威斯敏斯特教堂地下室里，英国圣公会主教的墓碑上写着这样一段话：

当我年轻的时候，我的想象力没有任何局限，我梦想改变这个世界，当我渐渐成熟明智的时候，我发现这个世界是不可能改变的。于是我将眼光放得浅了一些，那就改变我的国家吧，但是我的国家似乎也是我无法改变的。当我到了迟暮之年，抱着最后一丝努力的希望，我决定改变我的家庭，我亲近的人——但是，唉，他们根本不接受改变。现在，在我临终之际，我才突然意识到：如果起初我只改变自己，接着我就可以依次改变我的家人，然后，在他们的激发和鼓励下，我也许就能改变我的国家，再接下来，谁又知道呢，也许我连整个世界都可以改变。

曾从大文豪托尔斯泰的书中读到这样一句话："世界上只有两种人：一种是观望者，一种是行动者。大多数人都想改变这个世界，但没有人想改变自己。"这句话与墓碑上的"名言"，有着异曲同工之妙——要改变现状，就得改变自己。

可以说，一切成就都是从适应变化、改变自己开始的。任何人都别指望别人都照你的做，有些人、有些事、有些环境你是改变不了的，你是无能为力的，你不能改变别人，不能改变世界，你唯一能做的就是改变自己。

事实上，当代社会，我们身处的环境远比我们想象的要复杂得多。生活中，也许你和自己的爱人总是时有争吵，孩子的学习也总是没有长进；工作上，上层领导的压制、同事之间的恶性竞争……这时候，你该怎么办？恶狠狠地发誓，我要改变我的爱人，改变我的孩子，改变我的领导，改变我的同事？显然，这不是一个明智之举。改变他人，只是一个不切实际的梦想罢了，最有实效并最能解决问题的办法就是——改变自己。

想想看吧，如果改变一下对待爱人的态度，再温柔一点、再体贴一点，爱人还会时常挑你的毛病吗；如果改变一下对待孩子的方式，多关注一下他的学业问题，孩子还会这样不求上进吗；如果改变一下自己与领导相处的方式，说不定下一个升迁加薪的就是你；如果改变一下自己的竞争心态，说不定对手也会成为朋友……很多时候，生活都是这样被改变的——在改变自己的前提之下。

大哲学家柏拉图告诉弟子自己能够移山，弟子们于是纷纷请教方法，柏拉图笑道：很简单，山若不过来，我就过去。弟子们不禁哑然。

事实上，世界上根本没有什么移山之术，唯一能够移动山的秘诀就是：山若不过来，我便过去。同样的道理，人不能改变环境，那么就改变自己。

2. 不做强大的，要做合适的

达尔文说过："应变力也是战斗力，而且是重要的战斗力。得以生存的不是最强大或最聪明的物种，而是最善变的物种。"

在生物界，蜥蜴可以说是最能适应各种环境的高手了，在面对各种各样的环境时，它的身体结构也能随之做出最适应的改变。所以，蜥蜴能够生活在海洋、栖息于树上、游玩在沙漠、潜藏在地底，甚至能够飞翔于天空。

再来看已经绝迹的恐龙。一亿年前，地球上到处都是体型硕大的恐龙，但是它们却在很短的时间内灭绝了。现在我们看到的，只不过是保存在博物馆里供人参观的恐龙化石。

恐龙和蜥蜴的故事说明了什么？并非强者才能生存，而弱者就会被淘汰。要生存，不在强弱，关键是适应。如果恐龙能够适应变化中的环境，那它们就不会灭绝，而小小的蜥蜴，正是适应了环境，才得以生存。所以，我们要取得成功，就要学会适时转变，不可墨守成规。在人际交往方面，遇到什么人说什么话；在处理事情方面也是，遇到不同的事，也要用不同的方法去处理。

当然，我们不一定非做公司最强的，也不在人际交往中做最聪明的，"枪打出头鸟"的古训谁都明白。我们只要做到适应，就足够了。怎样适应周遭的环境呢？你可以把自己想象成一个演员，需要转换角色的时候很快进入新的角色中去。比如说你曾经是上一个公司的开心果，但刚进的这个公司人际关系却很冷漠，同事之间交流得较少，让平时喜欢咋咋呼呼的你感觉好像进入到一个无声的世界，闷得慌。于是，你曾经一度想逃离这个地方。其实，你大可以不这样做，你可以尝试着与人交流，用你的热情打动别人的心，相信再坚硬的石头也会被你的行为融化。

3. 不以物喜，不以己悲

"不以物喜，不以己悲"，说的是不因外物的好坏和自己的得失而或喜或悲，凡事都以一颗平常心看待。简简单单的八个字，却蕴含了深刻的人生哲理。

纵观历史，多少迁客骚人就是因为缺少这样一种心态，因环境变迁而怀忧丧志，最终把豪情通通丧失掉。中唐诗人李贺就是一个很好的例子。

被誉为"诗鬼"的李贺在诗歌方面造诣很高，也取得了巨大的成就，但因家族败落，家境贫寒而生出了沉重的失落感和屈辱感，几经举试不第的打击，使得他的精神更加抑郁、苦闷。最后，这位奇才如流星划过天空一般，仅27岁就消失于中唐的诗坛，留给后人无限的遗憾与惆怅。

在现实生活和工作中，难免会有各种各样的不如意。比如企业实行改革，转岗、分流、下岗、失业，很可能在一夜之间就降临到自己头上，面对这一夕之间的转变，你是选择在抱怨中等待，接受所谓的运气、命运摆布，还是寻找新的出路呢？

再完美、再进步的社会也不会让每一个人都一帆风顺，无论是好运还是噩运降临到头上，我们都要保持一种恒定淡然的心态。得之，一笑；失之，也不要悲伤。

第十章
幸福法则：以爱的名义把这层面纱揭开

人们总是渴望幸福、追求幸福，却从来不晓得幸福就在身边，近到可以触手可及。有时，我们感觉不到幸福，只是我们得到的太多，反而让它们从我们身边轻易地溜走，继而感觉不到幸福，开始抱怨起身边的一切。其实，这是一种错误认识，懂得心理学定律、效应、法则以后，你才会真正知道什么是幸福。

| 墨 | 菲 | 定 | 律 |

Murphy's law

博萨德法则：距离越远，爱情越浅

关于爱情，我们说边际效应，我们又说淬火效应，我们还说延迟满足定律，好像都是为了让爱人们靠近，爱得热烈。当然，这也要有自己的心理依据。不过不管什么事情都不能过度，一旦超过某个"度"，再好的事情也都变得不好了。所以，尽管我们一再强调"距离产生美"，但是却也别把"距离"搞得过大，否则，结果很可能是"距离有了，美没了！"

男女之间的空间距离太大往往也会导致心理距离的逐渐扩大。或许在刚开始的时候，两个人觉得这种距离感很新鲜，但是，这种新鲜是有保质期的，保质期一过，两个人就可能会互相怀疑，慢慢地相互间的信任就会消失，彼此之间的感情也就会逐渐地变淡。

生活中，许多人认为，只要爱得足够深，即使离得再远也不会影响彼此的爱情。而现实生活中，分离总是或多或少地让恋人之间的关系变得脆弱，这种情况就是人们通常所说的日久情疏。或许岁月的黑幕蒙住了爱情，在各守一方的生活中，已经很难触摸到往昔恋爱的温馨，那些有关对方的回忆也会渐渐地被时间冲淡。由此可以看出，距离是爱情的头号敌人，心理学上将这种情形称之为"博萨德法则"，也称其为"爱情与距离成反比法则"。美国心理学家博萨德曾经对5000对已经订婚的情侣进行调查，调查结果发现，其中两地分居的情侣最终结婚的比例很低。空间距离过远对于爱情来说，似乎是一道很难逾越的障碍。

虽然我们经常说，神圣伟大的爱情是不受年龄、空间、时间、地域的限制的，可是这只是理想状态的爱情。时间和空间的距离会在无形中扼杀爱情，如果一对相爱的人总是天各一方，不常见面，那么彼此的感情是会逐渐变淡的。距离可以让爱情"安乐死"，它让爱人们之间的激情和热情慢慢消磨殆尽，而这些无疑是支撑爱情的最佳燃料，燃料都烧完了却因为距离的问题没有把爱情这锅水烧开，结果也只能是无疾而终、不了了之。所以在爱情当中，最大的敌人也许不是个性和物质，而是距离。物理距离是会导致心理距离疏远的，如果你够"八卦"那肯定对这样的话不会陌生：你们为什么分手？没什么，他人很好，只是我们都

第十章 幸福法则：
以爱的名义把这层面纱揭开

是做这行的，聚少离多，实在不适合谈感情……

想想看，如果你有一个女朋友，她在美国读书，你们当初分开时认为，你们的这种选择是理智的，正确的。你们暂时的分开是为了更加美好的未来。而且热恋当中的你们觉得，距离对你们而言完全不是问题。所以你们毅然决然地选择为了更好地明天而奋斗，可是明天真的像你们想的那么美好吗？

也许在一开始的时候，你们的确彼此想念，而且感情仿佛越来越深厚。可是时间久了你们就会发现自己好像没了对方也能活，你们彼此又重新找到了属于自己的生活方式。因为你们知道你们必须适应改变才能快乐生活。再然后，你们都有了新的交际圈，有了新的朋友，新的趣事，新的认识。而这些是跟你们原来共有的那些东西不沾边的。渐渐地，你们各自的圈子越来越成熟，你们在离开彼此之后生活得越来越顺利，但是这些却都是跟对方无关的。你们共同的话题少了，共同的语言自然也越来越少了。他所说的那个人你根本不认识，也不想认识，因为认不认识对你不产生任何影响；她所说的那件趣事你并没有觉得多么好笑，因为你根本不感兴趣，甚至不明白她在说什么。

异地恋会让彼此有无法排遣的孤独感，即使今天的通信非常发达，那也只是看到、听到，却触摸不到。关键时刻，心爱的人不在身边，只有自己承担，那份失落感、孤独感很可能让人身心疲惫，从而在孤单落寞之下寻找一份身边的爱情。

很多时候，我们以为是爱情变了，其实是爱情没了，往往是即使我们不选择变心，也会觉得已经没有了守候下去的意义。爱都不在了，心又何处安放呢？所以，你看，爱情其实是跟距离有关的，我们为了理智的确应该适当保持距离，小别胜新婚当然也是有道理的，只不过那仅限于小别和短距离，战线拉得太长可是会伤害感情的。如果你有能力，那就不要让"博萨德法则"去伤害自己美丽的爱情！

罗密欧与朱丽叶效应：爱情有一张伪面具

电视剧中，经常会出现这样老套的桥段：美丽漂亮的富家小姐，不顾家人的强烈反对，毅然决然地冲破世俗观念，和贫穷的心上人一起私奔。在外人看来，他们爱得真诚、爱得热烈，除了爱别无所爱。

如果你因此羡慕他们的爱情，那么就赶快停止这个想法。这种表面上爱得轰

墨菲定律
Murphy's law

轰烈烈的爱情，无异于戴着一张伪面具。在相爱的过程中，他们的举动具有很大的盲目性，这种盲目性主要表现在对爱情和婚姻没有进行冷静思考。他们在恋爱时，比普通爱情迸发出更多的激情，完全是一种心理效应，这种效应就是"罗密欧与朱丽叶效应"。

产生这种心理效应，主要源于父母、长辈或外界的种种阻挠。人都有逆反心理，压力越大，反抗就越大，恋爱的激情也就自然变得更加强烈，男女之间的恋爱关系也就变得更加牢固。

众所周知，罗密欧与朱丽叶是英国著名戏剧家莎士比亚剧中的人物，两个人来自不同的家族，这两个家族世代互相仇恨，他们的相爱遭到家族的强烈反对。为了和相爱的人在一起，两个不同的家族不但没有拆散他们，反而使他们的爱情变得更加牢固。无独有偶，在中国，梁山伯与祝英台的爱情故事也是如此。

为什么会出现这种现象呢？这主要跟人有趋向和谐、稳定的本能有关，就像被敲打的锣鼓有趋于和谐和稳定状态的趋势一样。当爱情遇上阻力，就会产生"不和谐"、"不稳定"的状态。于是，情侣为了改变这种难受的状态，就会拼命反抗、克服困难来使爱情恢复到"和谐"和"稳定"的状态。

当罗密欧与朱丽叶效应遇上沸腾效应，结果又会如何呢？

沸腾效应是指在99℃的热水中加上1℃的热量，水就会沸腾起来。在这里，我们假设恋爱双方遇到家庭的阻力，发生了罗密欧与朱丽叶效应。在这个时候，他们喝点小酒，因为郁闷互相倾诉，情绪越来越激动，就好比不断升温的热水。接着，只要有一个人提出私奔或者自杀等要求，另一方随之附和，就会把这锅热水烧开，酿造更大的悲剧。这也是为什么祝英台会最终选择自杀殉情的原因。

罗密欧与朱丽叶效应如果碰上特殊的状况也是同样奏效的，如爱情的不和谐、情敌的出现、爱人患上癌症，等等。

悦悦和上司胡俊恋爱三年，俨然成了一个侦探高手。她现在完全可以不用偷看胡俊的聊天记录、手机信息，仅从他的一个眼神，就可以判定他是不是又对自己不忠了。

为此，他们不是没有吵过。只是胡俊说自己是一只出色的小鸟，悦悦是他的安乐窝。他每天都会飞回自己的窝，但是偶尔会攀上别的枝头看一看外面的风景。于是，悦悦傻傻地相信自己是胡俊最后的避风港。

在这三年里，悦悦不断捍卫自己的爱情。令悦悦奇怪的是，只要每次有女人找上门，她都会激起更大的战斗欲。而胡俊也会和自己形成统一战线。她喜欢这样的感觉，觉得刺激极了，两人的爱情也因此更加牢固。

第十章　幸福法则：
以爱的名义把这层面纱揭开

这样的日子一直持续了三个年头。不久，在公司体检中查出胡俊的肺部有阴影，需要到医院进行详细地检查和治疗。随之而来的是另一个晴天霹雳般的消息，胡俊患上了肺癌，虽然是初期，但是手术费仍然昂贵得吓人。

听到这个消息，胡俊不少有一夕之欢的情人都不再跟他联系，反倒是悦悦握紧了他的手对他说："别怕，有我在。"悦悦说到做到，她白天上班，夜晚照顾胡俊的生活起居，还四处向亲友借贷。每次说起胡俊的情况，她都会痛哭流泪。同情悦悦的亲友都义无反顾地把钱借给了她，只有悦悦的姑妈拒绝了。她说："胡俊三番四次出轨，对你不忠，你这样为他又是何苦呢？"悦悦一时语塞，她回到胡俊的病床边，想起了姑妈的话，她这又是何苦呢？她真的是忘记思考这个问题了。

就在悦悦凑齐了手术费的时候，她突然觉得这一切没有自己想象中的那么伟大，她和胡俊的爱情也没有想象中那么悲壮。

最后，胡俊手术成功出院了，但悦悦却提出了分手，这令胡俊怎么也想不明白。

只是，悦悦想明白了。她和他的爱情早在胡俊对她不忠的时候就已经死去了。她仍守在他的身边，以为爱情依然还在，然而最终她也认识到了这不过是个假象。

当面对重重阻力，情敌、疾病以一种阻挠爱情的力量降临的时候，悦悦只是爱上了解决阻力时两人迸发的激情。

毛毛虫效应：让你的梦中情人变成你的毛毛虫

毛毛虫效应是指固守本能、惯性、盲目追随导致失败的现象。这种现象常常出现在人们日常的生活和工作中，如盲目跟随领导、墨守成规地工作、保持某种恶习无法改变等现象。因此，不少人把它称为人生的失败效应。事实上，毛毛虫效应如果利用得当，完全也可以成为使你成功的效应。当然，前提是你要敢于当一只领头的毛毛虫。

有一个80岁的老爷爷，整天什么也不干，就穿着一身白色的衣服，高举着双手站在天台上，一动也不动。什么人接近他，跟他说话，他也不搭腔。每次，他的子女下班到天台架走他，他也不挣扎。但是，一旦有机会他又会跑回天台，高举着双手，一动也不动地站着，非常执着。

墨菲定律
Murphy's law

　　小区里的老人们以为这是锻炼身体的好方法就都穿着白色的衣服，跟着他高举着双手站在天台。这样的日子过去了大半个月，老人家突然好奇地问旁边的老人说："你也是避雷针吗？"

　　当大家知道这位老爷爷精神有问题的时候，有些人居然次日还是到天台扮"避雷针"。他们当中少数人虽然没上天台，却在家里浑身不对劲。

　　在心理学上，把这种盲目追随、保持惯性的行为称为毛毛虫效应。

　　毛毛虫效应主要来源于法国心理学家约翰·法伯的一个著名实验。在实验中，他把若干条肥肥壮壮的毛毛虫放在花盆的边缘上，让它们首尾相接地围成一圈，并在花盆的不远处撒上毛毛虫平时最喜欢的零食——松叶。这时，毛毛虫开始一只跟着一只，绕着花盆的边缘一圈一圈地走下去。一小时过去了，一天过去了，两天也过去了，毛毛虫还是在做圆周运动。终于在第七天的时候，这群可怜的毛毛虫因为饥饿和筋疲力尽相继死去。后来，科学家就将这种固守本能、习惯、先例和经验的行为都称为毛毛虫效应。

　　这看起来似乎是一个很好笑的笑话。事实上，毛毛虫效应不仅体现在生物身上，就是在人类身上也很难逃脱这种效应的影响。因为人也有坚持惯性、固守本能的特点。为此，科学家对不同年龄层的人做过一项实验。他们将外表已经融化了的黏稠糖果放在试验者的手上，试验者第一个反应是将这团恶心的糖果扔在地上。

　　于是，科学家告诉参加实验的人，接到黏稠的糖果就直接扔到地上，接到玻璃水晶能握在手上的就可以得到奖金。于是，科学家不断地把黏稠的糖果放到试验者的手上，一次、两次、三次……这些试验者虽然被告知会有玻璃水晶放到他们手上，但是在一次、两次、三次、N次甩掉糖果的惯性形成后，他们在接到玻璃水晶时都习惯性地把玻璃水晶扔在地上。结果，没有一个人得到奖金。

　　毛毛虫效应确实是个有趣的效应。不少人把这个效应当成了负面的效应，认为在生活中应该尽量远离这个会导致自己失败的效应。可事实上，任何心理效应都会有正面和负面的效应，利用得当也能产生积极的效应。

　　林伟和孟彤的婚宴上，大伙免不了都会问一个问题：新郎和新娘是谁先追求谁？

　　当时，新郎林伟没有直接回答，只是跟大家分享了他和新娘孟彤之间的爱情故事。

　　原来，是林伟先喜欢上孟彤。他自信满满地对孟彤提出了交往的邀请，却被孟彤一口拒绝。但是，林伟并不死心，他认定了孟彤是这辈子自己想相守一生的

第十章 幸福法则：
以爱的名义把这层面纱揭开

人。于是，他就开始锲而不舍地追求孟彤。

每天，林伟都会在中午的时候跑到孟彤公司楼下的饭堂用餐。为了避免孟彤的反感，林伟尽量选择能让孟彤看到自己却又不会挨得太近的座位。在每次用餐结束的时候，林伟还会递上纸巾，或者简单地说几句问候和关心的话。除此之外，林伟没有提出其他的要求。

像这样的"求爱"行动，林伟是天天坚持着，雷打不动地出现。有时候，狂风暴雨，他还是依旧出现在孟彤的视线范围内。慢慢地，孟彤的心也开始融化了。

可是，就在这样的日子坚持了三个月后，林伟就突然"消失"了。第一天没看到林伟的孟彤心里觉得很不舒服，四处张望着林伟怎么还不出现。第二天，孟彤心里开始生气林伟不出现。第三天的时候，孟彤开始心里感觉到失落，甚至担心林伟会不会发生了什么意外。在痛苦的煎熬中，孟彤度过了七天，林伟就出现了。

林伟对孟彤诉说着离开这七天的感受，孟彤拼命地点头，表示感同身受。于是，两个人就这样自然地走到了一起。

在这个爱情故事里，狡猾的新郎就将新娘变成了一条跟随"习惯"的毛毛虫，才成就了一段佳话。

示弱效应：爱情里没有对错输赢

有人说，爱情是场战争，它是征服与被征服，不是你死就是我亡。这听起来太吓人了，爱情应该是美好的才对啊。可是现实却告诉我们不是那么回事儿，有时候爱情与战争还真的很像。尤其是，现在男女平等了，不存在谁要依附谁的状况。女人们用不着像古代女人似的那么三从四德，因为即使不靠男人，女人照样能够养活自己，而且活得好好的，大到职场争夺战，小到家里换灯泡，都能一手搞定，根本不需要男人来帮忙，于是原本温柔可人的女人们也变得强硬起来。

女人的强大，自然也给男人带来了危机，原本他们是老大，是一家之主，现在却不再被需要，说话也失去了分量，他们心里自然也没了安全感。如今，男人和女人开始在外面争地盘，而且惯性地把这种战争带到了爱情里和家庭中。要我听你的，凭什么，你说的就对吗？我也累了一天了凭什么伺候你？我挣得比你少是怎么的？这件事我又没错，凭什么要我道歉……男人和女人都变得跟刺猬一样，原本相爱的两个人，可能会因为一点点鸡毛蒜皮的小事儿而争得头破血流，甚至闹到分手也不是不可能的。

谁都知道，事情根本就没有那么严重，只不过人争一口气，为了以后更加有底气有地位，这个头万万不能低！可是，你想过没有，你这样做的结果是什么？你真的赢了吗？赢得有快感吗？恐怕若不是对方示弱，你们就得两败俱伤了吧！

其实想想，两个相爱的人之间有什么深仇大恨呢？干吗非得争个你死我活？而且恋人之间哪有那么多的对错可言？为什么非得让对方低头呢？你赢了你就光荣了吗？那可未必，你可是伤害了最爱你的人的那颗心呢，等他的心被伤透了，你们的爱情也就凋谢了。

所以，有位心理学家说："我从来不会去伤害我的爱人，因为他是我在这个世界上最亲最爱的人，除非这个世界上只剩下我们两个，才有彼此伤害的可能。可是如果世界上真的只剩我们两个了，我们又怎么可能还忍心再去伤害彼此呢？所以，每次吵架，我都会先示弱，先认错，这无关于尊严，但有利于爱情！"

是的，在爱情里，我们首先要学会的就是示弱，如果两人有了冲突和争端，执意据理力争，即便你是对的，最后也会伤害彼此的感情。在恋人争吵时，示弱其实是一种明智的选择。因为你的示弱可以让对方的怒火瞬间消退，火气没了才可能理智思考，才可能冷静地去考虑事情的来龙去脉，才可能发现自己的错误。到时候，他的火气消了，对你还有一分愧疚，你才是真正的"赢家"，不是吗？这就是"示弱效应"带来的结果，因为几乎所有的人都有一种迫切的愿望，那就是希望自己的价值得到他人的肯定，自己能受到重视。而向人示弱正是一种让对方感受自己价值的最佳方式，能够给人带来极大的心理优越感和满足感。表面上你让爱人的心理得到了满足，你让他觉得自己是被认可和尊重的，那么他就会加倍地去"报答"你，你们的爱情当然就会更加甜蜜了。

真正聪明的恋爱高手其实也是示弱效应的最佳掌控者和受益者。因为他们明白，与恋人发生冲突的时候，既不能冲动，也绝不能逞强，只要心里有爱，装装糊涂又何妨？目的只有一个，把自己爱的人"哄"好了，自己才能更幸福，不是吗？

"皮肤饥饿"现象：别让爱人太"饥渴"

生物学家哈洛曾经做过一个著名的实验：他为几只刚刚出生不久的小猴子找

第十章 幸福法则：
以爱的名义把这层面纱揭开

到了两个代理猴妈妈，一只代理猴妈妈是用金属制成的，金属猴妈妈的胸前放有一个奶瓶，确保小猴子可以喝到奶；另一只代理猴妈妈的质地为棉布，它与真猴子极为相似，但是胸前没有任何哺乳设施。之后，哈洛找来了两个笼子，一只笼子里放有金属猴妈妈和布偶猴妈妈，另一只笼子里只有金属猴妈妈。

按照常人的思维模式，小猴子肯定会亲近安有奶瓶的金属猴妈妈，俗话说得好，"有奶便是娘"。奇怪的是，小猴子仿佛对金属猴妈妈十分排斥，反应异常冷淡。除非肚子饿得受不了才会接近它；对于布偶猴妈妈，小猴子却是另外一种态度。它们有事没事都喜欢紧紧地抱着布偶猴妈妈，如果受到惊吓，小猴子更是飞一般地逃进布偶猴妈妈的怀中，以便寻求安慰。

随后，哈洛放进一只玩具跳蛙，从没有接触过此类玩具的小猴子惊慌失措，一个劲地抱住布偶猴妈妈不撒手。慢慢地，小猴子发现这只跳蛙没有什么危险性，就会试探接触，最后兴致勃勃地玩弄起来。可是，在只有金属猴妈妈的笼子里长大的小猴子，看见跳蛙后十分恐惧，一直躲在角落里吱吱叫唤个不停，既不靠近金属猴妈妈，也不愿意触碰玩具跳蛙。显然，它陷入紧张与不安之中。

根据这个实验，哈洛得出一个结论：小猴子对妈妈的依恋不在于有没有奶吃，而是在于有没有温柔而直接的接触。

其实，在只有金属猴妈妈的环境中长大的小猴子是典型性"皮肤饥饿"的表现。这种表现在心理学上的解释为，如果一个人长期缺少拥抱等肢体接触，潜意识里就会产生一种对他人的爱、关心和抚慰的渴望感。当这种感觉过于强烈，就会产生病态心理。病态心理最直接的不良后果就是一个人的情绪平衡能力受损、难以建立自信心及缺乏对别人关爱的能力。众所周知，孩童时期的我们十分迷恋母亲的怀抱，甚至是母亲身上的气味。通过与母亲拥抱、接触、直视母亲的目光等方式，一种前所未有的满足感就会油然而生。究其原因，是因为母亲的触摸"喂饱"了孩子饥饿的皮肤。

恋人之间更是如此，不要以为我们长大了，我们的皮肤就不会饥饿了。正因为我们离开了母亲的怀抱太久，所以我们才更加需要被拥抱。一对恋人恐怕是这个世界上最亲密的两个人了，他们之间的亲吻、拥抱、爱抚，都是对"皮肤饥饿"的一种爱的滋养。恋人之间正是因为有了这种接触才会觉得彼此之间更加亲近和甜蜜。

我们之前讲过延迟满足，它与喂饱恋人的"皮肤"并不矛盾。延迟满足并不代表任何形式的亲密行为都不满足。我们要保留的只是那个底线，但是其他恋人之间该有的东西，我们不能吝啬。想想看，你们声称彼此是恋人，但是相恋一

| 墨 | 菲 | 定 | 律 |
Murphy's law

年却连手都没有碰过，拥抱和亲吻就更别说了，你以为这样的爱情是纯洁的，可对方也许会认为你根本就不爱他（她）呢，这样的状况达到一定程度很可能带来两种结果，一是对方跟你分手，一是对方做出更加出格的行为来满足自己长期饥渴的皮肤。

所以，你要如何选择呢？如果你不想彼此的爱情走得太快，不想让对方的"饥渴"破坏你对爱情的美好憧憬，那就别让他的手闲着，把你的手放进他的手里吧，你会发现肢体的亲近也让彼此的心变得亲近起来了！

马斯洛理论：夫妻双方也需彼此尊重

亚伯拉罕·马斯洛出生于纽约市布鲁克林区，美国社会心理学家、人格理论家和比较心理学家，人本主义心理学的主要发起者和理论家，心理学第三势力的领导人，曾任美国人格与社会心理学会主席和美国心理学会主席。

马斯洛理论是指人在满足了生存、安全的需求之后，就渴望被尊重，希望人格与自身价值被承认。马斯洛指出，尊重是一种需求，它包括对成就或自我价值的个人感觉，也包括他人对自己的认可与尊重。

1943年，美国心理学家马斯洛发表了《人类动机的理论》一书。在这本书中，马斯洛提出了著名的人的需求层次理论。在马斯洛看来，生理需求是人类最基本的需求和欲望。人类不会安于底层的需求，较低层的需求被满足之后，就会往高处发展。满足生理需求之后就追求心理满足和社会认同，之后就想被爱，被尊重，希望人格与自身价值被承认。这是人类共同的特质。

马斯洛理论在婚姻生活中也得以体现，当男女双方共同建立一个家庭之后，夫妻之间更需要彼此尊重对方的想法或者意见，这种需求并不会随着爱情的加深而变淡或者消失。

张娜和汤泽在刚认识的时候，他们都还在上大学。张娜在汤泽眼里是温柔而又顺从的。她总是像一只乖巧的小猫一样默默地跟在他的身后，关心他、支持他。能遇见张娜对汤泽来讲是一种福分，两个人的感情也一点一点地在升温。

毕业后，两个人留在了同一个城市，很快就结了婚，在城市的角落租了一套小房子。两个人就这样甜蜜地住在了一起，立誓要一起为了未来的幸福努力。

张娜不久就找到了一份工作，虽然每月工资不多，但也成了上班一族。而汤泽的工作却迟迟没有着落。起初，张娜还会时不时地安慰一下他，后来时间久

第十章 幸福法则：
以爱的名义把这层面纱揭开

了，安慰就变成了抱怨。看着汤泽垂头丧气，张娜思考自己的说话方式。但转念一想，两人已经结婚住在一起了，不应该再有什么隔阂。再说，给点打击也能让他快点成长。于是，就更加肆无忌惮起来。

在张娜几次三番的催促下，汤泽找到了一份工作。但工作了几个月之后，汤泽发现这份工作并不适合自己，于是打算辞掉重新找一份。刚把这个想法说出来，就被张娜指责"好高骛远"，并戏说他干脆别上班，在家做"家庭妇男"算了。没想到这句玩笑话却让汤泽的火气一下上来了，一番大吵之后，汤泽提出了离婚。

在日常生活中，夫妻天天住在一起，因为亲密的原因，说话难免比较随意，往往不会去考虑对方的感受，有什么说什么。心情烦躁了，就拿对方撒气；对方做事情出现了失误，或者事业上发生了挫折，不是安慰鼓励，而是挑刺埋怨；不管有没有外人在，也不管在什么场合，说些伤害对方自尊的话；总是拿强势的人和自己的爱人比较；一方感情上出过小差，一想起来就翻老账，揭伤疤，稍不如意就拽拽尾巴。殊不知，这样的行为正在一点点地消磨两人之间的感情。

所以才会有人说："一对夫妻不管是感情深厚还是感情已亮起红灯，只要观察他们谈话时候的表情和语气就可以看出端倪。"如果两人之间的任何一个动不动就给对方白眼、冷笑或者出语讽刺，那么可以断定他们之间已失去平衡，这是每对夫妻不应有的现象。有的时候你的爱人确实表现得愚蠢，那么不妨换个立场考虑，而不应表示出轻蔑或讽刺。如你受到对方的抢白或嘲笑，你必然感受到了伤害。保留对方的自尊对维持彼此关系很重要。

尊重是夫妻相处的最重要也是必备的一种行为，夫妻做到相互尊重，这样才能让夫妻关系更加平等。在夫妻相处过程中，古时常讲"相敬如宾"、"举案齐眉"，这就是夫妻彼此尊重时的一种表现形式。

若想有一个美满的婚姻，就必须要做到尊重对方。

1. 不要拿自己的爱人和别人比

每个人都有各自的长处及缺点，若一味埋怨或打击爱人，就会让他很有挫败感。男人最讨厌老婆动不动就扯着嗓子训自己，其中还不忘拿别人的丈夫与自己比。男人通常最不能容忍老婆说："你看你，什么德行！就知道干这么一点破家务，人家谁谁的老公一年几十万，就数你最无能。"而一个男人如果对他的老婆说："某某家的女人做饭香，会打扮，会买衣服……"同样会让女人的心里难过。所以聪明的夫妻从不会拿别人跟自己的爱人比，就是比也会是通过贬低别人而抬高爱人的身价。

2. 不要随意向对方发火

无论什么时候，在你对对方不满和发火之前，耐心听对方把话说完，也许他做错了，但是他一定也有他自己的原因。让他明明白白说清楚，当他冷静下来时，总会明白对错的。强词夺理只会让彼此的感情越来越走向破裂。

3. 不要干涉彼此的工作及社交

当自己的爱人因为工作业绩不好而苦闷的时候，不要再去加以指责，因为这也是他不想要的结果。若在这个时候，你不在他身边排忧解难而是妄自嘲弄，就会让爱人感到心灰意冷。

同时也不要责怪对方和自己的"狐朋狗友"或"闺中密友"交往过甚，特别是男人应该放弃自己的"大男子主义"，想想你在和自己的"狐朋狗友"花天酒地的时候，你凭什么去指责老婆和自己的"闺中密友"去逛街？谁都拥有自己的私人空间，就算是最亲密的人彼此也应该拥有属于自己的秘密。

总之，相互尊重是婚姻稳固的基石。只有做到了相互尊重，才会有机会去经营更加美好的婚姻。对于夫妻来说，尊重爱人是一种态度，是一种品质，从尊重里起航的婚姻必定会一帆风顺！

互补定律：找爱人，就要找个"互补"的

在现实生活中，我们会发现，任何一个团体，如果全是性格相近的人，那么很容易造成内部的不和谐，甚至会发生争执。

为什么呢？因为性格相近的人需求类似，同时对一个事物产生需求的时候，大家就会产生利益冲突。比如，甲和乙是一对好朋友，彼此之间的感情非常融洽。后来，甲跳槽到了乙的公司，在朋友们看来，这下两人的关系应该更好了。可出乎大家意料的是，两人却成了仇人，发誓彼此不再往来。大家都纳闷了，这是怎么回事呢？原来这两人都喜欢争强好胜，前段时间公司的部门经理退休了，职位空缺了下来，而经过公司领导讨论，决定在甲、乙两人中择其一个。为了大好前途，甲、乙两人当仁不让，争得你死我活，朋友之情也顾不上了。

同样地，我们还会发现，彼此之间差异较大的人，看似没有任何交集，却能够建立较为亲密的关系。

这又是为什么呢？这就不得不提到心理学上所讲的"互补定律"。

何谓互补定律？在需要、兴趣、气质、性格、能力、特长和思想观念等方面

第十章　幸福法则：
以爱的名义把这层面纱揭开

存在差异的人，当双方的需要和满足途径正好成为互补关系时，可以在活动中产生相互吸引的关系，这就是互补定律。

一般说来，生活中的互补可以分为两种情况：

一种是交往中的一方能满足另一方的某种需要或弥补其某种短处，前者就会对后者产生吸引力。如能力强、有某种特长、思维活跃的人对能力差、无特长、思维迟缓的人来说具有吸引力；依赖性特别强的人愿意和性格独立的人在一起；脾气暴躁的人和脾气温和的人能成为好朋友；支配型的人和服从型的人能结为秦晋之好。

在商界，这种互补现象体现得更为淋漓尽致。譬如，一个人如果打算办一个企业，那么他一般会选择与具有自己所缺乏的某种才干和能力的人合作。如果自己善于经销，那么就会选择精通会计的人。在这种情况下，两者正好能取长补短，各得其所，有利于事业的发展。

其实，此种行为连大名鼎鼎的全球首富比尔·盖茨也不例外。

在商界，比尔·盖茨和史蒂夫是全球最知名的黄金组合。2000年，比尔·盖茨把自己设定为微软"首席软件架构师"，而把CEO一职让给鲍尔默，并表示："现在，史蒂夫是一把手，我是二把手，我提出的建议举足轻重，但做决定的是史蒂夫。"当时，业界很多人都震惊了：比尔是不是疯了？

自从18岁时在哈佛第一次相见，比尔·盖茨就和史蒂夫一见如故，成为非常要好的朋友。比尔·盖茨属于内向型性格，腼腆拘谨、沉静稳重、不善交际，史蒂夫则恰恰相反，他热情洋溢，有幽默感，喜欢用煽情的语调表达自己，并有极强的社交能力。一个企业的管理者如果性格过于内向的话，那么企业要获得发展是不太可能的。很显然，比尔·盖茨清醒地认识到了这一点，那么他的决策也就不是一时兴起了。

而史蒂夫自己也说："比尔以其独有的才华，为产品和技术战略调制配方，但是CEO的职责是另外一回事。我们达成默契，认为他应该集中精力完成这些别人无法完成的工作，而我则更高效地扮演CEO的角色。"

可以说，正是比尔·盖茨和史蒂夫之间形成了很好的互补，才共同造就了微软帝国的神话。

另一种情况是：他人的某一特点满足了一个人的理想，从而增加了其对这个人的喜欢程度。如一个文化水平不太高的人，当别人对他侃侃而谈的时候，他就会陶醉其中，并被对方渊博的学识所倾倒；一个热衷于篮球，但又不擅长于打篮球的人，就会比较崇拜篮球打得好的朋友。

| 墨 | 菲 | 定 | 律 |

Murphy's law

现实生活中，我们可以把互补定律运用到夫妻关系上来。如果我们每个人细心点，就会发现每个家庭的组成都是一强一弱，这样才会相互吸引着对方，弱的一方有他强悍的一面，而强的一方也有他弱的一面，如果相互互补一下，双方就会有一个美满的家庭。这就是我们经常所说的"相辅相成"。

关于"相辅相成"，美国芝加哥大学教授罗伯·温奇的话可以做最好的说明。他认为爱情是"需要"的一种表达方式，可能是潜意识，也可能是有意识的行为，而因年幼时欠缺经验，成年后则在自己伴侣身上寻求弥补。支配欲强的人，选择意志薄弱的人为偶；强健的人，会选择弱的人；暴露狂，会择其观众。所以每个家庭的组成都是这样的。

当然了，并非性格特征相似的人不能成为夫妻，在现实生活中，这种组合也不少。只不过在某些情况下，强强相遇的时候，必有一伤，当小矛盾激化成大矛盾，生活就会过不下去了。

举个例子。想想看，如果两个都是支配型的人结为夫妻，那家中还能太平吗？答案很肯定，不能。两人都想发号施令，指使对方，那么谁来服从呢？如果谁也不肯妥协，互不相让，势必会引起争吵，由此导致家中不太平也是情理之中的了。

因此，如果想让夫妻的生活关系恒久不变，对方最好具备彼此所欠缺的条件，也就是两个人要在性格上互补，这样才能够取长补短，相互得益。

许多事实证明，在科学、文化界以及其他许多领域，天才人物往往具有一些不同于一般人的显著素质，他们身上会有某些超群的、非典型的、反常的特点。其中，这些特点有些是优点，有些是缺点。而这些人为了弥补在爱情和家庭生活中的某些不平衡因素，所寻求的配偶往往是一些智力平平，但在其他方面有显著特点的异性。这样，生活就恢复了平衡，克服和补偿了缺陷。比如童话诗人顾城，在诗歌创作方面，可谓是功成名就。但是这么一个具有闪耀光环的人，在生活自理能力上简直是个"低能儿"。在隐居新西兰激流岛的日子，如果不是妻子谢烨无微不至地照顾他的饮食起居，那么他的生活必定一塌糊涂。

对一般人来说，"互补"的情况也是常见的，我们经常所说的男主外，女主内就是最好的证明。丈夫长于此，妻子长于彼，才能互相帮助；一方性子比较急，另一方性子比较慢，就可以把事情考虑得周到些，又做得快一些。还有，我们经常见到学理科的人和学文科的人最终走到一起，也不是没有道理。一个理性，一个感性，生活才会过得有滋有味。

反过来看，如果夫妻俩都是事业型性格，即使事业做得风生水起，这个家还是会散，原因很简单，没人在家操持，家还能叫家吗？

如果夫妻俩都是急性子，家里的日子就跟火上了房似的，那能成吗？如果两人又都是慢性子，家里的日子搞得像没烧开的开水，温吞吞的，也没法过。

如果两人都是学理科的，家中就像是研究所，严谨、死气沉沉，没有一丝活泼的气息，这也让人没办法接受；如果两人都是学文科的，都非常感性，那日子也过不下去。

由此可见，夫妻之间要有一定的差异，这样才能更加和谐一致。

但要注意的是，这个差异不能太大，如果差异太大，则容易产生性格不合的新问题。那么，夫妻之间要如何相处，才能相处得好呢？

首先，也是最重要的一点，那就是对性格要有正确的认识，要尊重对方的性格。性格是人对事物所表现的经常的、比较稳定的理智和情绪倾向，并无优劣之分，不同于品德。不同性格各有不同的长处或短处。

比如，急性子性格多直爽，容易相处，但好发火，发起火来，可能让人忍受不了。相反，慢性子大多态度和蔼，容易相处，办事讲究质量，但速度慢。

其次，要各自扬长避短，异质互补。有了正确认识之后，就要主动地容纳对方，而且在家庭生活中应该发扬对方的长处，避开短处。比如，让善于交际的一方主外，做事心细的一方理财。

夫妻双方的经历、兴趣和脾气不同，可以称为"异质"，异质可以互补。急性子慢性子相配，如能注意互补，往往会刚柔相济，急慢相和，动静相宜，进而相得益彰。

人的性格也不是永不改变的。因此，夫妻双方也应该注意逐步克服自己的不足之处。比如性子过急的，要用心克服自己的急躁情绪，办事再沉稳一些；性子过慢的，则应办事再注意一下速度。喜欢支配别人的，也可以尝试着服从；依赖性强的，不妨尝试着独立；过于悲观的，要往好的方面想，乐观一点；思想比较幼稚的，往成熟方向发展。

但应该注意的是，千万不要改造对方，而是要尊重对方，帮助对方。这样，夫妻之间一定会和谐、美满。

彼得·潘综合征：丈夫为什么长不大

"彼得·潘综合征"的患者虽然在生理年龄上进入成年。但在心理上还不成

| 墨 | 菲 | 定 | 律 |
Murphy's law

熟，他们的言谈举止都像孩子。总是在逃避责任、逃避生活、逃避爱情。喜欢和父母住在一块，不去考虑长远的事请。

华是一家普通公司的职员，从小就喜欢玩具和打游戏。他和同事艳结婚五年后，艳实在是忍受不了他的玩具和电子游戏瘾。艳觉得丈夫胸无大志、唯唯诺诺、优柔寡断，在工作上没有任何进取心。在结婚以前，艳也知道华喜欢玩小火车、遥控小汽车之类的玩具，当时，艳并没有想太多，只是觉得华有颗童心，爱玩而已。没想到，五年来，华把所有的空闲时间都用在玩游戏机、小玩具上。自从儿子两岁以后，华每次出门上班前，都会把玩具藏到孩子找不到的地方，理由是"孩子会把它弄坏的"。

艳对丈夫的孩子脾气感到绝望，只好向心理医生求助。心理医生告诉她，华的症状是不折不扣的"彼得·潘综合征"。最终，艳选择了离婚。可是，妻子带着孩子走后，华又回到了父母的家里，仍然过着孩子般的生活。

为什么会有人患"彼得·潘综合征"呢？心理学家们研究发现："彼得·潘综合征"都是由家庭教育环境造成的。家长们总是认为，应尽量满足孩子在儿童时期的需求，并且不让他们担负责任。但是如果教育不当，孩子在成长中，心里会造成错觉，以为自己什么都不需要做，只要依赖别人就好。在这种环境下长大的孩子非常依赖别人，习惯让别人来为自己的行为负责，希望别人能帮助自己去做事情。

当今社会竞争激烈，工作压力大，很多成年人在压力面前，渴望回归到孩子的世界。于是，越来越多的人喜欢"装嫩"，这种态度用于亲人之间可以，但是如果在社会中行事习惯"装嫩"，那就不合适了，最终，会被社会淘汰出局。这些具有极端"装嫩"心态的人，沉溺于自己的幻想，拒绝长大。在医学界，"彼得·潘综合征"，属于心理疾病的范畴。

药物治疗和家人的说教不会有很大的作用，除了让他们做心理咨询外，最好的办法就是让他们面对现实，为自己的行为承担后果。比如，让他明白，没有人会为他承担所应担负的责任，没有人会帮助他们完成工作……这个过程刚开始必然是痛苦的，但"彼得·潘"们会从此渐渐长大的。

心理学家还研究发现，每个人的内心，都有一种本能的成长欲望，如果欲望没有被压抑，心理年龄和生理年龄就会同步增长，如果相反，则心理就会出现发育停滞，人生会长期停滞在某个阶段，出现社会适应和人际交往等诸多不良状况。

想要比彼得·潘更幸福的话，我们的重要任务之一，就是把封存在内心深处的成长愿望给激活，让它带给你无穷的面对生活的力量。

磨合效应：通过磨合才能更加协调契合

我们都知道新装机器通过一定时期的使用，把摩擦面上的加工痕迹磨光而变得更加密合。这一现象在新的自行车、汽车等使用中也都会发生，使用一段时间后，才会磨合得更好用。在群体心理学中，把新组成的群体相互之间经过一段时间的磨合而变得更加协调契合的现象，称为"磨合效应"。

有两粒沙子相爱了。其中一粒对另一粒说："我要磨碎自己，把你包起来，永不分离。"另一粒也这么说。于是两粒沙子便相互摩擦着身子……终于，两粒沙子都磨碎了自己，尽管此时它们谁也无法把对方包起来，可它们已经完全融合在了一起，分不清谁是谁了……

男女间的缘分就像这两粒沙子一样，只有相互不断地摩擦，才能最终相互融合，长相厮守。尽管摩擦有时候很痛，但千万别失去信心。

世界上没有完全相同的两个人，当个性不同的男女走进婚姻的殿堂时，需要不断地学着去适应对方。情商高的女人懂得幸福的婚姻需要磨合，这个相互磨合的过程也就是你适应我、我适应你的过程，就如同急流适应河床。相互适应了，婚姻就如同走入正常河道的水流，一路向前奔腾；反之，则会出现偏差和障碍。

几乎每对夫妻的婚姻都会经历这样的磨合过程，只不过长短不同。这是因为夫妻作为两个个体，不可能在方方面面达到完全一致、和谐默契。无论是面对具体而琐碎的现实生活，还是一些观念上的差距，尤其是在亲情、爱情、友情、事业、金钱等方面的一些差异，都需要经过磨合。

磨合可不是说说那么简单，我们需要做到理解、包容。通过理解、包容，夫妻关系才会自在、默契与和谐。这需要夫妻双方都珍惜夫妻感情，顾及对方，才能做到。

婚姻初期，这种磨合是自愿而又愉快的。随着婚龄的增长，这种磨合会慢慢地变成委屈与不甘。激情不能充斥婚姻的全程，而磨合却是自始至终的。有时候我们以为自己的婚姻过了磨合期，殊不知那些曾经磨光的棱角还有再生的可能，何况婚姻的进程中还会出现新的荆棘。此时如果放弃继续磨合，新生的荆棘就会像荒草一样蔓延。

也许有些棱角像金刚石一样耐磨，有些刺总能顽固地再生，但我们不要因此而失去勇气，要用一生的包容和理解去成全一份美好的婚姻。

爱之万象，皆始于浪漫，归于平凡。市井人生，柴米夫妻，朴素的真情常常蕴涵在平淡的琐事中。执子之手，与子偕老。能够在婚姻的征途中披荆斩棘，在磨合中走到终点的人，才能够拥有最完美的人生。

榜样效应：孝顺父母等于给自己存了份"养老保险"

有句古语说得好："百善孝为先。"意思是说，孝敬父母是人类各种美德中最为重要和占第一位的品德。羊有跪乳之恩，牛有舐犊之情，鸦有反哺之义，动物都有这种高尚的良知，那么作为万物之灵长的人呢？

人生在这个世界，长在这个世界，都源于父母。是父母给予我们生命，是父母辛勤地养育我们，可以说，每一个人都是在父母的悉心关怀、百般呵护和辛苦抚养下慢慢长大的。在人的一生中，对自己恩情最深的莫过于父母，所以说，孝敬父母，是做人的本分，是天经地义的美德。

从长远的利益出发，孝顺父母对你也是非常有利的，这就相当于给自己存了份"养老保险"。

为什么这么说呢？我们先来看一个故事：

从前有一对中年夫妇，对年迈的父母很不孝顺，他们把老人撵到一间破旧的小屋里居住，每顿饭用小木碗送一些不好吃的东西给老人。一天，他们看到自己的儿子在雕刻一块木头，就问孩子刻的是什么，孩子回答说："刻木碗，等你们年纪大时好用。"这对父母大吃一惊，猛然醒悟过来，连忙把自己的父母请回正屋，同自己一起居住，扔掉了那只小木碗，拿出家里最好吃的东西给老人吃。小孩因此也转变了对他们的态度，从此一家三代和睦生活。

从这个故事中，你能不能悟出点道理来？那就是父母的榜样，对孩子具有一定的影响。

小孩子最擅长的就是模仿。比如说家里的电话，如果他看到父母打了几次，他就会拿起电话的听筒放到自己的耳边，嘴里还叽里咕噜说个不停；看到妈妈梳头，如果你递给她一把梳子，她也会像模像样地把梳子放在头上来回晃动。

在现实生活中，我们常常会听到这样的对话：

"你怎么会这样做呢，是谁教你的？"

"我爸妈啊，他们都是这样做的。"

第十章 幸福法则：
以爱的名义把这层面纱揭开

同样的道理，他看你不孝顺父母，他也不会孝顺你。不要持怀疑态度，上行下效，他从小就学会了。

你知道古人教孝是什么时候吗？小孩刚出生的时候。选择在这个时间段，是因为小孩子有强烈的模仿意识，你是怎么做的，孩子都看在眼里，如此日长时久，孩子耳濡目染，潜移默化，也就学了个大概了。

现在，你能明白孝顺父母，相当于给自己存了份养老保险的意思了吧！看父母就是看自己的未来，人都有老的一天。那么，你有没有想过，当那一天到来时，你希望怎么过？其实，不用问也知道，不就是依靠自己的子女吗？俗话"养儿防老"说的也就是这个意思。

所以，当你还为人子女时，最好做个孝顺父母的人，这样，当你老了的时候，你的子女才会孝顺你。如果你冷落自己的父母，不仅不照顾他们，反而千方百计"刮"老人财物，那么你要小心了，因为总有一天，同样的悲剧会在你身上上演。

具体该怎么孝顺父母呢？这就要求我们不仅要管好自己的小家庭，还要时刻不忘照顾年迈的父母亲，绝不能添了儿子就忘了老子。如果说平时因居住地较远，工作较忙不能和老人朝夕相处，那么在节假日要尽量抽出时间，带上孩子，常回家看看，尽一份子女应尽的责任和义务。

多年前，一首《常回家看看》红遍大江南北，可谓是唱出了天下所有父母的心声。现在大多数老人，虽然儿孙满堂，在生活上不愁吃穿，不缺钱花，但是孩子因为工作的缘故几乎都不在身边，平时很少见面，有的甚至是几年也见不上一回。所以，在他们的感情上最渴望的是能与所有亲人团聚。

看过国外的一篇文章，说的是一个部队收到了一封来自某位士兵家长的信，信中说这位士兵的母亲即将离世，想在弥留之际看看自己的儿子。遗憾的是，这位士兵已经在前不久的一场战争中为国捐躯了。部队的领导很为难，想满足老人的心愿，但是又不知道该怎么办才好。最后，这位士兵的一名战友顶替他去了，神情恍惚的老人在看到自己的"儿子"来了之后，安然地闭上了眼睛。

这个故事让人很感动，老人在生命将尽的那一刻最渴望的还是亲情，希望儿子能陪在自己的身边，而当"儿子"来到身边，她便毫无牵挂地辞世了。

"儿女们各自成家或出去打工了，有时一年也难得见个面"、"日子越过越殷实，但闲下来的时候却觉得很无聊"、"有多少日子没见到孩子们了，不知道他们过得好不好"……

当你听到这些话时，你心里是什么感觉？是不是有点心酸？一项由中国老龄科学研究中心完成的调查表明，我国农村现有10.2%的老人感到不幸福，有35.1%的老人经常感到孤独，独居和没有配偶的老人感到孤独寂寞的比例更高。

多么可怕的数据，而且这个数据还大有上涨的趋势。想想看，你有多久没有见到自己的父母，听到他们的声音了。常回家看看吧，正如歌曲里唱道的，"哪怕是给妈妈捶捶后背揉揉肩"。

禁果效应：打破神秘感，合理引导才有效

在希腊神话中有一个名叫潘多拉的女孩，宙斯给了她一个盒子，嘱咐她绝对不要打开这个盒子。但是，潘多拉却没有听从宙斯的话，在好奇心的驱使下，她打开了盒子。结果所有的灾难、瘟疫与祸害都飞了出来，人类从此饱受灾难、瘟疫和祸害的折磨。

其实，我们每个人都像潘多拉那样有着无比强烈的好奇心，甚至很多时候都有逆反心理。

难道不是吗？想想看，你是不是存在着这样的心理：愈是得不到的东西，就愈想得到；愈是不好接触的东西，愈想接触；愈是不让知道的东西，就愈想知道。

还有，在日常生活中，我们经常会遇到这种情况：你愈想隐瞒一些事或者信息不让他人知道，就愈会引来别人更大的兴趣与关注，人们对你隐瞒的东西充满了好奇与窥探的欲望，甚至千方百计地通过其他渠道来试图得到这些信息。在心理学上，这叫作"禁果效应"。

"禁果"一词来源于《圣经》，它讲的是，伊甸园中的夏娃受蛇的诱惑，偷食了善恶树上的禁果，受到了上帝的惩罚。夏娃为什么对禁果动心呢？蛇的诱惑只是一种外因，上帝那句"无论如何也不能动树上的果子"，才是对人类最大的诱惑。

孩子的分辨能力弱、自我控制力差，更容易受禁果效应的影响。有这样一项心理学实验，实验的对象是小孩子。实验者在茶盘中放着五只往下扣着的不透明的茶杯，孩子们对它们根本毫无兴趣。实验者在其中的一个杯子下放了一枚糖果，重新扣上，临走时告诉小孩子："杯子下放了东西，你们千万不要动！"然后佯装出去，在外面偷偷观察。结果，越是向孩子强调得厉害，孩子越是想打开看，有的孩子甚至仔细观察了一番，才慢慢再次放好。

因此，在孩子的成长中，我们一定要重视"禁果效应"的影响，千万别让孩子成为那个打开魔盒的潘多拉。

第十章 幸福法则：
以爱的名义把这层面纱揭开

对于现代社会中的孩子们，网络在他们心目中无比重要，而这恰恰是父母们的烦恼和痛苦。解决这个矛盾，"堵"绝对不是好办法，"导"才是成功之道。常看到一些家长视网络为洪水猛兽，生怕孩子学会上网会陷进去。然而，在现在这个社会大环境下，怎么可能让孩子不触网？学校不教，家里不学，好，上网吧里学去了！结果，受不良网吧的影响，网络在孩子的观念中除了游戏就是聊天，这下不陷进去才奇怪呢。网络是死的，人才是活的，责任还是在教育上。如果我们能尽早引导孩子学习上网浏览、搜索、申请邮箱、使用QQ和泡泡，他们会知道网络其实也不过是为人们服务的一种工具，当那种神秘和好奇变得习以为常的时候，孩子们也就拥有了对于网络的定力。

越是孩子不了解的禁区，越不能强制，否则结果只能越闹越僵，以至于逼孩子走向极端。

在孩子的成长过程中，性观念一向是他们的神秘禁区。在这一点上，我国的很多专家日益认识到，关于性的知识不应该对青少年讳莫如深，这样反而使得他们对性充满好奇和神秘感，而不能正确地理解。成长是每一个人无法拒绝的过程，这个过程里，必然要面对生理及心理的一系列变化，并且经历人生的情、爱、性等各种体验。这是很正常的现象，但是，受传统观念影响，我们总是自觉不自觉地用"禁止"去对待孩子各种"异常"的表现，而在性教育方面，却疏于引导。

很多不健康的电影、书籍，学生本来并不知道，知道了也不一定去看，但是学校禁止，反而使他们想一睹为快、看个究竟；母亲对孩子的早恋问题紧张得要命，时不时就要给孩子"打预防针"，结果男女生之间很平常的交往却涂上一层诱惑的色彩，反而容易造成一些孩子早恋。

越是"禁果"，越容易激起孩子采摘的欲望，禁令最后变成各种"禁果效应"的催化剂。为了防止这种现象发生，我们没必要对一些本应让孩子了解的事情却掖着捂着，与他们"捉迷藏"。孩子往往会寻根问底地闯禁区，想探个究竟。因而，在教育孩子时，不宜硬性禁止，而应该注重引导。即使不提倡的东西，也不要明令禁止使其变成禁果，而要通过适当的方式进行疏导和沟通。

超限效应：批评一次就好，唠唠叨叨只会过犹不及

在现实生活中，你是否有这样的体会：
在课堂上，或者在听讲座时，如果对某个你感兴趣的问题，当老师宣布"针

| 墨 | 菲 | 定 | 律 |

Murphy's law

对这个问题，我们有三点要讲"的时候，你会认真听，甚至会试图记下这三点。然而当老师宣布"针对这个问题，我们有十点要讲"的时候，你便顿时失去了听下去的兴趣。

在工作上，同事请求你帮忙，你很爽快地就答应了。当他要求你做两件、第三件事时，你可能有点不耐烦，但还是会勉强地去做。一旦他麻烦你的事情很多，你就会感到烦躁，甚至跟他翻脸。

看电视剧时，一般都会在中途插播广告，第一次看时你可能会觉得赏心悦目，第二次再看到，你会仔细一点，看产品和服务，如果第三次、第四次这样无休止地下去，你肯定会对这种大密度的疲劳轰炸厌恶不已。

为什么会发生这样的情况呢？之所以出现这些现象，是因为"超限效应"的影响。心理学家解释说，人接受任务、信息、刺激时，存在一个主观的容量，超过这个容量，人就不愿意认真对待了。

那么，何谓超限效应呢？超限效应，即刺激过多、过强和作用时间过久而引起极不耐烦或反抗的心理现象。

在心理学领域，大家广泛借用美国著名作家马克·吐温的一件轶事来生动阐释超限效应。

有一次，马克·吐温在教堂听一位牧师的募捐演讲。刚开始的时候，他觉得牧师讲得很好，让人感动，便掏出自己身上所有的钱，准备捐款。过了十分钟，牧师还没有讲完，他有些不耐烦了，便改变主意，决定只捐一些零钱。又过了十分钟，牧师还没有讲完，于是他决定，一分钱也不捐。等到牧师终于结束了冗长的演讲，开始募捐时，马克·吐温由于气愤，不仅没有捐钱，反而从盘子里偷了两元钱。

马克·吐温为什么最后会如此气愤，做出不但没有捐钱，反而偷钱的举动呢？我想不用说，大家也能明白。显然是因为牧师演讲的时间太久，以至于让马克·吐温如此厌烦。的确，即使是如何动听感人的演讲，在把事情说清楚之后，还要一而再，再而三地重复唠叨，再有耐心的人也会心生厌恶。

在现实生活中，我们是不是也犯过如牧师一样的错误呢？答案很肯定，有。

例如，在家庭教育中，父母都望子成龙，望女成凤，当孩子不用心学习而考试没考好的时候，父母会在批评之后，还觉得批评得不够，不足以使孩子改正错误，或者是怀疑孩子没有记住批评、教育。于是，为了确保孩子能够长教训，父母又在饭桌上、电视前、亲戚朋友面前等不同的场合不厌其烦、"不辞辛苦"、"苦口婆心"地反复批评。

第十章　幸福法则：
以爱的名义把这层面纱揭开

在夫妻生活中，当妻子不喜欢丈夫某些不好的生活习惯时，尤其是诸如爱喝酒抽烟、不讲卫生这些看起来无关紧要却难以忍受的小问题，没有选择"好好谈谈"的方式来解决问题，而是直接劈头盖脸地批评。而当妻子发现丈夫没有完全改掉坏习惯时，往往会在一旁喋喋不休，唠叨个没完。

在职场中，有些领导在批评犯了错误的下属后，总觉意犹未尽，因此会一次、两次、三次，甚至四次、五次重复对一件事做同样的批评。

试问，作为父母、妻子和领导的你们，每次当你这么做的时候，对方的表情是什么样的？他们对你的每一个批评都会虔诚地接受吗？

这些生活场景都是我们在现实生活中经常遇到的，虽然主角不同，但结局往往是相同的。孩子们、丈夫们、下属们其实在最开始的时候是内疚不安的，当他们接受的批评过多时，他们的情绪就发生了变化，从内疚不安到不耐烦再到反感讨厌，而且当他们被逼急的时候，甚至会出现"我偏要这样"的反抗心理和行为。于是，在我们的观念中，就出现了屡教不改的孩子和不近人情的父母，顽固不化的丈夫和喋喋不休的妻子，可恶至极的上司和敢怒不敢言的下属。

为什么被批评的对象会产生逆反心理呢？其实，这种现象很正常。从心理学角度分析，人在受到批评之后，心理上就会产生一种失衡感，总需要经过一段时间才能恢复心理平衡，当受到重复批评时，他的心理失衡感会加重，觉得"怎么老是这样对待我？"被批评的心情就无法复归平静，出现强烈的反感情绪，就很容易产生"我偏要这样"或者"爱怎样就怎样"的反抗心理和行为。

超限效应也给了我们一个启示：做事时要把握好一个量和度。有个成语叫"过犹不及"，说的就是这个道理。做事不及固然达不到既定的目标，但做过了头，刺激过多、过强或作用时间过久，往往会引起对方心里极不耐烦或逆反，这样往往会事与愿违。这就如同给气球吹气，吹得太足，易爆；吹得不足，又飞得不高；而唯有吹得恰到好处，才能够让它轻盈灵活地飞起来。

因此，我们在任何方面都应注意"度"，掌握好"火候"、"分寸"、"尺度"，只有这样才能"恰到好处"，才能避免"物极必反"、"欲速则不达"的超限效应。

作为父母，对孩子的批评不能超过限度，应对孩子"犯一次错，只批评一次"。如果非要再次批评，那也不应简单地重复，要换个角度，换种说法。这样，孩子才不会觉得同样的错误被"揪住不放"，厌烦心理、逆反心理也会随之减低。

作为妻子也应如此。据调查，男人最反感的就是女人的唠叨，而妻子每天在他身边喋喋不休，就好像是一只讨厌的苍蝇在耳边飞来飞去，这简直就是糟糕透了。其实，喝酒抽烟、不讲卫生是大多数男人的通病，也不是什么难以忍受的大事。作为妻子能忍则忍，实在不能接受说一次就行，假如还没效果的话就换种方式。比如说你可以拿出健康报纸，告诉他喝酒抽烟、不讲卫生的危害，在科学证据面前，他应该没什么理由再不执行了吧。

还有，做领导的也不能马虎。年轻人需要的是教育和指导，当你对频频犯错的下属进行批评的时候，简单的话语最管用，也就是直接说明你的想法或你想说的道理就行了。你要坚信：指点"一二"，更能令其醒悟，"点拨两下"，更能令其深思。有了深思，就有了悔过与改进的可能。

幸福递减定律：财富越多，幸福越少吗

小时候，每逢过年，对于我们来说，最高兴的莫过于父母给我们买新衣服、玩具和糖果。可是随着年龄的增长，当我们身边出现了更新鲜更有趣的事情之后，再多的衣服、玩具和糖果，也不能给我们带来欣喜若狂的感受了。

一对年轻的大学生情侣，在交往之初，女孩觉得坐在男孩自行车的后架上，两人一起去学校外面的小饭馆吃碗拉面就仿佛进入了人间天堂。而当他们结为夫妻，男孩成了社会上所谓的成功人士，开着名贵的轿车，载着妻子去星级餐厅，那些美味佳肴在她的心中简直索然无味，还不如当初那碗几块钱的拉面。

让一个饥饿的人吃馒头，第一个可能会很香甜，第二个感到很满足，第三个下肚有点饱胀，第四个、第五个就成了负担，无快乐可言。

一个在茫茫无际的沙漠中徒步行走、口干舌燥的人，如果在他的眼前忽然出现一眼泉水，那么他一定会高兴得手舞足蹈。但是当他走出沙漠，即使有许多的井水，他也没多大的感觉。

你有没有想过，为何我们的内心会出现如此之大的反差？

关键在于我们的内心能否得到满足。当我们处于较差的环境中时，一点微不足道的事情都会给我们极大的喜悦，一些小东西就能给我们极大的满足感；而当我们所处的环境逐渐变好时，这些小的需求已经得到了满足，同样的东西就不会激起我们的兴趣了，我们不会再觉得满足，当然就不会再觉得有幸福的感觉了。

在心理学上，这种现象被称为幸福递减定律。

何谓幸福递减定律？简单地说，就是人们的满足和幸福感，会随着获得物品的增多或财富的增加而减少。

第十章　幸福法则：
以爱的名义把这层面纱揭开

事实上，这里所说的幸福递减，不是真正的幸福减少了，而是个人内心起了变化。那些曾经给我们带来喜悦和满足的东西，它们本身的价值和作用并没有改变，只是因为时过境迁，我们的品位、需求和欲望都发生了变化，或者简单地说，我们早已习惯了这样的感受，于是不再把这种状态当成幸福了。

联合国相关机构曾针对世界各国搞过一次幸福指数调查。有趣的是，绝大多数发达的欧美国家幸福指数并不高。相反，其他一些发展中国家却比较高。

如果幸福感按照这样推算，人们就会有疑惑了：富人会想，难道我就没有幸福可言了？穷人想，根据这个定律我还是受穷好吧。这些想法都是不正确的，如果是这样，有钱人岂不个个痛不欲生，穷人岂不个个快乐满足。

事实上并不是这样的，放眼我们生活的周围，有的富人就很幸福，有的穷人就不快乐。所以，一个人感觉幸福与否，跟物质的多少没有关系，关键在于心灵，在于心灵的体验。

人们总是渴望幸福、追求幸福，却从来不晓得幸福就在身边，近到可以触手可及。有时，我们感觉不到幸福，只是我们得到的太多，反而让它们从我们身边轻易地溜走，继而感觉不到幸福，开始抱怨起身边的一切。

怎样才能感觉到幸福呢？把握一定的原则，幸福就不会递减：

1. 想幸福，必须知足

俗话说"人心不足蛇吞象"，难道蛇真的能吞象吗？象是森林中的一个庞然大物，蛇却是一条细长细长的爬虫，肚皮很小，吞吃一只青蛙、老鼠什么的还差不多，居然妄想吞下一只庞大的象，真有点太自不量力了。"蛇吞象"是办不到的，它的用意不过是告诫人们不要"人心不足"，而要"知足"，不是有句成语叫"知足常乐"吗？

我们其实就像那条妄想吞下象的蛇，对于已经拥有的东西，永远都感到不满足，有了好的，就想要更好的。看到别人有的，自己却没有，就想得到。于是，不管花多少代价，千方百计也要得到它。结果呢？没有得到就会沮丧不安，得到了当然很高兴，但是过后呢，就觉得没多大意思了，有时候反而还成了负担。

你有没有想过，在追逐你想得到的东西的过程中，你错过了多少人、事、物，到头来终究是一场空。既然是这样，还不如刚开始就满足于现状，学会知足，把握住现在所拥有的一切，不也能感到幸福吗？

2. 想幸福，就必须受点苦

19世纪丹麦哲学家克尔凯郭尔曾说："每一种事情都变得非常容易之际，人类就只有一种需要了——需要困难。"

墨菲定律
Murphy's law

克尔凯郭尔的话不无道理，如果我们身边的事情都变得很容易，那么对我们而言，也就毫无意义可言了，生活也变得了无生趣。这时候，我们不妨去寻找"困难"，当我们受点苦时，就会感受到当前所拥有的幸福了。

某电视台组织了一个叫"家庭生存体验"的节目，每次派出两个家庭的全体成员，不带分文，到一个陌生的城市去寻找生存之路。结果，几乎个个历经艰辛，但又个个感触很深。

有了困难，才知道每一分钱都来之不易；有了困难，才知道人间真情是多么的温暖。这是参加节目的人的共同心声。

其实，不单是他们，我们每个人都深有体会。金融危机来袭，我们不得不节衣缩食，精打细算过日子，往往我们都会感叹挣钱不容易。某某地方遭遇天灾，居民的生存受到威胁，这时候，全国各地的同胞们捐钱捐物，帮助他们渡过难关，这难道不是人间的温情吗？

所以，我们应怀抱感激之心，用心感受幸福，而不要让感官和味蕾失去对幸福的敏感。

一方面，我们不要忘记过去所吃过的苦，因为只有这样，我们才能更好地珍惜现在，把握住幸福。

例如，在走向富裕和幸福的生活时，请别忘记沙漠中的口渴，别忘记无鱼、无肉、粗茶淡饭的三餐，别忘了又饿又累又病的日子。只有回忆过去的苦，才知现在的甜。

在和爱人情感得到平稳的时候，不要忘记当时的困扰，来之不易的结合。只有常常感念当时的苦，回忆当时的甜，才能更珍惜来之不易的今天。

另一方面，不要抱怨生活中的种种不如意，与比你更糟糕的人相比，你要幸运得多。因此，当你抱怨食物滋味不足时，那就想想那些食不果腹的人；如果你想抱怨婚姻伴侣不尽如人意，那就想想那些还在为没有结束单身生活而向上帝祈祷的人；如果你想抱怨上天对你的不公，那就想想已经离开人间、上了天堂的人；如果你想抱怨孩子太过淘气，那就想想那些渴求骨肉却不能生育的人；如果你想因房子没人清洁打扫而发牢骚，那就想想那些露宿街头的人；如果你因工作疲惫而厌烦，那就想想那些失业在家，或是梦想着和你有同样工作的人。